ESSAI

D'UN

GLOSSAIRE

OCCITANIEN.

pa de Rochegude.

ESSAI

D'UN

GLOSSAIRE

OCCITANIEN,

POUR SERVIR

A L'INTELLIGENCE DES POÉSIES

DES TROUBADOURS.

A TOULOUSE,

CHEZ BENICHET CADET, IMPRIMEUR-LIBRAIRE.

1819.

PRÉFACE.

Dans la préface de notre recueil , nous nous sommes réservés de parler du langage des troubadours ; et nous allons ici remplir cette espèce d'engagement , en donnant à chaque partie du sujet l'étendue que son importance paraîtra rigoureusement exiger. Plusieurs auteurs , tant Français qu'étrangers , nous ont devancé dans la carrière que nous avons dessein de parcourir ; et la plupart d'entr'eux ont fourni cette carrière avec succès. On peut donc marcher sur leurs traces , sans crainte de s'égarer , et parvenir au but qu'on se propose , en réunissant les diverses lumières qu'ils se sont efforcés de répandre sur cet objet.

Entrons en matière.

Le langage de chaque peuple est toujours plus ou moins mêlé d'expressions et de mots empruntés aux autres peuples , avec lesquels il entretient des relations : par conséquent , aucune nation civilisée ne peut se flatter d'avoir conservé sa langue primitive dans toute sa pureté. S'il existe des langues mères , l'occitanien n'est pas de ce nombre ; car , malgré l'altération de ses traits , sa physionomie trahit son origine , et son air de famille prouve assez évidemment qu'il est dérivé

du latin. Comment cet étranger a-t-il pu chasser
l'enfant de la maison ? C'est la première question
qui se présente, et qu'il faut essayer de résoudre
par la voie de la discussion.

Le pays des troubadours appartint d'abord
aux Celtes ; il semble donc que le celtique est
la langue sur laquelle auraient dû s'enter celles
des peuples qui vinrent s'y établir. Cependant
cette marche naturelle n'a pas été suivie ; et l'on
verra plus bas les raisons qui s'y sont opposées.

De ces divers peuples, les Phocéens sont les
premiers dont l'histoire fasse mention, si toutefois
on peut donner le nom de peuple à quelques
centaines de familles, qui, par amour de la liberté,
abandonnèrent les fertiles rivages de l'Ionie, pour
les côtes arides et sauvages du midi de la Gaule.
Ils y fondèrent Marseille, et par la suite d'autres
colonies. Toujours trop faibles pour faire la loi
aux nations environnantes, contens de vivre en
paix et de commercer avec elles, toute leur influence dut se borner à introduire des mots dé-
signant des objets nouveaux pour leurs hôtes.
A la vérité, Strabon nous assure que les Gaulois
parlaient la langue grecque, et s'en servaient
dans leurs contrats et dans les autres actes pu-
blics (1), ce qui semble confirmé par Justin (2):

____

(1) Lib. 4, p. 273. Edit. 1707.
(2) Lib. 43, cap. 4.

mais ni l'assertion du savant géographe, ni l'assentiment de l'élégant abréviateur, ne sauraient l'emporter sur le témoignage de César. Ce grand homme, qu'un long séjour et l'autorité du commandement mettaient en position de connaître parfaitement nos ancêtres, annonce à Cicéron, assiégé dans la Belgique, qu'il va marcher à son secours (1). Il lui écrit en grec, afin que son dessein ne puisse pas être connu des ennemis, dans le cas où sa lettre serait interceptée. Ils ignoraient donc cette langue; et nous n'avons aucune certitude que les Celtes et les Aquitains fussent plus instruits que les Belges. Les caractères grecs, adoptés par les Druides et par les Helvétiens, n'infirment pas notre observation. Presque tous les peuples de l'Europe emploient les lettres romaines dans leur écriture; oserait-on inférer de là qu'ils parlent latin, et qu'ils se servent de cette langue dans leurs conventions? Le passage de Strabon doit s'entendre, selon nous, d'un certain nombre de particuliers, ou tout au plus de quelques peuplades voisines des colonies grecques. Au moyen de cette restriction, la difficulté cesse, et la contradiction s'évanouit. Du reste, le grec eut le même sort que le celtique; l'un et l'autre cédèrent la place au latin.

Introduit par les Romains devenus maîtres de

---

(1) De bello gallico, lib. 5, c. 48.

nos contrées , qu'ils remplirent de garnisons , de municipes et de colonies , son usage exclusif dans les transactions civiles , et la correspondance indispensable des sujets avec le souverain , forcèrent les Gaulois de l'apprendre. L'obtention de quelques privilèges , et l'ambition de parvenir , avancèrent l'ouvrage qu'avait commencé la nécessité. L'étude des sciences , la culture des arts et le goût des lettres , le portèrent à sa perfection et y mirent la dernière main. Les progrès furent tels , qu'au temps de Pline l'ancien , la Narbonnaise était considérée moins comme une province de l'empire , que comme une portion de l'Italie (1). Ce que nous venons de dire regarde principalement les premières classes de la nation. Le peuple , qui n'avait ni les mêmes vues ni les mêmes espérances , renonça plus lentement à ses anciennes habitudes ; mais lorsqu'il eut abjuré la doctrine des Druides pour embrasser le christianisme , en recevant les dogmes il adopta le langage des ministres de la nouvelle religion , et finit par oublier l'idiome de ses pères , au point que l'on en trouve à peine quelques vestiges incertains dans celui qu'il parle aujourd'hui. Voilà comment le celtique fut remplacé par le latin. Ce dernier jeta de si profondes racines , qu'il résista même aux orages

____

(1) Lib. 3, c. 4.

politiques par lesquels l'énorme puissance de Rome fut enfin abattue pour jamais.

Cette Rome, dont la grandeur semblait égaler en solidité ses admirables monumens ; Rome, dont les armes avaient subjugué la terre, ne sut pas se garantir elle-même des révolutions inséparables d'un mauvais gouvernement. Le sien, plus qu'un autre, contenait les germes de sa destruction. Les troubles qui l'agitaient sans cesse amenèrent la guerre civile, avec tous les maux qu'elle traîne à sa suite. Les meilleurs citoyens périrent dans les batailles ou par les proscriptions, et leur mort hâta la chute de la république. Fatigués de leurs sanglantes dissentions, les deux partis virent avec indifférence les rênes de l'État passer dans les mains d'un seul ; l'amour de la patrie disparut, et la liberté n'eut d'autre asile que le cœur de ses zélateurs. En peu de temps, ces hommes, jadis si fiers, volèrent au-devant de la servitude. Disputant de bassesse et d'adulation, ils se firent honneur de ramper sous un despote, qui souvent les traitait avec le dernier mépris. Enfin, par un changement aussi prompt qu'étrange, ce peuple-roi devint un troupeau d'esclaves à genoux devant leur maître, et baisant avec respect les verges dont il daignait les frapper. Loin de nous, loin de nos enfans et de nos amis un pareil état d'avilissement ! et livrons à l'infamie cette race dégénérée de ses ancêtres, dont les mânes durent long-temps rougir d'une si lâche postérité.

Beaucoup de princes, d'exécrable mémoire, déshonorèrent le titre d'empereur. Faits et défaits tour à tour par les armées, cette influence militaire porta le coup le plus funeste à l'État, dont le chef n'eut désormais qu'une autorité précaire sur un trône chancelant. Malgré cette situation dangereuse, l'empire se soutint encore, plutôt par sa masse imposante que par sa force effective; mais après la translation de son siége sur les rives du Bosphore, il alla toujours déclinant ; et sa division entre les enfans de Théodose en consomma la ruine. Honorius, faible et dévot, par là doublement incapable de gouverner, eut en partage l'occident. Les peuples du nord, souvent en guerre avec les Romains, jugèrent l'occasion favorable pour les attaquer. Avides de vengeance et de pillage, ils sortent en essaim de leurs forêts, inondent comme un torrent dévastateur les provinces dégarnies ou mal défendues, dont ils s'emparent avec facilité. Attirés d'abord par la richesse du pays, charmés ensuite de la beauté du climat, ils y fixent enfin leur demeure et leur domination. Telle fut, dans cette partie du monde, la chute du plus puissant empire qui jamais ait existé. Peut-être verrons-nous..... Mais laissons au temps le soin de découvrir des secrets que le destin se plaît à cacher dans le sein de l'avenir.

Parmi ces peuples conquérans, les Visigots fondèrent au midi des Gaules un royaume dont Toulouse devint la capitale, et leur règne y dura près d'un siècle. Le plus ancien monument des langues vivantes leur appartient incontestablement, sans qu'on puisse y découvrir aucune analogie avec la nôtre (1). Nous savons même que la différence des sectes mit un obstacle invincible au mélange des deux peuples. Les vainqueurs étaient ariens, et les vaincus très-orthodoxes; ces derniers par conséquent eurent en horreur des hommes condamnés comme hérétiques; et cette horreur n'a rien d'étonnant pour quiconque a voulu réfléchir sur la puissance tyrannique des préjugés religieux.

Bientôt les Français attaquent les Visigots, les dépouillent de la plus grande partie de leurs états, et les confinent dans la Septimanie, qu'ils ne peuvent leur enlever. Les Sarrasins la conquièrent, ainsi que la Provence; mais après environ quarante ans de possession, ils sont chassés à leur tour par les Français. Les Gascons occupaient déjà la Novempopulanie; et depuis le huitième siècle, nous ne connaissons point de peuple qui soit venu s'établir dans le pays d'Oc.

Dans ces diverses révolutions, les lois et la religion n'éprouvèrent aucun changement notable;

---

(1) La traduction des 4 évangiles, par Caphilas.

et la langue reposant sur ces deux bases solides,
ne put être considérablement altérée. Au contraire, elle fit disparaître non seulement celle
des peuples victorieux, mais encore celle des
nationaux, laquelle ne subsista plus que dans
un recoin de l'Armorique, où l'établissement
d'une partie des habitans de la Grande-Bretagne,
chassés par les Saxons, l'a perpétuée jusqu'à ce
jour. La langue de la nation instruite et polie,
cette langue douce et musicale repoussa les sons
durs et l'accent grossier des idiomes septentrio-
naux. Riche de son propre fonds, exprimant avec
facilité les nuances les plus délicates de la pensée,
que pouvait-elle emprunter au jargon de ces
hordes sauvages, qu'une ignorance profonde ré-
duisait presque au simple instinct? Leurs dévas-
tations anéantissant le commerce, les sciences et
les arts, firent perdre plus de mots que n'en
introduisirent leur code, leur tactique et leurs
usages. On n'en retrouve pas douze que l'on
puisse légitimement attribuer aux Visigots; peut-
être même nous sont-ils venus par l'intermédiaire
des Français.

Le latin continua donc d'être la langue domi-
nante. Astruc fixe à un trentième, au plus, le
nombre des mots occitaniens qui n'en sont pas
dérivés (1); et nous verrions sans doute que ce

____

(1) Mémoires pour l'histoire naturelle de Languedoc.
Paris, 1757, in-4.°, p. 489.

nombre est encore beaucoup trop grand, s'il existait un glossaire bien complet des anciens idiomes d'Italie, laissant à part leur conformité avec le celtique de nos ancêtres.

Mais, dira-t-on, puisque le latin fait le fond de l'occitanien, comment celui-ci, démentant son origine, a-t-il changé ses inflexions et sa syntaxe, de manière à former une langue presque entièrement différente?

L'importance de cette seconde question nous détermine à la discuter avec une certaine étendue.

Toute nation cultivant les sciences a, pour ainsi dire, deux langues, l'une littéraire et l'autre vulgaire; ou, si l'on veut, l'une à l'usage de la classe éclairée, l'autre à l'usage du peuple. La première, est celle que les auteurs emploient dans leurs écrits, sur lesquels les dictionnaires ont été composés. Dante la nomme artificielle (1), parce qu'elle est assujettie aux règles de la grammaire, qu'il faut nécessairement savoir pour écrire et pour parler correctement. La seconde, seulement parlée, n'a besoin pour être apprise que des secours d'une nourrice; nous la suçons en quelque sorte avec le lait. Indépendante des caprices de la mode, sa tradition est toujours constante et fidèle. Appartenant à la masse de

---

(1) Della volgare eloquenza. Vicenza, 1529, in-fol. lib. 1, c. 1.

la nation, elle devient générale, si par quelque
révolution le gouvernement change, ou si les
études sont abandonnées, ainsi que cela était
arrivé antérieurement à nos troubadours. Quand
les Romains envoyèrent des colonies dans les
Gaules, il est probable que les chefs se servaient
de la langue élégante et polie de Cicéron, de
Salluste et de César : mais le grand nombre des
colons tiré du peuple de Rome et d'Italie, ou
des soldats des légions, parlait la langue commune, qui dut être la plus répandue autour de
leurs établissemens. La distinction entre élégante
et commune, existant chez tous les peuples civi-
lisés, n'a pas besoin d'être prouvée : il suffit de
remarquer que cette différence consiste moins
dans les mots, que dans leur arrangement et
dans leur prononciation. Cependant, comme cette
solution ne lève pas toutes les difficultés, pour
donner de plus amples éclaircissemens, nous
allons rendre compte de la querelle qui s'éleva
parmi les Italiens touchant l'origine de leur
langue. Nous entrons dans cette route d'autant
plus volontiers, qu'elle mène directement au
but que nous nous proposons d'atteindre.

Vers le milieu du XV.ᵉ siècle, Léonard Bruni,
surnommé l'Arétin, avança qu'il existait anciennement, comme aujourd'hui, une langue vulgaire
distincte de la savante, et que celle-ci différait
de l'autre en plusieurs choses, surtout dans la

terminaison, l'inflexion, la signification, la cons-
truction et l'accent. Celso Cittadini saisissant cette
idée, la développa dans un traité fait exprès,
où recherchant l'origine de la langue italienne,
il soutint que les nations barbares n'avaient eu
que peu ou point de part à sa formation, qu'on
la parlait dans les temps les plus reculés, qu'elle
n'était enfin que le langage populaire du Latium,
altéré à quelques égards (1). Son opinion fit du
bruit et partagea les savans, ce qui nous décide
à placer ici un court extrait de son ouvrage,
afin qu'on puisse juger de la solidité de ses
raisons.

« La plupart de ceux qui ont traité de notre
langue, dit Cittadini, veulent qu'elle ait commencé lorsque les Barbares s'emparèrent de
l'Italie, et qu'elle ne soit qu'une corruption du
latin : nous espérons prouver clairement qu'elle a
une origine beaucoup plus ancienne.

» La langue latine fut successivement différente suivant les diverses époques, c'est-à-dire,
de quatre espèces : ancienne, latine, romaine et
mixte (2). On donna le nom d'ancienne à celle
que parlaient les aborigènes d'Italie, et spéciale-
ment du Latium, sous Janus et sous Saturne.

____

(1) Trattato della vera origine, e del processo, e nome
della nostra lingua. Venetia, 1601, in-8.°

(2) Isidor. lib. 9, c. 1.

Elle était grossière, sans art, sans écriture ; et comme il n'en reste que quelques mots, cités pour exemple dans des auteurs de la langue romaine et de la mixte, nous dirons seulement qu'au temps où l'on parlait la romaine, l'ancienne n'était plus entendue (1). On donna le nom de latine à celle qu'on parla ensuite sous Latinus et sous les autres rois du Latium, ainsi que sous ceux de Rome. C'est dans cette langue que furent écrits les vers saliens, ceux de la Sibylle, et les lois des douze tables ; mais ce qui nous en est parvenu se trouve réduit aux caractères et à l'orthographe des auteurs qui en font mention (2).

» Avant d'aller plus loin, il faut savoir qu'il y eut en tout temps à Rome deux sortes de langue ; l'une grossière, propre au peuple et aux ignorans, très-bien nommée vulgaire ; l'autre cultivée, à l'usage des écrivains et des orateurs, qu'il fallait apprendre, comme nous le prouverons dans des chapitres particuliers.

» La langue romaine est celle dont le peuple romain se servit depuis l'expulsion des rois jusqu'à la fin de l'empire d'Auguste. Pour plus grande facilité, nous la diviserons en trois époques : la première, jusqu'à Ennius et à Plaute inclusivement ; la seconde, depuis eux jusqu'à

---

(1) A. gell. lib. 1, c. 10.

(2) Cic. de leg. T. Livius, lib. 25 et 29. Quintil. lib. 1.

Cecilius

Cecilius et à Térence; et la troisième, depuis ces derniers jusqu'à Virgile et Tite-Live. Nous n'avons aucun exemple pur ou certain des deux premières époques, excepté quelques vers de Matins ou Martius, rapportés par Tite-Live et Macrobe (1). Polybe, rapportant aussi les paroles du premier traité entre les Romains et les Carthaginois, s'excuse s'il ne les a pas traduites convenablement, sur ce que la langue latine avait tellement changé, que beaucoup de mots de ce traité étaient à peine entendus de son temps, même par les savans les plus versés dans l'étude de l'antiquité (2). Quel changement ne dut-il pas y avoir dans les deux siècles ou environ, écoulés depuis Polybe jusqu'à Tite-Live, temps où les Romains eurent à traiter avec un grand nombre de nations barbares, ce qu'ils n'avaient point fait auparavant.

» La première et la plus ancienne écriture que nous ayons en langue romaine des premiers temps, est l'inscription de la colonne rostrale. Le marbre de Paros sur lequel se trouve cette inscription, prouve qu'elle a été restaurée, puisque l'on n'a commencé à se servir de marbres étrangers qu'environ 200 ans après C. Duillius (3). Quant au changement d'orthographe, l'on peut

---

(1) T. Liv. lib. 16, 25. Macrob. lib. 1, c. 17.
(2) Polyb. lib. 3.
(3) Plin. lib. 33, c. 1.

consulter Varron, Festus, Quintilien, Aulu-gelle,
et tous les anciens grammairiens. »

L'auteur rapporte une suite d'inscriptions, par
lesquelles on voit clairement que la langue latine
allait changeant et se polissant jusqu'au règne
d'Auguste. « Ce fut là, continue-t-il, l'époque
brillante de la langue romaine. Depuis, le droit
de cité ayant été accordé, non seulement à tous
les peuples d'Italie, mais encore à ceux de plusieurs provinces, l'affluence de ces nouveaux
citoyens commença peu à peu à l'altérer, et par
conséquent à former la langue mixte. C'est dans
cette langue qu'ont écrit peut-être les premiers,
Valère Maxime, les deux Sénèque, les deux
Pline, Suétone, Tacite, Quintilien, etc. Mais,
avant cette époque, il existait à Rome une classe
nombreuse de citoyens qui parlaient mal, comme
on peut s'en convaincre par le témoignage des
auteurs (1). D'après eux, il est démontré qu'il y
eut toujours dans cette capitale deux sortes de
langue ; l'une pure latine, seulement à l'usage
des nobles et des lettrés ; l'autre à l'usage du
peuple, mêlée de barbarismes et de mauvaises
expressions des paysans et des étrangers. Le changement du latin en vulgaire ne doit donc pas être

---

(1) Cic. in Brut. Quintil. lib. 1, c. 5. Cecilius apud
Isidor. Servius in verba : *stirpis Achilleae facius.* Æneis,
lib. 5.

attribué à la venue des Barbares en Italie , puisque les deux langages avaient toujours existé , mais à l'instabilité des choses humaines , et à la volonté variable des hommes qui les parlaient. Lorsque ceux qui par le secours de l'art avaient formé la langue pure, vinrent à manquer, celle du peuple reprit ses droits et se conserva jusqu'à nous , comme nous allons tâcher de le prouver.

» Prenons les mots de la colonne rostrale , savoir : *exemet* , *leciones* , *macistratos* , *exfociunt* , *pucnandod* , *cepet* , *enque* , *navebos* , *consol* , *primos* , *ornavet* , *olorom* , *altod* , *marid* , *triresmos* , *aurom* , *arcentom* , *captom* , *poplom* , *cartaciniensis.* Substituons autant de mots de la même valeur et de la même signification du temps de Cicéron, c'est-à-dire : *exemit* , *legiones* , *magistratus* , *effugiunt* , *pugnando* , *cepit* , *et in* , *navibus* , *consul* , *primus* , *ornavit* , *illorum* , *alto* , *mari* , *triremes* , *aurum* , *argentum* , *captum* , *populum* , *carthaginienses.* On voit clairement que les derniers diffèrent plus des premiers , que ne le font presque nos vulgaires. En effet , si l'on veut bien y faire attention , la langue actuelle se rapproche beaucoup plus de l'ancienne des Romains que celle du temps de Cicéron ; et si l'on retranchait de notre langue les articles des noms et quelques terminaisons , on verrait que le corps des paroles est le même. Comme les exemples font mieux sentir la vérité d'une proposition , nous donnerons les suivans. *Composta* , *reposta* , *porgite* , chez Ennius et Virgile , se rapprochent plus de *composta* , *reposta* , *porgete* , de notre langue vulgaire , que de *composita* , *reposita* , *porrigite* , de la romaine. *Danunt* , chez Plaute , Naevius et Cecilius ; et *adiuto* , chez Lucrèce et Cicéron , se rapprochent plus de *danno* et *aiuto* , que de *dant* et *adjuvo*. »

Cittadini allègue beaucoup d'exemples que nous supprimons , en disant avec lui : « Il serait trop long de rapporter tous les autres mots dont les anciens auteurs sont pleins. Notre langue n'est donc pas si éloignée de la langue vulgaire des Latins , ni de la langue latine même , comme quelques-uns l'ont cru. On peut au contraire affirmer qu'en retranchant , ainsi que je l'ai dit , les articles et les terminaisons de quelques mots , et d'autres altérations nouvelles , accidentelles et étrangères , la langue est presque la même en substance , c'est-à-dire , dans le corps des mots qui forment et constituent essentiellement une langue.

» Ces articles et ces terminaisons ne sont pas venus nouvellement de la conversation des Barbares qui tyrannisèrent un temps l'Italie , mais anciennement de celle des Barbares qui y habitaient comme amis et comme citoyens , et de celle des esclaves et autres gens de cette espèce , dont les Romains voulant parler la langue , par amour de la nouveauté , finirent par corrompre la leur. Juvénal s'en indigne (1) , et Tertulien , dans son apologétique , le reproche aux Romains de son temps en ces mots : *Ubi religio? ubi veneratio majoribus debita à vobis? habitu , victu et instructu , sensu , ipso denique sermone proavis renunciastis.* En outre , les soldats des légions , qui pour la plupart étaient des provinces et par conséquent de diverses langues ; ceux de Rome même qui étaient restés long-temps à la guerre , dans les garnisons ou en d'autres parties du monde , contribuaient à corrompre le langage à leur retour parmi leurs concitoyens. Tacite et Apulée confirment une partie de ce que nous venons de dire (1) , ainsi que Paul Diacre , abréviateur de Festus , dont voici les propres paroles: *Latinè loqui à Latio dictum est , quae locutio adeò est versa , ut vix ulla pars ejus maneat innoxia.* Le changement de la langue antique et pure se voit manifestement dans les vies des empereurs , écrites par Spartien , Lampridius , Capitolin , et dans les autres auteurs de leur temps , puisqu'elles sont remplies de mots de notre vulgaire , quoiqu'ils s'efforçassent sans doute d'écrire purement ; mais l'usage , et peut-être la nécessité , les entraînait malgré eux à employer des mots qu'ils entendaient journellement.

____

(1) Sat. 3 , 6 et 11.
(2) Tacit. ann. lib. 18 et 19. Apul. metam. lib. 9.

» On pourrait objecter qu'il n'existe aucun livre ni aucun écrit de ce temps-là, où l'on voie cette langue vulgaire des anciens de laquelle nous parlons ; et que si elle eût existé, nous en aurions quelqu'un, attendu qu'en tout temps il se trouve des écrivains dans toutes les langues. On répond à cela, qu'il n'est pas étonnant qu'on ne trouve point de livres entiers, puisque sur mille des meilleurs, à peine nous en est-il parvenu un seul, malgré les soins qu'on s'est donné pour leur conservation. L'empereur Tacite, qui se disait de la famille de l'historien, fesait faire tous les ans beaucoup de copies des ouvrages de ce dernier ; il en fesait placer une dans chaque bibliothèque, et conserver dix autres dans les archives publiques ; néanmoins ses ouvrages nous sont parvenus tronqués, et en grande partie corrompus par les copistes (1).

» Quant aux autres écrits, nous disons que malgré les incendies, le pillage des bibliothèques, et la ruine des anciens édifices de Rome, il s'est conservé quelques livres, des inscriptions et des épitaphes ; et que par leur moyen on peut prouver que la langue vulgaire, différente de la latine pure, existait dans ce temps-là. Voyez Cassiodore, *de divinis lectionibus* ; et Fortunatianus, qui,

---

(1) Ici notre auteur n'est point exact ; cet empereur n'ayant régné que six mois.

dans le 3.ᵉ livre de sa Réthorique, dit : *Vulgaria verba sunt, quibus utitur vulgus, id est, indocti, sine ratione atque lectione.* Isidore : *Mozica, quasi modica, undè est mozium, Z pro D, sicùt solent Itali dicere, Ozie, pro hodiè* (1). Le concile de Tours, tenu sous Charlemagne : *Visum est unanimitati nostrae, ut quilibet episcopus habeat homilias..... et easdem quisque apertè transferre studeat in rusticam et idioticam romanam linguam, quò faciliùs cuncti possint intelligere quae dicuntur.* Festus, *in voc.* Orata, Orum, Oricula.

» L'usage du latin pur s'affaiblissant chaque jour, cette langue ne fut conservée que par un petit nombre de moines et d'ecclésiastiques. Ceux-ci y mêlèrent des mots nouveaux, et d'autres estropiés par les Barbares, qui ne savaient ni les écrire ni les prononcer, comme on peut le voir même dans les fastes consulaires, où, au lieu de *Fabricius, Maximus, Nicomedes,* on a mis *Fravitta, Monaxius, Ricimer.* La langue vulgaire plus facile à apprendre, adoptant des mots de chacune des nations venues en Italie, et s'altérant en tout ou en partie, vint jusqu'à l'empereur Frédéric Barberousse. Elle conserva le nom de latine, n'étant pas encore assez altérée pour mériter une autre dénomination, ainsi qu'il

____

(1) Origin. lib. 20, c. 9.

est aisé de s'en convaincre pour une époque,
même postérieure, en comparant la première
période de la traduction de l'ouvrage des quatre
vertus de Sénèque, faite par Brunetto Latini,
maître de Dante.

Quattro specie di virtudi sono diffinite per molti savii
huomini, per le quali l'animo dell' huomo puote venire
ad honesta vita; la prima si é prudentia, la seconda
magnanimità, la terza continentia, la quarta justitia.

Sénèque s'exprime ainsi :

Quatuor virtutum species multorum sapientium homi-
num sententiis diffinitae sunt, quibus humanus animus
comptus ad honestam potest accedere vitam; prima est
prudentia, secunda magnanimitas, tertia continentia,
quarta justitia.

» Certes, ôté les articles et quelques terminaisons, on n'y voit aucune différence.

» Beaucoup d'auteurs, et mieux que tous,
Bembo, Castelvetro et Salviati, ont parlé com-
plétement de la formation de notre langue vulgaire actuelle; nous nous contenterons donc de
dire un mot sur quelques parties du discours,
et seulement comme pour exemple. Il est hors de
doute que les articles nous sont venus des pronoms articulaires des Latins. *Ille, illa, illud,*
ont fait par abréviation, *il, la, lo.* On dit en
latin, *tu illud amasti,* nous dirions en vulgaire,
tu lo amasti; et apostrophant l'article, *tu l'amasti.*

De *hâc horâ* l'on fit *hora*, comme les Latins de *hoc die* firent *hodiè*; de *illi*, *huic*, lui; de *illi ci*, lei. Dans les verbes, de *scribit* on fit d'abord *scribet*, substituant ensuite au B son analogue V, on fit *scrive*; de *facit*, fa; d'*amarunt* ou *amaront*, suivant les anciens, on fit *amarono*. Les anciennes inscriptions fournissent des exemples de tout ce que nous venons de citer. La dérivation des noms se fit en grande partie par la suppression de l'S finale, *Andreas*, *Andrea*. Quelques autres vinrent par transposition de lettres : de *pater*, *mater*, on fit *patre*, *matre*, ensuite *padre*, *madre*; ou peut-être prononçaient-ils *patere*, *matere*; et alors ce fut par synalèphe, ou par le retranchement du premier E (1). On en fit d'autres par

---

(1) Comment Celso Cittadini paraît-il ne connaître que les nominatifs des noms latins ? A quoi bon cette doctrine des transpositions, pour expliquer comment *padre* et *madre* sont dérivés de *pater* et *mater*; et cette autre doctrine des rallongemens, pour expliquer comment d'*imperator* s'est pu faire *imperatore* ? Est-ce qu'il ignorait que les ablatifs de ces mots latins sont *patre*, *matre*, *imperatore*, les mêmes que les mots italiens ?

Comme cette doctrine des ablatifs est la seule qui explique les articles des langues modernes (au moins à ce que je pense), j'en dirai deux mots.

Les langues à cas doivent être très-difficiles pour le vulgaire; nous voyons que la différence des nombres embarrasse elle seule le bas peuple d'Italie, et même

allongement ou par addition de lettres, comme
par exemple, d'*imperator*, *imperatore*, et ensuite
imperadore. Nous ne pousserons pas plus loin
les exemples ; mais nous dirons que ces dériva-

---

celui de France. Un Italien du bas peuple vous dira encore, dans les régions où l'on ne tronque pas les finales,
le mano, au lieu de *le mani* ; *le parte*, *le tigre*, au lieu
de *le parti*, *le tigri*. Quel embarras bien plus grand les
cas des Latins ne devaient-ils pas faire ? Un étranger avait
appris que le feu se disait *ignis*. Cette connaissance lui
devenait presque inutile, à moins qu'il ne fût un Grec,
ou une personne qui eût de l'instruction. Comment se
régler pour les variations de ce mot ? Comment savoir
quand il fallait dire *igni* ou *igni*, *ignem*, *igne*, *ignes*,
ignium, *ignibus* ? Une personne idiote devait trouver
cela presque impossible. La plupart des circonstances
exigeaient l'ablatif ou l'accusatif, comme les cas des prépositions ; on pouvait dire *ex igne*, *ab igne*, *cum igne*,
pro igne, *in igne*. On a commencé à confondre ces deux
cas ; et l'on est revenu, comme dans la langue primitive,
à faire usage des prépositions, tantôt avec l'accusatif,
tantôt avec l'ablatif, sans aucune règle. On a dit *ad igne*
et *per igne* ; on a dit aussi *cum ignem*. Cet idiotisme
était d'autant plus naturel, que la langue la plus correcte
admettait déjà *in ignem* et *in igne*, *sub ignem* et *sub igne*.
Dans cette concurrence, quelle merveille si l'ablatif a eu
le dessus, comme celui des deux cas, qui ne finissant pas
en consonne, favorisait la lâcheté ou la facilité de la prononciation. Alors la différence des cas s'est effacée ; à peine
celle des nombres est restée. Le seul cas a été l'ablatif ;
la seule préposition a marqué les cas dans la déclinaison

tions des mots vulgaires du latin se firent dans
tous les temps de la langue, ainsi que nous l'avons
démontré et que les auteurs en font foi.

Horace, art poétique:

> Ut silvae foliis pronos mutantur in annos,
> Prima cadunt, ità verborum vetus interit aetas.

Tacite, dans son dialogue des orateurs:

> Quis enim ignorat et eloquentiam et caeteras **artes**
> descivisse ab istâ vetere gloriâ.

---

indéfinie. *Di*, *à*, *da*, sont devenus les *segna-caso* des
Italiens. Les mêmes prépositions, jointes à un pronom
estropié, ont formé les articles *de lo*, *à lo*, *da lo*.

Cette doctrine n'est pas arbitraire; les inscriptions sépul-
crales et les chartes les plus anciennes nous montrent avec
évidence la substitution de l'ablatif à tous les cas, et
l'emploi des prépositions et des pronoms pour remplacer
les modifications désignées par la différence des cas.

La langue italienne est en cela la plus ressemblante à la
langue mère: elle a constamment l'ablatif latin qui forme
le mot qui lui est propre. L'espagnole aussi ne s'éloigne
pas de cette méthode. Mais les langues de la France,
comme les patois de l'Italie supérieure, se sont tirées de
l'embarras des cas, en tronquant pour l'ordinaire les syllabes finales. Pour la distinction des pluriels, les Italiens
se sont réglés sur les déclinaisons parisyllabes latines,
changeant l'*a* en *e*, et l'*o* de l'ablatif en *i*. Les autres
langues ont préféré la déclinaison imparisyllabe, qui donne
en latin et en grec l'*s* pour caractéristique du pluriel.

Cette note est de **M. Visconti**, membre de l'Institut
national.

Aulu-gelle :

Animadvertere est pleraque verba latinorum ex eâ signi-
ficatione, in quâ nata sunt, decessisse, vel in aliam
longè, vel in proximam.

Diomède le grammairien :

Injecit postera aetas manum, et veluti disciplinam
pristini seculi in sermonem fastidire coepit, et nova
veluti parturire verba.

Dante, dans son banquet :

Onde vedemo nelle città d'Italia, se ben volemo
guardare, da cinquanta anni in qua molti vocaboli essere
spenti, e variati.

» Répétant donc ce que nous avons dit, nous
concluons que si l'on veut considérer sans par-
tialité la véritable origine et la marche suivie de
la langue vulgaire, on trouvera qu'elle n'est
autre que la langue vulgaire des anciens Romains,
avec les changemens que nous avons indiqués
ci-dessus. »

Les preuves fournies par Cittadini satisfirent
les savans. Ils accordèrent qu'il existait anciennement chez les Romains deux langages différens;
mais sa conclusion sur l'origine de la langue italienne n'eut pas le même succès. Il se forma deux
partis, dans chacun desquels on distingue des
noms illustres parmi les auteurs. Bettinelli nous

représente d'un coté Cittadini soutenant avec Quadrio , Maffei et Gravina , que cette langue était usitée du temps des anciens Romains ; de l'autre côté, Zeno , Fontanini , Muratori , d'après Bembo , Varchi , Castelvetro et Buommatei , soutenant au contraire qu'elle s'était formée vers l'an mille du latin corrompu par les Barbares , et par les révolutions qu'éprouvèrent les divers états d'Italie (1).

Entre les raisons alléguées par Maffei à l'appui de son opinion , il en est une qui nous a paru remarquable ; c'est que Fortunatien , évêque d'Aquilée , avait écrit en langue rustique des commentaires sur les évangiles (2). Nous devons regretter que son ouvrage ne soit pas venu jusqu'à nous ; il aurait probablement terminé ou même empêché la querelle.

En défendant contre Maffei l'opinion contraire, Tiraboschi ne la trouve pas si clairement démontrée , qu'il ne reste encore bien des difficultés à résoudre. Comme il finit , ainsi que Bettinelli , par jouer le rôle de conciliateur , c'est en rapportant ses propres paroles que nous allons terminer cette digression (3). « A quelle époque, dit-il,

----

(1) Del resorgimento d'Italia. T. 2 , p. 3.

(2) Verona illustrata. Parte 1.ª lib. 11 , in-folio. Voy. D. hieronimi catal. scriptor. ecclesiasticor. Francofurti , 1722. in-4.º p. 93, c. 97.

(3) Storia della letteratura italiana. T. 3 , prefazione.

la langue latine est-elle devenue la langue italienne ? On répond , au XII.ᵉ siècle ; et nous sommes de cet avis. Mais les ouvrages des auteurs de ce temps-là , bien éloignés sans doute de l'antique élégance , sont néanmoins en latin fort différent de l'italien. Cette difficulté nous ouvrira peut-être la route du vrai dans cette question embrouillée....

» Nous avons indiqué qu'il existait chez les Romains quelque différence entre la langue des savans et celle du peuple , sans que cette différence constituât deux langues diverses. Lors de l'arrivée des Barbares , les savans , qui avaient sous les yeux les ouvrages des bons écrivains , purent former leur style sur ces modèles. Mais le peuple , qui n'avait pas cette ressource contre la contagion , parlant et conversant avec les étrangers , altérait chaque jour son langage , et parvint avec le temps à former une langue nouvelle , grossière , informe , sans règles , et dépendant uniquement de son caprice. Il ne faut pas s'étonner si pendant plusieurs siècles on n'écrivit point en cette langue , parce qu'il fallut beaucoup de temps pour la rendre totalement différente de la latine....

» En résumant , il me semble qu'on peut accorder les diverses opinions sur l'origine de la langue italienne. Si ceux qui soutiennent que cette langue fut usitée chez les Romains dans le langage du peuple , se restreignent à dire qu'ils avaient un parler populaire, dont par succession de temps notre langue s'est formée , je ne contesterai point avec eux. J'accorderai au Mis Maffei et aux défenseurs de son opinion , que la langue italienne n'est point venue des Barbares , mais de la plus grande corruption du langage vulgaire, pourvu qu'il ne nie pas que les Barbares eurent une part considérable à cette corruption. »

Il serait difficile de rejeter une conclusion , qui n'offrant rien de contradictoire , semble s'accorder parfaitement avec la vérité.

Dans l'extrait de l'ouvrage de Cittadini , nous avons passé trop légèrement sur les articles , pour ne pas y revenir un moment. Selon Du Marsais (1) , Quintilien dit expressément que les Latins n'en avaient point , et n'en avaient pas besoin : *noster sermo articulos non desiderat* (2). Sans cette interprétation nous eussions commis une grande erreur , en inférant de ce passage qu'ils existaient ; mais qu'il était d'usage ou plus élégant de ne pas les employer. Nous aurions eu pour nous Quadrio (3) , dont l'opinion ne saurait balancer l'autorité des grammairiens, qui les font dériver des pronoms démonstratifs. L'abbé Papon

---

(1) V. Encyclopédie , au mot article.

(2) Quintil. lib. 1, c. 4.

(3) Della storia e della ragione d'ogni poesia. T. 1, p. 42.

croit que le Provençal les a tirés du grec (1),
ce qui rentre dans notre sens , puisque les deux
langues étaient anciennement les mêmes , et que
sous ce rapport , Ennius appelait Grecs les Romains de son temps (2). Quoiqu'il en soit , il
paraîtra toujours singulier que les Romains , en
polissant leur langue , se soient privés d'un moyen
d'exprimer beaucoup d'idées avec une précision
qui leur manque souvent ; et , comme le dit
Buommattei , si le latin eût fait usage de l'article ,
il pourrait se glorifier d'une richesse de plus (3).

Ce qui était arrivé en Italie eut également lieu
en Espagne , comme on peut s'en convaincre en
lisant Aldrete (4) , et les autres auteurs qui
ont écrit sur l'origine de la langue espagnole.
Mayans en a recueilli et publié quelques-uns , à
la tête desquels se trouve un discours de sa
composition , où il traite le même sujet avec
assez de prolixité (5). D'après cela , nous nous
serions dispensés d'en parler , si aux extrémités
opposées de cette péninsule il n'existait pas deux
langues qui , partant d'une source commune ,

---

(1) Hist. de Provence. T. 2 , p. 455 et suiv.

(2) V. Festus. lib. 16 , p. 455. Edit. 1700.

(3) Della lingua toscana. Napoli, 1759. in-4.º Trattato
X , cap. 3.

(4) Del origen y principio de la lengua castellana.

(5) Origines de la lengua espanola. Madrid , 1737. 2.º
in-8.º

conservent

conservent néanmoins des caractères distinctifs ; nous voulons dire le portugais et le catalan.

Le Portugal, devenu libre, forma sa langue sous la bénigne influence de son climat et de ses premiers souverains. Rejetant les gutturales, qui déparent la langue des Castillans et rappellent leur servitude, son langage prit une teinte de mollesse qui lui fit perdre quelque chose de sa gravité. Introduit aux Indes depuis trois siècles, il est encore aujourd'hui la langue commerciale de ces régions lointaines, où les armes des Portugais l'ont bien moins propagée, que la douceur et la facilité de sa prononciation.

La Catalogne conquise sur les Sarrasins par les Français, à qui elle fut long-temps soumise, réunie ensuite au royaume d'Aragon, dont les monarques étaient alliés des comtes de Toulouse, la Catalogne forma sa langue sur celle de ses maîtres ; et cette langue ne fut qu'un dialecte de l'Occitanien. C'est ainsi que l'ont considéré les plus anciens et les plus savans auteurs espagnols qui en ont parlé, tels que Villena, Santillane, Aldrete, Bosch, Escolano, Mayans, M.r Sanchez, etc. Tous s'accordent à donner le nom de Limousins aux poëtes qui ont composé des vers en cet idiome, et au catalan, le nom de langue limousine, parce qu'ils prétendent que c'est à Limoges qu'elle avait pris naissance : ce qu'aucun d'eux ne s'est embarrassé de prouver.

Une origine française ne pouvait plaire à tous les écrivains de cette principauté. L'un d'eux inséra dans le recueil de l'académie des belles-lettres de Barcelonne, un long mémoire sur le langage romain vulgaire (1). Après y avoir fondu l'ouvrage de Cittadini, et s'être appuyé de l'autorité des auteurs italiens que nous avons cités, il s'élève fortement contre ceux qui soutiennent que les langues catalane et limousine sont les mêmes. Il avoue que l'on appelait provençal l'idiome des habitans des pays situés entre la Loire et les Pyrénées, quoique le nom de catalan lui convînt beaucoup mieux, à cause des beautés que les comtes de Barcelonne y répandirent, lorsqu'ils transportèrent leur cour dans la Provence dont ils avaient hérité (2). Pour faire voir

----

(1) Real academia de buenas letras de la ciudad de Barcelona. T. 1. parte 2.ª apendice al lenguage romano vulgar, p. 562 et seq.

(2) L'abbé Papon est d'un sentiment tout-à-fait opposé, puisqu'en parlant de la langue provençale, il dit : « La princesse Douce la porta chez les Catalans, par son mariage avec Raimond Béренger I, comte de Barcelonne, et la fit briller de toutes les grâces qu'elle et les seigneurs de sa cour étaient capables de lui donner. Dans peu de temps elle n'eut pas d'autres bornes que les Etats du comte ; elle passa de la cour parmi le peuple, à Valence, à Majorque, à Minorque, selon du Cange, et servit même à dépouiller celle des Espagnols de la barbarie

que les premiers poètes de cette cour, et même
les Provençaux, écrivaient leurs ouvrages en
catalan, il rapporte quatre couplets d'une chanson de Geoffroi Rudel, prince de Blaye en
Saintonge, le plus ancien troubadour de cette
nation qui soit connu, « si ce n'est, dit-il, Guillaume IX, comte de Poitiers et duc d'Aquitaine,
(aujourd'hui vénéré dans le catalogue des saints),
tous deux contemporains de notre premier comte
de Provence ». La preuve est singulière et la
parenthèse est plaisante, comme l'on peut en juger
par la vie de ce prince libertin et par les pièces
qui nous restent de lui, surtout par celle que
d'Hauteserre n'a pas craint de mettre au jour,
mais que nous n'osons reproduire à cause de
son obscénité (1). Après les quatre couplets tirés
de la *Crusca provenzale de Bastero*, lesquels
commencent par ce vers : *No sap cantar qi'l son
no di*, l'académicien ajoute : « Quiconque connaît
ces idiomes, verra que ces vers représentent plus
vivement l'ancien catalan que le provençal, à
travers la faible différence qui les distingue ».

____

qu'elle avait contractée en passant par la bouche des Sarrasins. Alfonse II, roi d'Aragon, en fesait ses délices et
l'employait dans ses poésies, lorsqu'il se délassait avec
les troubadours provençaux des soins pénibles de la
royauté. »

Hist. génér. de Provence. T. 2, p. 465.

(1) Gesta regum et ducum Aquitaniae. T. 2, p. 509.

Il paraissait impossible d'entasser dans si peu de phrases un plus grand nombre d'absurdités ; ce miracle était réservé pour M. l'abbé Lampillas. Celui-ci copiant et multipliant les bévues de son digne compatriote , voulut à son tour prouver aux Italiens qu'ils devaient à sa nation et leur langue et leur poésie (1). Il commence par mettre en fait , que dès le IX.ᵉ siècle , les comtes de Barcelonne avaient introduit leur idiome naturel dans les provinces de France , où ils dominèrent sous le titre de ducs de Septimanie : que le Provençal leur dut son origine et sa perfection ; et que les Français eux-mêmes appelaient cette langue Catalano-française. Citant ensuite un passage de la préface de du Cange (2) , à qui cet abbé prête gratuitement son ignorance ou sa mauvaise foi , il conclut ainsi : « Or , la langue et la poésie vulgaire d'Italie s'étant formées de l'imitation des Provençaux , l'Italie doit confesser qu'elle en est redevable à l'Espagne ». Quel terrible dialecticien que ce monsieur de Lampillas (3)!

Egalement zélé pour la gloire de son pays ,

----

(1) Saggio storico-apologetico della letteratura spagnuola. Genova , 1778, in-8.° T. 2. parte 1.ᵃ dissert. 6, § 7 , p. 180 et seq.

(2) V. glossar. in praefat. p. 58 , n.° 35.

(3) V. Tiraboschi , storia della letter. ital. T. 5 . lib. 4, c. 4.

l'abbé Andrès va plus loin (1). Non seulement il
avance qu'à l'époque florissante de cette langue
elle s'appelait catalane, et non provençale, mais
de plus, qu'on appelait Catalans les peuples qui
la parlaient. Il en trouve la preuve dans un tenson
d'Albert avec Monge, et dans la vie de Bernard
d'Alamanon. Après quelques contradictions, il
finit néanmoins par dire, qu'il n'ose rien conclure
sur la première patrie de cet idiome. En faveur
de la conclusion, nous devons supprimer une
réflexion qui, sans cela, trouvait naturellement
ici sa place; c'est qu'il faut avoir l'esprit bien à
l'envers pour raisonner ou plutôt pour déraison-
ner de la sorte.

On perdrait beaucoup de temps, s'il était nécessaire de l'employer à reprendre les fautes qui
fourmillent dans les ouvrages de ces écrivains. Il
suffit d'observer que, n'ayant point de monumens
de leur ancien langage, ils s'approprient hardiment ceux qu'ils sont forcés de nous emprunter.
Nous observerons aussi qu'ils pervertissent le sens
des passages qu'ils rapportent, et qu'ils donnent
sans cesse leurs conjectures pour des faits certains,
et leurs paralogismes pour des démonstrations.
Du reste, en comparant les poésies de leurs troubadours du XIII.ᵉ siècle, avec les chroniques du

----

(1) Dell' origine, progressi e stato dogui letteratura.
Parma, 1782 et seq. in-4.° T. 1, p. 292 et seq.

roi Don Jayme et de Muntaner, il est aisé de voir que les premiers composaient en occitanien, tandis que les derniers écrivaient en catalan. La différence est assez marquée, pour qu'on ne puisse pas s'y méprendre.

Laissons la critique, et revenons à notre sujet.

Ce que nous avons dit relativement à la formation de l'italien, s'applique avec une égale justesse à l'espagnol et au français, surtout à l'occitanien, et résout la seconde question. La langue romance se forma donc de la même manière chez les trois nations qui, en l'adaptant à leur usage, lui donnèrent la tournure de leur génie, leur accent et leur prononciation. Le goût ni la réflexion ne présidèrent point au choix du dialecte qui devait être la langue générale de chacune d'elles; ce choix fut déterminé par des circonstances particulières, et par l'établissement du siége de l'empire. En Italie, dit M. Denina (1), l'avénement successif de deux Florentins au pontificat occasiona le mélange du dialecte romain avec le toscan; et ce dernier fut adopté de préférence au vénitien, quoique Venise fût sans comparaison plus puissante que Florence. En Espagne, le gouvernement se fixa dans le centre; et le castillan, quoique le plus barbare de tous,

____

(1) Pensieri diversi. § 9. Berlino, 1785. Le Lingue.

l'emporta sur ses concurrens (1). Par une raison
à peu près semblable, le français supplanta l'occitanien, qui, malgré ses avantages, fut entièrement délaissé : on l'a même depuis injustement
relégué dans la classe des patois (2). Cependant
des millions de personnes parlent encore cette
langue ; mais n'étant point cultivée par des
hommes de lettres, elle n'a pu recevoir toute la
perfection dont elle était susceptible, et finira
par n'être plus entendue. Barbieri ou Barbiero,
comme l'appelle Castelvetro (3), se plaignait déjà
vers le milieu du seizième siècle, que de son temps
elle était ignorée non seulement des étrangers,
mais aussi des gens du pays, et que l'on était
forcé de l'apprendre sans maître par le secours
des autres langues, et de la deviner à la manière
des chiffres, à force de combinaisons et de rap-
prochemens (4). Il paraît être sur ce point en
contradiction manifeste avec Catel (5). Celui-ci

------

(1) Bosch, titols de Cathalunya, Rossello, y Cerdanya.
Perpinya, 1628, in-fol. lib. 1, § 4, p. 18, col. 2, et § 7,
p. 24, col. 1.

(2) V. dictionn. languedocien, aux mots pates, rouman
et troubadour. Edit. de Nismes, 1785.

(3) Rime del Petrarcha. Basil. 1581, in-4.° parte 3.ª
p. 252.

(4) Dell' origine della poesia rimata. Modena, 1790,
in-4.° c. 10, p. 95.

(5) Mémoires de l'hist. du Languedoc. Tolose, 1633,
in-fol. liv. 2, p. 128-9.

rapporte qu'il avait une histoire des guerres de
Raimond le vieux , laquelle il supposait écrite
depuis plus de 400 ans , dont le langage était
semblable à celui qu'on parlait de son temps.
D. Vaissete qui l'a publiée , dit aussi que la langue
avait peu changé ; mais il pense que l'auteur de
cette histoire écrivait au plutôt vers le milieu
du quatorzième siècle , et que les deux copies
qui lui ont servi pour l'impression n'avaient pas
200 ans d'ancienneté (1). Malgré ces deux graves
autorités , il est possible de défendre le littérateur
italien. Barbieri travaillait sur les troubadours ,
antérieurs de plus d'un siècle à l'historien en
prose dont il s'agit. La plupart de ces poètes ,
sans parler des rimes closes qui sont des mots
estropiés , affectaient une telle obscurité , qu'à
peine ils étaient entendus , même par leurs contemporains. Si l'on joint à cela les tours , les
expressions et les licences poétiques , les mots
particuliers aux provinces qu'ils habitaient , et
le défaut de dictionnaires pour les expliquer , il
faudra convenir que l'opinion de Barbieri n'est
pas absolument condamnable. On voit par son
petit ouvrage qu'il était parvenu à se rendre
familiers les écrits des troubadours , et qu'il en
jugeait favorablement , puisqu'il s'étonne que
leur langue soit tombée dans l'oubli , après avoir

---

(1) Hist. de Languedoc, in-fol. T. 3, avertiss. p. 14.

été si chérie des anciens par le grand nombre des bons écrivains qui l'avaient employée dans leurs vers.

La prose n'offre pas les mêmes difficultés. Simple dans sa marche, elle rejette les constructions violentes, auxquelles la mesure et la rime forcent quelquefois les poètes. D'ailleurs, depuis le milieu du quatorzième siècle, l'occitanien n'a pas dû subir de grands changemens, parce qu'il était abandonné presque entièrement au peuple. « Ce sont les auteurs, dit Astruc, qui en composant, cherchent à mieux dire que ceux qui les ont précédés, et qui par ce moyen disent autrement. On sait qu'en polissant une langue, on l'exténue souvent, et qu'à coup sûr on l'altère toujours » (1). Cela peut être vrai ; mais lorsqu'il avance que la langue des troubadours des douzième et treizième siècles diffère à peine autant du langage qu'on parle aujourd'hui, que le français qui était en usage sous le règne de Louis XIII, diffère du français d'à présent, nous regrettons que ce docteur ait négligé de prouver cette proposition.

En lisant nos anciens auteurs méridionaux, nous avons observé qu'il n'existait pas un seul ouvrage en prose qui ne fût une traduction, tandis que ceux en vers peuvent être présumés

---

(1) Mémoires pour l'hist. nat. de la prov. de Languedoc, p. 505.

originaux. Nous en avons copié quelques-uns des deux sortes pour notre usage. Comme ils ont servi pour la composition du glossaire, nous en donnerons la notice à la fin de cette préface, et nous relèverons en même temps des erreurs commises par certains auteurs qui les ont cités, peut-être sans les avoir vus, ou du moins après un examen très-superficiel.

A propos de notre langage, nous avons une opinion qui peut sembler un paradoxe, et de laquelle pourtant nous essaierons de démontrer la vérité : c'est que l'ancien idiome du Latium s'est mieux conservé dans l'Occitanie où il fut transplanté, que dans le pays même où il était naturel.

Parmi les causes de révolution des langues, les invasions doivent tenir le premier rang, surtout lorsque les conquérans fixent leur demeure dans le pays qu'ils ont soumis à leur empire; ainsi l'italien a dû souffrir de très-grandes altérations. Il en est de même de l'Espagne, où le joug des Goths et des Arabes se fit sentir si long-temps. L'Occitanie, au contraire, après avoir obéi pendant 88 ans aux Visigots, sans que les deux peuples se mélassent, comme nous l'avons dit plus haut, soumise aux Français qui se contentèrent d'y envoyer des gouverneurs, conservant son culte et ses lois, l'Occitanie a dû transmettre fidèlement d'âge en âge la langue de

ses premiers vainqueurs, devenue la sienne exclu-
sivement. On l'appela romaine ou rustique par
opposition à la plus polie, à laquelle nous donnons encore le nom de latin. Si cette opinion
est vraie, il s'ensuit que de toutes les langues
dérivées de celles des Romains, l'occitanienne
est la plus utile pour l'intelligence des mots de
la basse latinité; et que, faute de la savoir, le
savant du Cange en a laissé plusieurs sans explication (1). Ceci nous conduit à parler des étymologies.

Lorsque une nation réforme son langage, elle
ne l'altère pas de manière à perdre toute trace
des mots qui le composent; elle suit au contraire
certaines lois générales par lesquelles une révolution ressemble à l'autre. Ainsi elle substitue
une lettre, non pas à toute autre lettre, mais
seulement à celle qui a quelque affinité d'organe
et de son; elle tronque et transpose les syllabes,
non par affectation ni par réflexion, mais par
cet instinct qui la porte à changer un mot trop
rude, afin d'en faciliter la prononciation; de
sorte qu'après plusieurs siècles, un mot qui a
passé par diverses langues, est encore reconnais-
sable pour celui qui sait en suivre les traces.
C'est par-là qu'une révolution de langage répand

---

(1) Voy. le discours prélim. du dictionn. languedocien,
p. 12. Edit. de 1785.

la lumière sur l'autre. Les événemens remarqués
en un lieu et dans un temps, découvrent ceux
qui purent arriver dans des pays et des âges différens. Les règles qui servent à ramener un mot
ancien à un mot moderne, sont presque les mêmes
dans toutes les langues.

Nous avons extrait ces principes d'un excellent
ouvrage de l'abbé Lanzi, qui en a fait une heu-
reuse application au cantique des Arvales, ainsi
qu'aux tables de Gubbio (1). D'accord avec Cittadini, qu'il cite, sur l'existence d'une langue du
peuple, de laquelle s'est formé l'italien vulgaire,
il pense avec Hervas (2), que dans les autres
pays les langages nationaux nuisirent infiniment
au latin : par exemple, le celtique en France et
le cantabre en Espagne. Sans contester ce point,
nous allons rapporter brièvement l'opinion de
M. Lanzi sur l'origine de l'italien, parce qu'en
résumant ses raisons, nous trouvons le double
avantage d'alléguer une bonne autorité de
plus, et de faire une récapitulation nécessaire
de tout ce que nous avons déjà dit sur cet objet
particulier.

Dans les beaux siècles de Rome, le langage du
peuple resta caché : dans les siècles moyens, il
reparut et s'étendit peu à peu ; se fortifiant ensuite

----

(1) Saggio di lingua Etrusia, etc. T. 1, p. 413 et seq.
(2) Idea del universo. T. 17, p. 175, 188.

et dégénérant toujours, il devint enfin dans les siècles barbares la langue vulgaire d'Italie. Le passage se fit d'une manière insensible, c'est-à-dire, que des modes proscrits par la politesse revinrent successivement. Des changemens de lettres, des retranchemens de finales, des terminaisons en voyelles de mots finissant par des consonnes, ou au contraire; toutes ces choses composèrent un idiome plus conforme au latin antique et grossier, qu'au latin moderne et littéraire. Chaque année du moyen âge était un pas vers un langage nouveau. Dès le septième siècle, les articles étaient en usage. Les conjonctions et les adverbes se formèrent aussi par degrés; mais le plus grand changement eut lieu dans l'inflexion des temps, qui servent à distinguer une idée d'une autre idée. Peu de verbes et très-généraux étaient, selon notre auteur, la monnaie courante de tous les discours, ainsi qu'en usent les étrangers et les enfans, qui sans cesse ont à la bouche *être*, *avoir*, *faire*, et quelques autres de cette espèce. Avec leur secours, ils exprimaient très-simplement leurs conceptions, et disaient *fut né* pour *naquit*; *eut trouvé* pour *trouva*; *fit offense* pour *offensa*. Il n'existait aucune règle fixe à laquelle on pût se conformer, soit en écrivant, soit en variant les verbes. Un sentiment naturel d'analogie fesait suivre la plus facile et la plus ordinaire; mais l'usage entraînait souvent dans

des syncopes et des transpositions moins réguliè-
res. La plus grande dissonance fut à la fin des
mots, dont un grand nombre eut deux désinences.

Telle est l'origine de l'italien, et telle est à peu
près celle de l'occitanien.

Quant à ce qui concerne la recherche et l'utilité des étymologies, on trouvera de quoi se
satisfaire dans l'Encyclopédie, dans la préface
du dictionnaire de Ménage, donné par le professeur Jault, et dans la mécanique des langues
du président de Brosses.

Il nous reste à rendre compte de la manière
dont nous avons cru devoir composer le glossaire.
Pour ne pas le grossir inutilement, nous n'y
avons inséré que les mots les plus difficiles ou
qui pouvaient embarrasser le lecteur. A la suite
du mot occitanien, nous avons placé le mot
français qui lui répond, et quelquefois le mot
latin, quand celui-ci pouvait servir à marquer
la correspondance des deux langues. Nous vou-
lions d'abord avertir de l'addition, du retranchement, de la transposition des lettres et des
syllabes, qui pour l'ordinaire défigurent un mot
au point de le rendre méconnaissable ; mais cet
ouvrage étant fait pour les savans, ils apcrce-
vront aisément ces diverses altérations. Sans nous
borner à l'explication des mots contenus dans les
pièces que nous publions, nous en avons ajouté
beaucoup d'autres tirés de celles qui restent dans

notre portefeuille, et des manuscrits dont nous avons promis la notice. Les lexicographes des trois nations dont les langues dérivent du latin, nous sauront peut-être gré d'avoir rassemblé des matériaux qu'ils emploieront plus utilement que nous. Dans les difficultés qui se sont plus d'une fois présentées, nous avons eu recours à Borel, à Ménage, à du Cange, etc., souvent avec le regret de ne pas trouver dans leurs ouvrages les secours que nous en attendions. Lorsqu'il s'est rencontré des mots dont nous n'avons pas pu saisir le sens, alors nous citons le passage dans lequel ils sont employés. Quelquefois aussi la citation n'a pour but que d'éclaircir ou de justifier le sens que nous leur avons donné. Ces mots existent probablement encore, mais épars dans les divers cantons où notre langage s'est mieux conservé. Nous sommes d'autant plus fondés à le croire, qu'en traversant les montagnes du Rouergue et du Gévaudan, nous en avons retrouvé plusieurs qui ne sont plus d'usage dans les plaines du Haut Languedoc. Les gens de lettres, répandus dans les départemens du midi, pourront suppléer à notre ignorance.

La littérature est, pour ainsi dire, un temple magnifique dont chaque partie a ses beautés particulières ; les langues en forment le vestibule par lequel il faut passer nécessairement, si l'on veut pénétrer jusqu'au sanctuaire. Elles ne sont pas toutes également indispensables, mais aucune n'est inutile. Celle des troubadours appartenant aux Français, par cela même devient pour nous d'un intérêt considérable. Cette langue fut générale dans les Gaules du temps des Romains, avec la différence qu'établissent le climat et les localités. Si l'arrivée de quelques peuples de la Germanie l'altéra dans nos provinces du nord, le fonds resta toujours le même. Lorsqu'au dixième siècle les lettres commencèrent à sortir de la Barbarie, ce furent des Français qui les cultivèrent les premiers. Ils donnèrent le ton à l'Europe, comme ils le donnent encore, et comme ils le donneront sans doute tant qu'ils seront en corps de nation, ce qui semble promettre une longue suite de siècles.

Nous finissons par des règles de prononciation, au moyen desquelles on sentira mieux la douceur et l'harmonie des poésies des troubadours.

L'occitanien n'a ni syllabes muettes ni son nasal. Les voyelles s'expriment plus ou moins fortement, selon qu'elles se trouvent dans le corps ou à la fin des mots.

Le *CH* et le *J* ont un son à peu près semblable. Le premier se prononce comme dans le mot espagnol *mouchacho* ; le second, comme dans le mot italien *giungere*. L'*X* ne diffère guère de l'un et de l'autre.

LH a le son des deux *ll* mouillées.

NIJ

NH se prononce comme *GN*: *senhor*, *signor*, *seigneur*.

Dans les sons composés, les voyelles conservent toujours leur valeur propre. Dans les diphtongues, c'est sur la première qu'on appuie: *ài*, *méi*, *sòi*. Dans les triphtongues, si toutefois on veut en admettre, c'est sur la seconde: *iéu*, *uéi*, *suàu*, etc.

U, après une autre voyelle, se prononce ordinairement *ou*. *V* se prononce comme B.

Ceux qui désireront de plus grands détails sur cet objet, peuvent consulter les remarques sur la prononciation languedocienne, qui suivent le discours préliminaire du dictionnaire de l'abbé de Sauvages, imprimé à Nismes en 1785. Quoique cet ouvrage ne soit pas sans défauts, c'est encore le meilleur de ce genre qui soit parvenu à notre connaissance. Il nous a été fort utile.

Voici la notice des manuscrits qui nous ont servi pour la composition du glossaire, indépendamment de ceux des troubadours. Excepté le n.° 10, ils sont tous à la bibliothèque nationale.

1.° Une grammaire latine et provençale, petit in-folio, sur papier, écriture italienne du seizième siècle, fourmillant de fautes, cotée 7534. Le mot provençal s'y trouve quelquefois rendu par un mot italien, mais ordinairement par un mot latin. Ce manuscrit et le suivant sont deux copies, dont les originaux existent dans la bibliothèque

Laurentiane de Florence , pluteo 41 , n.º 34 (1).

2.º Un glossaire latin et provençal , in-4.º , sur papier , écriture du seizième siècle , imparfait au commencement. Nous l'avons fondu dans le nôtre.

3.º La Bible en catalan , 3 vol. in-fol. quinzième siècle , cotée 6831-2.

4.º Le nouveau Testament en occitanien , in-4.º, sur vélin , treizième siècle , coté 8086 , imparfait au commencement et dans le corps de l'ouvrage.

5.º La vie de Saint Honoré de Lérins , en vers provençaux , achevée par Raimond Feraut , en l'an 1300 , in-4.º , sur vélin , grosse écriture de ce temps-là , cotée 1156 , parmi les cartes de M. du Theil , et collationnée sur le manuscrit de la Vallière , 2737 , en papier , quinzième siècle.

6.º Traité des vertus et des vices , in-4.º , sur vélin , quatorzième siècle. Nous avons vu trois manuscrits de cet ouvrage en occitanien. Il en existe un plus grand nombre en vieux français, sous les différens titres de *somme le Roi , divers traités théologiques , les dix commandemens ,* etc. Sur celui qui est coté 7283 , une main moderne a écrit en marge , *frère Laurent ,* confesseur de Philippe le Hardi. Cela joint à une citation de quelques vers d'Hélinand , nous fait croire que l'original est français. L'abbé Mehus

----

(1) Voy. Montfaucon , *Bibliotheca bibliothecarum ,* p. 325 , col. 2. B.

parle d'un maître Guillaume, dominicain à Florence, qui ayant composé en latin un livre des vertus et des vices, le traduisit en français, à la prière de Philippe le Hardi (1). Apostolo Zeno dit que ce frère Guillaume est surnommé Peraldo ou de Peyrauta, lieu de sa naissance dans le diocèse de Vienne en Dauphiné (2).

7.º Traité de diverses vertus, traduit de Bède, in-fol. sur vélin, treizième siècle, coté 7694.

8.º Les demandes et réponses de Sydrac, in-4.º, sur vélin, quatorzième siècle, coté 7384, imparfait et fautif.

9.º Traité de jurisprudence, tiré du digeste et du code, in-4.º, sur vélin, écriture de la fin du treizième siècle, coté 8264.

10.º Lo libre de alcunas libertatz, privilegis, franquetatz, costumas e perrogativas que an los consols et habitans de la cieutat et juridiction de Alby, in-fol., sur vélin, quinzième siècle. Ce manuscrit existe dans les archives de l'hôtel-de-ville d'Albi. Il est coté 126.

11.º Le roman de Gérard de Roussillon, en vers, in-8.º, sur vélin, treizième siècle, fonds de Cangé, coté 7991. Dans une note de la préface

---

(1) Epistolae et vita Ambrosii Traversarii, generalis camaldulensium. Florentiae, 1769, in-fol. 154.

(2) Voyez Fontanini bibliotheca dell' eloquenza italiana, parte 2.ª, p. 460. Edit. de 1753.

des Fabliaux, p. 35 et suiv. de l'édition in-8.º, le Grand d'Aussy avance que ce n'est qu'une chronique rimée, contenant l'histoire des croisades contre les Albigeois. « Il y a aussi, dit-il, un Gérard en Romane française, tout différent de celui-ci, et dont le héros fait la guerre à Charlemagne ». Le Grand se trompe assurément, car dans notre roman Gérard est sans cesse en guerre, non pas avec Charlemagne, mais avec Charles-Martel. Il a confondu cet ouvrage avec le suivant, et selon les apparences, il n'avait lu ni l'un ni l'autre.

12.º Histoire de la guerre des Albigeois, en vers alexandrins, in-4.º, sur vélin, quatorzième siècle, n.º 2708. Fonds de la Vallière.

L'ouvrage imprimé à la tête des preuves du troisième tome de l'histoire de Languedoc, paraît n'être qu'une traduction en prose du poëme ci-dessus, avec quelques légères différences dans certains détails des événemens. Ce poëme très-curieux, et sans lacunes, contient des faits qui ne se trouvent point ailleurs; et l'auteur contemporain les écrivait sur les lieux. On peut consulter la note du catalogue de la Vallière, sous le n.º cité. La traduction en prose n'est autre chose que l'histoire des guerres de Raimond le vieux, de laquelle Catel dit qu'il possédait un exemplaire, ainsi qu'on a pu le voir plus haut.

13.º La dernière partie du *Breviari d'amor.*

Le poëme entier contient environ 27,000 vers, et remplit un gros in-folio, coté 7227. Il en existe une copie incomplète, sur papier, sous le n.° 7619. Matfre Ermengaud, chanoine de Beziers, est l'auteur de cet ouvrage, qu'il acheva en 1288.

14.° Le roman de Geoffroi, fils de Doon, en vers, in-4.°, sur vélin, treizième siècle, coté 7998. Il y a dans le fonds de supplément un autre exemplaire complet et bien conservé, portant sur le dos le titre de *Roman du roi Artus*. C'est un petit in-folio, sur vélin, écriture du quatorzième siècle. Le Grand ne les a point connus, puisqu'il dit que nos provinces méridionales n'ont pas produit un seul roman de féerie, un seul roman d'amour, un seul de chevalerie surtout. Dans celui-ci, l'auteur emploie ces trois moyens, et fait exécuter à son héros en trois mois l'ouvrage de plusieurs années. On en trouve un extrait fort court, sous le nom de Geoffroi de Mayence, dans la bibliothèque des romans (1). Nous ignorons s'il a été fait sur l'original, ou sur quelque traduction française.

15.° Philomena, très-ancien pour l'écriture et pour le langage, selon Montfaucon (2). Ce savant aurait dû s'y connaître, étant du pays; cependant

____

(1) Octobre, 1777, vol. 1.

(2) Bibliotheca bibliothecarum, p. 1283, col. 1-2.

il a commis une double erreur : l'écriture et le langage sont certainement du quatorzième siècle. Les auteurs de la France littéraire avaient fixé la date de cet ouvrage à l'an 1015. Cette ancienneté fut attaquée par l'abbé Le Bœuf, qui la rapporta au temps de Saint Louis. Tous se trompaient sur l'âge du manuscrit, puisqu'il y est parlé deux fois de l'évêque de Castres, dont le siége ne fut érigé qu'en 1317. Du reste, c'est un in-8.º sur vélin, imparfait au commencement, dans le corps et à la fin de l'ouvrage, et coté 1030¾.

16.º Enfin plusieurs autres pièces que nous ne détaillerons pas, comme étant d'une moindre importance.

Voilà tous les secours que nous avons pu nous procurer. Quant à notre manière d'en faire usage, nous désirons que le lecteur en soit satisfait.

PRÉFACE DU GLOSSAIRE.

Page XI, à la note.

Cuphilas, *lisez* Ulphilas.

CORRECTIONS DU GLOSSAIRE.

Pages.

7 , au mot

AGAG : AGAUZ, *lisez* . . . . AGAUZ.

8 AGRIMEN , aigremoine , herbe.

14 AMARINA. Passat un ras . . . . Passet un ras.

AMAEVIT. Promptus. . . . . PROMPTUS.

17 ANHA d'uelh. . . . . ANHA d'uelh.

NHEL. . . . . ANHEL.

35 AVOURRAR , attérer. . . . . Altérer.

39 BATEZOS. Dempnat. . . . . Dampnat.

42 BESCONTE. La rendas. . . . . Las rendas.

47 BRAIDAR , brarre. . . . . Braire.

BRECA. Sumens reliquas. . . . . Sumens reliquias.

52 CAITU. . . . . CAITIU.

54 CANORGA , chanoine. . . . . Chanoinie.

55 CAPSEM. Voste. . . . . Vos te.

CARAUGNADA. Del Rin , de la. . . . Del Rhin e de la.

57 CATAL , chaptel. . . . . Cheptel.

58 CAUPOL. Gran peire. . . . . Gran peira.

71 CONREL. Cous vei ! . . . . Cous vei !

75 CONTRACH. Los pauras. . . . . Los paures.

83 DECHAIBLE. Li alagreza. . . . . Li alegreza.

86 DELIURE. Sauver. . . . . Sauvé.

87 DENEJAR. Communé. . . . . Commune.

DENTARIGA. N'anet de se. . . . . . . N'anet dese.

89 DESBATATZ. . . . . DESBARATATZ.

97 DEVIRE , deduire. . . . . Déduire.

98 DEZAZEC. S'ieus. . . . . S'ieu.

104 EBORIC. Per non. . . . . Per nom.

111 ENCREZOLS. Incredulis. . . . . INCREDULIS.

112 ERDREG. . . . . ENDREG.

116 ENPASTRE , emplâtre.
124 ESCHARPIR. Inop , dentibu. . . . . . Inops , dentibus.
127 ESCUMERGAMENT. Laissada. . . . . Laisada.
135 ESTABLIDA. Autros glotons. . . . . Autres glotons.
157 ESTENGER. Quae avent. . . . . Que avent.
El froc. . . . . El fuoc.
ESTEVA. Mi cors. . . . . Ni cors.
141 ESTUZI. Operam. . . . . OPERAM.
148 FERA. Voyez FERA. . . . . Voyez FABA.
151 FLUVI. Atresti. . . . . Atressi.
158 FREN , follement. . . . . Frôlement.
164 GENS. Gentes. . . . . Gentes?
166 GLAVI. E vec vos. . . . . E vecvos.
200 MENDIC. Lenga MENDICA. . . . . . Lenga MENDIGA.
224 PAILLOLA. Joscia. . . . . Jascia.
225 PAISSON. Puissent. . . . . Paissent.
254 PERDONAMEN. Pepardon. . . . . Pardon.
PERDONAR. Rdui me. . . . . PERDUI ME.
260 REDILHAR. Cel del vila l. . . . . . Cel del Vila l.
Pomat. . . . . pomat.
287 SENTROGAL , callitric.
288 POBRECILL. . . . . SOBRECILL.
289 SORROS , suros , tumeur , enflure.
299 TALANTOS. Proclivius. . . . . PROCLIVIUS.
321 VANOA , sorte de couverture.

GLOSSAIRE OCCITANIEN.

A

A se met quelquefois pour E ; Ar, Er ; et pour O ; Anta, Onta.

A, avec. *A ma via* ; pour la vie, pour toute ma vie.

Ab, avec, auprès, en comparaison. *Ab que*, bien que, quoique, pourvu que.

Ab, comme A, est quelquefois explétif au commencement des mots.

Abacs, abaque. *Abacus.*

Abadils, abbatial.

Abaiar, désirer avec avidité.

Abaiat, Abaiada, désiré, désirée.

Abais, abaisse.

Abanchas, avant.

Abando, à l'abandon, tout à fait, sans retenue, à l'excès.

Abastamen, suffisamment.

Abastar, suffire. *Bastare.*

Abau, plaît, convient, appartient.

Abauzar, prosterner, tomber sur la face.

Abdos, Abdui, tous deux. Abdoas, Abduas, toutes les deux.

Abdurador, Abduros, fier, rude combattant, endurci aux coups. *Obduratus.*

Abdurar, endurcir.

Abelimen, agrément.

Abelir, plaire, agréer, charmer.

Abenar, bonifier, améliorer. User, épargner, profiter. Rassasier.

Abet, sapin. *Abies.*

Abetar, enjoler.

Abetz, vous avez. Paille menue.

Abiedor, futur. *Lo temps abiedor*, l'avenir.

Abis, abîme, enfer. *Abyssus.*

Abitador, habitant. *Habitator.*

Abites, habit. Habitude, maintien, posture, attitude, contenance.

En l'abites del cors es hom coniogutz.

Beda. 73.

Animus enim in corporis habitu apparet.

Ablasmar, Ablesmar, blêmir, pâlir. Evanouir.

Abnei, je renonce. Renoncement.

Ab que, jusqu'à ce que, mais que, dès que, vu que.

Abrags, que tu suppures.

Abraizat, éclairé, brillant, illuminé.

Cil que non volunt que hom sapcha lor vida, sunt abraizat

1

en els mezeus, mas no sunt pas
altres essemples de clardat.
BEDA. 76.
Qui vitam suam ab aliis sciri refugiunt, sibimetipsis accensi sunt, sed aliis in exemplo luminis non sunt.

ABBANDAR, embraser.
Ja tro sou paire car venda
No pot trop valer,
Ni s cug qu'ie l diga plazer
Tro foc d'abban e n'essenda.
ROVENAC.

ABREU, dans peu. *Brevi.*

ABREUGAR, ABREUJAR, abréger.

ABRICS, abri ; protection.

ABRIE, s'adonne, s'empresse.

ABRIR, ouvrir. *Aperire.*

ABRIU, avril. *Aprilis.*

ABRIVAMENT, impétuosité.
Li pores am gran ABRIVAMENT egiteron se él mar.
N. T. Marc. 5.
Et magno IMPETU grex praecipitatus est in mare.

ABRIVAR, loger, retirer, mettre à l'abri. S'adonner, s'empresser, s'élancer, se précipiter. Abréger.

ABRIVATZ, ABRIVADA, prompt, hardi, audacieux, audacieuse.

ABRUZIA, hâte, célérité, brièveté.

ABS, avec les.

ABSOL, ABSOLS, absout.

ABSOLVER, absoudre.

ABTE, propre à, capable. *Aptus.*

ABTEZA, adresse, habileté.

AC, eut.

ACAB, achève. A bout.

ACABADOR, auteur, consommateur.

ACABALAT, fourni, meublé, monté.

ACABAMENT, achèvement, consommation.

ACABAR, consommer, parvenir, réussir. Obtenir, recevoir.
Tot quant que demandaretz en orazon en ferma crezensa, tot o ACABARETZ.
V. e V.

ACAIRAT, équarri, ajusté.

ACAISSAR, baiser, caresser.

ACALIVAR, échauffer.

ACAMPAR, cueillir, amasser. Chasser, mettre en fuite. Rassembler.

ACAMPS, réunion, assemblée, rassemblement.
Viras plus de des milia lansas ambe penons
Ventejar e brandir lai on si fei l ACAMPS.
H. de L.

ACANS, recognes.

ACANTELAR, recoguer.

ACAPTAR, acheter. Obtenir, réussir.

ACARIO, le verseau. *Aquarius.*

ACARNACIR, acharner.

ACASTE, agate. *Achates.*

ACAZAR, placer, pourvoir, marier. Donner des terres.

ACCIDIA, paresse, nonchalance, tiédeur. *Accidia.*
Accidia, so es pigricia de ben far.
V. e V.

ACEDE, agate.

ACENDRE, brûler, enflammer. *Accendere.*

ACERCAR, approcher.

ACERTAR, assurer, certifier.

Acesmar , assaisonner. Parer , équiper , disposer ,
préparer.

Acessarat , acensé. Muni ,
pourvu.

Acest , ce.

Acil , Aicil , ceux-là.

Aglap , bruit , éclat.

Aclapar , accabler , suc-
comber.

Aclariar , éclaircir , diminuer de nombre.

Acle, Acli, Aclis , incliné,
courbé ; sujet , soumis ,
obéissant. *Acclinis.*

Aclinar , incliner.

Aclus , subjugué.

Acluza , cacher.

Aco , cela.

Acoatar , coucher avec.

Acoindar , accointer , hanter.

Acoitar , hâter.

Acoldar , s'accouder.

Acolpar , blâmer , condamner , inculper.

Acolz , accoles.

Acomiadar , congédier , renvoyer , rejeter.

> Deu acomiadat nos as.
> Ps. 59.
> Deus repulisti nos.

Acompida , liée , entrelacée,
retenue.

Aconsegre , Aconseguir ,
atteindre , poursuivre ,
rencontrer.

Aconseillatz , prudent , secret , de bon conseil.

> Mais estiers es pros e cresutz,
> E cavaliers apercubutz ,
> Savis e conoissentz de guerra ,
> Rics hom e seiner de gran terra,
> Aconseillatz et issarnitz.

Acontamen , accointance.

Acopdar , Acoudar , pen-
cher , appuyer.

Acordablament , unanime-
ment.

Acordadament , id. , de con-
cert.

Acordamen , Acordansa ,
Acordier , accord , arrangement, convention, con-
ciliation , pacte , résolution , accommodement.

Acornudar , cocufier.

Accorrement , venue , se-
cours.

Accorrer , accourir , secourir.

Acors , venue , secours.

Acorsar , chasser , poursuivre. Retrousser.

Acorsat , léger , vite à la
course.

Acortz , sorte de poésie.

Acossegutz , atteint, attrapé.

Acostament , alliance.

Acostumadament , habituel-
lement.

Acreiser , accroître , augmenter. *Accrescere.*

Acreissedor , curateur ; rémunérateur.

Acropit, Acrupit, accroupi;
lâche , poltron.

Acses , j'eusse ; Acsetz ,
vous eussiez.

Actor , auteur, demandeur.

> Li actors es aquel que demanda.
> Cob. libr. II. c. 5.
> Actor , so es cel que fai so que'l
> tutor o'l curator devant faire.
> Id. ibid. c. 6.

Actoritat , force ; vertu
médicinale.

Acurs , essayes , tentes ; essai , effort , entreprise.

Acusador , accusateur.

Adagar , abreuver , arroser. *Adaquare*.

Adamelon , Agamemnon , nom d'homme.

Adantar , faire affront , déshonorer.

Adastrar , douer par la vertu des astres.

Adastres , Adraste , nom d'homme.

Adautar , plaire beaucoup.

Adelenc , illustre. En anglais *adeling*.

Aqui moro à glai tant esturlenc ,
E tan noble vassal i adelenc.
          G. de R.

En lui ac bo vassal i adelenc.
          Id.

Ademprar , Adeprar. Voyez Azemprar.

Adenan , en avant ; à l'avenir , désormais.

Adens , sur la face , sur le ventre.

Aderetar , faire héritier.

Adermar , désoler , réduire en désert.

Adrebaibar , reculer.

Aders , élevé , dressé , monté , attaché.

Ades , toujours , présentement.

Adesar , toucher , atteindre , parvenir.

Adesc , amorce , appât. *Esca*.

Adescar , amorcer , attirer.

Adesmar , estimer , juger , croire , penser , être d'avis; évaluer.

Adibar. Voyez Azibar.

Adob , habit , équipage , ajustement.

Adobar , armer , arranger , ajuster , dresser , meubler , instruire , accommoder.

Adobrar , disposer.

Adolar , affliger. *Adolere*.

Adolsar , adoucir , soulager.

Adomesgar , apprivoiser.

Adomniu , Adomniva , supérieur , excellent , excellente.

Adoncs , alors.

Adordenadament , en ordre.

Adordenar , arranger , disposer , destiner , résoudre , déterminer. *Adordinare*.

Adormiment , sommeil.

Adorn , parure , ornement , ajustement.

Doua am bel adorn es plus perillosa que balesta de torn
          V. e V.

Adornar , décorer , revêtir.

Adrech , beau , bon , droit , juste , habile. Vraiment , de bonne foi.

Adrechamen , franchement , justement , adroitement.

Adrecheza , droiture , adresse.

Adrechurar , Adreitubar , redresser , réparer , rendre justice.

Adreit , bien disposé.

Adressar , parer.

Aduch , amène , amené. *Adductus*.

Aduir , Adur , amener , conduire , apporter , faire venir.

Si li albre que la agada aduis en

mon champ i ant fait raütz ,
aquela part es ?mais mia.
    Cod. lib 7. c 12.

ADULTERADOR , adultère.

ADUMPLIR , ADOMPLIR , ac-
complir , satisfaire.

ADUR.
    Epprendo las ruas for e ADUR.
        G de R.

ADURAR , endurcir, obstiner,
persister.

ADURMIR , endormir.

ADUSAR , ADUZAR , exercer.

ADUSEZ , apportât.

ADUTAR , craindre , redouter.

ADUTZ , apporte , amène.

ADUZON , amènent.

AE , toujours , sans cesse.

AFAC , attache.

AERMAR , AERMIR. Voyez
ADERMAR.

AERS , air. Attaché , adhé-
rent. Erigé , dressé. Adhé-
ra , provoqua.

AERTZ , s'attache, est attaché,
se tient à ou contre.

AESCAR , alimenter. Voyez
ADESCAR.
    Los aises del cors enbrason et
    aescon lo foc de luxuria.
        V. e V.

AESMANSA , avis , pensée.
Réputation, bruit, estime.
Opinion , évaluation.

AESMAR , estimer , croire ,
penser , juger , être d'avis.
    No deven AESMAR la causa divina
    esser semblans az aur, az argen.
        N. T. Act. 17.
    Nou debemus ESTIMARE divinum
    esse simile auro , aut argento.

AESMAT , comparé.
    Li amors de deu es AESMADA à
    mort.   Beda. 3
    Dilectio dei morti COMPARATUR.

AESME , estimation.

AFACHADOR , affidé , courtisan.

AFACHAR , farder , parer ;
estropier , égorger.

AFACHAT , fardé , effronté ,
déhonté.

AFACHOMEN , tuerie , échau-
doir.

AFADIAR. Voyez FADIAR.

AFAENAT. Voyez AFAZENDAT.

AFAISSAR , accabler , être à
charge.

AFAISSONAR , former , façon-
ner ; envisager ; perfec-
tionner.

AFAITAMEN , afféterie , façon,
manière , artifice.

AFAITAR. Voyez AFACHAR.

AFAMAR , faire envie.

AFAMEGAR , affamer.
    E fes venir viandas pren
    Per dar à maujar al garçon ,
    Que penset fos AFAMEGAT.
        H. de L.

AFAN , hâte , empressement.
Travail , peine , fatigue ,
tourment, chagrin, souci.

AFANADOR , laboureur, homme de peine.

AFANAMEN , peine , sollicitude.

AFANAR , hâter , dépêcher ;
affliger, peiner, travailler.

AFANCS , t'embourbes.

AFARAR , donner des affaires.

AFARET , petite affaire.

AFASSAR , montrer à découvert.

AFAZENDAT , affairé, occupé.

AFERLIR , courber , plier ,
baisser.

Tristicia de cor AFEBLIS la cerviz.
BEDA 52.

Tristitia cordis FLECTIT cervicem.

AFEGIR , ajouter.

AFERMAR , accorder , fiancer , promettre en mariage.

AFERRATGE , herbage , pâturage.

Ves fieis m'en aniei humilmen ;
Et en l'AFERRATGE
Gardet tres anhels solamen.
JOYAS.

AFIAMEN , AFIZAMEN , foi , parole , promesse , assurance.

AFIAR , assurer , garantir.

AFIBLALH , agrafe.

AFIC , assurance , confiance , promesse. Soins , étude , attention.

AFICAR , affirmer.

AFICHAR , appliquer , fixer , arrêter , enfoncer.

AFIDAR , prêter serment de fidélité.

AFIERT , il convient , il importe.

AFILAR , aiguiser , subtiliser.

AFILAT , fin , rusé.

AFILATAR , prendre au filet. Déniaiser

AFINAR , adoucir , appaiser. Devenir meilleur.

AFISCAR , attirer , animer , échauffer , exciter.

AFISCAT , acharné , passionné.

AFIZAR , assurer , garantir , mettre sous sauvegarde.

AFLAMAR , enflammer.

AFLATADOR , flatteur , flagorneur.

AFLEBIR , affaiblir.

AFLECHIR , affliger.

Qui AFLECHIS son paire , e trebalia sa maire , es malastruex.
BEDA. 54.

Qui AFFLIGIT patrem , et fugit matrem , est infelix.

AFLIBLAR , affubler , parer.

AFLICTION , révérence , génuflexion.

AFOGAR , AFUGAR , mettre le feu , incendier.

AFOLAMEN , mal , blessure , détriment , dommage , préjudice.

AFOLAR , avorter , estropier , mutiler , détériorer.

AFOLCAR , AFOLQUAR , attrouper , rallier ; guider , commander.

E lo pros coms de Fois , que dieus salve e gar ,
Et aicel de Cumenge vos podon
AFOLCAR.
GUER. des Albig.

AFOLEZIR , devenir fou.

AFOLLIAR , blesser , estropier , maltraiter.

AFONDIR , enfoncer , couler à fond.

AFORMAR , ajuster , arranger.

AFORRAR , fourrer ; épargner.

AFORTIDAMEN , courageusement , vigoureusement.

AFORTIMEN , force , effort , courage , puissance.

AFORTIR , affirmer , animer , encourager , fortifier , insister , résister , soutenir , renforcer.

AFORTITZ , fort , ferme , brave , puissant.

AFRAGNER , adoucir , calmer , fléchir , soumettre , assujettir. *Frangere.*

AFRAIBAR, associer.

AFRAIS, humilia.

AFRANCAR, adoucir, apprivoiser, rendre bon.

AFRENAR, brider, dompter, refréner, réprimer, retenir.

AFRLOLIR, AFREVOLIR, AFREVOLZIR, affaiblir.

AFRIC, AFRICHA, acharné, affriandé, butté, buttée.

AFRITZ, chaud d'amour.

AFRONTAR, assaillir, attaquer.

AFRUCHAR, profiter, fructifier.

AGACH, AGAIT, ACUAIT, aguet, piége, embûche, embuscade.

Li felo serau pres en lor AGAIT.
BEDA.

AGADA, inondation.

Si creis alcuna causa per AGADA à mon champ, d'un champ de mon vezin, aco es meun.
COD.

AGADES, pays, habitant d'Agde.

AGAG, AGAUZ, piéges, embûches.

AGAITADOR, espion.

AGAITAR, regarder, considérer.

Non AGAITAR vergena, que non aias escandre en sa beltat.
BEDA. 18.
Virginem non conspicias, ne forté scandalizeris in decore illius.

AGANOS.

Aura enfermetat de AGANOS.

AGARDAR, regarder, considérer.

Deus non AGARDA pas las paraulas, mas lo cor.
Deus non verborum, sed cordis INSPECTOR EST.

AGARSONATZ, traité comme un valet.

Un gra d'umilitat que es él plus aut sus él som de tota perfection, es dezirar ses fencha esser vilment tengutz e AGARSONATZ.
V. e V.

AGASSA, pie, oiseau.

AGATIR, allécher, attirer, amorcer, amadouer.

AGAZALH.

Be volgra conogues,
Ans que pius s'AGAZALH
Ni don gans ni fermalh,
Si n'es gens lo ressos ;
Que gen mazan
Sol hom far de bels dos.
BORNEILL.

AGENSAR, agencer, arranger, parer, plaire, embellir.

AGES, eusse, eussiez, eût.

AGESSEM, nous eussions.

AGI, grain de raisin.

AGLAN, AGOLAN, gland.

AGNIR, hennir.

AGOLAR, tomber sur le nez. Manger goulûment.

AGOLONAR, aiguillonner. Feindre, simuler.

AGOT, Agout; nom propre.

AGRA, aigre. Aurais, aurait.

AGRADABLE, reconnaissant, qui a de la reconnaissance.

AGRADAR, plaire, agréer.

AGRADANSA, AGRADATGE, gré, plaisir, volonté, reconnaissance.

AGRADIL, AGRADIU, gracieux, agréable, reconnaissant.

AGRADOSAMENT, gracieusement.

AGRAT, gré, agrément.

AGRECEI.

    Ajustatz
Lui buire et un paue d'AGRECEI.
        PRADAS.

AGREI, pacte, accord, convention.

  Rics savis descazegutz
  Pus foron lare donador :
  Car per assat de folor
  Remania lor pretz nutz.
        BORNEILL.
  Non auzitz à tal AGREI.

AGREIANSA, aigreur, irritation.

AGRENIR, irriter, se refrogner.

  Karll: quant o ausi si s'AGRENIS.
        G. de R.

AGREUGAT, accablé, vexé, affligé, molesté.

AGREUJAR, grever, être à charge, supporter avec peine.

AGRIMEN.

  O prendatz sal et AGRIMEN
  E crematz o comunalmen.
        PRADAS.

AGRON, eurent.

AGROPIR, s'accroupir.

AGRUMS, chose aigre, âpre, acerbe.

AGUAL, rigole, canal, conduit, aquéduc.

AGUARDAR, attendre.

  Mot vos a AGUARDATZ l'amix de dieu Macobris.
        H. de L.

AGUDA, aiguë. Eue.

AGUDEZA, finesse d'esprit, pénétration.

AGUEM, nous eûmes.

AGUES, eusse, eût.

AGUESSA, eût.

AGUI, j'eus.

AGUILEN, églantier, son fruit.

AGUILLAS, sorte de ver.

  Si vosir' auzel AGUILLAS sen
  Moll es cazutz en gran turmen ;
  Car aiso son verm mal e fer
  Qu'entre la carn e'l cuer ofer,
  Et aguilla sembla que l ponga.
        PRADAS.

AGULENCIER, arbousier.

AGULHONEJAR, hérisser.

AGUR, augure, sort, devin.
  Augurium, augur.

AGURADOR, augure, devin.

AGUSIM, pointe, aiguille, faîte, sommet.

  Fers non es amenatz à nostra arma
  à la sotiledat del AGUSIM, si la
  lima d'altra felonia no'l ra.
        BEDA. 45.

  Ferrum nostrae animae nequaquam perducitur ad subtilitatem acuminis, si hoc non eraserit aliena lima pravitatis.

AIA, que j'aie, qu'il ait.

AIATZ, ayez.

AIRITZ, doué, pourvu de bonnes qualités. Morigéné.

AIBER, AIBRES, arbre.

  El soveire ac fam e vi un AIBER
  figuer lonc la via ; vene à lui
  e no i trobec causa sino fullas.
        N. T. Matth. c. 21. v. 19.

  Dominus esuriit et vidit unam arborem fici ; venit ad eam, et nihil invenit nisi folia tantùm.

AIBS, mœurs, coutumes, caractère, qualités.

AIC, AIG, j'eus.

AICEL, AICELA, celui, celle ; ce, cette.

AICI, ici. *D'aici enant*, de ce pas ci.

AIGLENTI, d'aigle.

  Fe AIGLENTI, mas ges trop leu.
        PRADAS.

AIGLENTINA, buisson.
  Domna, vos es l'aiglentina
  Que trobet vert Moysens
  Entre las flamas ardens.
        CORBIAN.

AIGLO, Églon, roi de Moab.

AIGLOS, AIGRON, héron.
      S'en deu issir en cassa
  D'anet, de grius o d'aiglos,
  O ab austors o ab falcos.
        BREV. d'amor.

AIGOS, aqueux, aquatique.

AIGUA, eau. *Aqua.*

AIGUAL, marécage; abreuvoir, réservoir d'eau. *Aquarium.*

AIME, azyme.
  Era lo dia dels aimes.
  Erat dies azymorum.

AINE, meuble, vaisseau, vase, ustensile.
  Pensa à lo gran asornament de son ostal, en vaissela, en lietz, et en autres aines que li son beis e noblas.
        V. e V.

AIOLS, aïeux.

AIPS, talens, vertus. Voyez AIBS.

AIR, AZIR, haine, vigueur, violence.

AIRABLE, AZIRABLE, exécrable.

AIRADOR, mauvais, colère.

AIRAMEN, AZIRAMEN, haine, fureur, emportement.

AIRANS, arrache.

AIRAR, haïr.

AIRATZ, animé, irrité, saisi de douleur. Haï.

AIRE, l'air. Aise.

AIROS, irrité. Blâmable, répréhensible.

  Luxuria de la carn es per aisso à toz airosa, car es laida.
        BEDA

AIROZAMEN, promptement.

AIS, aide, secours. Répugnance, dégoût.

AISSA, hache. Plainte, gémissement; inquiétude, anxiété.

AISSE, haine.

AISSI, ici, ainsi. *D'aissi endreg*, du reste.

AISSIR, s'asseoir, se loger, placer, accommoder, favoriser.

AISSIS, enrichi, qui a ses aises.

AISSO, ce, ceci. *Aisso mezeus*, d'autant mieux.

AISSOS, inquiet, plaintif, gémissant.

AITA, aide.

AITAL, ainsi, tel. Talion.

AITANT, tel, autant.

AITOR, qui aide. *Adjutor.*

AITORI. Voyez AJUTORI.

AIZ, essieu.
  Coma aiz versanz es lo pessars del fol.
  Quasi axis versatilis, sic cogitatio stulti.
        BEDA. 21.

AIZES, êtres.
  Vejam los aizes de l'ostal.
        H. de L.

AIZI (de bel), de bonne composition.

AIZIMEN, grâce, faveur.

AIZINA, aisance, commodité, facilité. Moyen, occasion favorable.

AIZINAR, arranger, disposer, préparer.

AIZINES, temps propre, favorable.

AIZIR, asseoir, loger, faire bien aise. Arranger, obtenir, accorder, permettre, faciliter.

AIZIT, AIZIU, agréable, aisé, convenable, propice, favorable.

AJOGLARIR, devenir, se faire jongleur.

AJOST, AJOSTAMEN, AJUSTAMENT, assemblée.

AJOSTAR, AJUSTAR, assembler, joindre, accorder, amasser.

AJUDADOR, qui aide, protecteur.

AJUDAIRITZ, aidante, assistante, secourable, protectrice.

AJUST, assemblée, cour plénière. Addition.

AJUSTAMEN, accouplement, union, alliance, conjonction.

AJUT, aide, secoure ; secours.

AJUTORI, ADJUTORI, assistance. Addition. Coopérateur.

AL, haut. Autre chose, le reste. Au.

ALA, aile, nageoire.

ALABER, arbre de la roue d'un moulin.

ALABRE, glouton, goulu.

ALACHAR, ALAICHAR, allaiter, attirer, allécher.

ALADONC, alors.

ALAIA, ALATA, chemin des rondes.

ALAMAN, ALAMANDA, allemand, allemande.

ALAMANDINA, almandine.

En Rossilho ac tor de mur calcina,
Lhi cairel son de peira ALAMANDINA.
    G. de R.

ALAMELLA, lame d'épée.

ALAN, Alain. Dogue. Oiseau de proie.

ALANCEJAR, percer à coups de lance.

ALANSO, Alençon.

ALAPENS, qui a l'aile pendante.

ALARAUS, peuple mahométan qui crie ALLA.

ALARGAR, lâcher, dilater, élargir. Livrer, abandonner.

Se ALARGON à moutas vanitatz
per segre lo plazer d'aquest
mon.
    V. e V.

ALARGAMENT, relâchement.

ALAVARZ, maladie du doigt à la racine de l'ongle, envies.

ALAVEZ ou A LA VEZ, alors, parfois.

ALAUZA, alouette. *Alauda.*

ALBA, aube du jour, aubade, aurore. C'est aussi une sorte de poésie dont voici un exemple :

Quan lo rossinhol s'escria
Ab sa par la nueg e'l dia,
Ieu sui ab ma bell' amia
  Jos la flor ;
Tro la gaita de la tor
Escrida : drutz, al levar !
Qu'ieu vei l'alba e'l jorn clar.
    ANONYME.

ALBAGNA, Aubagne, ville.

ALBAIR, haubert.

ALBANA, Albe la longue.

ALBANEL, sorte d'oiseau de proie.

ALBAR, saule.

ALBARA, promesse, obligation.

ALBABESTA, arbalète.

Aqui viras barcas e naus,
E d'albabestas mantas clous
Et estregnir e desserar.
H. de L.

ALFARIC, ALBRICS, Auberi, Aubri, nom d'homme.

ALBEGES, ALBEZET, ALBIGE, Albigeois, l'Albigeois.

ALBERG, logement.

Aparelha à mi l'alberc.
Parate mihi hospitium.

ALBERGA, camp, tente, château, forteresse.

ALBERGADA, campement.

ALBERGADOR, hôte, aubergiste, cabaretier.

ALBERGAIRE, résident.

ALBERGAR, loger, habiter.

ALBERGARIA, maison, logis.

ALBERGAZO, gîte.

ALBESPI, aubépine.

ALBETA, petit point du jour.

ALBIR, ALBIRE, avis, pensée, sens, jugement, choix, exemple, arbitrage, volonté, règle, modèle, intention. Étude, réflexion, attention. Franc, libre arbitre. Je crois, j'estime, je pense, je m'imagine.

ALBIRADA, visée.

Arc, en quant ha mais de laer
de far sa albirada en tant fer
miels lai on se vol, et es plus perilhos.
V. e V.

ALBIRADOR, qui croit, juge, pense, etc. Pointeur, qui vise.

ALBIRAR, juger, penser, imaginer.

ALBIRE. Voyez ALBIR.

ALBIS, Albi, ville du haut Languedoc.

ALBOR, blancheur, arbre, aube. *Albor.*

ALBORN-S, aubour; ivoire.

ALBRAT, cabré, dressé.

ALBRE, arbre, mât de navire.

ALBRIS, estimation.

ALBUGE, taie de l'œil. *Albugo.*

ALBUSSO, Aubusson.

ALCANIS, Ascagne, nom d'homme.

ALCANS. Voyez ALQUANT.

ALCASSI, conette ou coussin, taie d'oreiller.

ALCAVIS, peuple mahométan.

ALCAUOTZ, maquereau. En espagnol, *Alcahuete.*

ALCAUT, hoqueton, casaque.

ALCLAS del cel, arc-en-ciel.

ALCOTO, camisolle, chemisette piquée, cotte de mailles.

ALCUBA, sorte de tente.

Tendas e traps, alcubas, pabelhos
Venem tendre per pratz e per vergiers.
CARDINAL.

ALCUN, ALCUS, quelque, quelqu'un.

ALE, haleine.

ALEG, allège, soulage.

ALEGORAR, égayer, réjouir; avoir le loisir, être de loisir.

ALEGRAR, égayer, réjouir, amuser, divertir.

ALEGRATGE, gaîté, réjouissance.

ALEGRETAT, ALEGRIA, ALEGRIER, allégresse.

ALFIRANZ, alezan.

ALFITOS, ALEYTOS, malheureux, délaissé, abandonné.

Senher, on es mos astres que sol
estre tan bos?
Anc no cndei vezer que fos tant
ALEITOS
Que no m calguessan mais ni
sant ni orazos.
            Guer. des Albig.

ALEN, ALENA, haleine. Adoucit, rallentit.

ALENAR, haleiner, respirer, souffler.

ALENGRIS, renard.

ALENTAR, ALENTIR, différer, relâcher, retarder.

ALEST, Alais en Languedoc.

ALEVAR, controuver.

ALEUGAR, ALEUJAR, alléger, adoucir, soulager.

ALEZERAR (s'), employer les heures de son loisir; passer, perdre son temps.

E domna qu'ab tans s'asaia
Ja no s cug qu'ieu m'ALEZER
En bes qu'ieu d'ela retraia.
            FAIDIT.

ALEZERATZ, de loisir, oisif.

ALFEBAN, coursier, cheval de bataille.

ALGARAU, ALGARBI, Algarve, province de Portugal.

ALGOS, coquin, malotru.

ALRONDRE, ailleurs.

ALIAMAR, lier, enchaîner.

ALIEURADA, délivrée.

ALIMENTZ, élémens.

ALINHAR, ajuster, parer, adoniser.

ALIS, azyme.

ALISSANDRINA, Alexandrie.

ALLOC, là, aussitôt.

Al primpce lo deron ALLOC.
            H. de L.

ALLONTZ, ailleurs.

Requer li humilment,
Per dieu l'omnipotent,
Que preguesson per lui;
C'ALLONTZ non a refui.
            H. de L.

ALLUIZ, à bout, à fin.

ALMA, ame.

ALMANSOR, chef, prince arabe.

ALMASTIC, améthyste.

ALMATRACX, matelas.

ALMENS, au moins.

ALMORAVIS, peuple mahométan.

ALMORNES, ALMOSNAS, aumônes, charités.

Almornes e morsels crus
Assumaras al temps brus,
E sal, e meill, e farina.
            MARCOAT.

ALMOSNERA, bourse, tronc des pauvres.

ALMUSSA, robe, capote.

ALO, alleu, fief, domaine.

En aicels locs ero li ALO del
princeps de la illa.
            N. T. Act. 28. v. 7.
In locis illis erant PRAEDIA principis insulae.

ALOGAR, loger, louer, placer. *Locare.*

ALOGNAR, éloigner, écarter, différer, prolonger, retarder.

ALONGAMENT, ALONGUIER, ALONGUIS, terme, délai, retard, éloignement.

ALQUANT, quelques-uns, certains. *En alquant*, à l'égard, quant à.

ALQUES, un peu. *Aliquantium.*

ALQUITRAN, goudron.

ALRES, autrement, d'une autre façon.

Non pesses ALRES de te, e ALRES d'altrui.
BEDA. 45.
Nec ALITER de te, nec ALITER alios penses.

ALS, aux. Autre chose, autres.

ALSADA, hauteur.

ALTA TESTA, crâne.

ALTAR, autel. *Altare.*

ALTIU, ALTIVA, altier; hautain, hautaine.

ALTIVEZ, arrogance, insolence.

ALTRA, ALTRE, autre. *Alter.*

ALTURA, hauteur.

ALUC, éclat; allume.

ALUCAR, allumer.

ALUMENAMENS, illumination.

Compunctios es ALUMENAMENS d'arma.
BEDA. 6.
Compunctio illuminatio est animae.

ALUMENATGE, lumière.

ALUMNAR, allumer, éclairer, illuminer. *Alumenare.*

ALUTZ, plein d'ailes, qui a de grandes ailes.

ALZONA (peira d'), pierre de touche.

AM, avec. Aime.

AMA, hameçon. Aïeule, grand-mère.

AMADOR, amoureux.

AMAESTRAR, dresser, instruire. Préparer.

Las gens trazo lo sulpres e l'amaestro per lor sen, e u fau ganre de medecinas.
SYDRAC.

AMAGAR, cacher.

AMAGATAL, cachette, retraite.

AMAILLOLAR, emmailloter.

AMAIRE, amant, amoureux.

AMAIRITZ, amante, maîtresse.

AMALAB, irriter.

AMALRIC, Amauri.

AMANDUI, tous les deux.

AMANOIR, préparer, disposer, apprêter.

AMANOITZ, leste, agile, alerte. À la main, sous la main.

AMANSA, amour.

AMAR, aimer. Amer, âpre, rude.

AMARCIR, AMARZIR, devenir amer, fâcheux.

AMAREZA, amertume, aigreur.

AMARGAR, devenir amer, causer de l'amertume.

AMARGOR, AMAROR, amertume, aigreur.

AMARGOS, AMAROS, amer, cruel.

AMARGOSAMENT , amèrement.

AMARIA , j'aimerais , il aime-
rait.

AMARIBOTZ , bâtards , amers ,
aigrelets.

AMARINA , espèce de saule.
Osier.

Los autres fieron per la pansa
De tal vertut que la gro lansa,
Qu'es de fraisse o d'AMARINA ,
Passat un ras fora l'esquina.
H. de L. c. 125.

AMARTAT , amertume.

AMARVIT , prompt.

Certas l'esperit es AMARVIT.
N. T. Marc. 14.
Spiritus quidem promptus est.

AMAS , amasse.

AMATITZ , améthyste.

AMBARC , empèchement.

AMBAISSAT , ambassade.

AMBEDOS , AMBIDOI , tous
deux , l'un et l'autre.

Qui pres sera ab antrui moiller ,
que coro ambidoi essems nutz ,
se acordar no s volio ab lo
seinhor bisbe.
ARCHIV. d'Albi.

AMBERGAR , empêcher.

AMBLADOR , ambleur.

AMBLADURA , AMBLADURETA ,
amble.

AMDA , tante.

Deurant succedere ab lor oncles
et ab lor AMDAS.
COD.

AMELHA , Amélie , nom de
femme.

AMENDICS , tu appauvris ,
abaisses , déprimes.

AMENUZIR , amincir , amé-
nuiser.

AMERMAMENT , diminution.

Lo paubres laborara en l'AMER-
MAMENT del viure , que no sia
sofraitos en la fi.
V. T. Eccli. 31. v. 4.
Laborabit pauper in DIMINUTIONE
victûs ejus, ne in fine fiat inops.

AMERMAR , diminuer.

AMESCORATZ , favorisé , bien
traité.

En sordel , plus AMESCORATZ
Vos fas d'amor q'om q'anc fos
natz :
E si'l cor es aseguratz ,
El sen s poiria ben pentir
Quant autre n'auziest escarnir ,
Sordel , s'om vos o auzes dir.
P. GUILLEM.

AMEZURADAMEN , sagement ,
sobrement, modestement.

AMEZURAMEN , AMEZURANSA ,
bonté , douceur , modé-
ration.

AMEZURAT , sobre , tempé-
rant.

Siatz AMEZURAT e velhas.
N. T. Petr. 1.ª 5.
Sobrii estote et vigilate.

AMI , j'aime.

AMIC , ami.

AMIEI , j'aimai.

AMIGA , amie.

AMIGALMENT, amicalement.

AMIOTAR , témoigner de l'a-
mitié.

AMIRAN , AMIRAT , émir ,
amiral.

AMISTANSA , amitié.

AMNEI , abjure , renie , renonce.

AMOLAR , aiguiser ; entasser ,
amonceler.

AMOLEGAR , AMOLLEGUAR ,
amollir.

AMONEST , instigation , encourragement, exhortation.

AMONESTABLE, persuasif.

Non fo en AMONESTABLAS paraulas d'umana saveza.
N. T. ad Cor. I.ª 2.
Non in PERSUASIBILIBUS humanae sapientiae verbis.

AMONESTAR, gagner, persuader, animer.

Alcu Juzieu sobrevengron d'Antiocha; et AMONESTERON aquellas gens, allapideron Paul, e tireron lo fora la ciutat.
N. T. Act. 14 v. 18.
Supervenerunt autem quidam ab Antiochia judaei; et PERSUASIS turbis, lapidantesque Paulum, traxerunt extra civitatem.

AMONTIR, préparer.

AMOR, arrangement, accommodement. *Per amor*, à l'amiable.

Autré covineut son que au nom transacties; so son aquil que om fai ab autre fors de plait, o eu plait, cant juizis eu den esser donatz, et om eu fai AMOR per aver.
Cou. 1. c. 3.

AMOROS, bon, doux, honnête, amical, complaisant.

AMOROSAMENT, exactement, instamment, avec soin.

Vejaires es à mi, aconsegut del comensament totas causas, à tu escrieure AMOROSAMENT.
N. T. Luc 1.
Visum est et mihi, assecuto omnia à principio, DILIGENTER ex ordine tibi scribere.

Ensenhava AMOROSAMENT la via de Jesu. Id. Act. 18.
Docebat DILIGENTER ea quae sunt Jesu.

AMORSAR, agacer, irriter; effacer, éteindre.

AMORSAMENT, extinction.

AMORTAR, tuer, étouffer.

AMOSIR, ternir, obscurcir.

AMOVER, mettre en mouvement.

AMPARANSA, défense, rempart.

AMPARAR, défendre, protéger; prendre de force.

AMPERADOR, qui blâme ou reproche; frondeur.

AMPLAR, remplir.

AMS, que tu aimes. Les deux. Hameçons.

AMTA. Voyez ANTA.

AMULAR, mouiller, arroser.

AMULAVA los pes de lui de lagremas.
N. T. Luc 7. v. 38.
Lacrymis coepit RIGARE pedes ejus.

AN, année. Aille. Out. A'N pour à en.

ANADA, allée ou venue.

ANADE, canard.

ANAFIL, clairon, cornet, trompette.

ANAIRE, voyageur.

Fols ANAIRE es cel que cant vai agaita los deleitables praz, e s'ublida unt deu anar.
BEDA 60.
Stultus VIATOR est, qui in itinere amoena prata conspiciens, obliviscitur quò tendebat.

ANAM, nous allons.

ANAMENT, pas, allure, démarche.

La folia d'ome sozplanta sos ANAMENS.
BEDA. 21.
Stultitia hominis supplantat GRESSUS SUOS

ANAN, vout, allant.

ANAVA, j'allais, il allait.

ANAVEN, nous allions, ils allaient.

ANAP, coupe, gobelet.

ANBLAN, allant l'amble.

ANBROCAR, mettre en broc, en bouteilles.

ANC, onc, depuis, jamais.

> Anc caritas no cazec.
>> N. T. I. Cor 13. v. 8.
> Charitas numquam credidit.

ANCA, hanche, fesse. *Anca noit*, cette nuit.

ANCAPS, réussite.

ANCLIS, au contraire, plutôt.

ANCESSOR, ancêtre, devancier, prédécesseur.

ANCIA, ancien. Anxiété, trouble, inquiétude.

ANCILLA, servante, esclave.

> Si en vendei una ANCILLA en tal covent que ela non fos messa en putaria, e'l compraire la met contra la covenensa, aquela ANCILLA esdeven francha.
>> COD.

ANCISSE, en comparaison de cela.

ANCLOT.

> En Proensa homs non avars
>> Non trobavon ni ANCLOT
> Als contes que tostemps ANCLOT.

ANCLUSA, enclume.

ANCORA, encore. Ancre.

ANCSE, toujours, jamais.

ANCTA, honte, injure, affront.

ANCUEI, ANCUI, aujourd'hui, bientôt, tout à l'heure.

> Vos lo veiretz ANCUI per dieu,
> Dis lo senescals, ab mon grat;
> E si n'avetz gran voluntat,
> Seguetz me e faitz enselar.
>> JAUFRE.

ANDALOSITZ, andalous.

ANDRIU, ANDRIVET, André, petit André.

ANDRONA, rue, ruelle, cul-de-sac. *Androna*.

ANDRONEL, Andronic, nom d'homme.

ANE, aille.

ANEDIER, à canards.

ANEI, j'allai.

ANEL, anneau.

ANELAR, respirer. *Anhelare*.

ANELEI, injustice, iniquité. *Per anelei*, injustement.

ANELIER, bijoutier.

ANEM, allons. ANEN, aillent. ANERA, irais, irait.

ANES, allât, ailliez, ailles.

ANESE, le temps passé. Agé, suranné.

ANET, alla. Canard sauvage.

ANEUS, anneau, bague.

ANFOS, Alphonse.

ANFRE, dans.

ANGARDA, éminence, hauteur. Avant-garde.

ANGAU, ANJAU, l'Anjou.

ANGEL, ange.

ANGEVI, Angevin, et petite monnaie des comtes d'Anjou.

ANGIEUS, Angers.

ANGLADA, angle, coin.

ANGLAR, angulaire.

ANGOISSOS, affligé, pauvre, souffrant.

> Non demorar lo do al fort ANGOISSOS.
>> BEDA. 49.
> Non protrahas datum ANGUSTIANTI.

ANGUILANCIER, églantier, buisson.

L'angel

L'angel del senhor li aparec él puei de Sina , en fuoc de flama d'ANGUILANCIER.
          N. T. Act. 7.

Apparuit illi in deserto montis Sina angelus in igne flammae RUBI.

ANRA d'uelh , prunelle de l'œil.

ANHEL , agneau.

ANIAU , Aniane , nom de lieu ; Saint-Chignan.

ANIEI , j'allai.

ANIENTAR , anéantir , annihiler.

ANIEST , tu allas.

ANNAN solarium , cadran solaire.

ANNAT , âgé , vieux.

ANNIEI , devient ancien , passe.

So que ANNIEI ja et evelezis , es prop destruement.
          N. T. ad Hebr. 8.

Quod autem ANTIQUATUR et senescit , propè interitum est.

ANNOUS , nouvelle année , circoncision.

ANOAL , annuel , anniversaire.

ANOILLA , château en Catalogne.

ANON , aillent.

ANONA , blé, argent, intérêt, denrée.

ANPLESSA , ampleur , amplitude.

ANS , au contraire , plutôt que.

ANSALO , Absalon.

ANSCALDESE , le présent.

ANSESIS , assassins.

ANT , ont.

ANTA , honte , affront , injure , insulte , opprobre , outrage , déshonneur.

Los apostois anero se engauzentz, d'esser agudi digns di sufrir ANTA per lo nom de Jehsu.
          N. T. Act. 5. v. 41.

Apostoli ibant gaudentes , quoniam digni habiti sunt pro nomine Jesu CONTUMELIAM pati.
Las ANTAS de los antantes à tu cazero sopra mi.
          N. T. Rom. 15. v. 3.

IMPROPERIA improperantium tibi ceciderunt super me.

ANTAN , l'an passé , jadis , ci-devant , autrefois.

ANTAR , diffamer , insulter , outrager , etc.

ANTATZ , déshonoré.

ANTAVAN , fesaient honte , insultaient.

ANTIC , antique , ancien , vieux, vieillard. *Als dias antics* , anciennement , autrefois.

ANTIFENA , antienne. *Antiphona.*

ANTIGATGE , antiquité.

ANTIOCX , Antiochus.

ANTIOS , ANTIU , AUTIUS , antique. Honteux , injurieux. Hautain.

ANTRACHA , entière.

ANTRARMAS , entrailles.

Judas s'es pendut et es crebat ; e totas sas ANTRARMAS son escampadas.
          N. T. Act. 1.

Judas suspensus crepuit medius ; et diffusa sunt omnia VISCERA ejus.

ANTRENAN, pendant ce temps, cependant.

> Et ensegn' à son fill
> De Mahom lur mesaje
> Con es de gran estaje ;
> Qu'es pauzatz ANTRENANT
> En peiras d'aimant
> A Mecha la reial.
>
> H. de L.

ANTREVALS , intervalles.

ANUALHAR , négliger ; devenir , rendre paresseux.

ANUECH , ANUEIG , ennui. Cette nuit.

ANVAN , auvent , galerie.

AOL , mauvais , méchant.

AON , abonde , aide , secourt.

AONDANSA , abondance ; secours ; multitude.

> Mas pietat es grans guzans amb' AONDANSA.
>
> N. T. ad Tim. 1.ª c. 6.
>
> Est autem quaestus magnus , pietas cum SUFFICIENTIA.

AONDAR , abonder , suffire , entretenir , assister , soulager. Déborder , regorger.

> Senher demostra nos lo paire , et AONDA à nos.
>
> N. T. Joan. 14.
>
> Ostende nobis patrem , et SUFFICIT nobis.
>
> Neofori AONDET à mi sovennierament , e non vergonhet la mieua cadena.
>
> N. T. ad Timot. 2.ª 1.
>
> Onesiphorus saepè me REFRIGERAVIT , et catenam meam non erubuit

AONDE nos , qu'il nous suffise , soyons contens.

AONDOS , abondant.

AONTAR , faire honte , outrager.

AONTOS , honteux , outrageux.

AOR , j'adore.

AORA , à présent , à cette heure. *Hic horâ.*

AORAR , adorer.

AORDENAR , ordonner , arranger , disposer.

AORLHAC , Aurillac en Auvergne.

AORSER , adhérer , attacher.

> Verlaz no si pot jouger ni AORSER ab messonja.
>
> BEDA. 23.
>
> CONJUNGI non potest veritas cum mendacio.

AOUN , abonde.

APACTAR , traiter , convenir , pactiser.

APAGABLE , paisible.

APAGANSA , contentement , satisfaction.

APAGAR , APAIAR , calmer , appaiser , éteindre , contenter , satisfaire.

APANAMENT , commerce , société , fréquentation.

APANAR , nourrir , entretenir.

APAPUSTA , pain , gâteau.

APAREGUTZ , apparu.

APABELHADOR , préparateur.

APARELHAR , préparer , apprêter ; comparer , égaler , associer. Rendre propre ; offrir.

APARELHAT , préparé.

APARER , paraître , apparaître.

APAUZAR , distribuer , ajouter.

APAZIGAR , pacifier , accommoder.

APCHA , hache.

APEDREGAR , grêler.

APEITAR , désirer , souhaiter , attendre.

Si home espera so que no ve,
acate o per pacientia.
                    BEDA. 34.
Si autem quod non videmus spe-
ramus, per patientiam expec-
tamus.

APELLAMENT, vocation.

APELLAR, accuser, sommer,
citer en justice, prendre à
témoin.

APELLAVAN, appelaient.

APEN, appartient, dépend,
est soumis. Tient, est
attaché.

APENDRE, appartenir, etc.
Apprendre.

APENEMENT, affliction.

Que nos meteis puscam consolar
cel que son en tot APENEMENT.
            N. T. ad Cor. II.ª 1.
Ut possimus et ipsi consolari eos
qui in omni PRESSURA sunt.

APENSACIA, ferme, métairie.

APENSADAMENT, avec réfle-
xion.

APENSAR, penser, rêver,
songer, réfléchir, exa-
miner.

APENSATZ, APENSOS, pensif,
pensant.

Domna, sai en Normandia
Soi per vos la noich e'l dia
            APENSOS,
Que'l vostre gen cors joios
Me sembla qu'ades me ria.
            DE BORN.

APERCEBRE, avertir, donner
avis.

APERCEP, aperçoit.

APERCEUBUT, prêt, prompt.
Sensé, prudent, habile,
attentif.

APERCEUP, aperçut.

APERIT, ouvert, commencé.

Eras no tem plueja ni ven,
Si son intratz en cossire
Com pogues bos motz assire
En aquel son qu'ai APERIT.
            VENTADORN.

APERMUT, affligé, opprimé.
Dieus sostrais lo drechurier Lot
APERMUT dels escumenegatz.
            N. T. Petr. II.ª 2.
Justum Lot OPPRESSUM à nefan-
dorum injuriâ eripuit.

APERT, ouvert. Leste, alerte.
En apert, tout haut,
ouvertement.

APERTAMENT, aussitôt, sur-
le-champ.

Zachieu descendet APERTAMENT
alegrans se.
            N. T. Luc. 19.
Zachaeus FESTINANS descendit, et
excepit illum gaudens.

APERTE, touche, concerne,
appartient.

APERTZ, prévoyant, aisé,
prudent, expert.

APEUS, sans fond.

API, ache, céleri.

APIANT, approchant.

A la cal peira APIANT, certas
reisidada dels homes.
            N. T. 1.ª Petri. 2. v. 4.
Ad quem ACCEDENTES lapidem
vivum, ab hominibus quidem
reprobatum.

APIAR, approcher. Ruche.
Apiarium.

APIL, appui, soutien.

APILAR, appuyer, étayer,
soutenir.

APLANAR, unir, caresser de
la main.

APLATAT, caché, couché à
plat.

APLEG, APLEIT, outil, instrument.

Aplicar, aborder, arriver.

Aplieu, foule, troupe, affluence, multitude.

Apo, apporte, attache, appartient.

Apoca, quittance, décharge.

Apoderadament, puissamment.

Apoderar, Apoderir, dompter, asservir, vaincre, subjuguer, forcer, surmonter, surpasser, renforcer, fortifier; s'assurer.

> Per melhs apoderir,
> Que per nulha partida no poscam
> sobreissir.
>
> Guer. des Albig.

Apoestatz, potentat.

Apoignar, Aponher, attaquer, combattre, s'efforcer, se hâter, s'empresser.

Apoloini, Apollonius.

Apondre, Aponre, aborder, joindre, ajouter. *Apponere.*

Apoquir, apetisser, diminuer.

Apos, apposa.

Apostar, gager, parier.

Apostitz, apostat. Faux, postiche.

Apostoli, pape, évêque.

Apregador, suppliant, soupirant.

Apreisadamen, à toute hâte; fortement.

Apreisonatz, pris, emprisonné.

Apreissamen, urgence, ardeur, véhémence.

Apreissar, presser vivement, insister, persévérer.

Apremen, tribulation.

Apremer, opprimer, abaisser, humilier.

> Li pessa si deu apremer en tot
> aco que fai.
>
> Beda. 46.

> In omne quod scit sese mens
> deprimat.

——— Réprimer, arrêter, retenir.

> Qui non aprem las ociosas paraulas, aven tost é mal.
> Qui otiosa verba non reprimit,
> ad noxia citò transit.

Aprems, opprimé, surpris, prévenu.

> La coita del blasme non excusa
> l'aprems, ont no defail lo crims
> de voluntat.
>
> Beda. 42.

> Nec excusat oppressum necessitas
> criminis, ubi crimen est voluntatis.

Apremsa, réprimée.

> Si li voluntas non es apremsa,
> li obra segnioreja.
>
> Beda. 38.

> Dùm enim in cogitatione voluntas non reprimitur, etiam in
> agnitione dominatur.

Apremunt, oppriment.

Aprenga, apprenne.

Apretar, serrer.

Aprimaihar, Aprimaitar, venir de bonne heure.

Aprimar, devancer. Rendre fin, mince, delié.

Aprimatz, fin, instruit, spirituel.

Apriondar, creuser, approfondir.

Aprivadar, apprivoiser, familiariser.

APROAR, APROARS, approuver, approbation.

APROBENCAR, approcher. *Appropinquare.*

Lo regne de dieu s'APROBENCA de vos.
N. T. Luc. 10.
APROPINQUAVIT in vos regnum dei.

APROP, après, près, depuis. *Aprop si*, chez soi.

APROBDAR, APROPIAR, APROSMAR, APRUIMAR, APRUSMAR, approcher.

APROPIAMEN, approche, venue, accès.

APUGNAR, tarder.

APUNIS, poison.

APUNTAMEN, accord, traité, capitulation, accommodement.

AQUEL, AQUELA, ce, celle, celui-là, celle-là. *Aquel eis*, celui-là même.

AQUEPREIRE, archiprêtre.

AQUEST, AQUESTA, cet, cette, celui-ci, celle-ci.

AQUI, là. *D'aqui endreg*, ensuite, puis, après, successivement.

Tug li propheta, de Samuel et d'AQUI ENDREG, li cal parleron, annuncieron aquest jorns.
N. T. Act. 3.
Omnes prophetae à Samuel et DEINCEPS, qui locuti sunt, annuntiaverunt dies istos.

AQUICIAR, AQUISTIAR, acquitter, affranchir.

AQUILL, ceux-là.

AQUO, cela.

AR, ARA, à présent, maintenant, à l'instant.

ARA, autel. Laboure.

ARABIT, Arabe.

ARADA, ARADRE, ARAIRE, charrue. *Aratrum.*

ARAGE, à l'aventure, à l'abandon, en déroute. *Anar aratge*, errer.

ARAGNA, treillis de fil de fer.

AR'AICI, à ce point, jusque-là.

ARAIGAS, arraché, déraciné.

L'ergoils d'ergolios er ARAIGAS, e maisos trop richa er anientada per ergoil.
V. T. Eccli. 21. v. 5.
Substantiae superbi ERADICABUNTUR, et domus quae nimis locuples est annulabitur superbià.

ARAILAR.

Tan menou la paraula lhi avesque e'll par
Qu'elh feiro las cumpanhas tost desarmar;
E don Girard au pes lo rei anar
E fan lhi son omatge ARAILAR.
G. de R.

ARAIRE, charrue.

Negus metents la sua ma el ARAIRE, e esgardans atras, no es covinable del regne de deu.
N. T. Luc. 9. v. 62.
Nemo mittens manum suam ad ARATRUM, et rescipiens retrò, aptus est regno dei.

ARAM, airain, cuivre.

ARAMIR, ranger, promettre, assigner, sauver, mettre en gage, défier, provoquer.

ARAMIT, ARAMIDA, indiqué, juré, rassemblé, réuni, réunie.

Tatz, boca; nemps potz lenguejar,
Et es t'en grans mals ARRAMITZ.
VENTADORN.

ARANCADOR , arracheur.

ARANCAR , arracher.

ARANDA , prés. Soudain.

ARANES , labourage , laboureur.

ARANH , araignée , sorte de filet.

> Qui vol solatz avinen
> Ves na Guillelma s'eslais,
> On beutatz e pretz e jais
> Son pauzatz sobre joven.
> Per que l tramet per paria
> Ma canso, que la castia ;
> E s'illa s fier en l'ARANH,
> Prenda l'aur e lais l'estanh.
> MIRAVAL.

ARANBA , araignée , toile d'araignée. *Aranea*.

ARAP , ARAPADA , déchirure , égratignure.

ARAPAR , saisir , accrocher , attraper.

ARAR , labourer. *Arare*.

ARARIGA , charrue.

ARAS. Voyez AR. *Aras sia so que* , quoiqu'il en soit.

ARASONAR , demander , questionner.

ARASSAR , raser , combler.

ARAUT , héraut.

ARAVIOS , enragé.

ARBAESTADA , jet d'arbalète.

ARBIR , ARBIRAR. Voyez AL-BIRAR.

ARBOR , bosquet , tonnelle , berceau.

ARBOREL , arbrisseau.

ARC , voûte , caveau. Brûla.

ARCA , arche, coffre , huche.

ARCADURA , courbure.

ARCHIPEIRE , archiprêtre.

ARCIATAL , parole magique , talisman.

ARCIBAT , artificieux , rusé , malin.

> Sifre , beus tene per ARCIBAT
> Quar cosselh m'avetz demandat ,
> Et ieu donar lous ai honrat ,
> Quar fort en cossir de prion.
> SIFRE.

ARCIO , brûlure.

ARCIS , qui a le mal des ardens.

> Los contrafaitz e los lebros , o
> los desfaitz de lors membres , o
> los ARCISSES.
> V. e V.

ARC-VOUT , arcade , voûte , caveau.

ARDA , train , suite , équipage. Allume.

ARDALBO , ardillon , boucle , agrafe.

ARDEMEN , incendie.

ARDEN , vif , prompt ; malade du feu St.-Antoine , du feu des ardens.

ARDIAQUE , archidiacre.

ARDIDAMEN , hardiment.

ARDIMEN , hardiesse , courage , audace , témérité.

ARDION. Voyez ARDALBO.

ARDITZ , hardi. Dards , flèches. Desseins , entreprises.

ARDOR , brûlure.

> Am las mans prenia braza e lo
> ferre bollent ,
> E portava lo lai cremant hon li
> plazia ,
> Qu'en la carn ni'n lo quer ARDOR
> non parecia.
> H. de L.

ARDRETZ , brûlerez.

ARDURA , ardeur.

AREAMENS , train , bagage , équipage.

ARECAR, apporter, procurer, fournir.

AREDIR, rendre, remettre.

AREDISSEN, rendissent.

AREGAR, ARIGAR, arroser.

AREGIER, qui suit.

AREGNAR, retenir, attacher par la bride.

ARELAR, arranger.

ARELRE, arrière. *Areire temps*, ci-devant. *Areire s trai*, recule, se retire.

AREMENAR, écouter attentivement, retenir.

ARENA, sable; arène.

ARENALH, bord, grève, rivage.

ARENG, hareng. Rien.

ARENDOLA, hirondelle.

ARENER, une grève. Manège.

ARESGAR, arranger.

AREPTAR, faire des reproches.

ARESAMEN, équipement.

ARESAR, AREZAR, munir, pourvoir, équiper, panser, ajuster, harnacher, arranger, ordonner, accuser.

ARESCAT, éveillé, hardi.

ARESNAR. Voyez AREGNAR.

ARESTA, épi de blé. *Arista*.

Totz nostres bens son en tres estamens, en comparacion des bens de la terra, que premierament son en erba, o en semensa, pueis en ARESTA o en espic, e pueis en fruit complit.
V. e V.

ARESTOL, arrêt d'une lance.

ARET, belier. *Aries*.

ARGA, brûle, au subjonctif.

ARGAMASSA, muraille, mortier, masure, ciment.

Pietatz es aissi coma bona ARGA-MASSA de que hom fai los murs sarrazinees, qu'om non pot derrochar ab pich ni ab pena de trabuch.
V. e V.

ARGEIRA, lucarne, meurtrière par où les archers tiraient.

ARGENSA, canton du Bas-Languedoc.

ARGENTIEIRA, mine d'argent. L'Argentière, petite ville.

ARGUC, pieu.

ARGUILLA, cabinet, petite armoire, cassette. *Arcula*.

ARGUIMELA.

Sapchas arpar
E ben temprar
L'ARGUIMELA per esclarzir.
CALANSO.

ARGULH, orgueil.

ARGUMENT, propos, discours, ruse, artifice.

ARGUR, ardeur, vitesse, impétuosité.

S'en eis lo coms Gitar, qui que
l rancor,
E sos cavals l'en porta de tal
argur,
Non cuh que milhor bestia d'erba
pastur;
E juret sanh Marti, lo bon tafur,
Mais ama guerra far que tolr' ab
fur.
G. de R.

ARIMAN, aiman.

ARIPAR, aborder, venir au rivage.

ARISTOTILS, Aristote.

ARJA, qu'il brûle.

ARLOT, ribaud, goujat.

ARLOTES, sorte de poésie.

Foudat fai e nescies
Qui vers fai de truandia,
Pessa qu'entiers ni frag sia:
Que canso ni sirventes,
Ni stribot ni ARLOTES,
Non es mas quan licharia.

MARTI.

ARMA, ame. Arme.

ARMADURA, armure. *Armatura.*

ARMAIA, Arménie.

ARMANDAGUES, d'Armagnac, l'Armagnac.

ARMARI, armoire; arsenal. *Armarium.*

ARMER, ARMIER, armurier. Râtelier.

ARNA, mite, teigne.

ARNES, harnois, équipages, bagages, vêtemens.

ARNOS, rongé de vers. Teigneux.

AROMANSAR, traduire en roman.

ARONDA, hirondelle. Roseau, flèche.

ARPA, herse.

ARPAR, jouer de la harpe.

ARPATZ, accroché, cramponné.

ARPIS, aspic; harpie.

ARQUARS, trésorier. *Arcarius.*

ARQUEIRA, meurtrière, lucarne.

ARQUIBISBE, archevêque.

ARQUIER, archer.

ARRA, arrhes.

ARRABAL, faubourg. En Espagnol id.

ARRACAR, transvaser.

ARRANCAR, arracher.

ARRAT, huzza! vive le Roi! cri de joie des Anglais.

Entre Frans' e Normandia,
Ves Giortz e ves Noumercat
Voll que n'aujou cridar ARRAT!
E moujoi, e deus aïa!

DE BORN.

ARRAZOS, raisons, discours. Sorte de poésie.

Coblas ni ARRAZOS.

ARRE, desséché. *Aridus.*

Thomas aportec li mieg pa de
mal dur et ARRE.

PHILOMENA.

ARREAMENT, meuble, ornement.

ARRECHAMENT, érection.

ARRIMBRAR, racheter.

ARRENC, rang, ordre.

ARRESSAR, dresser, bander.

ARREY, train, équipage de guerre.

ARRIBALH, cale, quai où les bâteaux abordent.

ARRIBAR, aborder, mettre à terre.

Vengron en la terra de Genesare,
et ARRIBERON.

N. T. Marc. 6.

Venerunt in terram Genesareth,
et APPLICUERUNT.

ARRITA.

Per que totz hom den refuiar la
pacha.
D'ome, quan mal ni ARRITA li a
facha.

ARSAR, brûler.

ARSER, hier au soir.

ARSERA, je brûlerais, il brûlerait.

ARSO, arçon. Archet.

ARSURA, ardeur.

ART, brûle. *Ardet.*

ARTAGE, brûlement.

ARTANT, hardi.

ARTENTIC, antarctique.

ARTES, l'Artois.

ARTEXOS. Voyez ARRAZOS.
    Coblas ni artexos.

ARTIBAT. Voyez ARCIBAT.

ARTIFICI, art, métier.

ARTIFICIER, artiste, artisan.

ARTILHA, partie d'un château.

ARTONA, nom d'un lieu en Espagne.

ARTOS, rusé, fin; tentateur.

ARUA, chenille, insecte. *Eruca.*

ARVOL. Voyez ARC-VOUT.

ASABENTAR, instruire, informer.

ASABORAR, savourer, faire plaisir.

ASAFREDIR, refroidir, tempérer.

ASAI, beaucoup.

ASAIGAR, abreuver, humecter.

ASARS, hasard, danger, événement.

ASAZAR, rassasier.

ASAZAT, fertile. Opulent. Comblé.

ASAZONATZ, mûr.

ASCENS, absinthe.

ASCLAR, hacher, couper, trancher.

ASCONA, épieu, pique, hallebarde, esponton.

ASCONS, caché. *Absconsus.*

ASE, âne. *Asinus.*

ASEGAR, assiéger.

ASEGON, suivent.

ASEGRE, suivre, atteindre, obtenir.

ASEGURAR, assurer, garantir.

ASEIGNORAR, dominer, maîtriser.

ASEMBLAR, assimiler, comparer.

A cui asemblarai lo regne de dieu?
        N. T. Marc. 4.
Cui assimilabimus regnum dei?

ASENAR, rendre plus sensé. Assigner.

ASENHAR, faire signe. Désigner.

ASENTAR, asseoir, établir.

ASERENAR, rasséréner, devenir serein.

ASERGA, s'asseye. Soit convenable.

ASERMAR, apprêter. Rendre désert.

ASET, asseyez, asseye.

ASETIAR, assiéger.

ASEZAR, mettre à l'aise, placer.

ASEZIR, loger, poster, établir.

ASIA, assise, placée.

ASIL, donne asile, protège, couvre.

ASINAR, assigner.

ASMENA, récompense.

ASOAZAR, adoucir, soulager.

ASOLAR, raser, désoler, détruire.

ASOLVER, absoudre. *Absolvere.*

ASOMAR, paraître. Résumer. Achever.

ASONAR, endormir. Appeler.

Asobdeir , empirer.

Asotilar , Asotilhar , subtiliser , alambiquer.

Asoutz , absous. Permission.

Aspirar , soupirer, animer ,
inspirer.

Aspis , aspic.

Aspre , hallier.

Aspredura , rudesse , aspé-
rité.

Aspreza , âpreté. Mortifi-
cation.

Assach, Assag, essai , épreuve ; essaye , tente.

Assagiest , tu essayas.

Assagiei , j'essayai.

Assai , essai , essaye. Beaucoup.

Assajar , essayer , tenter.
Exercer.

Assana , chiffon.

Assatz , assez , très - bien.
Beaucoup.

Asseamens , aises , commo-
dités.

Assec (s') , s'ensuit. S'assit.

Assedar , avoir soif.

Assege , siége. *Obsidio*.

Assegir , attaquer de propos
piquans.

Assegnorir , maîtriser , se
rendre maître.

Cels qe son vist Assegnorir de
las gents.
    N. T. Marc. 10. v. 42.

Qui videntur principari gentibus.

Asseguramen , Asseguriers ,
assurance , confiance.

Assegurar . assurer.

Asselus , ceux-là.

Assem , ensemble.

Assemamen , préparatif.

Assemar , assaisonner , arranger , préparer.

Assenciat , sensé , savant.

Assenhal, enseigne, drapeau.

Assebt , assure. *Asserit*.

Assest , air , mine.

Assestat , assis , oisif , tranquille.

Assetiar , Assitiar , asseoir ,
placer.

Assi , ainsi ; ici ; à soi.

Bo es ad els , se els assi per-
manrau.
    N. T. 1.ª Cor. 7. v. 8.

Bonum est illis , si sic perma-
neant

Fariseus aquestas causas assi pre-
gava.
    N. T. Luc. 18. v. 11.

Phariseus haec apud se orabat.

Assic , mit , plaça , assit.

Assiduos , assidu.

Assie , âge , vie.

Assimbelar , en faire accroire ,
feindre , supposer. *Simu-
lare*.

Assire , asseoir , placer ,
poser. Assiéger.

Assis , assiégé.

Asso , ceci. A son. *Asso que* ,
pour que , afin que.

Assolassar , amuser , égayer ,
se divertir.

Assolassius , plaisant , agréable , réjouissant.

Assolatz , réjouisse.

Assorizana , se perd , se
gâte , empire , se cor-
rompt.

Fola gens , falsa , trefana ,
Quar quicx si fan trobador ,
Fan vers à fol entendedor
Tal que no pretz un' assana :
Canton e cridon voluntier
Issamen co'l plus dreiturier ,
Per que cants ASSORIZANA.
                              PRADAS.

ASSOUDAR , soudoyer , sti-
    pendier.
ASSUAVA , appaise , adoucit ,
    persuade.
ASSUAVAMENS , calme.
ASSUMAR , prendre ; conclure.
    Assumere.
ASSUPELLAR , assouplir.
ASSUR , château en Syrie.
AST , broche , pique.
ASTA , lance , javelot.
ASTAD , stade. Longueur d'une
    lance.
ASTEJAT , pointu , en pointe.
ASTELLA , éclat de bois ,
    bûche. Dard. Copeau.
ASTENC , de lance.
ASTEZA , tronçon de lance.
ASTIER , râtelier.
ASTOR , l'autour , oiseau.
ASTRAIATZ , heureux.
ASTRAIRE , distraire.
ASTRAT , influencé par les
    astres , destiné.
ASTRE , étoile Bonheur , sort ,
    fortune , hasard , destinée.
ASTRONOMIAN , astronome.
ASTRUC , ASTRUCS , heureux ,
    fortuné.

    Car si tu fas ben ton afar
    Gran astre hi poiras trobar ;
    E si fas mal e iest ASTRUC ,
    Ades devenras maiastruc.
                      SENECA.

ASTRUGUEZA , bonheur , ha-
    sard.

So que'l fils , que es en poder de
son paire , gazania per ASTRU-
GUEZA , si cum es si el o troba ;
la proprietat , so es lo dominis ,
perten ad aquel qui o gasaniet.
                              GOD.

ASTRUL. Voyez ASTRUC.
ASUAUZAR. Voyez ASOAZAR.
ASUBTILIAR , affiner , subti-
    liser.
AT , besoin , nécessité.

    Pacientia vos a grant AT.
                          BEDA. 2.
    Patientia vobis NECESSARIA est.

ATACA , tache.
ATAHI , vexe , querelle , cha-
    grine.

    Ja nuils Catalans avinens
    Non taing per aisso m'ATAHI.

ATAHUC , bière , cercueil.

    En ATA UC an mes lo precios cors
    sant.
                          H. de L.

ATAÏNA , langueur , mal ,
    maladie. Dispute , que-
    relle , vexation.
ATAÏNAR , languir ; inquiéter ,
    fatiguer.
ATAÏNATZ , retardé.

    L'enjanaire enemics quer à la
    mort los ATAÏNAZ tormens.
                          BEDA. 78.

    Hostis callidus TARDA ad mortem
    supplicia conquirit.

ATAIS , il convint , il appartint.
ATAL , ainsi , tel.
ATALANTAR , ATALENTAR ,
    plaire , faire envie.
ATAMAR , empêcher.
A TAN , ensuite , après cela.
ATANHER , ATENHER , appar-
    tenir , regarder , convenir ,
    concerner. *Attinere.*

ATAPIR, cacher, dissimuler.

ATEIS, atteignit, parvint.

ATEMPRANSA, modération, sagesse, sobriété.

ATEMPRAR, accorder, ajuster, régler, tempérer.

ATENDAT, campé sous des tentes.

ATENDENSA, attente.

ATENDRE, tenir, remplir, accomplir, exécuter. *S'Atendre*, se fier, se confier; s'appliquer.

ATENDUDA, attente.

Li ATENDUDA dels dreitureirs es alegressa : e l'esperansa dels felos perira.
BEDA. 34.
EXPECTATIO justorum, laetitia : spes impiorum peribit.

ATENREZIR, attendrir, fondre, dissoudre.

Hom sabis torna sos oils de femna malvaza ; e hom luxurios la guaita, e s'ATENREZIS en heis cum li cera al fuoc.
BEDA. 57.
Vir prudens ab imprudenti muliere avertit oculos suos ; luxuriosus autem, intuens eam, SOLVITUR ut cera à facie ignis.

ATERMENAR, terminer, donner ou prendre des termes. Borner.

ATERRIT, hâve, pâle, plombé, infirme, cassé, courbé.

ATERTAL, pareil, semblable. Le même.

ATERTAN, autant, aussi.

ATES, attendu. De la ville d'Apt.

ATESSARAT, tissu. Arrangé, mesuré. Muni, pourvu.

ATILHAR, arranger, disposer.

ATIRAR, atourner, orner, parer.

Dirai vos que fort me tira
Vielha casals quan trop s'ATIRA.
MONTAUDO.

ATRACHA, trahison.

ATRAS, derrière, en arrière. *Sà atras*, jadis, autrefois.

Dieus parlant SA ATRAS mot passablament.
N. T. Hebr. 1.
Multifariam, multisque modis Deus OLIM loquens.

ATRASAG (per), en passant. A travers, tout net, franchement. Bientôt, promptement, sur-le-champ. Peut-être, certainement, vraisemblablement.

ATREMENS, encre. *Atramentum*.

ATREMPAT, modéré, sobre, tempérant.

ATRESSI, ainsi, de même, également.

ATRESTAN, autant.

ATRIAR, choisir.

ATRIUSAMEN. Voyez ATRUSAMENS.

ATRIUSSAR, ATRUSAR, briser, broyer, écraser, gâter, corrompre, fouler aux pieds.

Avant que cors d'ome sia ATRIUSSAZ, er esalsaz.
BEDA. 4.
Priùsquam CONTERATUR, exaltatur cor hominis.

ATROBAR, trouver.

ATROSSAMEN. Voyez ATRUSAMENS.

ATROSSAR, charger.

*Pueis son li roncin atrossat
De perpuns e de garnisos.*
                    Jaufre.

ATREANDAR, tromper, acco-quiner.

ATRUSAMENS, désolation, ruine, destruction.

Atrusamens e mala aventura à lur vias.
                    N. T. ad Rom. 3.
Contritio et infelicitas in viis eorum.

ATUR, soin, tentative, ef-fort, attention.

ATURAR, appuyer, arrêter, se retirer. Ravir par force, contraindre, forcer.

ATURAT, ferme. Contrit, mortifié.

ATUZAR, attiser, éteindre.

AU, haut, autre. Écoute.
  Non posc au, je n'en puis davantage.

Qui nou es de deu, no vos au.
Qui ex deo non est, non vos audit.

AUBERC, haubert; casque.

Esperital's taria es ferma fes en cor, et auberc de salut el chap.
                    Beda.

AUBRA, qu'il, qu'elle ouvre.

Ta boca aubra enterrogacios.
                    Beda. 13.
Interrogatio os tuum aperiat.

AUBRIR, ouvrir.

AUC, j'entends. Jars, oie mâle.

AUCA, une oie.

AUCI, tue.

AUCION, tuent.

AUCIR, AUCIRE, occire, tuer, immoler.

AUCIZEDOR, licteur, bour-reau, meurtrier.

AUCTOR, auteur. *Traire az auctor*, citer pour garant, prendre à témoin.

AUCERRA, AUCERRE, Auxerre, ville.

AUD, j'écoute. *Audio*.

AÜDA, ene.

AUDII, j'ouïs, j'entendis. *Audii*.

AUDENSA, l'ouïe.

AUDIR. Voyez AUZIR.

AUG, j'entends. Auch, ville.

AUGES, écoutât, entendit.

AUGIAS, Elzéar.

AUGIER lo danes, Oger le danois, paladin.

AUGILL, mépris, abjection.

AUGOL, élévation, grande fortune.

AUGUR, pronostic, augure.

AUJA, entende.

AUJATZ, écoutez.

AUJOL, aïeul.

AUL, mauvais, rusé, mé-chant.

AULAIGNA, AULANA, aveline.

AULARI, Eulalie.

AULIT, diminutif d'AUL.

AULEZA, malice.

AULSIAS, Elzéar.

AULTERI, adultère.

AUMATITZ, améthyste.

Vi la terra perpresa d'escutz voltitz,
De blancs ausbercs ab elms ab aur sarcitz,
Don resplan lo cristautz e l'au-matitz
Dels fortz vassals que jazon per pratz fluritz.
                    G. de R.

AUMPLIMENT, complément.

AUMPLIR, remplir, accomplir.

AUN, AUNT, ont.

AÜNAR, rassembler.

AUNIDAMEN, honteusement.

AUNIMEN, honte, opprobre, ignominie.

AUNIR, honnir, déshonorer.

AUNTA, honte, affront, outrage, injure.

AUONDAR. Voyez AONDAR.

AUOUSTENC, d'automne, automnal.

AUQUES, quelque peu.

AUR, or. *Aurum.*

AÜR, augure, présage.

AURA, air, temps, vent. *Aura.*

AÜRA, il ou elle augure.

AURADAMENT, follement.

AURADURA, dorure. Orgueil, vanité.

AURAN, auront. Quinteux, capricieux.

AURANATGE, extravagance.

AURANIA, id. Folie, impertinence.

AÜRAR, augurer, présager, pronostiquer.

AURAT, étourdi, éventé.

AURATGE, orage.

AUREI, air, temps, souffle, vent.

AURELHA, oreille.

AURELHETA, sorte de pâtisserie, gaufre, beignet.

AURELHOS, orillard. Attentif.

AURENGA, Orange, ville.

AUREVILLIER, orfèvre.

AURFRE, orfroi.

AURIA, j'aurais, il aurait. Fougue, race.

E monta en un caval de bou AURIA.
G. de R.

AURIBAN, bannière. Arrière-ban.

AURIEN, nous aurions. Orient.

AURIENC, d'or.

AURIFLOR, oriflamme.

AURIMAN, aiman.

AURIOLA, loriot. Chausse-trape, chardon.

AURION, Orion, constellation. Autour, oiseau de vol.

E porto AURIONS ab la fort pena.
G. de R.

AURIPELAT, couvert d'oripeau.

AURIU, emporté, fougueux.

AURIVA, folie, extravagance.

AURPIMEN, orpin; orpiment.

AURSEZIT, abruti.

AUS, j'ose. Toison. Hausse, élève. Maintenant, aussitôt.

AUSART, osé, hardi.

AUSBERC, haubert, cuirasse, cotte de mailles.

AUSES, j'osasse, il osât.

AUSIMEN, hardiesse. Également, de même.

AUSTARDA, outarde. *Avis tarda.*

AUSTIES, Athanase.

AUSTOR, l'autour, oiseau de proie.

AUSTORC, accord, octroi, permission.

AUSTORGUI, j'octroie.

AUSTRE, sud, midi. *Auster.*

AUT, haut.

AÜT, eu.

AUTA, l'autan, vent du sud-est.

L'AUTA bufant, diretz : qe ve estius.
N. T. Luc. 12. v. 55.
AUSTRUM flantem, dicitis : quià aestus erit.

AUTAN, AUTANA, élevé, élevée.

AUTAR, élever. Autel. User, se servir.

AUTENTICAR, autoriser, justifier, confirmer.

AUTET, diminutif d'AUT.

AUTEZA, hauteur.

AUTFORT, Hautefort.

AUTIG, AUTIU, hautain, fier, altier.

AUTISME, très-haut. *Altissimus.*

AUTOR, témoin.

AUTORC, octroi, permission.

AUTORGADOR, qui permet.

AUTORGAMENT, consentement, autorisation.

AUTORGAR, permettre, octroyer, livrer, mettre en possession.

No AUTORGUI à la femna senhoriar él baro, mais esser en calamen.
N. T. 1 Tim. 2. v. 12.
Mulieri non PERMITTO dominari in virum, sed esse in silentio.

AUTOROS, outrageux.

Ieu fui premierament maldizeire, e perseguieire, et AUTOROS.
N. T. 1 Tim. 1. v. 13.
Priùs blasphemus fui, et persecutor, et CONTUMELIOSUS.

AUTRAL, d'autrui.

AUTRAN, l'autre année.

AUTRATGE, outrage.

AUTREI, donne, permet, accorde, consent. Consentement.

AUTREJAMEN, permission, concession.

AUTREJAR, accorder, avouer, convenir, souffrir.

AUTRESEING, bannière.

AUTRETAN, également, le même.

AUTRI, autres.

AUTRIA, octroie.

AUTRIUS, d'autrui.

AUTVILAR, Auvillars, nom de lieu.

AUTZ, hauts. Ecoute. Sorte d'outil.

E lo pobles aporta pics, palas et espletz;
E noi remas nul AUTZ, ni cuns ni marteletz,
Ni semal, ni caudeira, ni cabas, ni paletz.
GUER. des Albig.

AÜZ, eu.

AUVAN, ventaille.

AUVENT, entendant. *Auvent la gent*, aux oreilles, en présence de tous.

AUVIDOR, l'ouïe.

AUVION, l'étoile polaire.

AUVIT, ouït, entendit. *Audivit.*

AUVUT, eu.

AUZ, j'entends, j'entendis.

AUZA, ose.

AUZAR, oser.

AÜZAR, user, exercer, habituer.

AÜZAT, éprouvé, accoutumé.

AUZEL, oiseau.

Auzelaire, oiseleur.

Auzelos, oisillons.

Auzen, entendant.

Auzeus, oiseaux.

Auzi, j'ose ; j'entends, j'écoute.

Auzia, j'écoutais, j'entendais ; il écoutait, il entendait.

Auzida, renommée, réputation.

Auzidor, salle d'audience.

Vengron en l'Auzidor am los barons principals de la ciutat.
N. T. Act. 25.

Introierunt in auditorium cum tribunis et viris principalibus civitatis.

Auzigrunt, ouïrent.

Auzimen, l'ouïe.

Per auzimen auziretz e no entendretz.
N. T. Act. 28 v. 26.

Aure audietis et non intelligetis.

Auzir, entendre, écouter. *Audire.*

Auziritz, auditeur, audience.

Auziron, entendirent.

Auzis, entends, entend, entendit.

Auzisme, le Très-Haut.

Auzius, insensé, éperdu. Voyez Aurie.

Auzor, plus haut.

Avach, eau ; gouache.

Avalir, s'évanouir, disparaître.

Prenc Jehsu lo pa e benzec lo e frais e donec ad els, e ubersi li ulhs lor e conoguero lo ; e avalic se dels ulhs de lor.
N. T. Luc. 24. v. 31.

Accepit Jesus panem et benedixit et fregit et porrigebat illis, et aperti sunt oculi eorum et cognoverunt eum ; et ipse evanuit ab oculis eorum.

Avans, en haut. *Sursùm.*

Avantal, tablier. Chignon, nuque.

Avantal solon apelar
Li France: , cai per desnot,
So que nos apelam cogot.
Pradas.

Avantar (s'), s'éloigner.

Avantir, prévenir.

Avanzar, excéder, surpasser.

Avar, avare. Dur, cruel, mauvais.

Avaretat, avarice.

Avaros, avaricieux.

Avarra, dure, cruelle, barbare.

Avau, en bas.

Aveissar, châtrer, mutiler, égorger.

Avellana, aveline, noisette.

Avellatz, issu, procréé, descendu.

Avem, nous avons. *Habemus.*

Aven, avant. Il avient, il arrive, il convient.

Avenc, il arriva.

Avendansa, moyen, pouvoir, facilité.

Avenedis, Aveneditz, étranger. *Advena.*

Adoncs ja non es osde, ni aveneditz ; mas es ciudada dels sanhs, e privatz de deu.
N. T. ad Ephes. 2. v. 19.
Ergo jam non estis hospites, et advenae ; sed estis cives sanctorum, et domestici dei.

Avenidor, à venir, futur.

Avenre,

AVENRE, aveindre, atteindre. Plaire, réussir.

> Joglar volpill, mal acabat,
> Trist, e d'AVENRE recrezen.
>   P. VIDAL.

AVENS, l'avent. Ayant.

> Aquestas paraulas no so d'AVENS demonis.
>   N. T. Joan. 10. v. 21.
> Haec verba non sunt HABENTIS daemonium.

AVENTA, vaut, profite.

AVENTADOR, **AVANTADOR**, avant-coureur.

AVENTURA, risque, danger, hasard. *Per aventura*, peut-être, de peur que.

AVENTURAT, heureux.

AVER, avoir; biens, fortune, richesses.

> Fait à vos amics de l'AVER de malesa.
>   N. T. Luc. 16. v. 9.
> Facite vobis amicos de MAMMONA iniquitatis.

AVERAR, vérifier.

AVERO, j'aurai.

AVERS, de travers.

AVERSEDAT, adversité.

> Qui a patientia ves las AVERSEDATZ, apaia deu.
>   BEDA. 50.
> Qui patienter ADVERSA tolerat, deum citiùs placat.

AVERSIER, démon, diable, ennemi. Criminel, diabolique, répréhensible.

AVESPRIR, se faire tard; approche du soir.

AVESQUE, évêque.

AVEUZAR, devenir veuf.

AVI, aïeul.

AVIA, j'avais, il avait.

AVIGORAR, renforcer, donner ou prendre vigueur.

AVILANIR, **AVILZIR**, avilir, outrager, décourager.

AVINAZAR, aviner.

AVINEN, avenant. Aimable.

AVINENSA, **AVINENTEZA**, bon air, bonne grâce, convenance.

AVINENTMEN, convenablement.

AVIOL, aisé, joyeux.

AVIRONAR, environner.

AVIST, vissé.

AVOCAR, se prosterner.

> Pueis AVOQUERON denant dieu
> Li sant per mi caitieu Tadieu.
>   H. de L.

AVOL, lâche, mauvais.

AVOLESSA, tort, dommage.

> No faretz AVOLESSA.
> Non FRAUDEM feceris.

AVOLS, mauvais, insipide.

AVONDESSA, beaucoup, multitude, grande quantité.

AVOQUAR, plaider.

AVORRIR, abhorrer.

AVOUTRADOR, **AVOUTRAIRITZ**, adultère. *Adulter, adultera.*

AVOUTRAR, attérer, commettre un adultère.

> Si lo marit mor e la mulier pren autre, non AVOUTRA.
>   N. T. ad Rom. 7.
> Si mortuus fuerit vir ejus, non sit ADULTERA, si fuerit cum alio viro.

AVOUTRE, bâtard; adultérin.

AVRILLOS, d'avril, printanier.

AYM.

Vas vos mon cor AYM,
Que ren tan non s'AYMA.

AZAGAR, arroser.

 Apollo AZAGUET.
 Apollo RIGAVIT.

AZALBAR, blanchir, éclaircir, vérifier.

AZAM, Adam.

AZAPTAR, adapter.

AZAURA, sorte de bateau, chaloupe.

Al jorn qu'ieu ai dig, Sarrazin,
Turc, Vandales e Marroquin,
Vengron am lenbs et ab AZAURAS,
Menan tal brug que de las Mauras
Auziratz lo critz e l'esglai
Que li gentz dolairoza fai.
   H. de L.

AZAUT, haut, grand, élevé, hardi. Doux, joli, gentil, propre. Joliment. Goût, plaisir, affection.

No s pot escusar de folor
Amors, si pren major AZAUT
De so qui er plus mal-azaut.
   Br. d'amor.

Per azaut, subitement.

Aissi respondi ieu breumen,
E dic qu'est' amor s'escrompen
Per AZAUT; e lai on vol cor,
No gardan beutat ni ricor;
E del plazer mon, so sapchatz,
Per que val mais so que mais platz
Az amar....   Id.

AZAUTAR, plaire, charmer, convenir; importer, se soucier, vouloir bien, aimer mieux, préférer.

AZAUTET, plut, charma, etc. Doucement.

AZAUTEZA, chose qui plaît. Politesse.

AZAUTIMEN, agrément, convenance.

AZE, âne.

AZEMPLIR, accomplir, satisfaire, achever. *Adimplere.*

AZEMPRAR, requérir, convoquer.

AZEMPRE, réquisition, convocation.

AZENA, ânesse. *Asina.*

AZENAN, désormais.

AZENI, d'âne. *Asinalis.*

AZERMAR, désoler, rendre désert.

AZESCAR, amorcer, allécher, engager. *Adescare.*

AZIMAN, aimant.

AZIR, haine; haïsse. Vigueur, violence.

AZIRAMEN, haine, colère.

AZIRAR, haïr, fâcher, irriter.

Negus pot servir à dos seuhors;
quar à la u AZIRARA, e l'autre
amara; e la u prezara, e l'autre
mesprezara.
   N. T. Luc. 16. v. 13.
Nemo potest duobus dominis servire; aut enim unum oser, et
alterum diliget; aut uni adhaerebit, et alterum contemnet.

AZIROS, haineux, colère.

AZIVA, aisée, facile.

AZOMBRAL, ombrage, lieu à l'abri du soleil.

AZOME.

Bayas de cabra que hom dis AZOME.
   PRADAS.

AZON, abonde.

AZONDAR, abonder. Verser, répandre.

Azonglar (s'), s'accrocher, se cramponner.

Aissi s'empren e s'azongla
Mon cor en liels com l'escors' en la verga.
A. Daniel.

Azorar, adorer.

Azoras, à présent, parfois.

Azordenar, arranger, disposer.

Aquestz tres premiers mandamens nos azordenon ab dieu esperitualment.
V. e V.

Azordenat, réglé, régulier, sacré, dans les ordres sacrés.

Azulteri, adultère.

Li felo ant los oils luxurios ples d'azulteri, e de no-cessable deleit.
Beda. 17.
Iniqui luxuriantes oculos habent plenos adulterio, et incessabili delicto.

Azun, donc, alors.

Azust, Azusta, aduste, brûlé, brûlée.

B

B se met souvent pour P, comme étant de même organe et plus doux à prononcer.

Ba, j'aille.

Babau, bête noire, moine bourru.

Bacalar, bachelier. Terme de mépris.

Bacela, Baicela, jeune fille, bachelette.

Bacelatge, état de fille et de garçon. Soins tendres, empressés.

Bacis, bassin.

Baco, lard, jambon, salaison.

Baconar, tuer et saler des porcs.

Bada, guet, sentinelle, vedette. *De badas, en bada,* en vain, inutilement.

Badala, bâille, bâillement.

Badalhar, bâiller.

Badar, bâiller, bayer, muser, regarder.

Badatge, badaudage, attente vaine.

Badaul, badaud, niais, sot, oisif, dupe.

Badec, désir.

Badejar. Voyez Badar.

Badils, guérite.

Badiu, Badiva. Voyez Badaul.

Badoc, benêt, paresseux. Le fou aux échecs.

Badoill, lenteur, paresse, négligence.

Badol, banderolle, bannière.

Baduelh, hésitant, bégayant.

Baet.

Altresi m'a
Amors en tal Baet mes.

Baf, cri d'indignation.

Bafa, bourde, tromperie.

Bafomairia, pays des Mahométans; mosquée, temple de Mahomet.

Bafomet, Mahomet.

Bag, bai.

Baga, grain, miette.

BAGAS , bagues , joyaux.

BAGAS , garçon , insipide.

BAGASSATZ , qui vit avec les catins.

BAGASSIER , libertin , débauché , putassier.

BAGASULA , diminutif de BAGASSA.

BAGNAR (se) , se complaire , se délecter.

BAGORDAR , jouter , courir la bague.

BAGUASSA , une catin.

Dic te que ta moler es falsa BAGUASSA e delial.
PHILOMENA.

BAI , bai , blond ; baise , baiser.

BAIA , baise. Baie , tromperie.

BAILA , nourrice, sage-femme.

BAILAR , donner , prêter.

BAILA à ton proisme cant aura coita.
BEDA. 49.
FOENERA proximo tuo , in tempore necessitatis illius.

BAILIA , garde , tutelle , puissance. Disposition , administration.

Administrazos , so es BAILIA de las soas causas.
COD.

BAILIDOR , maître , gouverneur.

BAILIR , gouverner , posséder.

BAILO , BAILON , bailli , gouverneur.

BAIRAR , marcher à l'ennemi, l'attaquer.

BAIS , baise , baiser. Abaisse. Biais.

BAISSAR , abattre , descendre, dégrader.

BAISSURA , penchant , inclination.

BAIVIER , Bavarois.

BAJANIA , niaiserie , simplicité.

BAJULIA , bailliage , juridiction.

BALAIAR , agiter , brandiller, mouvoir çà et là.

Ja no m partrai à ma vida
Tan com sia sals ni sas :
Que pos l'espiga' es issida
BALAIA long temps los gras.
VENTADORN.

BALANS , BALANSA , balancement , extrémité , perplexité.

BALANSADA, posée , mesurée.

BALANSAR , chanceler , vaciller , hésiter. Peser , examiner.

Las paraulas del sabi sunt BALANSADAS en balansa.
BEDA. 21.
Verba prudentûm staterâ PONDERABUNTUR.

——————— Jeter , lancer.

E Jaufre fer lui atressi
En l'escut colp meravillos ,
Si que'ls estreups li tolc amdos ;
E dels arsos lo BALANSET
Tan laig, qu'à pauc no l degolet
Al cazer.
JAUFRE.

BALARESC , à danser , de danse.

BALBZ , bègue. *Balbus.*

BALESTA , arbalète. Grande manne , panier.

BALESTRIER , arbalétrier.

BALLAR , danser.

BALLE , train , embarras.

Per aquo no's tain que ieu m'en
meta BALLES.
PHILOMENA.

BALMA , grotte , antre , caverne.

BALMEN , hardiment, joyeusement.

BALTZ , danse , danses.

BANA , BANNA , corne.

E vi la bestia pujant della mar ,
avent VII caps e X BANNAS ; et
en las BANNAS avia nom d'esquern.
N. T. Apocal. 13.

Et vidi de mari bestiam ascen-
dentem , habentem capita sep-
tem , et CORNUA decem , et super
CORNUA ejus nomina blasphe-
miae.

BANASTON , corbeille , panier.

BANC , table à manger.

BANCA , trône.

BANCAL , banc.

BANDA , caresse.

BANDEJAR , flotter , agiter ,
ondoyer , voltiger.

BANDIER , messager ou sergent.

BANDIR, publier, proclamer,
mettre à l'encan.

BANDISOS , mets , alimens.
Offres , propositions.

Pere d'en Ugo soi gais
Si s viu soi ab nos ni s pais ,
Qu'à lui no dol ni s'irais
Si l datz faisols ab uignos ,
Senes autra BANDISOS.
MIRAVAL.

BANDITZ , déployés.

E venc per la ribeira ab los
senhals BANDITZ.
GUER. des Albig.

BANDO , congé , permission.

BANEIRAR , voltiger.

BANH , bain.

BANHAR , mouiller. Voyez
BAGNAR.

BANHART , garde forestier.
Salaire.

BANREJAR. Voyez BARREJAR.

BANS , bain. Bannière. Cabaret.

BANZ , cornes , bois , ramure.

Eu fas com fe'l cers can vi
L'ombra dels BANZ en la fou bandejar.

BAPTESTILI, baptistaire , baptême.

BAR , baron, seigneur , homme courageux. Mari.

Lo BAR non es criat per la femna ;
mas la femna per lo BARO.
N. T. 1 Cor. 11. v. 9.
Non est creatus VIR propter mu-
lierem ; sed mulier propter
VIRUM.

BARABANS , Barrabas.

BARALH , BARALHA , bruit ,
confusion , trouble , tu-
multe , querelle , dissention.

BARALHADOR, brouillon, querelleur , tapageur.

BARALHAR, contester. Mêler,
broyer , piler.

BARANDA , balustrade.

BARAT , BARATA , fraude ,
tricherie.

En aquest mandamen son deve-
dadas usuras , e motas BARATAS
per esperansa de gazanh.
V. e V.

—————— Change , contrat , affaire , emprunt , engage-
ment.

> Si'l fils es en poder del paire, et
> el fai alcuna BARATA, so es alcun
> contrait, lo paire es tengutz de
> taut cant es lo peculis del fil.
>
>   COD.

BARATADOR, BARATAIRE, trompeur, coquin, fripon, changeur.

BARATAIRITZ, trompeuse.

BARATAR, tromper; échanger, trafiquer, prêter sur gages. Agiter, remuer. Dépenser follement.

BARATIER, créancier, usurier.

BARATOR. Voyez BARATADOR.

BARATRO, enfer, gouffre, fosse, abîme. *Barathrum.*

BARBAJEA, hibou, chathuant.

BARBARI, barbaresque. Sorte de monnoie.

BARBAROBA, hibou, butor, oiseau.

BARBIAR, barbier.

BARBOT, luth, harpe, lyre. *Barbiton.*

> Don en Gaubert de Puicibot
> Dis d'aquest' amor sul BARBOT
> Aitals blasmes greus e corals.
>
>   BREV. d'amor.

BARBUDA, larve, fantôme, loup-garou. Sorte de casque.

BARBUSTEL, charbon.

BARCHA, barge, chaloupe. Haie, buisson.

BARDEL, bât.

BARECA, BARECS, ce qu'on ôte aisément.

BARGALH, marché, traité, convention.

BARGANHA, idem. Commerce, trafic.

BARGANHAR, marchander, traiter, faire affaire.

BARITEL, claquet de moulin.

BARNATGE, grands seigneurs, noblesse; valeur.

BARNATJOS, brave, valeureux.

BARNATZ, noblesse.

BARNAUT, famille noble.

BARNIL, BARONIL, brave, noble, vaillant.

BARONEJAR, se montrer baron, se vanter de l'être.

BARONILMENT, courageusement.

BARRA, mâchoire.

BARRAL, baril.

BARREI, ruine, destruction.

> L'afar del comte Guio
> E de la guerra del rei,
> E de Maussac lo BARREI
> Ai ben auzit quossi fo.
>
>   CARDINAL.

BARREJAR, détruire, saccager.

BARREIRA, retranchement.

BARRETA, bride, béguin, chapeau.

BARRI, faubourg.

BARSAUNES, le Barcelonais, de Barcelone.

BART, BARTZ, limon, argile. Civière.

BARTAVEL, loquet, charnière.

> E menet tan lo BARTAVEL
> Que senti si grossa d'enfant.
>
>   H. de L.

BARUTEL, bluteau. Traquet de moulin.

BARUTELAR, bluter.

BASALESC, basilic.

BASCA, dispute, querelle, train, tapage.

E si l dis sa domna de no
Ni l friga trop lo gazardo,
Ges el per tan no s'irasca,
Ni s'rancur, ni'n mene BASEA;
Quar mais acabara sufíren
Que rancuran ni mal-dizen.
BREV. d'amor.

BASCLE, Basque. Bazacle, moulin à Toulouse.

BASCLOS, routiers, sorte de soldats. Vauriens, maquereaux.

Nom platz compaigna de BASCLOS
Ni de las putanas venaus.
DE BORN.

BASCUNC, de guingois, de travers.

BASEGE, corde.

BAST, bât. Bâtit.

BASTAIS, bouffon, bateleur. Portefaix, crocheteur.

BASTAR, suffire.

BASTEJAR, porter le bât.

BASTESA, tourteau.

BASTIDOR, qui bâtit.

BASTIR agag, dresser une embuscade.

BASTISO, bâtisse, bâtiment.

BASTO, bâton, houlette.

BATALH, battant d'une cloche. Creneau.

BATALHAT, crenelé.

BATALHER, batailleur, champion. *Mur batalher*, rempart, mur principal.

BATAREL, fanfare, son de la trompette.

BATEDOR, battoir.

BATEJAR, baptiser, nommer.

BATEMEN, châtiment, punition, discipline.

BATENT, courant. *Bat batent*, à toute bride.

BATESTAU, BATISTAU, rixe, querelle, batterie.

Per meg la vila leva lo critz e'l BATISTAUS.
GUER. des Albig.

BATEZOS, coup, punition, châtiment, correction, souffrances.

Ja sia so que li colpa non sia batuda doas vez, una BATEZOS i es atenduda que comensa en aquest segle, e es perfeita en l'altre.

Quamvis enim una culpa non bis percutiatur, una tamen PERCUSSIO intelligitur, quae hic coepta, illic perficitur.

Plusor comensunt esser batut e chastiat en aquest segle, e sunt dempnat en la durabla BATEZO.

Plures flagellari in hâc vitâ incipiunt, et in aeternâ PASSIONE damnantur.

BATHZ, roussâtre, tirant sur le roux.

BATIGE, battement, palpitation.

BATISTERI, baptême.

BATLE, bailli.

BATSELLA, bagatelle.

BATTA, buisson.

BAU, appartient.

BAUCUT, dispute, chicane.

A legistas vei far gran falhimen,
Car corr entr'els gran BAUCUT e bauzia,
Car totz bos dretz fan tornar en nien.
CARDINAL.

BAUDA (en), en vain.

BAUDADOR, trompeur.

BAUDAN, tripe, boyau.

BAUDES, Vaudois.

BAUDESA, hardiesse, valeur.

BAUDOCS. Voyez BADOC.

BAUDOMEN, joyeusement.

BAUDOR, joie, allégresse, réjouissance.

BAUDUCX, BAUTUCX. Voyez BAUCIT.

BAURT, joute, tournois.

BAUS, fou, vain, sot. Précipice.

  E cun la bestia fo sus
  Vai s'en, que noi atendet plus,
  Daus tot lo majer BAUS que sap.
         JAUFRE.

BAUT, BAUTZ, fier, vain, hardi. Gaillard, joyeux.

BAUTUGAR, infecter.

  Tant sabia de l'estrolomia
  E de l'art de nigromancia,
  Tot' Espagna e tot Aragon
  BAUTUGAR d'aquella razon.
         H. de L.

BAUZAIRE, fraudeur, trompeur.

BAUZAR, BAUZIAR, frauder, tromper.

  Un bar per nom Ananias, ab na Safira, sa moler, vendec un camp e BAUZEC del pretz, cossabent la sua moler.
         N. T. Act. 5. v. 1-2.
  Vir quidam nomine Ananias, cum Saphirâ, uxore suâ, vendidit agrum, et FRAUDAVIT de prelio agri, consciâ uxore suâ.

BAUZAS, ruses, tromperies.

BAUZIA, tort, fraude.

  No portaras fals testimoni, ni faras BAUZIA.
         N. T. Marc. 10.
  Ne falsum testimonium dixeris, ne FRAUDEM feceris.

——— Déguisement.

  Vete verament Israelita, él cal non es BAUZIA.
         Idem Joh. 1.
  Ecce verè Israelita, in quo DOLUS non est.

BAUZIOL, pernicieux, insidieux.

BAUZION, fraude, tromperie.

  La scriptura se sagelara, à fi que barai ni BAUZION no s'i puesca cometre.
         ARCHIV. d'Albi.

BAUZOS, trompeur.

BAVASTEL, singe, guenon.

BAVEC, épilepsie. Grand bavard. *Bavec Roma*, peson, romaine.

BAVET (musar en), perdre son temps.

BE, BEN, bien.

BEC, but. *Bibit.*

  Ara sai eu qu'ieu ai begut del broc
  Don BEC Tristans, q'anc pois garir non poc.
         NIELLA.

BECA, crampon, crochet.

BECHA, égratigne.

BECHINA, béguine.

BECILH.

  E'l frug torn' en BECILH.

BECILLAR, sommeiller, avoir envie de dormir, roupiller.

BEDERRES, diocèse de Beziers.

BEDERS, Beziers.

BEDOY, Bédouin.

BEFACHOR, bienfaiteur.

BEFAIZ, bienfaits.

  Sapchaz que aquist dreitura es de deu, que ce que no l vol conoisser per sos BEFAIZ, l'en teimnia per sos batemens.
         BEDA.
  Scitis ne hanc dei esse censuram, ut qui BENEFICIIS non emendatur, vel plagis saltem resipiscat.

BEGUI, je bus. BEGUIST, tu bus. BEGUT, bu. BEI, je bois. Et pour BE 1.

BEIRA, je boirais, il boirait. Couchette, lit, grabat.

BEIRIUS, Berri, Berrichon, Berruyer.

BEISSA, foulon.

BEL, idole des Assyriens; Belus, roi de ce peuple.

BELAIRE, plus belle.

BELANDA, Nice, ville.

BELCAIRE, Beaucaire.

BELISTAR, BELISTAR, bien-être.

BELEZA, beauté.

BELFADOR, spécieux.

BELLAZOR, plus beau, plus belle.

BELUGA, BELUIA, bluette, étincelle.

BENANAN, heureux.

BENANANSA, bien-être, bonheur, prospérité.

Li saint s'esjauzissunt plus fort
de l'aversitat d'aquest segle,
que no s deleituut de la BENA-
NANSA.
BEDA. 8.

Sancti plùs adversitatibus mundi
delectantur, quàm PROSPERITA-
TIBUS gaudent.

BENAONDAR, suffixe.

BENASTRUC. Voyez ASTRUC.

BENAURATZ, bienheureux.

BENC.

Faitz de mi so queus vulhatz,
Neis lo cor trair' ab un BENC.

BENDA, BENDEL, bandeau, ruban, diadème.

BENDAR, bander, ceindre.

BENELAR, bander les yeux.

BENDES, qu'il ceignit.

BENDIR, bénir.

BENEIA, BENEZIA, bénisse, bénissait.

BENEISIO, bénédiction.

BENESTANT, bienséant.

BENESTANSA, BENISTANSA, bien-être, bonheur, bien-séance.

BENEZECTE, béni. *Benedictus.*

BENEZEIRE, qui bénit.

BENEZET, BENEZECH, Bénoît.

BENEZIR, bénir.

BENHEBUC, Béelzébuth.

BENIFAG, bienfait. *Benefactum.*

BENISSAR, bonté.

BENVOLENSA, bienveillance.

BEORT, joute, tournois.

BERA, bière, cercueil, tombeau. Belle.

BERBENA, verveine.

BERBEZIL, BERBEZIU, Barbezieux.

BERBITZ, brebis. *Berbix.*

BERGA, coche, entaille, marque.

BERGAR, ébrécher.

BERGAU, BERJAU, Bulgare, bougre hérétique.

BERGUEDAN, canton, district de Berga en Catalogne.

BERGUONHA, Bourgogne.

BERIC, BERIU, Berri.

BERION, Berrichon.

BERRETIER, bonnetier.

BERROS, couleur dans le blason.

BERTA, BERTANH, insecte.

BERTALAI, nom propre.

BERTAUS, sot, penaud.

BES, biens, bienveillance.

BESCANTAR, chanter mal.

BESCLES, espèce de fressure.

Anc no compretz ni ventre ni
  budel ,
Ni caps ni pes , ni ventres ni
  BESCLES.

BESCOMTAR , mécompter.

BESCONTE , faux compte.

  Los grans laires son, fals baillos,
  fals preostz , fals jutges , e fals
  curials , qui emblon las esmendas e la rendas à lors senhors ,
  e fan BESCONTES en receptas et
  en espensas.
                    V. e V.

BESTENSA , délai, retard.

BESTIA , bête.

BESTIAR , bétail.

BESTIU , bestial.

BESTORNAR , renverser.

BESTORS , petite tour.

BETA , taie, cataracte.

BETAIRITZ , trompeuse.

BETAS, palis, pieux, piquets, jalons.

BETIC , betterave.

  Morta fora si'l metge
  No fos, que venc d'Usetge ,
  Que'l meia li cosic.
  Tal colp li det sotz petge
  Qu'à pauc no l parec fetge ,
  Que caubra i un BETIC.
                    BERGUEDAN.

BETONICA , bétoine.

BETRIUS , hérétique.

BETUMS , bitume.

BEU , boit.

BEURATGE, breuvage, coupe, vase.

BEURE , boire.

BEUS , beau. Pour BE vos.

BEVANDA , boisson.

BEVEDAIRIA , excès de vin.

BEVEIRE , buveur, biberon.

BEX , bec.

BEZAVI , bisaïeul.

Atrestals razos es si el es en poder
  de son avi , o de son BEZAVI , o
  de las tres sobeiranas persouas.
                    COD.

BEZIA , bénisse.

BEZIR , obéir.

BEZONH , besoin.

BEZONHAR, avoir besoin, fal-loir.

BEZONHOS , nécessiteux , né-cessaire, dont on a besoin.

BEZUC , baise.

BIA , bise. Ceps , fers de prisonnier.

BIAIS , biaise. Détour. Obli-que. Faux. Travers. Vo-lage , inconstant.

  Greu pot aver jauzimen
  Endreg d'amor drut BIAIS ,
  Qu'ier se det et hoi s'estrais.
  Mas qui ben serv et aten ,
  Ni sab celar sa folia ,
  Ni gau sos pros ni'ls embria ,
  Ab que'ls tortz sidons aplanh ,
  Aquel es d'amors companh.
                    MIRAVAL.

BIARNS , Béarnais.

BIASSAR , détourner, plier.

BIC , but. *Bibit.*

BIDA , bâiller , ouvrir la bouche.

BIFAIS, bedon, gros homme.

BIGA , poutre, solive. Joug. Croix.

BIGATANA , javelot.

BIGO BIGAL , d'un bout à l'autre.

  E fetz ligir lo brieu BIGO BIGAL.
                    G. de R.

BILENS , balance.

BILHA , sorte de jeu, bâton-net.

BILHAIRE , frère de père.

BINDAR , barder les yeux.

BIOCS , hémistiche , vers rompu.

BIORDAR , jouter.

BIORT , BIORTZ , joute , tournois , course de chevaux.

BISBAL , BISPAL , épiscopal.

BISBAS , évêque.

BISBAT , BISBATZ , évêché.

Qui encontra aco fara , perda sa
  honor ; si el es bisbes , son BISBAT.
        COD.

BISBE , évêque. *Bisbe levat* , fait évêque.

Cove lo BISBE senes crim esser ,
  aissi co baile de deu.
        N. T. ad Tit. 1. v. 7.
Oportet EPISCOPUM sine crimine
  esse , sicut dispensatorem dei.

BISCINA , béguine.

BISPAT , épiscopat.

El BISPAT de lui recepia autre.
        N. T. Act. 1. v. 20.
EPISCOPATUM ejus recipiat alter.

BISSO , camisole piquée.

Ieu ai trobat qui tan duramen
  fier ,
Qu'outra l'ausberc e'l perponh
  e'l bisso
M'a si nafrat ins él cor d'un pilo.
        GAUSS. de S. LEIDIER.

BISTENSA , hésite , vacille , incline. Délai, doute, perplexité.

BISTROC , haine , dégoût , répugnance.

BITERNA.

Per nos laissetz vostre froc ;
Et avetz él suc tal toc ,
Guillems , on a mens mant floc ;
Cara de boc de BITERNA ?

E nous cujetz queus i toc ,
Qu'aue jorn per pisson no m moc ,
One noi a pel eug noi ploc ;
E tenetz dreg ves Salerna.
        RAINOLS d'At.

BIUERS , huissiers , portiers , échausons.

BIZA , bise.

BLACA , chênaie.

El sol qu'era cantz , ferm e durs ,
  Es sa colors teins e flaca ,
E foil e flors cai jos dels rams ;
  Si qu'en plaissatz ni en BLACA
Non aug cant ni critz , mas dins
  murs ,
Per qu'eu cantarai alques grams.
        R. d'Aurenga.

BLACAS , chêne vert.

BLACHI , BLECHI , seau de cuivre.

BLACIR , faner , flétrir.

BLAHIR , blêmir.

BLANCASSI , Pancrace.

BLAMESSON , blâmassent.

BLAN , flatte , cajole ; adoucit , calme. Choie.

BLANCAFLOR , aubépine. Blanche fleur , héroïne de roman.

BLANDA , flatte , caresse.

BLANDIMEN. Voyez BLANDORS.

BLANDIR , caresser , modérer , se plier , etc.

BLANDORS , caresses , flatteries , cajoleries , douceurs. Consentement.

BLANHA , blanche.

BLANQUEJAR , blanchir.

BLANQUINA , blanchissante.

BLANS , caresses.

BLANZA , blanche.

BLASMAIRE , qui blâme.

BLASMAMENS , blâme.

BLASMAR, accuser, condamner. Pâmer.

BLASME, blasphème. Crime. Ignominie.

De dius lo cors d'ome eissunt blasme, ergoil, folias.
BEDA. 34.
Ab intùs de corde hominis procedunt blasphemia, superbia, stultitia.
La coita del blasme, necessitas criminis.
Idem.
Paubreira e blasmes es à celui que laissa disciplina.
Idem.
Egestas et ignomisia ei qui deserit disciplinam.

BLASMEZO, crime.

BLASMORS, blâme.

BLASTEMAR, blâmer, blasphémer.

BLAT, BLATZ, blé.

BLAU, bleu, livide.

BLAUIR, bleuir.

BLAVA Flor, barbeau, bluet.

BLAVAIROL, BLAVEZA, BLAVERA, meurtrissure, contusion.

BLES, BLET, BLEZA, bègue, qui prononce mal. Blois. Et pour BLOS.

Mas per nulh enemic que ieu agues
No vulh esser de drch ni fels ni bles.
G. de R.

BLESMAR, blêmir, défaillir.

BLEZIR, faner, flétrir; user.

BLIAL, BLIAUT, BLIZAUT, surcot, manteau, robe de femme.

BLIZO, pourpoint, cotte d'armes.

BLOCA, boucle.

BLOI, BLOIA, blond, blonde.

BLOIS, jaune.

Non agaitar lo vi cant er blois él veire.
BEDA. 25.

BLOQUIER, bouclier échancré.

BLOS, exempt, privé, dénué, dépourvu. Lâche, mou. Pur.

BO, BON, BOS, bon, saint. Profit, avantage. De bo, de bonne foi, sérieusement.

BOAL, BOARIA, bouverie, étable à bœufs.

BOBA, BOBANSA, faste, luxe, fierté, vanité, magnificence, ostentation.

BOBANSAR, faire l'important.

BOBANSIER, vain, glorieux, fanfaron.

BOC, BOCS, bouc.

BOCA, bouche, visage.

BOCAIRAN, linon, fin lin.

Bi, so es de bocairan.
V. e V.

BOCAL, débouché.

BOCINADA, bouchée. Fragment.

BOCON, morceau.

Mas aquest autre gloton
Volon lo meillor bocon.
MIRAVAL.

BODA, nièce.

BOELA, boyaux.

BOER, bouvier.

BOEZA, bouté.

BOFAITOR, bienfaiteur.

BOFEI, fierté, vanité, ostentation.

BOGIA, singe, guenon.

BOIAL, de bœuf. Lucarne.

BOIRA, ferme, métairie.

Mais val pros mortz q'aols vidoira:
Aols vius teu terr' en pacoira,
Qar no sap far mas ni BOIAA.

BOIS, BOIX, buis.

BOISSA, BOISSOSA, boîte, burette.

BOISSERA, coffre. Bûcher.

BOISSO, buisson.

BOJA, vide, verse.

BOJOL, moyeu, jaune d'œuf.

BOLA, BUOLA, borne, limite. Bourde.

BOLAIRE, arpenteur.

BOLAR, sauter en jouant.

BOLEGAR, remuer, bouger.

E l'uns si reguardet, vi lo sant BOLEGAR,
Mes man à son coutel per la gola taillar.
H. de L.

BOLEI, boulette. Rien.

BOLERNA, tempête.

BOLET, champignon. *Boletus.*

BOLFIGA, ampoule, vessie.

BOLHIDOR, chaudière bouillante.

BOLLADA, tripaille.

BOMBA, pompe, ostentation, vanterie.

BONAÜR, bonheur, félicité.

BONAÜRANSA, béatitude.

BONAÜRAT, bienheureux.

BONAÜRETAT, bonheur, béatitude, félicité.

Hom non pot pas pervenir à BONAÜRETAT ses l'amor de charitat.
BEDA.
Sine amore charitatis, ad BEATITUDINEM pervenire nequaquàm potest.

BONDA, fasse retentir.

BONDIR, résonner, bourdonner, retentir.

Noi ausiratz parlar ni mot brugir,
Ni gacha frestelar, ni corn BONDIR.
G. de R.

BONEZA, bonté, mérite.

BONICA, jolie.

BONTAT, valeur, courage. Dédommagement, service; bonne œuvre, gratification.

BONTATGE, BONTIETZ, bonté. Qualité.

BOOZELS, le bouvier, constellation.

BOQUEJAR, bâiller, bayer. Battre.

BOOUET, chevreau.

BORAL, entretien bruyant. Bagarre.

BORAR, marcher à l'ennemi.

BORBOLHOS, brouillon.

BORC, bourg. Bâtard.

BORCEL, bourse, gousset.

BORCES, BORGES, BORZES, bourgeois.

BORDA, bourde. Chaumière, masure.

BORDALES, de Bordeaux, le Bordelais.

BORDEI, BORDEITZ, action de jouter. Tournois. Joujou.

BORDEL, baraque, petite maison, boucau. Bordeaux.

BORDELAIRIA, putanisme, vie de Bordel.

BORDELEIRA, prostituée.

BORDERGUATZ, cri des sentinelles allemandes.

Gran nogles resembla
En dir : BORDERGUATZ.

BORDIR, BURDIR, jouer, badiner, folâtrer. Jouter.

BORDO, bourdon, pique, bâton. Vers.

BORDRE. Voyez BORDIR.

BORGUESA, bourgeoise.

BORLLEI.

Mais le dux acampet grans host e gran BORLLEI.
   H. de L. c. 72.

BORNITZ, bruni.

BORRAS, pommes de tente.

BORRAS, étoffe grossière.

BORREL, bourrelet.

BORS, BORSEGUI, BORSI, bourse.

BORT, BORTZ, joute. Bourde, gasconnade. Bâtard.

BOS, bon, saint. *Bos home*, moine, religieux.

BOSCOS, couvert de broussailles.

BOSQUINA, bois taillis, broussailles.

BOSSA, bourse. Bubon.

BOSSI, morceau, bouchée. *Far de la lengua bossi*, tirer la langue par dérision.

BOSSO, belier, machine de guerre. Espèce de flèche.

BOSTEA, BOSTIA, boîte.

Una femna aportet una BOSTEA plena d'unguent.
   N. T. Luc. 7.
Mulier attulit ALABASTRUM unguenti.

BOT, neveu. Une outre.

Negus no met lo vi novel éls BOTS vels: acertas romp lo vi novel los BOTS, e'l vis escampa, e li BOTS son perdutz.
   N. T. Marc. 42. v. 22.

Nemo mittit vinum novum in UTRES veteres: alioquin rumpet vinum novum UTRES, et ipsum effundetur, et UTRES peribunt.

BOTA, heurte, pousse. Botte. Tonneau.

BOTAT, BOTADA, fesant le bourlet.

Ac las gengivas reversadas E blauas, grossas e BOTADAS.
   JAUFRE.

BOTHZ, fond du tonneau.

BOTILHIAR, échanson. Qui aime la bouteille.

BOTO, bouton. Peu de chose, rien.

BOTTO, coup.

BOTZ, neveu. Coup. Bauge. Une outre.

BOU, bœuf. Soufflet de cuir.

BOUGET, petit soufflet, petit sac de cuir.

BOUZAS, soufflet de forge.

BOX, bois, buisson. Bouc.

Causa no-poderosa es esser touts los pecats per sanc de taur e de BOX.
   N. T. ad Hebr. 10. v. 4.
Impossibile est sanguine taurorum et HIRCORUM auferri peccata.

BOZA, bouse. Bouche. Bourse.

BOZINA, trompette. *Buccina*.

BOZO, belier, machine de guerre.

BRAC, braque. Bourbier, boue.

BRAC pauzet sobre'ls meus ulhs, e lavei, e vei.
   N. T. Joan. 9. v. 15.
Lutum mihi posuit super oculos, et lavi, et video.

BRACIAR, mesurer avec les bras.

BRADA, folie.

BRAGA, braies, caleçons; baudrier, ceinture.

BRAGAIRAC, Bergerac en Périgord.

BRAGUIER, brayer.

BRAI, brait, crie, gronde.

BRAIA, se plaint. Chausses.

BRAIDAR, brarre.

L'enfant fon tan espaventatz,
Que BRAIDA e crida e plang si.
    H. de L.

BRAIDIS, BRAIDIU, gaillard, fringant.

BRAILA, braille, crie.

BRAILL, cri, braiement, ramage.

BRAIMAN, BRAIMANSO, Brabançon, soldat aventurier.

BRAIRE, crier, braire. Résonner, retentir.

BRAIS, cris, clameurs.

BRALHS, fredons, gazouillemens.

BRAM, cri, beuglement, braiement, rugissement. Désir.

BRAMANSO. Voyez BRAIMAN.

BRAMAR, braire. Désirer.

BRAN, épée; sabre, lance. Embrase.

BRANCA, BRANQUA, branche, brin, portion. Branchies.

BRANCHA, blanche.

BRANDA, agite, secoue. Embrase. Vacille.

BRANDIR, secouer. Embraser.

BRANDIS, Brindes, ville d'Italie.

BRANQUILHAR, jeter des branches.

BRAO, BRAON, hanche, haut de la cuisse. Pus, corruption.

BRAQUELH, BRANQUILH, petite branche.

BRASEILL, brasier.

BRATZ, bras.

BRAU, BRAUS, dur, cruel, féroce, sombre, triste.

BRAVAIROL, sorte d'oiseau.

BRAXA, braise.

BRAZILAR, brûler, havir. Briser.

BRAZON, gras des fesses.

L'autre avia perdut lo latz,
La cueissa, lo BRAZON e bratz.
    H. de L.

BRECA, gâteau, rayon de miel.

Els li presentero una pars de pei rausti, e BRECAS de mel; e cum maniec denant els, el pren las sobras e dec ad els.
    N. T. Luc. 24. v. 42.

Illi obtulerunt ei partem piscis assi, et FAVUM mellis; et cùm manducasset coràm eis, sumens reliquas dedit eis.

BRECELIANDA, BROCELIANDA, forêt de Bretagne.

BRECS, BRES, BRESC, gluau, piége, trébuchet. Berceau.

BREDOLA, banc, marchepied.

BREGA, rixe, noise, querelle, mêlée.

BREGAR, frotter.

BREGUIOL, querelleur.

BREJA, BREJE, abrège.

BREL, bois, forêt. Parc de bêtes fauves.

BREN, son. *Furfur.*

BRENC, épée.

BRESAR , oiseler , piper.

BRESCA , BRESCHA , rayon de miel.

Arma sadola chalsia la BRESCHA , e arma famolenta prent hausa amara per dolsa.
V. T. Prov. 23. v. 7.

Anima saturata calcabit FAVUM : et anima esuriens etiam amarum pro dulci sumet.

BRET , Breton. Oisellerie.

BRETANHA (Esser de) , attendre inutilement.

BRETOLS*, vain , trompeur espoir.

Cil que m'a vout trist alegre
Sab mais , qui vol sos dits segre ,
Que Salamos ni Marcols
De faig rics ab ditz entendre ;
E cai leu d'aut en la pols
Qui s pliu en aitals BRETOLS.
R. d'Aurenga.

BRETONA (esperansa) , espérance vaine , comme celle des Bretons qui attendent leur roi Artus.

BRETONEJAR , parler impétueusement , bredouiller.

BREU , BREUS , BRIEU , BRIEUS , bref, court. Lettre , billet. Sachet, nouet. Sort , amulette. *En breu* , dans peu.

BREUGAR , BREVIAR , abréger. *Breviare.*

BREUGETAT , BREVEZA , briéveté.

BREUMEN , bientôt, dans peu, brièvement.

BREZADOR , oiseleur.

BREZILHAR , briser , fracasser. Dégoiser, gazouiller, gringotter.

BREZILHER , verrou.

BREZO , plastron.

BRIA , abrège , diminue. Bruit , renommée.

BRIAGA , ivraie.

La BRIAGA pareis entre lo froment.
SYDRACH.

BRIC , BRICO , BRICON , coquin , fripon , vaurien.

No vos vulh dar cosselh ja d'ome BRIC.
G. de R.

BRICOLA , BRIOCOLA , fléau de balance.

BRICS , morceau , fragment.

BRIGA , miette.

BRIME , bruine , brouillard.

BRIU , BRIUS , valeur , grandeur d'ame , vigueur , bonne grâce , adresse , vivacité , impétuosité.

BRIVADA , impétuosité , précipitation.

BRIZA , miette.

Cobezejava esser sadollatz de las BRIZAS que caziun de la taula d'aquel ric.
N. T. Luc. 16.

Cupiens saturari de micis quae cadebant de mensâ divitis.

BRO , bouillon , brouet. Bord.

BROCADA , escarmouche , charge.

BROCAR , piquer , éperonner.

BROE , bruine , brouillard.

BROILH , bois , forêt. Rejeton.

BROISSOS , cruchon.

Dis : tan va'l broquers à l'oiga Tro que'l BROISSOS lai rema.

BROLHAR , pulluler , paraître , bourgeonner.

BRONC ,

BRONC, triste, fâché, courbé, incliné.

BRONDEL, scion, jeune branche, bourgeon. Grignon de pain.

BRONDIS, bordure, bande, ceinture.

BRONHA, cuirasse.

BROQEIS, BROQERS, cruche. Potier.

BROS, brouet.

BROSTA.

   Josca la BROSTA.

BROSTIA, coffret, tronc, cassette. *Brustia.*

BROTAR, BROTONAR, bourgeonner, boutonner.

BROTZ, bourgeon. Brou. Brocolis. Grappes.

BROUS, brouet, bouillon.

BRUAUS, rude.

BRUC, tronc, buste. Bruyère à balai.

BRUCAR, broncher, heurter contre quelque chose.

BRUCH, bruit. Hanneton.

BRUDA, brait, renommée, réputation.

BRUELH, bourgeon, rejeton. Bois, taillis.

BRUFE, BRUFOL, buffle.

BRUG, bruit, cri, mugissement.

BRUGIA, bruyait, retentissait.

BRUGIDA, bruit, rumeur.

BRUGIR, bruire, retentir, bourdonner.

BRUIDA, tumulte.

   Lo tribu non o podia saber per la BRUIDA del pobol, e fes lo menar allas albergas.
      N. T. Act. 21.

Tribunus cùm non posset certum cognoscere prae TUMULTU, jussit duci eum in castra.

BRUIDOR, bruit.

BRUIR, hennir. Faire grand bruit.

BRUMOR, brume, brouillard, obscurité.

   Li escutz e las lansas, e la onda qui cor,
   E l'azur e'l vermelh, e'l vert am la blancor,
   E l'aur fis e l'argen mesclau la resplandor
   Del solelh e de l'aiga que partig la BRUMOR.
      GUER. des Albig.

BRUNEZIR, brunir, obscurcir.

BRUNOR, la brune, le soir.

BRUS, brun, sombre.

BRUSC, buste, poitrine. Ruche. *Bruscum.*

   L'isams que vola fors de mon BRUSC es meus, domentre qu'eu lo vei, s'ieu lo posc leu prenre.
      COD.

BRUTZ, bruit, réputation. Sale.

BRUZAR, brûler.

BRUZER, BRUZIR, bruire, frémir.

BRUZINA, bruine.

BUCELLA, petite bouchée.

   Plus val una BUCELLA de pan ab jai, que plena mas de charn ab odi.
      BEDA. 47.

   Melior est BUCELLA panis sicca cum gaudio, quàm domus plena victimis cum jurgio.

BUCHA, bouche.

BUCS, bras sans main.

BUDEL, boyau.

BUDELIER, charcutier.

4

Buerna, bruine, brouillard.

Bueu, Buou, bœuf.

Buf, cri d'indignation. Souffle.

Bufament, respiration, souffle, vent.

Cil que s'eschalfant per lo desieir
de cobeeza, sunt bruslat per lo
bufament de l'espiracio al diable.
         Beda. 27.

Qui desiderio cupiditatis aestuant
flatu diabolicae inspirationis
uruntur.

Bufar, souffler. Se moquer.

Bufos, crapaud.

Buga, fers, menottes. Sorte de poisson.

Cant lendeman li pescador
Tireron la ret contra lor
Non trobon buga ni garllet,
Mas Tadieu qu'es mort en la ret.
         H. de L.

Bugada, lessive.

Bugia, singe.

Buire, beurre.

Bulissens, bouillant, bouillante.

Ira comencans es forcenaria, e
bulissens indignatios de coratge.
Furor incipiens ira est, et fervens in animo indignatio.

Bullada, Budellada, tripaille.

Burbant. Voyez Bobans.

Burc, Burs, heurt, choc, poussée. Burgos.

Burcar, butter, chopper, frapper.

Burlaire, Burlador, moqueur.

Burlar, se moquer.

Bursar, pousser.

El senescals per gran vertut
Sona Jaufre c'an sus coren;
Mas el non au ren ni enten,
Ez el lo bursa e l secol.
         Jaufre.

Bus, chaloupe. Baiser.

Busaina, tache, bouton.

Busca, fétu, buchette.

Per que vezes la busca de ton
fraire en son huelh, e la traue
non vezes él tien?
         N. T. Luc. 6.

Quid autem vides festucam in
oculo fratris tui, trabem autem
quae in oculo tuo est, non consideras?

Busnador, sonneur de cor, trompette.

Busset, sinciput.

Bustar, frapper à la porte.

Butar, pousser. Jeter l'ancre.

Buzac, buse.

Buzacador, chasseur à la buse.

C

C s'emploie quelquefois pour
G; souvent pour S devant
E et I; et pour Q devant
A, O, U.

Ca, chien. Tombe. *Canis. Cadit.*

Cab, contient. Se moque.

Cabador, moqueur.

Cabadura, fil d'une autre couleur que le tisserand met au bout d'une pièce de toile.

Cabal, capital, principal. Complet, essentiel, excellent.

Cabaler , chef.

Cabalos , parfait, accompli.

Cabalmen , principalement.

Cabana, tente, hutte. Tabernacle. *Cabana de vacas*, troupeau de vaches.

Cabansa , assouvissement , satiété.

Cabaretz , château en Languedoc.

Cabaus. Voyez Cabalos.

Cabedel , pelote , peloton.

Cabeladura , chevelure , tresses. *Capillatura*.

Cabelh , Cabilh , cheveux.

Cabelhar , montrer à quelqu'un , le guider.

Caber , renfermer , contenir. *Capere*.

Ajostet si gran pobol , si que no cabian alla porta.
N. T. Marc. 2.

Convenerunt multi , ità ut non caperet neque ad januam.

Cabessalha , tresse de cheveux.

Cabestanh , Capestang , petite ville du Languedoc.

Cabestre , licou. *Capistrum*.

Cabirol, chevreuil. *Capreolus*.

Cablais , le Chablais.

Cabolfiga , figue précoce.

Cabraecen , redondance. Oppression.

Cabrella , chèvre, machine.

Cabrels , chevreau.

Cabria , tiendrait, serait contenu.

Cabrier , chevrier.

Cabroletz , chevreuil , chevreau.

Cabron , chevron.

Cabussar , plonger.

Cac , chaque.

Caca , marc , la lie.

Caces , tomba.

Cachar , chasser.

Cada , chaque.

Cadafaus , Cadalets , échafaud , catafalque. Plateforme.

E garuiron las tors e'ls murs e'ls cadafaus.
Guer. des Albig.

Cadaü , Cadaün , Cadaüs , chacun.

Cadel , jeune chien. Petit d'une bête. *Catellus*.

Cadena , chaîne.

Cadern, cahier, carnet. *Quaternio*.

Cadieira , chaire, chaise.

Cadorn , amorce, appas.

Cadutz , tombé.

Caec , tomba.

Caersi , le Querci.

Caersin , Caorsin , usurier.

Cai , il ou elle tombe.

Caina , quelle.

Caïna , traîtresse, de Caïn.

E donex am caïna color
Me couortas tu d'esperansa.
H. de L.

Caira , tombera.

Cairadura , équarrissage.

Caire , carne. *En caire*, de champ.

Cairel , flèche, carreau d'arbalète.

Caïro , tombèrent.

Cairon , pierre de taille.

Jaufres esta que no se mou ,
Ans met l'escut sus en la testa ,
E cazou fouzers e tempesta ,

E noi a trau ni cabrion,
Teule ni peira ni CAIRON,
Que no l don un colp o un burs.
    JAUFRE.

CAIS, joue, mâchoire. Quasi, presque.

Lo diable trai à se cais tot lo mon.

CAISOS, cause, raison.

CAISSA, coffre. Casse, rompt.

CAISSAL, dent mâchelière.

CAITU, mauvais, méchant. Captif, chétif, malheureux.

CAITIVATGE, CAITIVEZA, CAITIVIER, malice. Esclavage, misère. Peine, chagrin, détresse, affliction, sollicitude, calamité, inquiétude.

E'l CAITIVIER d'aquest segle intrant sofogunt la paraula, e sou fach ses fruc.
    N. T. Marc. 4. v. 19.
Et AERUMNAE saeculi introeuntes suffocant verbum, et sine fructu efficiuntur.

CAL, qui, lequel. Il faut. Chaud. Chou.

CALABRES, sorte de machine de guerre.

CALACOM, quelconque.

CALAMELAR, jouer du chalumeau. Chanter. Conter.

Vai s'en de mantenent à l'ostal de la bella,
Lauzengas e plazers ganren li CALAMELLA.
    H. de L.

CALAMEN, silence.

CALANDRI, espèce de bête.

CALAR, taire, se taire. Baisser. Jeter.

CALBIR, penser.

CALC, il fallut.

CALCADOIRA, cuve, pressoir.

CALCADOR, qui foule. *Calcator.*

CALCAR, fouler, serrer.

CALCATREPA, chausse-trape, chardon. Lavande.

CALCATRICS, crocodile.

CALCATRICS es una bestia que demora en aigua; e cant ieis à la riba, ilh si colga al solelh et obri la gola.
    SYDRACH.

CALCIA, chaux.

CALCON, clepsydre.

CALEMALEC, salamalec.

CALENDA, premier du mois, nouvelle lune.

Nengu non vos juge en manjar ni en beure, o en la partida del jorn de la festa, o de CALENDA, o de saptes.
    N. T. ad Coloss. 2.
Nemo ergò vos judicet in cibo, aut in potu, aut in parte diei festi, aut NEOMENIAE, aut sabbatorum.

CALENS, prévoyant, prudent.

CALENSA, soin; intention.

De cascuna sciensa
Parlar non ai CALENSA,
Car trop i ponharia
Si de cascuna dizia.

CALER, chaloir, falloir.

CALES, Chalais.

CALFAR, chauffer. *Calefacere.*

CALGRA, il faudrait.

CALH, jointure, calus.

CALHAR, se taire, retenir, s'abstenir.

CALINA, chaleur.

Senhors , so fo en estiu cant
l'iverns se declina.
Que revenc lo dos temps e torna
la CALINA.

GUER. des Albig.

CALIU , cendre chaude.

CALIVAR , chauffer, échauffer.

CALLA , caille.

CALLABLAMEN , connivence.

CALMA , chaleur.

CALMEILL , CALMEILLA , chaume.

CALMS , plaine sans herbe ;
lande.

CALONH , lampe.

CALONJAR , disputer, contester.

CALQUE , quelque.

CALRA , il faudra.

CALRIA , il faudrait.

CALS , chauve. *Calvus.*

CALSA , soulier.

CALSAMENTA , chaussure. *Cal-
ceamentum.*

CALSIGADOR , qui foule aux
pieds.

CALSIGAR , fouler aux pieds.

CALTZ , CALZ , chaud, chaux.

CALUCS , camard.

CALUS , CALV , chauve. *Calvus.*

CAMBA , jambe.

CAMBA-TERATZ , descendu de
cheval , qui a mis pied à
terre.

Can fou en la sala entrata
E del roncin CAMBA-TERATZ.
JAUFRE.

CAMBI , CAMBIS , change ,
échange.

Qi profeitura à l'ome , si tot lo
mou gazagua , mais la sua arma

sofre destrosimen ? O qual CAM-
BIS dara hom per la sua arma.
N. T. Marc. 8. v. 36-37.

Quid prodest homini, si mundum
universum lucretur , animae
verò suae detrimentum patiatur?
Aut quam dabit homo COMMUTA-
TIONEM pro animâ suâ.

CAMBIADOR , banquier.

CAMBIAIRE , changeur, changeant.

CAMBIAR , changer.

CAMBIERAS , jambières, bottes , guêtres.

CAMBO , champ.

CAMBRA , chambre, apparte-
ment.

CAMBUTZ , qui a de longues
jambes.

CAMEL , chameau. *Camelus.*

CAMGE , change, au subjonctif.

CAMI , CAMIN , chemin. Four-
mise. *Caminus.*

CAMIA , chemise.

CAMIADOR , changeur.

CAMIARITZ , changeant, chan-
geante , volage.

CAMINADOR , vagabond, voyageur.

CAMIZA , chemise.

CAMP , champ. *Campus.*

CAMPANA , cloche.

CAMPANES , champenois.

CAMPANHA , Champagne.

CAMPANIER , carillonneur ,
sonneur.

CAMPEJAR , tourner, voltiger.

E Jaufres estet un petit ,
Que ac lo cap issabosit
Del colp que li donet tan gran ;
E pueis va l'entorn CAMPEJAN
Et enqueren cossi l pogues
Tan far que l'autre dart tragues.
JAUFRE.

CAMPESTRA , plaine.

CAMZAR , changer.

CAMZIL , toile de fin lin.

CAN , chien. Chant , chante. Quand. *Can que can* , à la fois , tôt ou tard.

CANA , canne , mesure. Roseau. Cheveux blancs.

CANABASSIER , marchand de grosses toiles. Filassier.

CANALOBRA , candelabre.

CANASTEL , corbeille.

CANAVES , district d'Ivrée en Piémont.

CANCA , tante.

CANCELLAR , griller , fermer d'une grille. *Cancellare*.

CANCICZ , réprimande , reproche , blâme.

CANDELET , petite chandelle ou bougie.

CANECX , chenu.

CANESC , temps passé.

CANEGO , le Canigou , pic des Pyrénées.

CANETZ , petits chiens.

CANEZIR , CANUZIR , blanchir , devenir blanc.

CANHA , chienne. Quelle.

CANI , de chien. Rude , âpre , revêche , sauvage.

CANJE , change , changement.

CANIER , lieu où il croît des roseaux.

CANNAVERA , canne.

> CANNAVERA fon dada à mi , semblant à verga
>> N. T. Apoc. 11.
> Datus est mihi CALAMUS similis virgae.

CANO , CANON , tourbillon , quenouille ; tuyau. Clepsydre.

CANONIS , chanoine. *Canonicus*.

> Si aquel que devia rendre la heretat esdeven morgues o CANONIS , non es pois destreitz de redre aquela heretat.
>> COD.

CANORGA , chanoine , canonicat.

CANORQUA , antre , canal , tuyau.

CANS , chiens. Quels. Combien. Chants , chantes. Changes. Caën.

CANSIL , toile fine.

CANTARELS , qui chante souvent.

CANTARET , petit chant.

CANTEL , CANTELZ , chanteau , pièce , morceau , quartier.

> Per nien van pessan
> Qu'ieu ab joi no m capdel ;
> Ans auri' un CANTEL
> De la lun' en lairan
> Qu'ieu m'en auca lairan
>> CAZALS.

CANTOR , chantre.

CAP , tête. Bout. Fin. Chef. Aucun. *Cap primier* , commencement.

CAPAFUAT , couvre-feu.

CAPATGE , capitation.

CAPDALIER , CAPDELADOR , CAPDELAIRE , chef , capitaine , gouverneur.

CAPDEL , CAPDELAMEN , conduite , commandement. Chef.

> Cill am tu regiran aquest plazent repaire,
> Et apres tu seran CAPDEL e govenaire.
>> H. de L.

CAPDELAR, mener, conduire, commander, gouverner.

CAPDOLH, CAPDUELH, capitole. Donjon, château, chef-lieu, principale maison d'un domaine.

CAPDOLHAR, monter, dominer.

CAPEJAIRE, qui provigne.

CAPEL, chapeau, casque, calotte.

CAPELAN, prêtre, aumônier, chapelain.

CAPFRACH, tête cassée. Mal, dommage.

CAPIOL, chef, capitaine.

CAPITALIER, entrepreneur. Fermier. Débiteur. Sectateur. Qui tient à cheptel.

CAPMALH, coiffe, armure de tête.

CAPOLHATZ, conduit, gouverné.

CAPOS, chapon.

CAPSANA, licou.

CAPSEM.

Roma, ben anese
A hom auzit retraire
Que'l CAPSEM voste,
Per que'l faiz soven raire.
FIGUEIRA.

CAPTAL, capital. Chef. Chetel.

CAPTE, gouverne, maintient.

CAPTEL, tête tranchée.

CAPTENEMEN, CAPTENENSA, conduite, contenance, maintien, façon, manière.

CAPTRAIRE, venir à bout.

CAPUZAR, charpenter, menuiser.

CAR, car. Chair. Cher, rare, difficile.

CARA, chère. Visage, mine, apparence. Cilice.

En CARA et en ceneresca far penedensa.
In CILICIO et cinere agere poenitentiam.

CARABASSA, calebasse, coloquinte.

CARACTA, caractère.

Fera totz los petitz e los grans, que auran CARACTA en la ma drecha.
N. T. Apoc. 13.
Faciet omnes pusillos et magnos, habere CHARACTEREM in dexterâ manu.

CARAMAILLER, pendus comme une crémaillère.

E quan l'aic levat lo taulier
Empis los datz;
E'l dui forzo CARAMAILLER
E'l ters plombatz,
E fi'ls ben ferir al taulier
E fon jogatz.
Coms de PEITIEUS.

CARAMELAR, jouer du chalumeau.

CARAMIDA, CARAMITA, calamite, boussole; aimant.

Mas ira de mal temps lor a frascat lur vela,
Non val li CARAMIDA puescan segre l'estela.
H. de L. c. 110.

CARANTENA, quarantaine, croisade avec indulgences.

CARAU, voie de charrette, ornière.

CARAUGNADA, charogne.

E cant vi la sant' illa taut fort enverinada
Del Leri e del Rin, de la CARAUGNADA,
Preguet à Jhesu Crist...
H. de L.

CARAYS, querelles ; caractères.

CARBONADA, charbonnée.

CARBONCLE , escarboucle.
Carbonculus.

CARG, CARCS, charge, faix.

CARCAIS, carquois.

CARCANEL, gorge, gosier.

CARCASSES, diocèse de Car-
cassonne.

CARCER, prison.

> L'arcidios resembla lo malvatz,
> qui vol mais puirir en la CARCER
> pudenta, que aver lo trebal de
> montar l'escalier per eisser de la
> CARCER.
>   V. e V.

CARCERIER, prisonnier.

CARDANIL, gond. *Cardo.*

CARDATZ, cherté, rareté,
disette.

CARDOING, Cardonne en Ca-
talogne.

CARDONEL, chardonneret.

CARECH, CAREG, charge,
fardeau ; impôt.

> Rendes à cui traüc, traüc ; à cui
> CAREG, CAREG.
>   N. T. ad Rom. 13.
> Reddite cui tributum, tributum ;
> cui VECTIGAL, VECTIGAL.

CAREIRA, rue, chemin. *Far
careira*, faire place.

> E la pulcella venc primeira,
> E'll cavalier FAN li CAREIRA
> Entro que denan lo rei son.
>   JAUFRE.

CARESTIA, cherté, disette.

CARGADA, enceinte, grosse
d'enfant.

CARGAR, charger.

CARGUIUS, onéreux.

CARIATGE, train du grand
seigneur.

CARITADOS, charitable.

CARLADES, district de Carlat.

CARN, chair, viande. *Carnis.*

CARNACIER, bourreau, bou-
cher.

CARNADURA, carnation.

CARNAL, charnel, gras. Car-
naval.

> Qui non pot de CARNAL si là va
> de caresma.
>   H. de L.

CARNALATGE, carnage, bou-
cherie.

CARNALITAT, parenté.

CARNER, besace, havre-sac.
Carnassière.

CARNICERIA, boucherie.

CARNILS, chair, charogne.

CARNOS, charnu, corpulent.
Carnosus.

CARNOT, creneau.

CAROBLA, cosse, gousse.

> Non pres una cirobla
> Terra qui d'avol gen s pobla.

CAROLAR, danser.

CARONHIERS, qui cherche les
charognes. Homicide.

CARRA, il faudra.

CARRAMBERGA, CARREMBERGA,
flamberge.

CARRATIER, conducteur de
char, cocher.

CARRAUNHADA, charogne.

CARROS, char, chariot. Espèce de tournois. Quartier
de pierre.

> Ez an los trabuquetz tendutz ez
> atempratz,
> E mezon en las frondas los bels
> CARROS talhatz.
>   GUER. des Albig.

CARRUBIA , cosse , gousse.

CARSIR , CARZIR , renchérir , ajouter , dire plus.

CART , chardon.

CARTA , acte , contrat. Billet , obligation. Feuillet. Rôle , registre , pièce du procès. Quatrième. Etiquette. Etat , inventaire.

Inventario , so es una CARTA de totas las causas del defunct.
CODE.

CARTAL , pinte de liquide.

CARTANA , fièvre quarte.

CARTASSAR , étiqueter.

CARTIER , quart.

CARTOSA , chartreuse.

CARTZ , quatrième. Char.

CARVAR , graver , imprimer , buriner.

CARUENDA.

Quascuna vuelh n'ai' un pic ,
Qu'estier no m platz lur CARUENDA.

CAS , chiens. Tombe , arrive. Chasse.

CASAMEN , fief , domaine.

CASAR , investir , donner en fief.

CASCALHON , tique.

CASCANEL , meule.

CASCAVEL , grelot.

CASERNA.

Jazer ab vielha CASERNA
Cant sent flairor de taverna.

CASIR , connaître.

CASLAR , château. Caylar , nom de lieu.

CASONAR , accuser.

CASPA , grappe.

CASSADA , copeau.

CASSIDA , chassie.

CASSIDOINE , Calcédoine.

CASSIDOS , chassieux.

Hom CASSIDOS o laganhos non pot guardar lo lum.
V. e V.

CASSIEST , tu chassas.

CASSIR , approuver , consentir.

CAST , chaste , pur.

CASTANHA , châtaigne. *Castanea*.

CASTEIS , leçons , enseignemens.

CASTEL , bourg , village.

CASTELA , la Castille , Castillan.

CASTELAILLON , Chatelayon , en Aunis.

CASTELAIRAUT , Chatelleraut , en Poitou.

CASTELLAN , châtelain ; Castilian.

CASTIADOR , maître , qui enseigne.

CASTIAMENT , instruction , avertissement ; réprimande.

Aquestas causas escrichas son al nostre CASTIAMENT.
N. T. ad Cor. 1.ª 10.

Haec scripta sunt ad CORRECTIONEM nostram.

CASTIAR , avertir , corriger ; ordonner , régler ; reprendre ; recommander. Remontrance , représentation.

CASTIC , CASTIER , leçon , réprimande , avis , correction. Avertisse.

CASTOLL , la Castille.

CAT , chat. *Catus*.

CATAL , chaptel. Bien , patrimoine.

Cataluenha , Catalogue.
Caterna.

N'ai obrador e caterna.

Catiglar , chatouiller.
Cato , Caton. Chaton.
Catre , quatre.
Catz , tombe. *Cadit*.

Pense quals dampnatges es perdre
totz los bens ques aura faitz
entro as aquela hora que catz
en peccat mortal.
V. e V.

Cau , creux, profond, vide.
Ilfaut. Chaud. Tais. Tom-
be. Tient.

Caubes , tint , fut contenu.
Caubra , tiendrait , serait
contenu , tiendra , sera
contenu.

Caucalo , corneille.
Caucigar , fouler aux pieds.
Regimber.

Ieu donei à vos poder de caucigar sobre los serpens.
N. T. Luc. 10.

Dedi vobis potestatem calcandi
suprà serpentes.

Dura causa es à tu causigar contra l'agulho.
N. T. Act. 9.

Durum est tibi contrà stimulum
calcitrare.

Caudera , chaudière.
Caul , Chaul , chou , légume.

Lo gra de senebe , quand sera
semenatz , pueja e torna majers
de totz cauls.
N. T. Marc. 4.

Granum sinapis , cùm seminatum
fuerit , ascendit , et fit majus
omnibus oleribus.

Meils es que hom apelle ab charitat als chauls manjar , que à
vedel gras ab ira.
Beda. 58.

Meliùs est vocari ad olera cum
gaudio , quàm ad vitulum sagi-
natum cum odio.

Cauna , caverne , tanière.
Caup , fut contenu , entra.
Caupes , entrât.
Caupiduelh , capitole.
Caupol , falaise.

Él caupol la levan li foll ,
Gran peire li meton al coll.
H. de L.

Caus , chauds. Chaux. Chauve. Creux. Quels. Chas ,
trou d'une aiguille.

Plus leugiera cauza es passar lo
camel per lo caus della gulha ,
que'l ric intrar él regne de dieu.
N. T. Luc. 18.

Faciliùs est enim camelum per
foramen acùs transire , quàm
divitem intrare in regnum dei.

Causa , chose. Procès.
Causer , fossé.

Se us brassier fa una sestairada
de terra , o plus , que noi obre
de su ma esceptat las cavers ,
que no sia tengut de pagar blat.
Archiv. d'Albi.

Causida , choix , choisie.
Causimen , égard , ménage-
ment. Choix. Discerne-
ment. Honnêteté.

Caussamenta , chaussure.

No so digns desliar lo cores de la
caussamenta di lui.
N. T. Luc. 3. v. 16.

Non sum dignus solvere corrigiam
calceamentorum ejus.

Caussana, licou. Cape, cha-
peron , capuchon.
Caussier , chausses.
Caustic , cautère. Cuisant.
Caut , chaud.

Cauzar , chausser. Persécuter.

Cauzas , souliers , bottines.

Denan cinh te , e cauza las tuas cauzas.
N. T. Act. 12. v. 8.
Praecingere , et calcea te caligas tuas.

Cauzir , voir , apercevoir. Choisir.

Cauzitz , choisi ; choix. Civil, honnéte , courtisan.

Cava , convient , est bien-séant.

Orreeza non sia nomnada en vos , si co cava los santz.
N. T. ad Ephes. 5.
Immonditia nec nominetur in vobis , sicùt decet sanctos.

Cavairol , carnacière , gibecière.

Cavalairia , milices , armée.

Eissa ora es fait ab l'angel grans cavalairia celestial , lauzans deu.
N. T. Luc. 2. v. 13.
Et subitò facta est cum angelo multitudo militiae coelestis laudantium deum.

Cavalairos , courageux , chevaleureux.

Cavalcador , cavalier.

Cavalcadura , Cavalgadura , monture.

Cavalcar , combattre.

Li deziriers cavalcan contra l'arma.
N. T. Petr. 1.ª 2.
Desiderii militant adversùs animam.

Cavaleriar , faire la guerre.

Degus cavalerians en deu no se empaje é las seglas fazendas.
N. T. Timoth. 2.ª 2. v. 4.

Nemo militans deo implicat se negotiis saecularibus.

Cavalgaire , cavalier.

Cavar , creuser.

Quar ieu ai trobat ligen ,
Que'l gota d'aigua quan cai
Fer en un loc ta soven
Que cava la peira dura.
Ventadorn.

Cavasier , chevalier.

Cavec , hibou.

Cavlca , chevèche , chouette.

Cavelc , chevaucha. District de Cavaillon.

Cavilhos , fourbe , rusé , chicaneur , pointilleux.

Cavillar , railler , plaisanter. Chicaner.

Cazada , chassée. Pourvue, établie.

Cazal , maison , masure.

Cazamen , bien , domaine , héritage. Chute , éboulis. Couchant.

Cazec , tomba.

Cazer , tomber , déchoir. Cadere.

Cazern , cahier , feuille. Quadrille.

Cazins , ici-dedans. Céans.

Cazon , tombent.

Cazucha , Cazuda , tombée , déchue. Caduque.

Cazug , Cazutz , tombé. Caduc.

Cazuros , saltimbanque.

Ceba , oignon. Cepa.

Cebori , porche , portique.

Cec , Cecs , aveugle. Caecus.

Ceguera , Cegueza , cécité.

Ceis , ceignit , entoura , environna.

E grens vens los malfachors ceis de totas pars.
H. de L.

Cel, celui. Ciel. Qu'il cèle.

Cela, celle. Cèle. Selle.

Celada, cachette.

Celadamen, secrètement.

Celador, discret.

Celamen, discrétion. *Celamen.*

Celat, discret. *A celat*, en secret, en cachette.

Celestials, céleste.

Celha, cil des paupières.

Celius, discret.

Cella, cellule. Selle.

Celor, ceux.

Aquil qui prestunt aver à celor qui sunt en poder dels paires, o dels avis, lo podunt demandar.
Cod.

Cels, précaution, prévoyance.

Cembel, combat, joute, tournois.

Cembella, joute. Tonnelle.

Cembellar, escarmoucher. Tonneler.

Cembes, cymbales.

Loatz lo ab cembes ben sonantz ; loatz lo ab cembes de alegria.
Ps. 150.

Laudate eum in cymbalis benè sonantibus : laudate eum in cymbalis jubilationis.

Cems, baissé, diminué, dépourvu. Sct, imbécille, hébété.

Cen, cent.

Cenador, salle à manger. *Coenaculum.*

Cenar, manger. Faire signe.

Cenbar, **Cembar**, remuer les jambes.

Cenbel (far), tromper, donner ou prendre le change.

Cendalia, sandale.

Cendat, taffetas. Linceul. Drapeau.

Cendieira, sentier.

Cendobles, centuple.

Cenglar, sanglier.

Cenha, cimetière.

Cenbar, faire signe.

Cenher, ceindre.

Ceniza, } cendre.
Cenres, }

Cenres es, viu en cenres.
Beda. 4.
Cinis es, et in cinere vive.

Cens, ceint. Cents.

Centa, ceinture.

Cente, **Centisme**, centième.

Cera, cire.

Cercar, chercher.

Cercles, cèdre.

Vertutz creis en aut coma cercles, o palma, o cipres.
V. e V.

Cerdaje, la Cerdagne.

Cerisia. Voyez **Melicrat**.

Certan, affidé, sûr. Averti, certifié.

Certanedat, **Certansa**, certitude.

Certas, certain, certaines. *A certas*, certainement.

Certeza, certitude, assurance.

Certz, certain, certainement. But.

Cervelleria, sorte de casque.

Cervigal , Cervitz , cou , nuque , chignon. *Cervix*.

Ces , censive , rente, tribut.

Cesca , amadou.

Cesgiar , angoisse.

Cesilia , la Sicile.

Cessal , censitaire.

Cest , cet.

Cetra , Citra , cruche , chaudron , marmite.

Chaaz , tombiez.

Vos que temet deu , sostenet sa misericordia ; e no vos partaz de lui , que non chaaz.
Beda. 9.

Metuentes dominum , sustinete misericordiam ejus ; et non deflectatis ab illo , ne cadatis.

Chabir , se comporter.

Com nos puscam chabir
Entre'ls avols e'ls bos.

Chaeguda , chute.

Eschiva que non chaias en ta lengua , e sia ta chaeguda é mort.
Beda. 13.

Attende ne fortè laberis in linguâ, et fiat casus tuus in mortem.

Chafre , Théofred.

Chaitiveir , misère.

Misericordia a bon nom , car a compassio d'altrui chaitiveir.
Beda. 44.

Misericordia , à compatiendo alienae miseriae , vocabulum sortita est.

Chal , chou ; légume.

Aisso devunt manjar li jovencel, chals e so que'ls semblunt.
Beda. 31.

Nihil tam scias conferre adolescentibus , ut esum olerum.

Chalensa , soin , souci , attention.

Chalfrenar , retenir , réprimer , mettre un frein.

Si fols si taz , er tengutz per sabi ; e si el chalfrena sas lavias , er sabis apellaz.
Beda. 21.

Stultus si tacuerit , putabitur sapiens; et si compresserit labia sua , intelligens.

Chalzeron , se soucièrent.

Chantiu , chant.

Chaple , chamaillis, boucherie , carnage.

Chaptener , empêcher , retenir , abstenir.

Cil que s chaptenunt de viandas e sant mals , resemblunt los diables.
Beda.

Qui à cibis benè abstinent et pravè agunt , daemones imitantur.

Chaptens , soutien, protecteur.

Charja , charge, fardeau.

Narracios de fol es charja de vir.
Beda. 21.

Narratio fatui , quasi sarcina in viâ.

Chaua , corneille , choucas.

Chauans, hibou, chat-huant.

Chaupernas , envahis, usurpés.

Chaus , chas , trou d'une aiguille.

Chausar , blâmer, reprocher.

Apres lo beure , de manjar non chausar ton prosme.
Beda. 58.

In convivio vini non arguas proximum.

CHAUSINA.

Lo sols en fo tan vertz coma CHAUSINA.

       G. de R.

CHAVALIANS, combattant, au service.

Nuils hom CHAVALIANS à deu, no si deu empleiar als afars del segle.

       N. T. ad Tim. 2.ª 2. v. 4.

Nemo MILITANS deo implicat se negotiis saecularibus.

CHAVANA, chevêche, chouette.

CHECA, chienne. Terme injurieux.

CHEIRA, mine, semblant. Cilice.

CHEIRA es memoria de pechaz, e per aisso nos fam penedensa en CHEIRA et en cenres.

       BEDA. 30.

In CILICIO poenitentiam agimus, ut et in punitione CILICII cognoscamus vitia, quae per culpam commisimus.

CHIFLA, CHUFLA, moquerie.

CHIFLADOR, moqueur.

Deus escharnira los CHIFLADORS, e dara gracia als suaus.

       BEDA. 71.

ILLUSORES dominus deridet, mansuetis dabit gratiam.

CHIFLAR, CHUFLAR, railler, plaisanter.

CHIS, chien.

CHOZATZ, pressé de besoin.

CHUSIMEN, raillerie, moquerie.

CIEIA. Voyez SIEIA.

CIU, celle.

CILLS, sourcils, paupières.

CIM, cime, faîte, sommet.

CIMBEL, cordon, filet.

CIMBOL, cymbale.

CIMELH, coteau.

CINACLE, salle à manger. Chambre haute. *Coenaculum.* Suaire, linceul.

E con ella moris, pauzeron la en CINACLE (que vol dire suari).

       N. T. Act. 9. v. 37.

Erreur du traducteur.

CINCERIZI, le proyer, oiseau.

CINTA, ceinture.

CINZ, ceint.

CIOUTADA, citadin, concitoyen.

Li CIOUTADA de lui l'avian aïrat.

       N. T. Luc. 19. v. 14.

CIVES ejus oderant eum.

CIPRI, Chypre, île.

CIRVIS estenduda, tête levée.

CIRVIS estenduda apela la ira de deu.

       BEDA. 14.

Erecta CERVIX dei contrà se odium provocat.

CISCLAR, jeter des cris aigus.

CISCLE, cri perçant.

CISNE, cigne.

CIST, ces, ceux-ci.

CISTEL, Cîteaux, abbaye.

CISTRIA, panier, corbeille.

CITARIZADOR, joueur de harpe.

CITOLA, cithare, harpe.

Leve t gloria mia, leve t psalteri e CITOLA.

       Ps. 56.

Exurge gloria mea, exurge psalterium et CITHARA.

CIVADA, avoine.

CIUTAT, ville, cité. *Civitas.*

CLAM; plainte, réclamation.

Clamar, se plaindre. Crier. appeler.

Clamatier, complaignant.

Clamius, réclamant.

Clamor, réclamation ; tumulte.

Non él jorn de la festa, que per aventura sia'n clamor en lo pobol.
N. T. Marc. 14.

Non in die festo, ne fortè tumultus fieret in populo.

Clamos, plaignant, réclamant.

Claor, Clardor. Voyez Claror.

Clap, Claps, pierre, tas de pierre, clapier.

Clar, clair, net, pur. Gai, joyeux. Beau, bon.

Clara d'un ou, glaire, blanc d'œuf.

Clarasvals, Clervaux, abbaye.

Claratz, clarté.

Clarificar, glorifier.

Clarion, clairon.

Claritz, clairs, éclaircis.

Clarmontes, clermontois, monnoie.

Claror, clarté, lumière, éclat.

Apres aicella tribulacio, lo solei s'escurzira, e li luna non dara claror.
N. T. Marc. 13. v. 24.

Post tribulationem illam, sol contenebrabitur, et luna non dabit splendorem suum.

Clarzir, éclaircir.

Clas, cri, clameur.

Classejar, sonner les cloches.

Clau, clef. Ferme, entoure.
Portar la clau, être le maître, l'emporter, avoir la pomme.

Clau tas aurelias d'espina, e non escoltar mala lengua.
V. T. Eccli. 28. v. 18.

Sepi aures tuas spinis, et noli audire linguam nequam.

Claustra, cloître. Propitiatoire. Retranchement.

Clauzada, euccinte, clos. Canton.

Clauzont, ferment.

Aquel que clauzont lor oils contra charitat, dormont en lor cobeezas, e él deleit de lor charns.
Beda. 1.

Qui claudunt oculos suos contrà charitatem, obdormiscunt in concupiscentiis, et in delectatione carnis.

Clauzura, haie, clôture.

Cleda, claie.

Cledar, entourer de claies.

Clerc, secrétaire. Ecclésiastique. Savant.

Clercia, Clergatz, Clergia, clergé. Science.

Clergada, tonsure.

Clergavis clergé.

Clergil, clérical.

Clergua, féminin de Clerc.

Clergue, clerc, notaire.

Cli, Clin, Clis, baissé, incliné, penché, courbé.

Clinab, incliner.

Clops, Clops, boiteux. *Claudus.*

Clodover, Clovis.

Clopchant, clochant, boitant. Gauchissant.

Faides dreitz pas de vostres pes ,
que no foleges CLOPCHANT.

N. T. Hebr. 12. v. 13.

Gressus rectos facite pedibus vestris , ut non CLAUDICANS quis
erret.

CLOQUA , cloche.

Sonan CLOQUAS essens.

H. de L.

CLOS , coque de noix.

Notz frachas
Que siom be totas del CLOS trachas.

PRADAS.

CLUBERTZ (à).

Per quez es fols à CLUBERTZ
Totz hom que ja ten à fais
S'ieu cortei.

R. d'AURENGA.

CLUC (hueil) , les yeux fer-
més.

CLUCHAR , CLUGAR , fermer
les yeux.

CLUI , clôt , enferme. Clos ,
parc.

CLUNHIC , Clugny.

CLUS , clos , caché , secret ,
obscur. *Clusus.*

CLUZAMEN , à mots couverts.

CLUZEL , petit enclos.

CO , comme , comment.

COA , queue. Couve.

COAL , queue.

COAR , couver.

COAROS , hochequeue , oi-
seau.

COATZ , couvé , couvi.

COBEDICIA , } convoitise ,
COBEEZA , } cupidité.

Li charnal COBEEZA regna aqui
ont non es li charitaz de deu.

BEDA. 1.

Regnat enim carnalis CUPIDITAS ,
ubi non est dei charitas.

Enveja e COBEEZA enivrunt l'arma
sobre totas chausas.

Invidia et LIVOR super omnia
inebr ant animam

COBEEZA de femna art coma foes.

BEDA. 18.

Mulieris CONCUPISCENTIA quasi
ignis exardescit.

COBEI , je convoite.

COBEITAR , convoiter , désirer.

COBEITEZA , envie , désir.

COBERLANDA , Cumberland.

COBERTOR , couvercle , couverture.

COBERTURA , défense.

COBES , serré , chiche , mesquin.

COBEZEJAR , convoiter , désirer.

Non COBEZEJARAS la molher de
ton prosme.

V. e V.

COBIDA , douce , affable ,
obligeante , facile.

Mout l'avia gen servida
Tro qu'ac ves mi cor volatge ;
E pos ilh no m'es COBIDA.
Fois serai si mais la sier.
Servir com no gazardona
Et esperansa Bretona
Fau del senhor escudier ,
Per costum' e per usatge.

VENTADORN.

COBITANSA , COBITATZ , convoitise.

COBIZ , convoiteux , désireux. Festin , régal. Pa-
rure , ornement.

COBLA , couplet , strophe ,
stance. Bracelet.

COBLEJAR ,

Coblejar, coupleter, chansonner.

Cobliedor, faiseur de couplets, chansonnier.

Cobransa, recouvrement.

Cobrar, recouvrer. *Senes cobrar*, sans ressource.

Cobrir, couvrir, cacher.

Cobrirs, discrétion.

Cobs, pièce d'armure. Crâne.

Coc, cuisit, fit cuire.

Cocatrix, crocodile.

Cocelh, conseil, avis.

Cocha, hâte, presse, besoin. Mêlée.

Cochar, se hâter, s'empresser.

Mas nos desconsolat de vos à temps, cochem vezer la vostra cara ab mot dezirier.
N. T. ad Thess. 1.ᵉ 2.
Nos autem desolati à vobis ad tempus, festinavimus faciem vestram videre cum multo desiderio.

Cochdei, hâte, impatience, précipitation.

Donc deu voler ab largueza
Subpeditar avareza,
Et orguelh am humilitat,
E vilege am cor servat....
E trop cochdei ab suffertar,
E fadeza ab domnejar.
Br. d'amor.

Cochos, avide, empressé, désireux.

Cocodrilla, crocodile.

Cocs, Coex, cuisinier. *Cocus.*

Cocuda, le coucou.

Codenel, Codonel, creton.

Coderc, pelouse, petit enclos.

Codercol, brique. Argile.

Codil, Coid, coudée.

Qual es de vos cossirans qe pusca ajustar à sa forma u codil?
N. T. Matth. 6. v. 21.
Quis vestrûm cogitans potest adjicere ad staturam suam cubitum unum?

Codol, caillou.

Codomer, cognassier.

Codonat, cotignac.

Codornis, caille. *Coturnix.*

Cofa, coiffe, calotte, armure de tête.

Cofes, soumis, pénitent.

Cofona, confonde, ruine, détruise.

Coga, cuise. *Coquat.*

Cogamen, Cugamen, secrètement, en cachette.

Cogitar, penser.

Cogitacio, pensée.

Cognat, beau-frère. Parent.

Cognaz, coing.

Cogomas, Cogorna, coloquinte.

Cogos, cocu, cornard. Coucou.

Equar ades femna que sab
Que'l marit es de liei gelos
Cossira quo i fassa cogos.
Brev. d'amor.

Cogossia, cocuage.

Cogot, chignon, nuque.

Cogotz. Voyez Cogos.

Coguasto, marmitou.

Cogul, coucou.

Lo cogul no canta mais à si meteis.
V. e V.

Cogular, cocufier; abâtardir.

COITZ, cuit. *Coctus.*

COI, cuit, fait cuire. Epure.

Malaptia coi los vices, e fraing las forsas de luxuria.
BEDA.

Languor vitia EXCOQUIT, et vires libidinis frangit.

COIDAR, adorer, honorer, révérer.

COILLIR, cueillir, rassembler, recevoir.

COÏNA, taverne, cabaret. Cuisine, cuisinière.

COINASSA, coignée.

COINDANSA, accointance.

COINDE, COINDA, COINTA, poli, gracieux, élégant; joli, coquet, coquette.

COINDEJAR, orner, parer, ajuster. Cajoler, coqueter.

COINDIA, grâce, politesse, agrémens.

COIRASSA, cuirasse.

COIRE, cuivre. Cuire. *Coquere.*

COISSENDEDURA, scissure, déchirure.

COISSI, chevet de lit, traversin.

COITA, hâte, célérité, précipitation. Besoin, nécessité.

Socorre à las coitas del prosme segun la forsa que as.
BEDA. 42.

NECESSITATI proximi juxtà vires occurrere.

Honora metge per ta coita.
Idem. 74.

Honora medicum propter NECESSITATEM.

COITAR, presser fort.

Si vezes ton enemic alcuna vez venir contra te forcenant, sapchas que l'enemix li o fai far que l coita.
BEDA. 78.

Si videris persecutorem tuum nimium aliquandò saevientem, scito quià ab ascensore suo daemone PERURGETUR.

COITOS, empressé, désireux, avide.

No volias esser coitos en tota vianda.
BEDA. 58.

Noli AVIDUS esse in omni epulatione.

COITURA, cautère.

A la pniridura de la charn a at fers e coitura.
Idem. 30.

Putredo carnis ferro indiget et CAUTERIO.

COL, COLH, cou. Prend, admet, reçoit, amasse.

Joves qui col, viels vai à dol.
SENECA.

COLADA, coup sur le cou; fendant. Soufflet.

COLADEJAR, COLADIAR, souffleter.

COLADITZ, coulant, douceureux. Tranchant.

COLANDRA, coriandre.

COLAR, collier. Couler, glisser, passer, marcher, partir.

COLB, COLBE, coup. Faute.

COLC, servit, honora.

COLCAMEN, le coucher.

COLCAN, couchant.

COLGAR, coucher.

COLER, servir, honorer. *Colere.*

COLERA, bile.
COLERIC, bilieux.
COLGA, un lit. Couche.
COLGAR, coucher.
COLGRA, honorerais, honorerait.
COLHZ, cueilles. Trou de tonneau. Testicules.
COLI, je sers, courtise, cultive.
COLICA, COLICHA, collecte, aumône. *Far colica*, faire part de ses biens.

Lanzeron far alcuna colica als paures dels santz.
    N. T. ad Rom. 15.
Probaverunt collationem aliquam facere in pauperes sanctorum.

COLIER, portefaix.
COLLA, colline.
COLLABLAMEN, connivence.
COLLATIER, crocheteur, portefaix.
COLMA, pleine.
COLMIS, nom de peuple.

Outra mar Teres ni colmis.

COLOBRA, couleuvre.
COLOBRINA, choerogrille.
COLOM, COLOMB, COLOMBA, pigeon, colombe.
COLOMBET, pigeonneau.
COLOMER, colombier.
COLONHET, fusain.

Arbre c'om fuzanh apela
O colonhet.
    PRADAS.

COLONTIERS, combien volontiers.

Ben sap dieus verais
Colontiers laisera lo fais
Del trobar.
    H. de L.

COLOR, couleur. Sorte, espèce, qualité.
COLORIT, COLORIDA, coloré, colorée.
COLOTZ, goulu, gourmand.
COLP, coup. *Colp d'aval*, coup de ca.
COLPA, faute.
COLPAR, accuser, inculper. Frapper.
COLQUET, coucha.
COLRA, recueillera. Bile, flegme.

Las colras negras e lo sang fan lo cor ardit.
    SYDRAC.

COLRADA, teinte, colorée.
COLRADI, Conradin.
COLRE, solemniser. *Colere*.

Ha establit la sancta gleiza colre e sanctificar lo dimergue.
    V. e V.

COLRET, bile, flegme.
COLS, colline.

Tug pueg e cols seran humiliat.
    N. T. Luc. 3.
Omnis mons ei collis humiliabitur.

COLTELADA, estafilade.

Ieu vei soven per gaiada
Recebre gran coltelada.

COLTZ, cultivé. Révéré.
COLUENHA, Cologne. *Colonia*.
COLZ, cou.
COM, comme, comment. Avec. Côme, ville d'Italie. *Com que m n'an*, quoiqu'il m'arrive. *Com que s vueilla*, comme on voudra.

COMA , crinière. Quasi.

Co mal , combien mal.

COMAN , ordre , commande-ment. Volonté.

COMANDA , ordre , injonction. Dépôt , chose confiée.

Li domna mantenent lo mouegue demanda ,
Am gran humilitat li rendet sa COMANDA.

H. de L.

COMANDADOR , ordonnateur. Celui qui a confié.

COMANDAIRE , maître.

COMANDAMENT , ordre , injonction. Examen , interrogation.

Per que ieu lo vos ai adug , e principalment à tu rei Agripa , que fas lo COMANDAMENT que ieu aia que escriva.

N. T. Act. 25. v. 26.

Propter quod preduxi eum ad vos et maximè ad te, rex Agrippa, ut INTERROGATIONE factâ habeam quid scribam.

COMANDAR , confier , mettre en dépôt. *Commendare.*

Aquel om qui COMANDET alcuna causa ad autre, la li pot demandar.

Cod.

COMANZ , ordre. Sujet, serviteur.

COMBA , vallée , vallon. Tertre , colline.

COMBATEDOR , guerrier, combattant.

COMBEL , pointe d'une flèche.

Sapchas d'amor com vol' e cor,
E co vai nuda ses vestir;
Com per acort fai del dreg tort
Ab sos dartz que a fag furbir,
E li cairels brus ab COMBELS
De fin aur , c'om ve resplandir,
L'autre d'assier; mas tan mal fier
C'om non pot à son colp gandir.

COMDAR , compter ; raconter.

COMDIERS , COMTIERS , jetons.

COMENSANSA , commencement.

COMER , manger. *Comedere.*

Jois et amors per que fugetz
A cel en cui deuratz caber?
Mais amatz aver , so dizetz ,
Quez Espagnols no fai COMER ,
Ni Abram no fe Sara.

GAVAUDA.

COMERGAT , communié.

COMES , gagea , paria.

COMETRE , défier, provoquer.

COMIAR , congédier , renvoyer.

COMIATZ , congé, permission. Adieu.

COMINAL , commun , égal , pareil.

COMINALMEN , ensemble , en commun.

COMOLS , comble.

COMOLTAR , pétrir.

COMONIMEN , avertissement.

COMONRE , avertir. *Commonere.*

COMOS , trésor public. La commune.

La causa deu tornar al fisco , so es al COMOS de Roma.

Cod.

COMOUTAS.

Los descauzitz ab las lenguas COMOUTAS.

COMPANAGE , toute sorte de mets avec ou sans pain.

Companh, camarade, compaguon, amant. Adversaire, champion.

Companha, troupe, foule, société.

> Cum pujet la companha.
> Cùm ascendisset turba.

Companheira, compagne, amante.

Companhia, foule, multitude.

Companho, testicule.

Compans, Compar, camarade.

Comparament, Comparansa, comparaison.

> Li misericordia de dieu
> Es majers ses comparament
> Que negun mortal failliment.
>   H. de L.

Compas, espace, borne, limite.

Compazible, qu'on peut arrêter.

Compellir, contraindre. *Compellere.*

Compendre, composer, fabriquer.

Complait, Complanch, complainte.

Complanher, complaindre.

Completa, complies.

Complidamen, complètement, parfaitement.

Complicion, complexion.

Compliment, complément, perfection, achèvement. Toutes les choses nécessaires.

> Et agron pro vianda et adreit
> compliment.
>   Guer. des Albig.

Complir, combler, remplir, achever.

Complitz, achevé; arrivé, avenu.

Compodrir, infecter, se pourrir.

Comportamens, mélange.

Comprar, acheter.

Compras, achats, emplettes, marchés.

Compren, allume, embrase.

Compt (ses tot), sans comparaison.

Coms, comte.

Comtador, qui tient le compte.

Comtal, de comte.

Comtor, titre entre le vicomte et le baron.

Comunaleza, communication, participation.

> Mas non vulhas oblidar de befait,
> e de communaleza.
>   N. T. Hebr. 13. v. 16.
>
> Beneficentiae autem, et communionis nolite oblivisci.

Comunalha, communauté, communication.

Comunalmen, ensemble, conjointement, également, universellement.

Comunals, commun, universel.

Comunir, communiquer, avertir.

Comus, la commune.

Concagar, embréner, conchier.

Concluchier, brouillé, honteux, embarrassé.

Si m faiz coindes e de gertz,
Si m soi eu flacs e savais,
Volpils garnitz e ses broigna :
E soi m'zels e putnais,
Escars, vilans, CONCUECHIER,
De totz lo plus croi guerrier.
R. d'AURENGA.

CONCLUS, confus, confondu.

Le primpces cazec mantenent
Als pes del cor sant tel CONCLUS.
H. de L.

CONCOA, **CONCOEIRA**, maitresse, concubine.

Si s'ajosta à la molier o à la CONCOA del fil.
CON.

CONCORDI, accord, accommodement.

CONDANSA, gentillesse. Accointance.

CONDAR, conter.

CONDUJAR, orner, parer. Coqueter.

CONDET, raconta.

CONDIR, assaisonner, apprêter. *Condire*.

CONDIU, assaisonne.

CONDONHERS, de cuisine.

CONDUCH, mets, ragoût. Vivres, munitions, convoi, sauf-conduit.

CONDUCHIER, conducteur, chef. Convive. Prébendé, chantre. Qui fait grande chère.

CONDUG, viande.

CONDUI, assaisonne. Festin.

CONDUNT, racontent.

Lavras de fol CONDUNT folas causas.
BEDA. 21.

Labia insipientium NARRABUNT stultitiam.

CONDURADAS, accoutumées.

CONESTABLES, maître d'hôtel.

CONFANO, gonfanon, bannière.

CONFEGER, confire. Pourrir.

CONFES, qui avoue, qui convient.

CONFESSIO, profession.

CONFIEGS, confitures, dragées.

CONFIGIMEN, imposture.

CONFINAR, terminer.

Er auziretz CONFINAN sas beutatz
Qe vermeilhon ni blanquet noi esten ;
Et es fresca plus que flor d'aguilen.
MARUELH.

CONFIZANSA, hardiesse.

CONFLECTIO, conflit.

Ergoils es primers en pechat, e derrers en CONFLECTIO.
BEDA. 14.

CONFORTADOR, consolateur.

CONFORTAR, consoler.

CONFORTIEST, tu consolas.

CONFRAIRE, associé, compagnon.

CONGAU, félicite.

CONGAUZIR, conjouir.

CONGE. Voyez COINDE.

CONGIER, accumule, entasse. *Congerit*.

CONGOLIMENT, ornement.

CONGRENH (mettre en), amasser.

CONHADA, belle-sœur.

CONHAT, beau-frère.

CONHDAMEN, joliment.

CONHDAROL, muguet, qui fait le gentil.

CONHDIA. Voyez COINDIA.

CONHET, coin. *Cuneus.*

CONNZ, que tu fermes avec un coin.

CONIL, lapin. Lâche, poltron.

CONINA, hystérique.

CONJA, joli.

CONJAT, congé, adieu.

CONOC, connut.

CONOGUES, sût, connût.

CONOGUT, CONOGUDA, connu; avoué, avouée.

CONOISSEDOR, connaisseur, instruit.

CONOISSEIRE, qui connaît.

No t justifies davant deu, car el es CONOISSEIRE de cor.
V. T. Eccli. 7. v. 5.

Non te justifices antè dominum, quoniam AGNITOR cordis ipse est.

CONOISSEMEN, connaissance.

CONOISSENS, savans. Amis, parens.

CONOISSENSA, intelligence, habileté. Parenté.

Propheta non es sens honor si non en son pays, et en sa conoissensa, et en son ostal.
N. T. Marc. 6.

Non est propheta sine honore nisi in patriâ suâ, et in domo suâ, et in COGNATIONE suâ.

CONOISSER, avouer, reconnaître.

CONORT, encouragement, consolation.

CONORTAR, conforter, consoler.

CONOSC, je connais, il connut.

CONPASSAR, converser, s'entretenir, demander, interroger.

E meravilheron se tug, en aici que s COMPASSERO entre lor, dizent : quals cauza es aisso ?
N. T. Marc. 1.

Et mirati sunt omnes, ità ut CONQUIRERENT inter se, dicentes: quidnam est hoc ?

CONPENSADAMEN, avec compensation.

CONPLAIS, se plaignit.

CONPLANAIR. Voyez ABASTAR.

CONPORTAMENS, conjointement.

CONQUEREMEN, conquête, acquisition.

CONQUES, CONQUESA, conquis, conquise.

CONQUESTA, plainte, lamentation.

Mot auziras plans e CONQUESTA.
H. de L.

CONRAZIER, cellérier.

CONREADOR, habitant. Qui régale.

CONREAR, ajuster, équiper, habiller. Fêter, traiter, régaler. Préparer. Travailler.

CONREI, festin, régal, repas. Equipage, convoi.

Merce au li Francei
Ab que vejo'l CONREI,
Qu'autre dreg non i vei.
Ai ! Tolos' e Provensa,
E la terra d'Argensa,
Bezers e Carcassei,
Com vos vi e cous vei !
SICART.

CONRESAR, disposer, mettre en ordre, arranger. Nourrir, alimenter, entretenir.

Si lo paire es furiosus , e lo fil non lo vol CONRESAR ni vestir , pert la heretat del paire.
Cod.

CONSEGRE , CONSEGUIR. *Consequi*. Gaguer , attraper , atteindre, obtenir, arriver à son but , parvenir à ses fins.

CONSEILLAR , chuchoter.

CONSENS , consentant, d'accord.

CONSENTIMENT , rapport, conformité.

CONSENTIR , prendre conseil. *Consentir putas* , fréquenter, entretenir des catins.

CONSIR , considère , réfléchisse.

CONSIRAR , réfléchir , considérer, soigner , être attentif , penser, regarder , désirer.

Per que CONSIRATZ aquestas cauzas en vostres coratges ?
N. T. Marc. 2.

Quid ista COGITATIS in cordibus vestris ?

Moyses ac temor , e non auzava CONSIRAR.
Id. Act. 7.

Tremefactus autem Moyses non audebat CONSIDERARE.

No maniar ab home evejos , ni COSSIRES las viandas.
BEDA. 15.

Ne comedas cum homine invido , nec DESIDERES cibos ejus.

CONSIRE , CONSIRIER , soin, pensée, réflexion, chagrin , regret , sollicitude, affliction.

CONSIROS , pensif, rêveur , soucieux , affligé.

CONSIS , sémis , plantation. *Consitus*.

D'amon per mici un puh , latz un CONSIS ,
Dissen Karle Martels de Sanh Denis.
G. de R.

CONSISTORI , estrade.

CONTA , jolie.

CONTE , nombre.

Lo CONTE dels manjans fo cinc mila de baros.
N. T. Matth. 14. v. 21.

Manducantium fuit NUMERUS quinque millia virorum.

CONTEIRAL , compatriote , contemporain.

Profichava en judaïsme sobre mot mos CONTEIRALS.
N. T. ad Gal. 1.

Proficiebam in judaismo suprà multos COETANEOS meos.

CONTENDA , peine , travail , difficulté.

CONTENDRE , débattre , résister. *Contendere*.

CONTENENS.

Orava
Mout devotamens;
E baissava
E levava
Co fai CONTENENS.
J. ESTEVE.

CONTENER (se) , se comporter.

CONTENERS , contenance , maintien.

CONTENS , CONTENSO , guerre , dispute , querelle. *Per contens* , à l'envi.

Be'l saupra plus cubert far ;
Mas non a cant pretz entier
Quan tut no'n son parsonier.

Qui que s n'azir, mi sap bo
Quant aug dire PER CONTENS
Mo sonet rauquet e clar,
E l'aug à la fon portar.
                    BORNEILL.

CONTENTA, CONTEZA, pique, dissention ; défense, résistance ; chicane.

CONTINUOSA, continuelle, entière.

Aiaz CONTINUOSA charitat en vos davan totas chauzas ; car charitatz cobre la grandesa dels pechatz.
                    BEDA. 1.

Antè omnia in vobismetipsis charitatem CONTINUAM habentes ; quià charitas operit multitudinem peccatorum.

CONTORNS, sillon.

CONTRA (de), au contraire, à l'envers.

CONTRABILLAR, branler, chanceler.

CONTRACH, CONTRAIT, boiteux.

Cant fas to manjar, apela los pauras, los frevols, los contraiz, los sex ; e serasbonaüraz.
                    BEDA. 58.

Cùm facis convivium, voca pauperes, debiles, CLAUDOS, coecos ; et beatus eris.

CONTRACLAU, fausse clef, passe-partout.

CONTRACORRE, aller au-devant.

CONTRAFAZEDOR, imitateur, pantomime.

CONTRANAR, aller à la rencontre.

CONTRANHEMEN, contraction.

CONTRAPAR, pareil, égal.

CONTRAPAREJAR, ressembler, imiter.

CONTRARI, adversaire, ennemi, rival. *Far de contrari*, contrarier.

Folla femna qui plus li fa son plazer e pejor l'a, e plus FA DE CONTRARI.

CONTRAST, opposition, résistance, différent.

CONTRASTAR, s'opposer, résister.

Deus CONTRASTA als ergulozes, e dona gracia als humils.
                    N. T. Jac. 4. v. 6.

Deus superbis RESISTIT, humilibus autem dat gratiam.

CONTRASTIUS, contraire, opposé.

CONTRAVALER, égaler, valoir autant.

CONTRESPERONAR, piquer, courir contre.

CONTUM, continu, continuel, assidu.

CONTUMAR, continuer.

CONTUMELIAR, injurier, insulter, outrager.

CONUC, connut.

CONVENENTZ, convention.

CONVENGUTZ, convaincu.

CONVERSACIO, vie, société.

CONVERSAR, vivre avec, fréquenter. Résider.

CONVERTIR, dissiper.

CONVINENZA, promesse.

CONVIT, invité ; invitation ; festin.

CONZAT, congé.

COP, coup.

COPDADA, coudée.

E cinc CORDADAS d'aut a de mesura plena
Le melons de la legna sobre lo
cap d'Elena.
                         H. de L.

COPERCES (à) , à couvert.

COPTENIR , soutenir , défendre.

   Volgra tot mon arnes
   Aver donat ses mentir ;
   Que à las domnas plagues
   Que m deguesson COPTENIA
Del faillimen q'ai faich vas la
gensor.

COR , cœur. Chœur. Car.
Cuir. Cours. Court. *Aver
cor* , vouloir.

CORADA , CORALHA , CORALIA ,
poumon , fressure , cœur ,
entrailles.

Las CORALIAS del fol sunt coma
roda de char.
                         BEDA. 21.
PRAECORDIA fatui , quasi rota
carri.

CORAJANSA , fureur , colère ,
animosité.

CORAJE , cœur.

La caritatz de deu es espanduda
éls nostres CORAJES.
         N. T. ad Rom. 5. v. 5.
Charitas dei diffusa est in CORDI-
BUS nostris.

CORAL , de cœur , intime ,
cordial. Etable.

CORALMEN , cordialement ,
tendrement.

CORASSO , cœur.

CORAT , Conrad.

CORATGE , cœur , esprit.
D'un coratge , unanimes.

CORBA , corbeille , manne ,
panier. *Corbis.*

CORBAION , crochet.

CORBATOS , petits du corbeau.

CORCELS , cruel.

CORCIFER , qui porte la croix.
Crucifer.

CORDA , ruban , lacet.

CORDAR , lacer.

CORDATZ , cordelé. Cordonnet.
Sage , prudent.

CORDEJANT , curieux.

CORDELHA , caisse , cordon.

CORDOILL , chagrin , douleur ,
affliction ; mal au cœur.

CORDURA , couture.

COREC , courut.

COREJA , courroie. *Corrigia.*

COREJADA , fouet , étrivière.

CORELHAIRE , grondeur , querelleur.

CORELHAR , courroucer.

CORES , cordon de soulier.

COREZANA , le Korassan.

CORGOSSON , charançon.

CORN , coin , côté. Corne.
Cor , cornet , trompette.

Lo CORNS cornara , elli mort res-
suscitara non corrumput.
         N. T. ad Cor. 1.ª v. 15.
Canet TUBA , et mortui resurgent
incorrupti.

CORNAR , sonner de la trompette.

CORNAT , couronné.

CORNELI , Corneille , nom
propre. Cornu.

CORNUDA , baignoire.

CORONA , bandeau , diadème.

CORONAT , tonsuré. Prêtre.

CORONDA , colonne.

Peire , Jaime e Jhon , li qual ero
esser vist CORONDAS de la gleia.
         N. T. Gal. 2. v. 9.

Jacobus, et Cephas et Joannes, qui videbantur columnae esse.

Corones, cadavres.

Corp, corbeau. Courbé.

Corral, chemin.

> Sobre lo port en lo corral
> Aqui viras mant colp mortal.
>   H. de L.

Corratier, courtier.

Correch, Correget, cordon, courroie.

> Ieu non sui dignes deliar lo correget de son causament.
>   N. T. Luc. 3.
> Non sum dignus solvere corrigiam calceamentorum ejus.

Corregut, couru. Coulé. Corrigé.

Correi, train, suite, équipage.

Corrieu, Corriu, courrier. Courant. Huissier.

Corril, coursé, chemin.

Corrompemen, corruption.

Corrossana, le Korassan.

Corrossar, disputer.

> Li Pharisien comenseron corrossar amb el.
>   N. T. Marc. 8.
> Pharisaei coeperunt conquirere cum eo.

Corrotz, courrouce, courroux.

Corrumpre (se), éjaculer, se polluer.

Cors, cours, course. Vogue. Cœur. Personne. *Irai mos cors domens*, j'y irai en personne, moi-même. *De cors*, tout de suite, promptement.

Corseira, coureuse.

Corsiar, courir, faire route.

Corsor, corps mort, cadavre.

Cort, cour d'un grand seigneur. Mesquin.

Cortals, cour, basse-cour.

> Ey so fag li palhier, escuros e boals,
> Ey fa hom lo cortals
> Per tener bestiar.

Cortei, courtise.

Corteira, courtoisie.

Cortejador, Cortejaire, courtisan, galant.

Cortejar, faire ou tenir sa cour.

Cortes, courtois, galant, poli, aimable. Joli, fin, délicat, agréable, courtisan.

Cortesament, élégamment, éloquemment.

> Meiller es bona vilania, que dire
> * falsedat cortesament.
>   Beda. 15.
> Multò meliùs vera rusticè quàm disertè falsa proferre.

Cortesament fazent, se mêlant de ce qui ne les regarde point.

Cortezia, honnêteté. Cadeau, présent.

Cortil, Cortiu, verger, jardinet.

Cortonament, lice, arène, carrière.

> Cel que content en cortonament
> si capte de totas chausas.
>   Beda. 40.
> Omnis qui in agone contendit, ab omnibus se abstinet.

Cortos, convoiteux.

Cortz , assemblées. *Cortz del Poi* , Pui d'amour.

Corupto , corruption.

Cos , piége.

Comtaron que amaguessen lo cos.
Ps. 63.
Narraverunt ut absconderent la-
queos.

Cosa , robe , peau de bête. Queue.

Cosduma , coutume , mode , manière , mœurs. Usage , habitude.

Aquel que ten charitat en sas cosdumas , sap tot aquo que es escur ni es apert en las divinas paraulas.
Beda. 1.
Ille tenet quod patet , et illum nihil latet in divinis sermonibus, qui charitatem tenet in moribus.

Cosdumnansa, accoutumance.

Aquel que fai la cosdumnansa de pechar , es sebeliz.
Beda.
Qui consuetudinem facit peccandi , jàm sepultus est.

Cosdura , couture.

Cosedens (per), par consé- quent , à l'avenant , à proportion.

Coser , Cosir , coudre , cuire.

Tot aisso que pessam sotilmen , cosem é nostre cor.
Beda.
Omne quod subtiliter cogitamus, quasi mente coquimus.

Cosic , cousut.

Cossabens , qui sait en soi- même. Confident. De con- cert.

Cossec , j'attrape. Il obtint.

Cossegre , Cosseguir , join- dre , atteindre ; obtenir.

Cossegut , obtenu.

Cosselh (à) , tout bas , en secret.

Cossen , consent , consentant.

Cossensa , cuisson , peine. D'accord , consentante.

Cossentidor , flatteur , ap- probateur.

Cossentir putas , entretenir des filles.

Cosserv , compagnou de ser- vice.

Cossi , comment , de quelle manière.

Cossir , Cossirer , Cossirier , idée , pensée , réflexion , chagrin , douleur , tristesse , inquiétude.

Cossirar , penser , considé- rer.

Cossiros , inquiet.

No vulhas esser cossirosi à len- dema ; quar lo dias de lendema es cossiros assi meteis.
N. T. Matth. 6. v. 34.
Nolite solliciti esse in crasti- num : crastinus enim dies solli- citus erit sibi ipsi.

En dic à vos qe no sias cossirosi de la vostra arma , qe manjets ; ni del vostre cors , qual causa sia vestit : doncs non es pu l'ar- ma que'l manjar , e lo cors pu qe vestir.
N. T. Luc. 12. v. 22.
Dico vobis : nolite solliciti esse animae vestrae quid manduce- tis , neque corpori quid indua- mini : anima plùs est quàm esca, et corpus plùs quàm vestimen- tum.

Cossoira , petite pierre.

Cossolansa , consolation.

Cossolat , consulat.

Costa , coût. Frais , dépense. A côté , près. Conste. Côte , montée.

Costal , rive ; coteau.

Costalier , poignard , arme qu'on porte au côté.

Honestat non porta costalier,
Ni fier ni franh , ni fai fach de
murtrier.
B. Carbonel.

Costetas , côtes d'une plante.

Malvas esfcilladas ,
Sol las costetas ben mundadas,
Cozetz.
Pradas.

Costreitz , pressé , mis à l'étroit.

Costumas , mœurs , usages. Ordonnances.

Cot , cuit , fit cuire. Pierre à aiguiser.

Cota , couette , cotte.

Cotada , tunique.

Cotas , Coutances en Normandie.

Cotel , couteau , poignard.

Cotelar , poignarder.

Om non mazela
Miels autrui porc ni flagela ,
Ni miels non cotela
Son servidor.
Cardinal.

Coteleira , gaîne , fourreau.

Cotena. Voyez Contenda.

Cotz , cuit. Queux. Troc.

Coucer , lit de plume , matelas.

Couderc , petite place ou pelouse devant une maison de campagne.

Coudier , sentier. Etui à queux.

Coure , cuivre.

Atressi si el li ac covenent que el
li dones aur en peniora , et el
li dones cocas , el li emendara
lo dan qu'el n'a.
Cod.

Cous , cocu. Pour Co ou Com vos.

Cout.

Fis que fols quar lo sai cout.

Coutels , grosses plumes de l'aile.

Coutura , culte , culture.

Courz , honoré.

Nou es courz per bezonha que
aia de nengu.
N. T. Act. 17.
Nec colitur indigens aliquo.

Cova , Cove , caverne.

Cove , Coven , il convient , il faut.

Covenent , convenable , décent. Assemblée.

Covent , accord , convention.

Covenhablament , commodément , à propos , à temps.

Él covenent des ancias non parlar.
Beda. 13.
In conventu noli proferre sermonem.

Covers (per) , réciproquement.

Covidar , inviter.

Covina , conduite , dessein ; projet.

Covinent , convention.

Covir , le vulgaire , la populace.

Covit , invitation. Avide , convoiteux.

Coynar. Voyez Cozinar.

Coza , queue. *Penis.*

Cozen , cuisant.

Cozensa , peine , chagrin cuisant.

Cozer , cuire. Coudre.

Cozina , cuisine.

Cozinar , cuisiner , faire la cuisine.

Cracs , sanie , pus , saleté.

Crai , crachat.

Cranc , crampe , goutte. Cancre.

Crapana , crâne , tête.

Maiat moiton an vos pisat per la crapana.
BONAFE.

Crastatz , châtré , eunuque. *Castratus.*

Si lo ser es crastatz e non a nenguna art , et el majer de X ans , deu esser prezatz L sols. Mas si el a alcuna art , deu esser prezatz LXX sols.
COD.

Crau , la Crau d'Arles. *Campus lapideus.*

Tant de marcs coma cedols en crau.

Crauc , Craucs , pierreux.

En ta sec ni en tant crauc loc no podem aver viandas segons quens auria mestiers.
PHILOMENA.

Cre , je crois , il croit.

Creastan , chrétien , croyant.

Creauguda , accrue , augmentée.

Creazo , nature.

Crebacor , crève-cœur.

Crebadura , hernie.

Creban , coup violent.

Crec , crût , augmenta.

Crecisitz , accru.

Creda , croie. Craie. *Credat. Creta.*

Crededor , Credeire , créancier. *Creditor.*

Credenza , croyance. Créance.

Credet , Creet , crut. *Credidit.*

Cregon , croissent , multiplient.

Creguda , crue. Le croît.

Cregues , crût.

Cregut , cru.

Crei , je crois , il croit.

Creire , croire. Confier. *Credere.*

E si non las vol creire l'us à l'autre las cartas , lo jutges las deu faire comandar en garda d'un proome estrains ius en la gleiza , si aquel ome es tals à cui om los posca creire.
Con. Lib. 3. c. 34.

Creiria , croirait.

Creis , croît , ajoute , augmente.

Creissensa , croissance.

Creisser , ajouter , croître , augmenter. *Crescere.*

Crem , qu'il brûle.

Cremar , brûler. *Cremare.*

Cremavan , brûlaient.

Cremor , brûlure , ardeur. Crainte.

Crems , craint.

Crentz , Kent en Angleterre.

Cresc , s'étend.

Crespel , crêpe , gâteau.

Cressedor , auteur.

CRESPADAN , chrétien.

CRESTAIRE , châtreur , langueyeur.

CRESTANDIA , chrétienté.

CRESTAT , châtré , eunuque.

CRESTIANAR , baptiser , faire chrétien.

CREUBUT , cru , enflé. Vain , fier.

Om nous ve que non sia CREUBUT? Dels bels plazers que sabetz dir ni faire.

CREZA , croie. Croisse.

CREZEDOR , croyable. Créancier. Auteur.

Vos aucizest lo CREZEDOR de vida , lo cal dieus suscitet de mort.
N. T. Act. 3.
AUCTOREM vitae interfecistis , quem deus suscitavit à mortuis.

CREZENSA , croyance. Créance. Education.

CREZUT , cru.

CRI , CRIN , cheveu , poil , chevelure.

Bar si noirisca CRI , anta es à lui ; mais la femna si noirisca CRI , gloria es à lei.
N. T. 1.ª Cor. 11. v. 14-15.
Vir si COMAM nutriat , ignominia est illi : mulier verò si COMAM nutriat , gloria est illae.

CRIALHA , querelle.

CRIC , crut.

CRIDA , crie. Bruit , renommée. Crieur.

CRIDADOR , braillard , querelleur.

CRIDIVA , criarde.

CRIDORIA , criaillerie , vocifération.

Calque causa dica hom forcenaz , es apellat nausa e CRIDORIA.
BEDA. 21.
Quidquid amens loquitur , vociferatio et clamor est appellandum.

CRIDORS , clameur , cri.

Mortz non sera d'aqui enant , ni plors , ni CRIDORS.
N. T. Apoc. 21.
Mors ultrà non erit , neque luctus , neque CLAMOR.

CRIEVA , criait.

CRIM , crime , péché.

CRIMINAL (peccat) , péché mortel.

CRISMA , le saint chrême. Chrisma.

CRISTAL , crête , cimier , panache , aigrette.

CRISTIA , chrétien.

CRISTIANDAT , chrétienté.

CRIVELAR , cribler.

CRO , creux.

CROCS , jaune , blond , couleur de safran. Croceus.

CROCUT (frontal) , espèce de coiffure.

CROI , creux. Lâche , mauvais , méchant. Jaune.

CROILLA , plafond , lambris.

CROISIR , craquer.

CROLLAR , remuer , ébranler , hocher.

CROS , CROSA , CROTZ , CROZ , croix ; crosse.

CROSTIT , incrusté.

CROTLAR , crouler. Branler.

CRU , CRUS , cruel , méchant.

CRUCIR , craquer.

Li ostes tornan en luoc e CRUCIAN , am tant es tornada li arma é l'efant.　　　H. de L.

CRUENTA, cruelle.

CRULTAT, animosité.

CRUISSENTLLA, tendron, cartilage.

CRUOL, creuset, fourneau.

> Se calfa al CRUOL
> E laissa'l foc bel clar al fogairo.

CRUPIA, crèche.

> Pauzet lo eu la CRUPIA, quar non avia autre luoc receptori.
>> N. T. Luc. 2.

> Reclinavit eum in PRAESEPIO, quià non erat eis locus in diversorio.

CRUZEZA, cruauté.

CUBA, une tente.

CUBERCA, couvercle. Secret, cachette.

CUBERT, toit. Voile.

> Descubergron lo CUBERT on era.
>> N. T. Marc. 2.

> Nudaverunt TECTUM ubi erat.

> E'l CUBERT del temple fon fendut per miei.
>> Id. Luc. 23.

> Et VELUM templi scissum est medium.

CUBERTA, défense, protection. Couverture, manteau.

> Fiels amicx es forz CUBERTA; e qui lo troba, troba thesaur.
>> BEDA. 64.

> Amicus fidelis, PROTECTIO fortis: qui autem invenit illum, invenit thesaurum.

CUBREMEN, CUBRIMENT, voile, couverture, manteau. Toit, plafond.

> Plus es al paubre vezer lo cel, que al ric lo CUBRIMENT daurat.
>> BEDA. 56.

> Plus est pauperi videre coelum, quàm diviti TECTUM inauratum.

CUBRIR, couvrir.

CUBRIRE, discret.

CUC, CUD, CUG, je pense, il croit.

CUCA, hâte, diligence.

CUCX, habit ou partie d'habit.

CUDA, croit. Pensée, idée. Souci.

CUECH, cuit.

CUECX, cuisinier.

CUEG, CUGH, cuit.

CUELH, prens, prend. Cueille.

CUENDA. Voyez COINDA.

CUER, cuir, peau.

CUERA, zèle.

> Ieu doni testimoni ad els, que la CUERA de deu an.
>> N. T. ad Rom. 10. v. 2.

> Testimonium perhibeo illis, quòd AEMULATIONEM dei habent.

CUF, touffe de cheveux.

CUG, avis, croyance, opinion. Pense, pensée.

CUGA, croit, croie.

CUGEI, je pensai, je crus. Pensée, témérité.

CUGUROS, le haut de la tête.

CUI, qui, lequel.

CUICH, je crois.

CUICHALS, cuissards.

CUIDA, soin, attention. Voyez CUDA.

CUIDADO, idem. Mot espagnol.

CCIDAMEN, accueil.

CUIDET, CUJET, crut.

CUINAT, mets, ragoût.

CUIZAS ou COITAS, presses, foules.

E

E vau cerchan ab ric arneis
Geras e cuizas e tornois.

CUJA, pense, croit.

CUJAIRE, téméraire, présomptueux.

CUJAR, penser.

Qui a, sera li donat; e qui non
a, negueis so que cuja aver,
sera tout de lui.
N. T. Matth. 25. v. 29.

Habenti dabitur; qui non habet,
ei quod v DETUR habere, auferetur ab eo.

Volia traspassar ad els; mais els
que viro lui anant sobre mar,
CUJERO qe fos fantauma, e cri-
dero.
Marc. 6. v. 29.

Volebat praeterire ad eos; at illi
ut viderunt eum ambulantem
supra mare, PUTAVERUNT phan-
tasma e-se, et exclamaverunt.

CULA, cul.

CULAVIS, culetis.

CULHICHA, collecte, cueil-
lette.

CULHIDA, assemblée.

CULHIR, prendre, accepter,
accueillir. Admettre, re-
cevoir. Se retirer; se rassembler.

CULVERT, vil, abject, mé-
chant, traître, perfide.

CUM, comme, comment.
Tandis, lorsque.

CUMBA. Voyez COMBA.

CUMIADAR, congédier, li-
cencier.

CUMINALAR, CUMENALAR,
communiquer, faire part,
rendre participant.

Far ben, CUMENALAR, donar leu-
gierament.
N. T. 1.e Tim. 6.

Bene agere, facilè tribuere,
COMMUNICARE.

CUMINALTAT, action de partager, participation, communication.

Non oblides befait ni CUMINALTAT.
BEDA. 51.

Beneficentiae et COMMUNICATIO-
NIS nolite oblivisci.

CUMINTZ, les communes.

Vos deves esquivar
Las guerras dels vezintz,
E dels autres CUMINTZ.
H. de L.

CUMPLEZA, simplicité.

Moines deu aver la CUMPLEZA de
la columba.
BEDA. 40.

Monachus habeat SIMPLICITATEM
columbae.

CUMPRAZON, achat.

CUNCA, tante.

CUNDIR. Voyez CONDIR.

CUNHATZ. Voyez CONHATZ.

CUNIS, Coni en Piémont.

CUNS, coin sans i. *Cunnus.*

CUOC. Voyez COCS.

CUR, coure. Cuir, peau.

CURA, soin, sollicitude.

CURADA, garnie de cuir.

CURAR, purger, nettoyer.

Amant ton prosme, CURAS ton
oil per deu vezer.
BEDA. 3.

Diligendo proximum, PURGAS
oculum ad videndum deum.

CURATIER, savetier. Cureur
de puits, etc.

CURIANSA, sollicitude.

CURIOS, CUROS, soigneux,
inquiet, soucieux.

Qui a molier, curios es d'aquelas causas qe son del mon.
　　　　N. T. 1 Cor. 7. v. 33.

Qui cum uxore est, SOLLICITUS est quae sunt mundi.

CURIOSAMENT, soigneusement, avec instance.

Pregavan lo, dizent à lui CURIOSAMENT, etc.
　　　　N. T. Luc. 7.

Rogabant eum SOLLICITE, dicentes ei, etc.

CURIOZEDAD, soin, inquiétude.

CURMER, carne, coin, angle.

CUROS, soigneux, zélé, attentif, empressé.

CUROSAMEN, avec soin.

CUSCO, CUSSO, goujat, valet, maraudeur. Coquin, brigand.

CUT, CUTZ, je crois. Personne vile. Pensée.

E noi a mal brutz
Quan non o forfai,
Ni nuls avols cutz
Lai
On cilh es no jai.
　　　　CADENET.

CUTOS, CUXSOS, empressé, désireux.

CUTZA, il croit.

CUZ, le croire, le doute. *Ses tot cuz*, sans hésiter.

CUZARIA, je croirais.

D

D se met souvent pour T, et quelquefois est remplacé par Z.

DA, donne.

DACIER, collecteur des tailles.

DAGANOS, hydropique.

DAIRE, Darius.

DALANGUIT, consterné, abattu.

DALFI, dauphin.

DALGAT, délié, mince, svelte.

DAM, DAMS, daim. Donnons.

DAMEDIEU, DAMNEDIEU, le seigneur dieu.

DAMNAMEN, jugement, condamnation.

DAMNATGE, mal, perte, dommage.

DAMNEJAR, endommager, porter dommage.

DAMNOS, grévant, préjudiciable.

Si aquela heretatz es DAMNOSA, so es, a mais de dan que de pro.
　　　　COD.

DAN, mal, tort, perte, dommage, préjudice.

DANC, DANCA, couleur de daim, brun, brune.

DANES, Danois.

DAPAS, doucement, lentement, à loisir.

D'AQUI ENAN, désormais, à l'avenir.

D'AQUI EN RERE, jadis, autrefois.

DAR, donner. *Dar comiat*, congédier.

DARACUS, Assaracus.

DARDIER, archer.

DARION, donneraient.

Darnus , Dardanus.

Darrairia (à la) , enfin.

Dars , dons , libéralité.

Dassetz , domassiez.

Dat , Datz , dé. Donné. *Datz lor* , tombez dessus.

Dauna , dame.

Daunis , Denis.

Dauraire , doreur.

Daurar , dorer , orner , parer , embellir.

Daurivelliers , orfèvre.

Daus , vers , du côté de. Depuis.

Davancir , prévenir.

Lo tems vida non es cerz à negu, e per aisso devem nos coitar d'esmendar , que per aventura li morz non DAVANCISCHA.
Beda. 20.

Incertum est uniuscujusque vitae tempus , et idcircò festinandum est , ne fortè subitò mors repentina PRAEVENIAT.

Davant anar , Davant esser , précéder , présider , conduire , gouverner.

Daves , vers , du côté de.

Deabol , diable.

Dealbar , blanchir. *Dealbare.*

Dean , doivent.

Debada , en vain , inutilement.

Debastar , démolir.

Can l'us aura enueg , l'autre pezansa ;
Can l'us aura bastit , l'autre DEBASTA ;
E can l'uns aura empres,
L'autre sia mort o pres.

Deboissar , ébaucher , esquisser , dégrossir.

Dec , Decx , dut. Tare , défaut. Limite , barrière.

Decai , déchoit , ruine , déprime , humilie.

Decassar , chasser.

Decazemen , ruine.

Decazer , déchoir , faire tomber , ravaler.

Decebemen , illusion , malice , fourberie , tromperie.

O tu ples d'engan , e de tot DECEBEMEN.
N. T. Act. 13. v. 10.

O tu plene omni dolo , et omni FALLACIA.

Decebre , décevoir , tromper , surprendre. *Decipere.*

Decelamen , indiscrétion.

Decelar , publier.

Et el issent comenset à predicar , et à DECELAR la paraula.
N. T. Marc. 1.

Et ille egressus coepit praedicare , et DIFFAMARE sermonem.

Decern , discerne , distingue.

Dech , je dois.

Decha , qualité.

Dechaïble , caduc , périssable , de peu de durée.

Li alagreza d'aquest segle es frevols e DECHAÏBLA.
Beda. 80.

Caduca est et fragilis temporalis potentia.

Dechar , bénir. Dicter , suggérer , dire souvent.

Dechat , ditié , espèce de poésie.

Dechazensa , décadence , déshonneur.

DECLI, décline, dise, explique.

En talant ai queus DECLI
L'us de puta serpenti.
MARCABRUS.

DECORIMENT, décharge, émis-
sion ; cours, écoulement.
DECREISSER, décroître. *De-
crescere*.
DECRUPENS, accroupi.
DECS, tare, défaut, vice.
Bornes, limites.
DEDESCIONS, discernement.

A l'autre es donada DEDESCIONS
d'esperit.
N. T. 1 Cor. 12.
Aliis datur DISCRETIO spirituum.

DEFAILLENSA, DEFALHISO,
DEFALIMEN, défaut, man-
que, faute, disette.
DEFALHIR, finir.
DEFAMAMENT, diffamation.
DEFAMAR, publier, divul-
guer. *Diffamare*.
DEFECI, ennui, dégoût, mal
au cœur. Léthargie. Vé-
tusté.
DEFENDEMEN, empêchement.
DEFENDOR, tuteur.
DEFENDUTZ, fendu.
DEFENIA, fin, issue, conclu-
sion.
DEFENSAILLA, défense.
DEFENSAL, obstacle, résis-
tance.
DEFES, id., défendu.
DEFESA, défendue, défense.
DEFFERMAR, détacher.

Domn' en vos ai mon cor tan fin
e ferm,
Qe ges non ai poder qe l'en
DEFFERM.

DEFFERNAR, précipiter en
enfer.
DEFFIATZ, DESFIATZ, dé-
pouillé de son fief.

En Bernartz q'es raubatz
D'Anduz' e DESFIATZ.
VAQUEIRAS.

DEFICIS, machines de guerre.
DEFIVELAR, déboucler, dé-
grafer.
DEFORAS, DEFORS, dehors.
DEFRA, DENFRA, dedans.
Dessous, ci-dessous.
DEFRATZ, rompu.
DEFUIR, éviter ; disputer ;
refuser.
DEFUITA, défaite, subter-
fuge.

No querer alongier ni DEFUITA de
jorn en jorn.
V. e V.

DEG, je dois, il doit. Vice,
maladie.

Aquela causa que a morb o vicio,
so es DEG.
COD.

DEGA, doive.
DEGALHIERS, dépensier, pro-
digue, dissipateur.
DEGAN, tromperie.
DEGAS, doyen. *Decanus*.
DEGASTADOR, vorace, gour-
mand.

Hom DEGASTADOR e bevedor de vi.
N. T. Matth. 11.
Homo vorax et potator vini.

DEGASTAIRE, prodigue, dissipateur.
DEGASTAMENT, ruine, ravage.
DEGASTAR, consumer, dé-
truire, dévorer.

DEGITAR , chasser, expulser, rejeter.

DEGITAZ , délices, friandises.

Aparelia DEGITAZ à la plena gola del cors.
BEDA. 31.

Ad replendum gulam vesperè DELICIAS praeparat.

DEGLENDE , ingambe , dispos.

DEGLOTIDOR , espion.

DEGOLAR , détruire , précipiter , casser ou rompre le cou.

La via dels mals es escura , e no sabunt unt se DEGOLUNT.
BEDA. 60.

Via impiorum tenebrosa , nesciunt ubi CORRUUNT.

DEGOLLADOR , égorgeur.

DEGOTZ , gouttière.

Eu ai tal dreit en la soa maison , que lo meus DEGOTZ chai de sobre lo seu cubert.
COD.

DEGRAN , devraient.

DEGRO , dûrent.

DEGUAIS , dégât , ruine.

Ben es tornada en DEGUAIS
La beutat qu'ilh avia.

DEGUDAMEN , dûment.

DEGUES , dût , dusse.

DEGUN, DEGUNS, nul , aucun, personne.

DEGUT , dû.

DEI , je dois , il doit.

DEIA , doive.

DEIATZ , deviez.

DEICHES , déchu.

DEIGTATZ , dicté , ordonné. Voyez DEGITAZ.

DEING , daigne. Digne.

DEISSAZON , contre - temps. Disette , famine.

Mais guerras am gran DEISSAZON
Vengron en terra de Tholon.
H. de L.

DEISSENDRE , faire descendre , dégrader , abaisser.

DEISSES , déchu. Tissu.

DEITAL , dettes.

DEJOS , DEJOTZ , sous , dessous.

Vos es d'aquest mon , vos es DEJOTZ ; eu so de sober.
N. T. Joan. 8. v. 23.

Vos de hoc mundo estis , vos de DEORSUM estis ; ego de supernis sum.

DEJUN , DEJUNS , à jeûn.

DEJUNAR , jeûner.

Co tu DEJUNAS ung to cap ab oli e lava ta cara , qe no sias vist als homes dejunants , mas al to paire qe en rescost rendra à tu.
N. T. Matth. 6. v. 17-18.

Cùm jejunas unge caput tuum et faciem tuam lava , ut non videaris hominibus jejunans , sed patri tuo qui reddet in abscondito.

DEJUNS , jeûne , abstinence.

Aitals es DEJUNS ses charitat , cals es lampeza ses oli.
BEDA. 1.

Talia sunt sine charitate JEJUNIA , qualis sine oleo lucerna.

DEL , du , de le , de la.

DELECHAR , amuser , divertir.

DELECHOS , DELEITOS , gai , joyeux , sain, dispos, bien portant.

DELEIT , délices.

Amador de lor DELEIT.
VOLUPTATUM amatores.

DELEIZ, péché, délit.

Odis mou tenso, e charitas cobre tra toz DELEIZ.

BEDA. 1.

Odium suscitat rixas, et universa DELICTA operit charitas.

DELIACH, **DELIECH**, charme, plaisir, agrément.

DELICIOS, délicat.

Hom DELICIOS e luxurios a ades eveja de son fraire.

BEDA. 73.

Homo DELICATUS et luxuriosus valdè invidebit fratri suo.

DELICIOSAMENT, délicatement.

Qui nuiris sos sers DELICIOSAMENT, lo sent apres mal e ergolios.

V. T. Prov 29. v. 21.

Qui DELICATÈ nutrit servum suum, posteà sentiet illum contumacem.

DELINQUIR, abandonner, faillir.

DELIR, détruire, effacer. *Delere.*

DELISCA, détruise.

DELIURAR, délivrer. Opérer, exécuter.

DELIURE, libre, exempt, sauver. Leste, promptement.

DELIURIER, délivrance.

DELLATZ, à côté.

DELLEIS, d'elle, de celle.

DEMAN, demande. Demain. Action, poursuite en justice.

DEMANES, prompt. De près. Sur-le-champ.

DEMEITRE, mettre sus, imputer. Relâcher, remettre.

No m poiria midons DEMEITRE nul meffait.

DEMENAR, mener, porter, pousser.

DEMENATZ, poussé, porté.

Era DEMENATZ de diable en destreit.

AGEBATUR à daemonio in desertum.

DEMENBRAR, oublier.

DEMENTRE, entre, parmi. Pendant que.

DEMERGAR, plonger. *Demergere.*

DEMESSA, défi. Entreprise.

DEMEST, entre, parmi.

DEMESTESESSA, privauté, familiarité.

DEMETZ, à demi.

DEMEURAR. Voyez DEMORAR.

DEMIECH, **DEMIEG**, demi. Intervalle.

DEMIEI, au moyen de.

DEMONIAR, être possédé du démon.

DEMOR, demeure, reste. Joie, plaisir, gaieté.

DEMORANSA, délai, retard.

DEMORAR, se divertir, s'amuser. Attendre, retarder, prolonger.

DEMOREIA (longa), longtemps.

DEMOSTRAMEN, apparence, apparition, manifestation.

DEN, fleuve.

E'l VI angels escampet sa fiola en aquella gran DEN Eufraten.

N. T. Apoc. 16.

Et sextus angelus effudit phialam suam in FLUMEN *illud magnum Euphraten.*

DENAIRADA , denrée.

DENAN , avant , devant , en présence. *Denant anan* , précédant. *Denan azordenan* , prédestinant. *Denan esse* , gouverner. *Denan pauzat* , mis devant , préposé , préféré. *Denan vezen* , prudent , prévoyant.

DENANTIR , reculer, retarder.

DENEJAR , nettoyer ; purifier.

Aco qe deu DENEJET , *tu no diras orre.*

N. T. Act. 10.

Quod deus PURIFICAVIT , *tu communè ne dixeris.*

DENGA , daigne.

DENGUNS , personne , aucun.

DENHAR , daigner.

DENTARIGA , agacement des dents. *Far la dentariga* , mettre en goût, en appetit.

Auc per anar ni per venir ,
Ni per estar ni per fugir ,
De midons no posc aver be ;
Mas un pauc que s n'anet de se
E no m fetz mas la DENTARIGA.
E jois que tost se desraziga
Fai piegz , quant hom lo'n vei anar ,
No fetz de ben al comensar.

PRADAS.

DENTAT , mets , ragoût.

DENTEJAR , mordre , claquer des dents.

DENTELH , créneau.

DENTELHAR , créneler.

DENUGS , dénué , désarmé.

DEPARTEMEN , séparation , divorce , division.

DEPARTIMEN , id. Différence. Dénombrement , contestation ; distribution. Anathème.

Alcus non diga DEPARTIMEN *de Jesu.*

N. T. 1 Cor. 12.

Nemo dicat ANATHEMA *Jesu.*

DEPARTIR , choisir particulièrement. Se retirer.

DEPAST , réfection. Le manger. Nourriture. *Depastus.*

DEPENHER , peindre , représenter. *Depingere.*

DEPORT , jeu , amusement , divertissement.

DEPORTAR , s'amuser , se réjouir.

DEPOS , depuis.

DEPTAL , créances , dettes actives.

DEPTOR , débiteur.

DERA , je donnerais , il donnerait.

DERAINA (à la) , en dernier lieu.

DERAINAR , discuter , raisonner.

DERAM , nous donnerions.

DERAMAR , arracher.

DERARAN , dernier.

DERAZIGAR , déraciner.

DERC , relève , releva.

DEREC , droit. A propos.

DEREIR , dernier.

DEREN (en) , en dernier lieu.

DERENAN , dorénavant , désormais.

DERER , DERERA , dernier , dernière.

DERGA, dresse, exalte, élève.

DERIBAR, **DERIPAR**, lever l'ancre, déraper, quitter le rivage.

DERIPS, leves l'ancre. Déverrouilles.

DERIU, dérive, procède, découle.

DEROC, ruine, destruction, renversement. Roc aux échecs.

DEROCAR, abattre, démolir.

DEROMPEMEN, interruption.

DERON, donnèrent.

DERREIAR, déranger, sortir des rangs. Dérégler.

DERREIRAMENT, dernièrement. Par derrière.

DERRERS, dernier.

> Sias fundaz d'umilitat, e sias DERRERS de toz homes.
>
> BEDA. 4.
>
> Esto in humilitate fundatus, esto omnium novissimus et ultimus.

DERS, **DERTZ**, élevé, dressé. Lève, grimpe. Leva.

DERTALS.

> Vezem volpilh DERTALS
> Que seran fort e gran,
> Car lo bon cor non an.
> Per que bon cor val mais
> Que forsa en totz assais.

DERUBANT, ravin, précipice.

DES, dix. Donnât.

DESABELLIR, déplaire.

DESACODILLIR, mal recevoir, rebuter.

DESACOLORAR, décolorer.

DESACORDANSA, brouillerie.

DESACORDAR, changer d'avis. Rétracter.

DESACORT, dispute. Discorde.

DESADOLORAR, consoler.

DESAFAITAR, déparer.

DESAFORTIR, affaiblir, décourager.

DESAGADAMENT, passionnément.

DESAGENSAR, déparer.

DESAGRADAR, déplaire.

DESAGUISAR, défaire, déranger.

DESAISE, malaise, détresse, incommodité, malheur.

> Si es DESAISE, no sias de petit cor.
>
> BEDA.
>
> Si calamitas contigerit, pusillanimus non existas.

DESAIT.

> A prop los vans venou DESAIT;
> Per pauc coma van no son fait.
>
> PRADAS.

DESAMANSA, haine, froideur.

DESAMAR, cesser d'aimer; haïr.

DESAMISTATZ, inimitié.

DESAMOR, indifférence.

DESAMOROS, qui n'aime plus.

DESAMPARAR, délaisser, abandonner.

DESAPEDITZ, chassé, banni.

DESAPENSADAMENT, sans y penser, imprudemment, inconsidérément.

DESAPILAR, cesser d'appuyer. Saper, miner.

DESAPODERADAMENT, impuissance, abattement, infirmité, stérilité.

DESAPODERAR, déposséder.

DESAPONER, déposer, destituer.

DESABRAR, ouvrir. Oter, enlever.

DESASABORIR, ôter le goût, la saveur.

DESASEGURAR, décourager.

Amors, que farai
S'aissi m DESASEGURA
Ni m'auci d'esmai,
E de me no i pren cura?

DESASIATZ, mal à l'aise. Détroussé.

DESASOTILAR, émousser.

DESASSOGAR, avorter.

DESASTRAT, malheureux, infortuné.

DESASTRUC, id. Méchant.

DESAUCTORAR, désavouer, discréditer.

DESAUTREJAR, nier, se dédire, refuser.

DESAVENIR, mésarriver.

DESAVENTURA, infortune.

DESAVIAR, détourner, égarer, dérouter, désorienter.

DESAZAUTAR, déplaire.

DESAZONAR, être hors de saison, manquer. Chagriner.

E no sai on me repona
Pos tros jois me DESAZONA.
VENTADORN.

DESBALANSAR, faire pencher.

DESBARATAR, rompre, mettre en déroute.

DESBATAIZ, défait.

DESBATEJATZ, débaptisé.

DESBENDAR, ôter son bandeau.

DESBENVOILLENSA, malveillance.

DESC, plat, corbeille ronde. *Discus.*

DESCABALAR, déposséder, appauvrir.

DESCADEMEN, décadence.

DESCADENATZ, délacé.

Que'ls vestirs an naffratz,
E DESCADENATZ
E desenbotonatz.

DESCAIENZA, déchéance. Défaite.

DESCALTZ, déchausse, déchaussé.

DESCAMINAR, écarter, éloigner, détourner, égarer.

DESCANT, satire, invective. Contre-point.

DESCAPDELAR, déplacer, déranger, dérégler, désordonner.

DESCARC, décharge.

DESCARRIEM, que nous déchargions la voiture.

DESCAUN, font déchoir.

DESCAUZIDAMEN, maussadement, vilainement.

DESCAUZIMEN, opprobre, outrage, impolitesse, grossièreté.

DESCAUZIR, insulter, méconnaître.

DESCAUZITZ, malhonnête, grossier, brutal.

Mas s'ieu saupes que vostre fos,
E fos dos tans plus enujos,
E plus mal e plus DESCAUZITZ,
Ja per me non fora feritz.
JAUFRE.

DESCEBRAR, séparer. Priver de.

DESCECION, dissention.

DESCLAVAR, ouvrir, ôter la clef.

DESCLAVELAR, déclouer.

DESCOBERTURA, déclaration.

L'ESCOBRIR, découvrir, révéler.

DESCOC, décoche.

DESCOFES, sans confession; intestat.

DESCOFESSATZ, impie, hérétique.

DESCOFORTATZ, détruit.

Toz regues partiz es DESCOFORTATZ.
BEDA. 36.
Omne regnum divisum contrà se DESOLABITUR.

DESCOMINAL, DESCOMUNAL, étrange, extraordinaire, énorme, excessif, démesuré.

DESCON, découvre.

DESCONOGUTZ, méconnu, ingrat.

DESCONOISSEDOR, ingrat. Ignorant.

S'adreg fos cantars grazitz,
Be cantera plus soven:
Mas vejair' es à la gen
Que totz trobars si' eguals.
Per qu'ieu noi seria sals
Qui en vol grat de las melhors,
S'entre'ls DESCONOISSEDORS
E domnas de mal talaus
Sovendejava mos cans.
MIRAVAL.

DESCONOISSEMENT, DESCONOISSENSA, ingratitude.

DESCONOISSENSA es oblidament de dieu e de sos benelicis, que non los li grazis.
V. e V.

DESCONOISSER, méconnaître, ignorer.

DESCONORTANSA, découragement.

DESCONORTAR, déconforter.

DESCONORTZ, désolation, abattement.

DESCONTENER, ébranler, désarçonner.

DESCORATZ, qui n'a point de cœur, découragé.

DESCORDIER, discorde.

DESCORT, discord, sorte de poésie.

DESCOS, décousu.

DESCOSSELHATZ, sans conseil, abandonné.

DESCOSSOLHATZ, désolé, sans consolation.

DESCOVENIR, être messéant.

DESCOVINENSA, incongruité.

DESCOZUT, décousu.

DESCREISSER, décroître, diminuer. *Decrescere.*

DESCREMIR, escrimer, combattre.

DESCREÜTZ, décru.

DESCREZEN, mécréant.

DESCREZENSA, incrédulité.

Jesus repres la lur DESCREZENSA e la dureza de lur cor.
N. T. Marc. 16.
Jesus exprobravit INCREDULITATEM eorum et duritiam cordis.

DESCREZER, ne pas croire, décroire. Nier.

DESCUBRIMEN, révélation.

DESCUCHAR, DESCUDAR, DESCUJAR, ne plus penser à, dédaigner.

DESDEJUNAR, rompre le jeûne.

DESDIRE, contredire, démentir.

Desdug , déduit.

Dese , dixième. Sur-le-champ , aussitôt.

Desebransa , différence, distinction.

No i es neguna DESEBRANSA , o sia que il sunt pupil , o sia que non.
Cod.

Desagalar , dépareiller.

Desaguansa , inégalité, disproportion.

De seguentre , ensuite, après.

Deseiadamen , fortement, délicatement.

Deseig , désir.

Deseingnaire , dessinateur.

Desemblar , changer, métamorphoser.

Desempre , incontinent, sur-le-champ.

Desenamoratz , qui n'a plus d'amour.

Desenans , désavantage.

Desenansar , reculer, diminuer , dégrader.

Desenar , perdre le sens.

Desencolpar , disculper.

Desencrim , disculpe.

Desendressar , désordonner.

Desenfoletir , cesser d'être fou , guérir de la folie.

Desengraissar , maigrir.

Desenlai , de là.

Desenpachar , débarrasser , lever les obstacles.

Desensai , d'ici.

Desenselar , désarçonner.

Desensunhat , mal appris.

Deserar , desserrer.

Deseret , exhérédation, destitution.

Deseretar , dépouiller.

Diseron , desserrent.

Deservimens , mérites.

En l'altra vida non atent hom pas l'obra , mas los guiardos dels DESERVIMENS.
Beda. 80.

Illic non jam operatio expectatur , sed retributio MERITORUM.

Deservir , mériter.

Desesperansa , désespoir.

Desesrans , absent.

Desestansa , absence.

Desfaire , détruire , abolir , mettre à mort.

Desfaisonar , déformer.

Desfar , rater.

Desfe , effaça, détruisit.

Desfegurar , enlaidir , estropier.

Desfermar , ébranler , renverser , détacher.

Desfiansa , défi , menace , provocation , déclaration de guerre.

Desfiblar , détacher , quitter le vêtement.

Desficar , arracher.

Desfoletir , calmer, rappeler à la raison.

Desfrezar , déguiser.

Desfroilhar , dérouiller.

Desfronsar , froisser.

Desfui , fuit.

Desgaimentar. Voyez Gaimentar.

Desgequir , quitter , déguerpir.

Desgitat , abattu.

Desgitat sem , mas non sem pas engoissat. Beda. 5o.
Dejicimur , sed non perimus.

Descoig , déjoint.

Desgranar , égrener.

Desgrat , mauvais gré. Répugnance , dégoût.

Desguarnir , désarmer.

Desguidar , égarer.

Desguisat , difforme. Divers, différent.

Comenseron à parlar en descuisadas lenguas.
N. T. Act. 2.

Coeperunt loqui variis linguis.

Desia , disait.

Desigador , aimable , désirable.

Designar , housse , couverture. *Stragulum*.

Desiron , désireux , convoiteux , ambitieux.

Desirven , desservant.

Desjauzir , réjouir.

Deslaus , blâme , improbation.

Deslazar , délacer , délier.

Deslegoratz , gai , joyeux.

Deslei , déloyauté , perfidie , injustice , infidélité. Détache , éloigne , sépare.

Desleialat , infâme.

Per dreit en son gitat aquil qui sunt infames , so sunt aquil qui sunt desleialat.
Cod.

Desleiar , écarter.

Deslialeza , déloyauté.

Desliar , délacer , déshabiller. Expliquer.

Desliamar , délier , dénouer.

Deslioure , Desliure , diligent , expéditif. Désir , souhait.

Non perfatz los deslioures de la carn.
N. T. ad Gal. 5.

Desideria carnis non perficietis.

Desliurador , libérateur.

Deslogar , déloger. Disloquer. Déplacer.

Deslongar , Deslonhar , éloigner.

Desmaillar , rompre les mailles. Désarmer.

Desman , refus , refuse.

Desmandar , contremander.

Desmantenensa , dépossession.

Desmantener , déposséder , destituer.

Desmenbransa , oubli.

Desmenbrar , oublier.

Desmensura , excès , surabondance.

Desmercejar , être sans merci.

Desmesura , Desmezuransa , excès , violence , outrage.

Desmesurar , se conduire mal , sortir des bornes , mettre hors de mesure.

Desmesuratz , excessif , immodéré.

Desmontar , descendre , mettre pied à terre.

Desmundar , souiller.

Desnaturar , abattre , consterner , décourager.

Desnegar , nier. Renoncer.

Desni , duvet.

Desnot , opposition , antiphrase.

Desnut , nu.

Desondrar , déshonorer.

Desonransa , déshonneur.

Desoravan , dorénavant , désormais.

Desotz , dessous.

Desovenir , oublier.

Despagamen , mécontentement.

Despagatz , fâché , mécontent.

Despan , extension , développement.

Eu veng vas vos domn' ab braga bassada ,
Ab major viet de nul az' en despan.
   Montan.

Desparar , désapprendre.

Despareycre , veiller , s'éveiller.

Despartir , partager , diviser , distribuer. Chasser , séparer.

Despassar , défiler. Laisser , abandonner.

Jes mos cors no s cassa
D'amar , ni m despassa
L'engoisos tormens ;
Ans i aurai massa.

Despec , mépris , dépit.

Despeitar , mépriser.

Despenciar , économe , dépensier , chargé de la dépense.

Despendre , dépenser , employer.

Desperar , désespérer.

Desperaire , qui désespère.

Desperansa , désespoir.

Desperdre , égarer , dissiper. *Disperdere.*

Despersonar , dépeupler.

Lo reierme de Frausa desfai e
despersona.   G. de R.

Despes , dépense. Employa.

Despessa , charge , ministère. Dispensation.

Despessaire , dépensier.

Despessiers , épicier , apothicaire.

Despichar , dédaigner , mépriser. *Despicere.*

Qui es sobrecujatz , non li bast
despichar en son cor los autres ,
mais en fai sos gabs e sou esquern.
   V. e V.

Despichos , dédaigneux , méprisant. Méprisable.

Despieg , mépris , dédain.

Despuselar , dépuceler.

Desplasensa , déplaisance , désagrément.

Desplaser , déplaire ; déplaisir.

Desplegar , déplier , déployer. Expliquer.

Desplei ,   } expose,
Despo , Despon , } explique

Despoderatz , estropié , paralytique , impotent.

Despoders , infirmités.

Vileza e despoders la renden
envioza.
   H. de L.

Despoillar , déshabiller.

Despondre , Desponre , expliquer. Disposer , déposer.

Despossesitz , dépossédé.

Despreisser , veiller , s'éveiller.

Desprezar , dépriser , mépriser.

Despus , depuis.

DESRAIGAR, DESRAZIGAR, arracher, déraciner.

DESRAMAR, rompre, fracasser.

DESREI, détourne. Désarroi.

DESREIAR, s'écarter, extravaguer.

DESRENC, dérange, dispute.

DESRENAT, éreinté, épuisé.

> Cant auretz anzel DESRENAT,
> Que hom apela destilat,
> So l ve can s'es trop debatutz.
>   PRADAS.

DESRENHAR, discuter, contester.

DESSA, deçà. De sa. *Dessà e dessà*, des deux côtés.

DESSAINAR, manquer la saison, faire hors de propos.

DESSALHIR, partir.

DESSALVATZ, damné.

DESSAUBUDA, insçu.

DESSE, de soi. Sur-le-champ. Tout seul.

DESSECION, dissention.

DESSENAMEN, folie, extravagance.

DESSENAR, devenir fou, perdre le sens.

DESSENAT, insensé.

DESSENTIR, n'être pas d'accord, ni de même opinion. *Dissentire*.

DESSERNIR, discerner.

DESSETZ, vous donnassiez.

DESSOLIAT, détaché, séparé, décollé.

> No comensaris DESSOLIADAS tas lavras.
>   BEDA. 53.
> Noli DISSOLUTIS labiis risum proferre.

DESSOUTZ, dissous.

> S'l jurges non pot conoisser la razou del plait per so que dit en sia, totz lo plaitz es DESSOUTZ.
>   COD.

DESSUPTOS, soudain, subit.

DEST, donna, donnas.

DESTARZAR, retarder.

DESTEMPRAMENT, dérangement.

DESTEMPRAT, immodéré.

DESTENER, détenir, retenir.

DESTENHABLE, extinguible.

DESTENHER, teindre, déteindre.

DESTENSAT, détendu, lâché, débandé.

DESTENSO, soin.

DESTILLANS, distant, éloigné.

DESTINADA, destination.

DESTINANSA, destinée.

DESTINAR, augurer, présager.

DESTINATJES, destinée.

DESTINENSA, abstinence.

DESTOILL, DESTOILLA, DESTOLHA, écarte, éloigne; retire, distrait; enlève, arrache.

DESTOLI, ôte, emporte.

DESTOLRE, prendre, enlever.

DESTORBAMEN, accident.

DESTORBAR, troubler, empêcher, détourner, déranger. Détruire.

> El DESTORBA los aga z dels folos.
>   BEDA. 11.
> Insidias impiorum subvertit.

DESTORBIER, obstacle, contretemps.

DESTORENAN, dorénavant.

DESTORS , détordit.

DESTORSER , détordre , détourner.

DESTORT , déployé.

DESTOUIZ , détourné.

DESTRA , droite. *Dextera.*

Pujatz s'en es as cels , à la DESTRA de dieu lo paire tot poderos.
V. e V.

DESTRAGT , contraint par corps , emprisonné.

DESTRAIG , ôta , retira.

DESTRAL , l'épousée , la mariée. Paranymphe , entremetteur. Hache , cognée.

La DESTRAL es ja pauzada alla razis de l'albre.
N. T. Luc. 3.
Jàm enim secrris ad radicem arborum posita est.

DESTRALAGE , entremise , maquerellage.

DESTRAPAR , détendre , plier les tentes.

DESTRAR , donner la main , mener.

DESTRE , qu'il guide , étreigne.

DESTREG , pressé , serré.

DESTREINGNER , serrer , harceler , forcer , contraindre. *Distringere.*

DESTREISSA , stricte.

Per DESTREISSA razou t'en sui eu tengutz.
Con.

DESTREISSETATZ , serrement.

DESTREIT , désert.

DESTREITAMEN , étroitement , fortement , sévèrement , rigoureusement.

DESTRENHEMEN , tourment , tribulation.

DESTRENHER , serrer , étrangler. Renverser.

DESTRES , destrier.

DESTRESSA , DESTRETA , tourmens , misére , consternation.

Sera DESTRESSA de gent , per la confusio del so de la mar e de las aigas.
N. T. Luc. 21. v. 25.
Erit PRESSURA gentium , prae confusione sonitûs maris , et fluctuum.

DESTRETZ , serré , forcé , contraint.

DESTRIAMEN , discernement , différence.

DESTRIANSA , différence. Acception.

Ves deu non es DESTRIANSA de personas.
BEDA. 59.
Non est personarum ACCEPTIO apud deum.

DESTRIAR , faire acception , préférer. Détourner à un mauvais sens.

Son alcunas causas greus per entendre , las cals li non-savi DESTRIAN à lur perdicio.
N. T. Petr. 2.ª 3.
Sunt quaedam difficilia intellectu , quae indocti DEPRAVANT ad suam ipsorum perditionem.

———— Différer , être différent.

Li estela se DESTRIA de las estelas en clardat.
N. T. 1.ª Cor. 15.
Stella à stellâ DIFFERT in claritate.

———— Discerner, distin-
guer.

Cel que manja e beu non-dignes
Juízi manja e beu assi : non
DESTRIASS lo cor del senhor.
N. T. 1.ª Cor. 11.

Qui manducat et bibit indignè,
judicium sibi manducat et bibit:
non DIJUDICANS corpus domini.

DESTRIC, embarras, trouble,
empêchement, affliction.

DESTRIGAR, empêcher, tra-
verser, contrarier, retenir.

DESTROSIMEN, perte, destruction.

Qual profeit es à l'ome si gazagna
tot lo mon, e DESTROSIMEN fa à
sa arma ?
N. T. Marc. 8. v. 36.

Quid prodest homini si totum
mundum lucretur, et DETRI-
MENTUM animae suae faciat ?

DESTROSIR, détruire, agiter
violemment.

DESTROSSAR, décharger le
bagage.

DESTRUENS, détruisant, destructeur.

DESTRUIMEN, DESTRUZUMEN,
destruction, perte, ruine.

DESTURBELHAR, troubler.

DESUGAT, abattu, renversé,
estropié ; cassé la tête.

E'l mezel vai sus tal donar,
Cel piler a tot derocat
Si qu' à pauc no l'a DESUGAT,
Que tota la maison tremola.
JAUFRE.

DESUPTAR, surprendre, frapper, saisir.

DESVAI, se dévoie, s'égare,
se perd.

DESVALER, valoir moins,
abaisser, déprimer, rava-
ler.

DESVANT, s'en vont.

DESVERGONHATZ, dévergondé,
déshonoré.

DESVESTIR, dépouiller.

DESVIET, détourne, évite.

Hom pechaire si DESVIET de la
via de chastiansa.
BEDA. 28.

Peccator homo DEVITAT correctionem.

DESVOLER, ne plus vouloir.

DESVOLUPAR, développer.

DESVUELHA, ne veuille pas.

DESZINAT, fou, insensé.

DESZOMIT, honni, insulté,
injurié.

DET, doigt. Donna.

DETEING, je tiens, détiens,
retiens.

DETERNAR, voir, discerner.

Aissi vol que chascuns DETERNA
Com hom es cecs.
Pueis fai don s'arm' enferna.

DETRAENS, chuchoteur, chu-
chotant.

Li serpens DETRAENS gitet Eva de
paradis.
BEDA. 41.

Susurrans serpens Evam de para-
diso expulit.

DETRAIDOR, détracteur.

DETRAIRE, médire.

Non DETRAAS, ni aujas detraïdor.
BEDA. 41.

Ne DETRAHAS, aut alios detrahen-
tes audias.

DETRAS, derrière, en arrière.

DETRENCAR,

DETRENCAR, déchirer, mettre en pièces.

DETRENCAT, déchiré.

Mais auzents aquestas causas ero DETRENCATS en lor corajes, e escrussio en lui las dents.

N. T. Act. 7. v. 54.

Audientes autem haec DISSECA-BANTUR cordibus suis, et stride-bant dentibus in eum.

DETRIANSA, différence.

DETRIAIRE, qui démêle.

DETRIAR, choisir, séparer. Voyez DESTRIAR.

DETZ, dix. Doigts. Donnâtes.

DEU, DEUS, dieu. Doit, dois.

DEURET, devrait.

Venir l'en DETRE gran bes.

DEUTE, dette. Devoir, obligation.

DEUTEIRE, débiteur.

DEUTORS, créancier.

Ues mals DEUTORS à cui devia,
Li dis que se li donaia
Sa filha, c'a beutatz lensors,
Que pagaria totz sos DEUTORS.

H. de L.

DEVAS, vers, auprès. *Devas totz latz*, de tous côtes.

DEVEDAMEN, défense.

DEVEDAR, défendre, prohiber, interdire, empêcher. *Devetare*.

DEVEDER, diviser. *Dividere*.

DEVEDON, défendent.

DEVEING, je deviens.

DEVEIR, diviser, partager.

DEVELHAR, veiller, éveiller.

DEVENDAILL, tablier.

Pies au lo DEVENDAILL e'l tersor ben obrat.

H. de L.

DEVENGUES, devint.

DEVENIDOR, futur, à venir.

DEVENRIA, deviendrait.

DEVER, devoir.

DEVERTUCS, abcès interne.

DEVES, tu dois. Un interdit, une réserve ou chose réservée.

DEVET, défend, défende. Défense, prohibition. *Devetum*.

DEVEZIMEN, différence.

DEVEZIO, distinction.

DEVEZIR, déviser. Diviser. Discerner, démêler, débrouiller.

DEVI, je dois. Devin.

DEVIAR, dévoyer. Différer de sentimens.

DEVIDALH, éventail, émouchoir.

DEVIERA, devait.

DEVINADOR, devin. Médisant, calomniateur.

DEVINALHA, fausseté, calomnie.

DEVINAMEN, mensonge, soupçon.

DEVINANSA, médisance.

DEVINAR, annoncer, prophétiser.

DEVINARS, fausses conjectures, mauvais propos.

DEVINATGE, médisance, soupçon.

DEVIRE, décrire, définir; diviser, deduire, expliquer. Dévier, s'écarter.

Be vol de tot ben DEVIRE
Qui contra dieu pren mal genh,
Que dieus no vol qu'om ensenh.
BELENOI.

DEVIS, discours, propos. Partagé, réparti. Devin. Divers.
DEVISA, choix, volonté. Discrétion. *A la mi deviza*, à mon avis.
DEVIZAR, déviser, exprimer. Discerner, distinguer. Régler, ordonner.
DEVIZIMEN, différence, distinction.
DEVOL, estropié.
DEVORADOR, dévorateur.
DEXAR, dessiner.
DEXEBLE, disciple.
DEXEUPAR, crépir, badigeonner.
DEZ, dix.
DEZA, doive.
DEZADORDENAMEN, exhorbitamment.
DEZAFAITA, défaite. Dépare.
DEZAFILAR, émousser.
DEZAIA, rabaisse, fasse déchoir.
DEZAIRE, disgrace, défaveur.
DEZAIZINAR, déranger, incommoder.
DEZANVANAR, écorner, faire brèche.
DEZAR, monter, s'élever.
DEZAVENGUTZ, brouillé.
DEZAZEC, dérange, détache.

Ieu volh qu'om mi talh la lengua
S'ieus de lieis crezi lauzenga
Ni de s'amor me DEZAZEC,
Si mi sabia perdre Aurenga.
R. d'Aurenga.

DEZAZESMATZ, déparé.
DEZAZIRE, malheur.
DEZEISSIR, sortir, se tirer, éviter.

Gen sab de mal DEZEISSIR.

DEZEMBOTONAR, déboutonner.
DEZENALTAR, rabaisser, ravaler.
DEZENANTIR, abaisser, repousser.
DEZENCARNAR, faire maigrir, priver de viande.

Cousi deu hom DEZENCARNAR auzel.

DEZES, dixième, dîme.
DEZIANSA, DEZIRIER, désir, empressement.
DEZIAT, désiré.
DEZLTAT, chassé, rejeté.
DEZOLAT, découvert.
DIA, die, dise. Jour. *Dies.*
DIABLA, Béhémoth, Léviathan.
DIABLIA, diablerie. Magie, sorcellerie.
DIABOLS, diable, démon.
DIAGUE, DIAQUE, diacre, Lévite.
DIAMANS, aimant, pierre d'aimant.
DIASPE, jaspe.
DIATZ, dites, disiez.
DICISES, disiez.
DICNERS, digne.

DICNERS es l'obrer de so loguer.
N. T. Luc. 10. v. 7.
DIGNUS est operarius mercede suâ.

DICTADOR, qui dicte, qui enseigne.

DICTAIRE , opinant.

DICTAR , prononcer.

DICTAT , maxime, précepte, sentence , jugement. Espèce de poésie.

DIEI , je donnai.

DIFAMAR , corrompre , séduire.

DIGATZ , dites , disiez.

DIJOUS , jeudi. *Dies Jovis.*

DILUNS , lundi.

DILUVI , déluge. *Diluvium.*

Noe escapet del DILUVI per leialtat.
SYDRAC.

DIMARS , mardi.

DIMECRES , mercredi.

DIMINIATIUS , diminutif.

DINER , denier.

DINNAT , qui a dîné.

DINS , dans.

DIO , dieu.

DION , disent.

DIOS , vieux , chargé de jours.

DIRNAR , dîner , manger.

DIRNATZ , repu.

DIRNE , qu'il mange.

DIS , dit , a dit. Jours.

DISCORT. Voyez DISCORT.

DISCRECIO , DISCRECION , équité, droiture.

Aquesta vertut s'apella en letra *equitas* , o razon o DISCRECION.
V. e V.

DISESSETZ , dissiez.

DISPERDRE , ruiner , désoler. *Disperdere.*

DISPERT , désespère.

DISPOS , déposa.

DISSABTE , samedi. *Dies sabbati.*

DISSENDRE , descendre. Rabaisser. Déchoir.

DISSERA , je dirais , il dirait.

DISSI , de soi. Jusque.

DISTRA , dirais , dirait.

DISTRINGAR , donner du temps.

DITAR , dicter , ordonner.

DITZ , dit. Mots. *Al ditz* , au dire , au jugement.

DIU , dieu. *Sotz diu* , sous le ciel , à l'air , à découvert. *Sub dio.*

DIVARIAR , diversifier.

DIVESSA , déesse.

DIVIDIR , diviser , partager , distribuer.

Aquest demandamens , que es de DIVIDIR heretat , pot faire li us dels eres als autres , si el vol deveir la heretat.
CON.

DIVINALH , DIVINALHA , prédiction , prophétie , énigme. Médisance , divination.

DIVINAMEN , médisance , calomnie.

DIVINAR , présager , pronostiquer.

DIVINITATZ , théologie.

DIZIDOR , qui doit dire , qu'on doit dire.

Do , permette. Don. *De do* , gratis.

Presentero li DOS , aur , esses , e mira.
N. T. Matth. 2. v. 12.

Obtalerun ei MUNERA , aurum , thus , et myrrham.

DOAIS , Douai en Flandre.

DOALIZI, dot.

DOALIZI apela om tot aco que la femna, o autre per ela, donet o coveng de donar à son marit.
COU.

DOBLE, intérêts.

Laissa estar lo DOBLE, pren lo captal.
G. de R.

DOBLEIRAMENT, doublement.

DOBLEIRAMENT es colpables cel que lo nom de den prent en vau, et enjana son prosme.
BEDA. 37.

Dupliciter reus fit qui et dei nomen in vanum assumit, et proximum dolo capit.

DOBLER, **DOBLIER**, double. Sac, besace. Pourpoint, gilet piqué.

DOBRA, Douvres en Angleterre.

DOBTAR, craindre, redouter.

DOCTOR, docteur, savant.

DOCTRINADOR, maître, professeur.

DOCTRINAR, instruire, prêcher.

DODAR, douter. Doter.

DOT, deux.

DOL, deuil, douleur, doléance. Plaint. *Menar dol,* se lamenter.

DOLADIS, taillé, poli.

DOLADOIRA, doloire.

DOLATZ, dolé, travaillé.

DOLC, plaignit, souffrit.

DOLCIR, adoucir.

DOLENTIA, affliction.

DOLER, plaindre, souffrir.

DOLGUTZ, affligé.

DOLI, je dole, je polis.

DOLOIRAR, regretter. Se plaindre.

DOLOIROS, douloureux, dolent, plaintif.

DOLS, **DOLSA**, doux, douce.

DOLSA, gousse. Oignon de fleur.

DOLSANA, douce, douceâtre.

DOLZE, douze.

DOMADURA, **DOMDADURA**, sujétion, soumission.

DOMAGE, domaine, seigneurie.

De tot aquest DOMAGE tro la mar environ
Vol far don l'emperaire à la sancta abadia.
H. de L.

DOMANIENC, seigneurial.

DOMBREDIEUS, le seigneur dieu.

DOMDAR, dompter, subjuguer.

DOMLJES, domestiques.

L'enemic de l'ome, DOMEJES de lui.
N. T. Matth. 10.

Inimici hominis, DOMESTICI ejus.

DOMENGIER, principal, seigneurial. Soumis, sujet, serviteur, tenancier.

DOMENI, seigneur.

Jamais nous fara tort, ni deshonor
A comte ni à DOMENI ni à vavassor.
G. de R.

DOMENJAMEN, domination.

DOMENJATZ, serf, esclave.

DOMENS, pendant, tandis.

Aquela prescriptios que es de X à XX ans, non pot curere ab

negun home, DOMENS que el es meure de XXV ans.

Cod.

DOMENTRE, pendant, tandis, en attendant que.

DOMERGUE, Dominique.

DOMESGAR, apprivoiser.

DOMESTEGA, domestique, de la maison.

Aquila e Prisca saludan vos fort él senhor, am la lor DOMESTEGA gleiza.

N. T. 1 Cor. 16. v. 19.

Salutant vos in domino multùm Aquila et Priscilla, cum DOMESTICA suâ ecclesiâ.

DOMESTEGUESSA, privauté, familiarité.

DOMEZIA, de la maison, domestique.

DOMNA, dame, maîtresse. *Domina*.

DOMNEDIEU, le seigneur dieu.

DOMNEI, courtise. Galanterie.

DOMNEJADOR, DOMNEJAIRE, galant, amoureux.

DOMNEJAR, courtiser les dames.

DON, d'où. Seigneur, maître; domaine, seigneurie. Permette, donne. Maison.

Li benedictios del paire aferma lo DON dels fils.

BEDA. 54.

Benedictio patris firmat DOMOS filiorum.

Le traducteur aura sans doute lu DONOS pour DOMOS.

DONA, donne. Dame.

DONADOR, DONAIRE, généreux, libéral.

DONATIU, don, présent, largesse. *Donativum*.

DONAZO, DONAZON, donation.

DONCAS, DONCS, particules interrogatives.

Doncas la fons d'una mezeissa dots decor aiga doza et amara?

N. T. Jac. 3. v. 11.

Nimquid fons de eodem foramine emanat dulcem et amaram aquam?

DOND, d'où. *Undè*.

DONDAR, dompter.

La lenga alcus dels homs no pot DONDAR.

N. T. Jac. 3. v. 8.

Linguam nullus hominum DOMARE potest.

DONES, donnât.

DONZEL, DONZELA, damoiseau, demoiselle. Un page.

DOPT, craigne.

DOPTANSA, doute, incertitude, hésitation.

Fai totas chausas ses murmur e ses DOPTANSA.

BEDA. 41.

Omnia facite sine murmurationibus et HAESITATIONE.

DOPTAR, craindre, redouter.

DOPTOR, timide, indécis.

DOPTOS, douteux.

DOR, tronçon.

DORC, cruche.

DORMILHOS, endormi, paresseux, assoupi.

DORN, jarre. Pouce.

DORNA, urne.

Lo tabernacles avent l'archa del testament, en la cal era la DORNA daurada avent mana.

N. T. Hebr. 9. v. 4.

Tabernaculum habens arcam testamenti , in quâ URNA aurea habens manna.

DORP , aveugle.

DOAS , dos. *Dorsus.*

DORSSAB , rosser , bâtonner.

DOS , deux. Dou Doux. Dés.

DOTAMEN , promesse , engagement.

DOTRZ , docte.

DOTZ , canal , conduit , tuyau. Source.

> Pels huels si banha
> Tota ma fatz aissi com s'era DOTZ.

DOTZE , douze. Doute.

> El senhor donec als DOTZE dicipols poder dels e perils orres.
> N. T. Matth. 10. v. 1.
> Duodecim discipulis suis dedit potestatem spirituum immundorum.

DOU , je dois.

DOUCEZIR , adoucir.

DOUGA , stérile.

> O tu DOUGA , la cals non enfantas ; alegrate, crida , crida.
> N. T. ad Gal. 4.
> Lactare STERILIS, quae non paris ; erumpe , et clama.

DOUGAN , merrain.

DOUS , source. Dés.

DOUSSA , DOUSSAN , DOUSSANA , doux , douce , douceâtre.

DOUTZ , doux. Source d'eau.

DOZE , douze.

DOZENS . douzième.

DRACS , dragon , serpent. *Draco.*

DRAPIER , armoire. Marchand de draps.

DRAPS , habits , vêtemens.

DRAX , dragon , serpent.

> Lo gran DRAX ross , aven VII caps , e X corn.
> N. T. Apoc. 12.
> Draco magnus rufus , habens capita septem , et cornua decem.

DRAYA , petit chemin. Sentier.

DRECHEZA , DRECHURA , DREITURA , droiture , justice , équité. Direction. Ordonnance.

> Garlan los mandamens e las DRECHURAS del senhor
> N. T. Luc. 1.
> Incedentes in omnibus mandatis et JUSTIFICATIONIBUS domini.

DRECHURATZ , raccommodé , réconcilié.

DRECHURIER , droit , juste , légitime.

DREG , droit. *Dreg huels ,* en face , fixement.

DREIT , droit. Endroit, beau côté d'une étoffe.

DREITURA , droiture , justice , équité. Lois, ordonnances.

> Quirest primerament lo regn de deu e la sua DREITURA , e totas aquestas causas seran à vos ajustadas.
> N. T. Matth. 6. v. 33.
> Quaerite primùm regnum dei et JUSTITIAM ejus , et haec omnia adjicentur vobis.

> Fruz de DREITURA es semenaz em paz als fazens paz.
> BEDA. 11.
> Fructus JUSTITIAE in pace seminantur facientibus pacem.

Dreituraus , droiturier.
Dreitureira , juste, légitime.
Dreiz , dresse , élève.
Dresca. Voyez Tresca.
Drez , droit , équité. Juste.
Drezeli , Drezeri , Deseri , Didier.
Dric , Dritz , droit , convenable.
Dritat , Dritura , justice. *Via de dritat* , voie de justice.

Qui fa dritura , driturer es.

Qui facit justitiam , justus est.

Dritoreiramen , très-bien. *Dritoreiramen as jujat.* Rectè judicasti.
Dritorer , Driturer , juste.
Droguitz , basané.
Druda , amie, amante , maîtresse.
Drudaria , galanterie , amitié , coquetterie.
Drudeira , galante , libertine.
Drusa. Voyez Druda.
Drut , ami , amant , favori.
Dubi , doute. *Dubium.*
Duc , mène , conduit.
Duegz , Dueitz , appris , instruit. Capable. Accoutumé.
Duelansa , envie , jalousie.

A duelansa vos amenarai.

Ad aemulationem vos adducam.

Duept , est en doute.
Duesca , jusque.
Dug , Dugs , instruit, conduit , amène.
Dugatz , duché.
Duguessa , Duquessa , duchesse.

Durs , expert , habile.
Dui , deux. Convient.
Duich , guide , amène.
Duisses , plût.
Duitz , facile , tranquille.
Dulhatz , affligé.
Dumas , la dîme.
Dumatz , dîmé.
Dumiers , décimateur.
Dun , Dunt , dont , duquel.
Duotenan , dorénavant.
Duoilla , lamente.
Duols , boiteux.
Duptar , craindre , appréhender , redouter.
Dur , j'endure. Grand , difficile. Mener , conduire.
Durablamen , éternellement.
Durable , éternel.

Aqest iran in tormen durable , e dritorer en vida durabla.

N. T. Matth. 25. v. 46.

Ibunt hi in supplicium aeternum , justi autem in vitam aeternam.

Durada , durée.
Durar , souffrir , attendre.
Duraus , pour Dura vos.
Dureza , dureté.
Dus , expert , habile. Convient.
Dusamen , habilement ; convenablement.
Dus atals , deux fois autant.
Dus atans , id.
Dusens , douzième.
Dutansa. Voyez Doptansa.
Dutans , craintif , incertain, hésitant. *Dubitans.*
Dutos , douteux , en doute, indécis.

DUTZ, mène, conduit. Convient.

DUZIL, DOZIL, canelle, fausset.

Aital vin ven al DUZIL quals es dins lo vaissel.
V. e V.

E

E s'emploie souvent pour I et pour A.

E, conjonction, et.

E, ai.

Pieitz seria de mort
Si faziatz mai re
D'aiso qu'ieu dig vos E.
SEACAS.

E, en, dans, au, vers.

EBORIC.

Un' erba queretz bon' e bella
C'om elecrum per non apella,
EBORIC ciamar la podetz.
PRADAS.

EBRAÏC, EBRAÏCA, hébraïque.

EBRIAC, ivre, ivrogne. *Ebriacus.*

EBRIARIA, EBRIAZA, ivrognerie.

EBRIETAT, EBRIETAZ, ivresse.

Deus nos donet vi per alegreza de cor, non per EBRIETAT.
BEDA. 25.

EBRIUS, ivrogne.

Ebrius cuda far alcuna bona chauza cant si degola.
BEDA. 25.

Ebriosus putat se aliquid optimum habere, cùm fuerit in præcipitia devolutus.

EC VOS, voici, voilà. *Ecce.*

ECAR, parce que.

ECHIRGAITAR, épier, guetter, être en embuscade.

Li leonessa ECHIRGAITA en la via coma laire, e cant ve los fols, auci los.
BEDA. 18.

Insidiatur in via quasi latro, et quos incautos videt interficit.

ECUUC, essuie.

Aiatz prest un bel toaiho
On sas mas e sa fatz s'ECUUC.

ED, et.

EDAS, EDAT, âge.

Li EDAS cossent al visi.
BEDA. 10.

EDIFICI, machine de guerre.

EDRA, lierre. *Hedera.*

EDREC, droit, envers.

EFAISSAT, accablé sous le faix.

EFANIEST, tu enfantas.

EFANT, enfant, infant. Sot, simple.

EFENHETAT, dissimulation.

EFERM, EFERMIS, EFERMS, infirme.

U bar era EFERMS dels pes.
N. T. Act. 14. v. 7.

Vir quidam erat infirmus pedibus.

EFERN, enfer.

EFERNAL, infernal.

EFFE, enfant. Niais, nigaud.

EFLAR , enfler.

Scientia EFLA , charitaz edifia.
N. T. 1 Cor. 8. v. 1.

Scientia INFLAT, charitas aedificat.

EFLAZO , enflure.

Doblament es colpables de blasme , cel que fai per volontat lo pechat , e'l defeut per la EFLAZO d'ergoil.
BEDA.

Est autem criminis reus , qui et admittit scelera per voluntatem, et defendit ea per contumaciae TUMOREM.

EFRAIS , enfreint, violé.

EFRANGER , rompre. *Frangere.*

Si i a pena promessa , e lo cumpraire vol EFRANGER la covenensa , non la pot EFRANGER.
COD.

EFREDATZ , EFREIDATZ , effrayés.

EFREIS , effroi , effraie , effraya.

EFRUN , sombre , triste , morose , refrogné.

EGAT , égalisé.

EGAUZIR , réjouir , féliciter.

EGESTIO , déjection , excrément.

EGINIAR , machiner.

Non EGINIAR mal à ton amie , si el a fiansa eu te.
BEDA. 64.

EGRUVIR , gémir , soupirer.

Et esgardans él cel , EGRUVI.
N. T. Marc. 7.

Et suspiciens in coelum , INGEMUIT.

EGUA, jument, cavale. *Equa.*

EGUALEJAR , égaliser.

EGUANSA , égalité , comparaison.

EGUAR , égaler , comparer. *Aequare.*

EGUARIA , troupeau de gros bétail.

EGUAU , égal.

EI , j'ai.

EIMEN , nous fûmes.

EIRA , grange , grenier, magasin. Aire. *Area.*

Aportaz loz vostres desmes en m'EIRA , que sia vianda en ma mayso.
BEDA. 26.

EIRESEL , sorte de plante.

Api et EIRESEL serealz ,
Ab menta negra o mesclatz ,
Pueis o trusatz fort e batetz ,
E d'aco vostr' auzel paissetz.
PRADAS.

EIS , EISSA , je sors , il sort, que je sorte , qu'il sorte. Même.

Ja la bella boca rizens
No cugei baizan me trais ,
Mas ab un dous baisar m'aucis ;
E s'ab autre no m'es guirens ,
Atressi m'es per semblansa
Com fo de Peleus la lansa ,
Que de son colp no podi' om guerir
Si per EIS loc no s'en fezes ferir.
VENTADORS.

EISSABOZIR , étourdir.

EISSA HORA , à cette heure , sur-le-champ.

EISSAMEN , de même , pareillement.

EISSARNIR , discerner , distinguer.

EISSARNITZ, intelligent, judicieux, avisé.

EISSAURIR, entendre.

> Parlarai en autras lavias, et cnaici non me EISSAURIRAN.
> N. T. i Cor. 14.
> Labiis aliis loquar, et ne sic EXAUDIENT me.

EISSAUSAR, exhausser, exalter. Approuver.

EISSAUVIR, exaucer, écouter.

EISSELH, retour. *Postliminium.*

EISSEM, de même, pareillement.

EISSEN, sortant, sortent. Absinthe.

EISSENDOL, latte, bardeau, volige.

EISSES, sortit. Mêmes.

EISSIEN, escient.

EISSIR, sortir. Issue.

EISSISSETZ, sortissiez.

EISSON, sortent.

EISSORBAR, aveugler.

> Orguel EISSORBA home que non conosca se meteis.
> V. e V.

EISSUCH, sec, à sec.

> E trais si ves la mar am tant,
> Amb' un ram de palma la fier;
> L'aigua si part sus èl gravier,
> Eissuca s'en van per lo sablon.
> H. de L.

EISSUGAR, essuyer, essorer.

EL, il, lui. Le. OEil. E'L, et le. ÉL, en, dans le.

ELACIOS, orgueil.

> ELACIOS dejota los altz, e ergoils los humilia. BEDA. 46.

ELATIO excelsum dejecit, et arrogantia sublimes humiliavit.

ELAMES, élémens.

> Es convertit de rescap als enferms et als besonhos ELAMES.
> N. T. ad Gal. 4.
> Convertimini iterùm ad infirma et egena ELEMENTA.

ELLCRUM. Voyez EBORIC.

ELEGIR, élire, choisir.

ELEGRON, élurent.

ELLNEGAR, perdre haleine, s'essouffler.

> Tal que'l pueya greumens hom sus ELENEGAR.

ELESCA, choisisse.

ELESTA, élue. *Electa.*

ELETZ, élu.

ELHAUCEJAR, éclairer, faire des éclairs.

ELI, Héli, Elic.

ELIX, lis blanc.

ELIZADURA, enduit.

ELLA, pour E LA, et la.

ELM, ELME, heaume, casque.

ELRE, lierre.

ELSAMENS, ensemble.

ELUMENAR, illuminer.

EM, nous sommes.

> E meravilhan nos d'aitan,
> So dizo li dich amador,
> Cum si pot far d'aquest' amor
> Que tan nos a liatz e pres
> Que partir no nos podem ges;
> Aos n'EM cascun jorn plus ardent
> On mais nos dona de turment.
> BR. d'amor.

EMAGE, EMAGENA, image, statue, idole.

EMAN, amende, amendement, réparation.

EMBAISSARIA. Voyez EMBAIS-SATZ.

EMBAISCAR (s'), se soucier, s'embarrasser, avoir du souci.

> Non vos EMBAISCA de res.
> Nolite SOLLICITI esse.

EMBAISSAR, se lasser, se fatiguer.

EMBAISSATZ, message, ambassade.

EMBANC, dépense, embarras.

EMBARC, embarque, embarquement. Obstacle.

EMBARGAR, empêcher, embarrasser.

EMBARGUE, qu'il empêche.

EMBELEZIR, embellir.

EMBLAR, voler, dérober.

> Gran talan ai q'un baisar
> Li pogues tolr' o EMBLAR;
> E si pois s'en ira cia
> Voluntiers lo li rendra.
>   PEIROLS.

EMBOLBEZIR, inciter, émouvoir.

> L'esperit de loi EMBOLBEZIA.
> INCITABATUR spiritus ejus.

EMBONILH, EMBORIGOL, nombril, ombilic.

> La norridura del efan el ventre, es lo sanc qu'el beu per lo budel del EMBONILH.
>   SYDRAC.

EMBOSCAR (s'), s'embusquer, s'enfoncer dans un bois.

EMBRIAR, hâter. Croître, augmenter. Achever, perfectionner.

EMBRIVAMEN, violence, impétuosité.

> Tuit fero EMBRIVAMEN en lui d'un corage.
>   N. T. Act. 7. v. 56.
> IMPETUM in eum fecerunt uno animo.

EMBRONC, triste, morne, sombre, rêveur.

EMBRONCHAR, se refrogner, faire la mine. Enfoncer.

EMBRONQUITZ, soucieux, sournois, rechigné.

EMBRULMENT, ferveur.

EMEITADATZ, partagé, miparti.

EMELADA, emmiellée, mêlée de miel.

> Carn de cabra EMELADA
> Li donatz pro una vegada;
> E de bon vi l'esposcaretz
> La carn.
>   PRADAS.

EMENA, hémine.

EMENDANSA, réparation, dédommagement.

> Segon aco que la poestat pot conoisser que la auuta fo grans o pancha, deura esser la pena, so es la EMENDANSA.
>   COD.

EMENDAZO, réparation; réformation.

EMFAG pour EN FAG, de fait, réellement.

EMMAJENAR, réfléchir, ruminer.

EMMALAGAT, EMMALAJAT, envenimé.

EMMALEZIR, irriter, courroucer, envenimer.

EMPACH, EMPACHIER, empêchement, obstacle, embarras, difficulté.

EMPACHAT, enté.

> Lu EMPACHADA paraula.
> > N. T. Jac. 1.
>
> INSITEM verbum.

EMPAITADA, empêchée, troublée, arrêtée.

> Charitaz es à la vejada d'alcunas occupacios EMPAITADA.
> > BEDA. 1.
>
> Plerûmque charitas quibusdam occupationibus est PRAEPEDITA.

EMPAITAR, coller, joindre, réunir. Greffer.

> Amdos los blasmes EMPAITA essems, qui au lo detraent e celui que l detrai.
> > BEDA. 11.
>
> Uterque simile crimen IMPENDIT, et qui detrahentem audit, et is qui detrahit.

EMPALANCAR, briser, froisser, éreinter.

EMPARAR, défendre, protéger.

EMPARGAR, empêcher.

EMPASSAR, avaler, engloutir. En imposer.

EMPASTATZ, pâté, pâtisserie.

EMPEDEGAR, empêcher.

> Moutas causas me poirant EMPEDEGAR que eu non la poiria.
> > COD.

EMPEDIT, empêché. *Impeditus.*

EMPEGUNTAR, embaumer.

EMPEIGNAR, mettre en gage.

EMPEINCHA, penchant, inclination. Poussée.

EMPEIS, pousse, excite, poussa, excita.

EMPEISSES, poussât, lançât.

EMPEINCH, poussé, lancé.

EMPEINH, pousse, lance.

EMPEINHA, engage, lance, élance.

EMPEINHER, pousser, frapper contre.

EMPERADOR, EMPERAIRE, empereur.

EMPERAIRITZ, impératrice.

EMPERAR, commander. Ordonner. *Imperare.*

EMPERAL, impérial.

EMPERI, empire.

EMPERO, mais, cependant, néanmoins. De plus. C'est pourquoi,

EMPETRAR, obtenir. *Impetrare.*

EMPEIS, je poussai, il poussa. *Impegi, impegit.*

EMPLACETZ, emplâtre.

EMPLEG, qu'il emploie.

EMPREGNANS, femme enceinte.

> Gai à las EMPREGNANS.
>
> Vae PRAEGNANTIBUS.

EMPREN, allume, embrase.

EMPRENHER, forcer, engrosser.

EMUNDAMEN, expiation.

EMURATZ, enfermé.

EN, le sieur, le seigneur.

ENAISSI, ainsi, de même.

ENAMAR, aimer.

ENAMORAR, donner ou prendre de l'amour.

Enan, devant, avant, auparavant. Plutôt. Préférablement. Avance.

Enans, avancement, avantage, succès. Au contraire. Je célèbre.

Enansar, avancer. Vanter, exalter.

Enanslis, plutôt.

Enantar, faire honte.

Enantimen, Enansimen, avancement, célébrité.

Enantir, Enantraire, avancer, exalter.

Enap, tasse, verre, gobelet.

Enarborar, arborer, élever, planter haut et droit.

Enarcar, arquer, courber, plier, faire plier.

Enarrar, expliquer, interpréter. *Enarrare.*

Enartos, altier, hautain, orgueilleux.

Tan sai Karle Martel mal e gitalos,
E lo sai aisi fer et ENARTOS
Qu'el mandara sos homes de mar en bos.
G. de R.

Enasansa, avancement.

Enastar, attacher à une lance.

Enastratz, heureux.

Enaus, engagé, commence le combat.

Enausar, élever, exhausser, exalter.

Enautitz, exhaussé.

Enauzelar, dresser un oiseau.

Enavantir, prôner, exalter.

Enbagassatz, arrangé avec une fille.

Enbalsar, précipiter, jeter dans le précipice.

Enbariz, couvres, enduises de boue.

Enbaudiz, réjoui, joyeux.

Enbegut, imbu, imbibé. Enivré, étourdi.

Enbenoïtz.

Las ! que farai ? com sui traïtz
Si s'amor no m vol autrejar !
Qu'ieu no pose viure ses amar,
Que d'amor sui ENBENOÏTZ.
Ventadorn.

Enbercar, chasser, tirer. Poursuivre, rechercher.

Enbolcar, se vanter.

Enbregar, empêcher, engluer, empêtrer.

Enbrescar.

Anc no vistes estorn que si
ENBRESC,
Ni tanta junta facha en un
caumese.
G. de R.

Enbutz, entonnoir. *Embotum.*

Encabalit, parfait, accompli.

Encadeitar, enchasser.

Encadenar, enchaîner. *Incatenare.*

Encairellar, accabler, percer de traits.

Encaisonar. Voyez Ocaisonar.

Encaitivitz, devenu chétif, mauvais.

Encalanatz, échauffé.

E cant es sus son li crebadas
Sas plagas denan e detras,
Tant es ESCALANATZ e las;
E pueis torna en recaliu.
JAUFRE.

ENCALET (s'), s'échauffa.

   E la donzela s'ENCALET.

ENCALTZ, fuite, poursuite.

ENCANEZIR, blanchir, devenir blanc. *Incanescere.*

ENCANTADOR, ENCANTAIRE, enchanteur, sorcier, magicien.

ENCANTAMEN, magie.

ENCANTAR, ensorceler.

ENCANTELAR, chanceler.

ENCARAMEL, chalumeau.

ENCARITAR, assister, secourir.

ENCARZIR, enchérir, renchérir. Prier, presser.

ENCASTAMENT, agrafe.

ENCASTAR, ENCASTONAR, enchasser.

ENCAUS, EXCAUTZ, chasse, poursuite. Poursuive.

ENCAUSSADOR, ENCAUSSAIRE, persécuteur.

   Oratz per los ENCAUSSADORS.

   Orate pro PERSEQUENTIBUS.

ENCAUSSAMENT, persécution.

ENCAUSSAR, chasser, poursuivre. Persécuter.

ENCAUTAT, précautionné, réservé, sur ses gardes, prudent, avisé. *Cautus.*

ENCECS, que tu aveugles.

ENCELGAR, ESSEGAR, aveugler. *Caecare.*

ENCELGRE, parvenir, réussir, atteindre le but.

ENCERCABLE, compréhensible.

ENCERCADOR, espion.

ENCHAUSSAR, chasser, mettre en fuite.

   Paz ENCHAUSSA discordia.
BEDA. 2.
   PAX EFFUGAT discordias.

ENCHAZ, souillé.

Cel que per la noitornal illusio es ENCHAZ sos pessament, sapcha que per sa colpa li es avengut; e aqui mezeis terja sa folia e plore.
BEDA. 78

Qui nocturnâ illusione POLLUITUR, culpae suae tribuat; statimque suam immunditiam fletibus tergat.

ENCLAU, enclôt, renferme.

ENCLAVAR, enclouer.

ENCLINAMENT, penchant.

ENCLIS, courbé, penché. Ami, partisan.

ENCLOIDOR, lapidaire, joaillier.

ENCLUGET, enclume.

ENCOBIR, convoiter, désirer.

ENCOC, encoche.

ENCOGOTAT, frisé.

ENCOI, aujourd'hui.

ENCOLA, gaufre. *Fers d'encola*, gaufrier.

ENCOLPAR, inculper, condamner.

ENCOLPATZ, accusé, coupable.

ENCOMENSANSA, commencement.

ENCONBRAR, empêcher, arrêter.

Vos corrias be ; cal vos ENCON-
BRET nou obezir à la veritat ?
          N. T. ad Gal. 5.
Currebatis benè : quis vos IMPE-
DIVIT veritati non obedire ?

ENCONBRIER , inconvénient ,
trouble , empêchement ,
bagage , embarras.
ENCONBROS , embarrassant.
ENCONTRA , eu comparaison.
Issir encontra , aller au-
devant , à la rencontre de
quelqu'un.
ENCONTRADA , contrée , pays ,
région.
ENCONTRAR , aller au-devant ,
prévenir. S'opposer.
ENCOPENATZ , empanaché.
ENCORAR , fâcher. Encourager.
ENCORILLAR , se plaindre.
ENCORREGUTZ, qui a encouru.
ENCORREMENT d'heretguia ,
confiscation pour cause
d'hérésie.
ENCORROTITZ , sobriquet que
les Albigeois donnaient aux
croisés.

En Rogers de Montaut lor crida
e lor ditz :
Firetz ben à delhiure sobre'ls
ENCORROTITZ.
          GUER. des Albig.

ENCORSA , recours.
ENCORTEZIR , devenir poli ,
rendre courtois.

Per son joi pot malaut sanar,
E per sa ira sas morir ;
E savis hom enfolezir ;
E bels hom sa beutat mudar ;
E'l plus cortes vilanejar ,
E'l totz vilas ENCORTEZIR.
          Coms de PEITIEUS.

ENCORTINAR , mettre des ri-
deaux ; meubler.
ENCREER , faire accroire.
ENCREISSER , accroître , aug-
menter.
ENCREZENZA , augmentation.
ENCREZOLS , incrédules , mé-
créans.

Als ENCREZOLS , la part de lor
sera en estanh arden de foc e
de solper.
          N. T. Apoc. 21. v. 8.
Incredulis , pars illorum erit in
stagno ardenti igne et sulfure.

ENCRIM , ENCRIMA , accuse.
ENCUBIR , convoiter.
ENCUIRAR , couvrir , garnir
de cuir.
ENGUSADOR , accusateur.
ENGUSAR , accuser , blâmer.
ENDEC , tare , vice , défaut.
Langueur.
ENDECAT , entiché cacochy-
me , noué, maladif , éclop-
pé , maléficié , contrefait ,
estropié.
ENDEMES , à l'instant , sur-le-
champ.
ENDEMEZI , envie , jalousie.
Gageure.
ENDENHAMEN , ENDENHANSA ,
indignation.
ENDENHOS , délicat , suscep-
tible.
EN DE PER SE , à part soi ,
seul , séparément.
ENDERGA , dresse , élève.
ENDERROCAR , démolir , abat-
tre , ruiner.
ENDERS , ENDERTZ , élevé ,
monté.

ENDES, trépied.

EN DE SE, à part.

ENDEVEN, succès, réussite, événement.

> Met en dieu totz tos ENDEVENS,
> No en sort ni en autras gens.
> SENECA.

ENDEVENEDOR, qui est à venir.

> Conoguda causa sia als presens et als ENDEVENEDORS.
> ARCHIV. d'Albi.

ENDEVENIR, réussir, convenir, arriver, rencontrer, s'accorder.

> Per qe ENDEVENC à vos assaier l'esperit del senhor?
> N. T. Act. 5. v. 9.
> Quid utiquè CONVENIT vobis tentare spiritum domini?

ENDILLAR, ENDIR, hennir.

ENDIS, inde, couleur bleue que l'on tire de l'indigo.

ENDOMENIATZ, tenancier, vassal.

ENDOMERGATZ, privés, familiers.

> Li pus cars amicx e'ls pus ENDOMERGATZ.

ERDREG, envers; à l'égard, en matière de. Sentier.

ENDREPETAR, expliquer.

> ENDREPETAVA à els en totas las escripturas, que eran de lui meteis.
> N. T. Luc. 24.
> INTERPRETABATUR illis in omnibus scriptur's, quae de se ipso erant.

ENDRESSAR, dresser, mener, guider, diriger, rétablir, réformer.

ENDUR, ENDURAT, manque; jeûne, souffrance.

ENDURS, à jeûn.

ENDURZIR, fortifier.

ENDUTA.

> Hom fo de pauc solatz, de paubra ENDUTA, e de pauc vailli-men.
> PISTOLETA.

ENDUX, indice.

ENEBRIAR, enivrer. *Inebriare.*

ENEI, j'envie. J'allai.

ENEMISTANSA, inimitié.

ENEQUITOZAMEN, iniquement.

ENESCAR, amorcer.

EN EIS DEMIEG, dans cet intervalle. *En eis lo jorn,* le jour même, le même jour. *En eis lo pas,* tout de suite, sur-le-champ.

ENFADEZIR, affoler. Dégoûter.

ENFAMAR, diffamer.

ENFANILH, entonnoir, par où sortent les enfans eu venant au monde.

ENFANT, infant.

ENFANTILHARGA, enfantillage.

ENFASTIGAR, dégoûter.

ENFEODAR, inféoder.

ENFELEN.

> D'omes trobi de gros entende-men
> Qe fan oblas aitals con lor perte;
> L'uns a fels mortz, l'autres vei ENFELEN.

ENFEIGNA, feigne; feinte.

ENFELLONIR, aigrir, irriter.

> Avian ENFELLONIT l'esperit del.
> Ps. 105.
> EXACERBAVERUNT spiritum ejus.

ENFEMENAR,

ENFEMENAR, efféminer.

ENFERNAR, damner.

ENFERRIATZ, mis aux fers, qui est aux fers.

ENFIMBRIAR, franger.

ENFLAZON, enflure. *Inflatio.*

ENFOGIR, s'enfuir, mettre en fuite.

ENFOLLTIR, rendre, devenir fou.

ENFOLLEZIR, affoler, raffoler. Ensorceler.

O no-senatis Galatiens, qual vos ENFOLLEZIC?
N. T. Gal. 3. v. 1.
O insensati Galatae, quis vos FASCINAVIT?

ENFORCS, chemin fourchu.

ENFOSQUIR, obscurcir.

En tribulatio es ENFOSQUIT lo meu oill.
Ps. 30.
Conturbatus est in irâ oculus meus.

ENFRA, durant, pendant, tandis que. Dans.

Aisi ditz ENFRA cal termini óm deu anar à la heretat.
Cod.

ENFRAINS, cassé, annullé.

ENFREMETATZ, infirmité.

ENFRENAR, brider, mettre un frein, refréner.

ENFRU, ENFRUN, ENFRUS, avide, glouton.

Hom si do lo cor à maujar
Que dos morsels o tres ses plus,
Per tal qu'en sia plus ENFRUS.
PRADAS.

ENFRUNAMENT, gloutonnement.

S gou c'om manja plus ENFRUNA-
MENT tant es mager lo peccat.
V. e V.

ENFRUNAR (s'), se gorger, se soûler.

Aus tu que trop te ENFRUNAS
De maujar.

ENFRUNEZA, gourmandise, avidité, goinfrerie. Démence, folie.

ENFULLIR, se garnir de feuilles.

ENGAL, qu'il égale. Égal, équitable. *Per engal,* également.

ENGAN, fraude, tromperie.

Era digam de dolo, so es d'EN-
GAN e de mal engein.
Cod.

ENGANAIRE, trompeur.

ENGANAIRITZ, trompeuse.

ENGANAMENT, travestissement.

ENGANAR, tromper.

ENGANCHA, ENGANSA, égalité, justice. Comparaison.

Non avetz ENGANCHA
De beltat él mon ni par.

ENGANNADOR, hypocrite.

ENGANNADOR non deslia cascu son
buou o son aze, e mena abeu-
rar?
N. T. Luc. 13.
Hypocrita, unusquisque vestrum non solvit bovem suum
aut asinum, et ducit adaquare?

ENGAR, égaler.

ENGARDABLES, remarquable, distingué.

8

Tant sias ENGARDABLES per major humilitat, cant es plus alt de dignitat.

BEDA. 4.

Tantò majore humilitate eris PERSPICUUS, quantò majore dignitate magis probatus.

ENGASA, qu'il égale.

ENGATJAR, engager.

ENGAUZENT, réjoui.

ENGAUZENTS del esgardamen del conselh.

GAUDENTES à conspectu concilii.

ENGAUZIR, réjouir.

ENGAUZERS vos qe li vostre noms so escriuts èls cels.

N. T. Luc. 10.

GAUDETE quià nomina vestra scripta sunt in coelis.

ENGEGNAIRE, trompeur.

ENGENHADOR, qui dresse des embuscades.

ENGENEDOR, ancêtre.

ENGENRAR, engendrer.

ENGENSAR, agencer, embellir.

ENGIEN, ENGIN, ENGEIN, adresse, industrie, moyen, artifice, engin, piége. Dol, fraude, tromperie.

Il m'a administrat *dolo suo*, so es per ENGIEN.

COD.

ENGINAMENS, idem.

ENGINCOS, adroit.

ENGINHADOR, ingénieur, machiniste.

ENGINHOS, ingénieux, artificieux.

ENGINIAR, machiner, tramer.

Non ENGINIAR mal à tou amic, si el a fiansa en te.

BEDA. 64.

Ne MOLIARIS amico tuo malum, cùm ille in te habeat fiduciam.

ENGIRONAMENT, enceinte.

ENGLES, Anglais.

ENGLOTONIR, affriander.

ENGLUDAR, engluer.

ENGLUT, glu.

ENGOISSA, dure nécessité, état malheureux. Désespoir.

ENGOISSAT, affligé, accablé.

Suffrem tribulatio, mas non sem pas ENGOISSAT.

N. T. 2 Cor. 4.

Tribulationem patimur, sed non COANGUSTAMUR.

ENGOISSOS, étroit.

Puta es coma fossa priunda, • coma poz ENGOISSOS.

BEDA. 18.

Fovea profunda est meretrix, et puteus ANGUSTIS.

ENGOLEIME, ENGOLESME, Angoulême.

ENGOLMES, l'Angoumois.

ENGOLMEZI, Angoumoisin.

ENGORGS, que tu te gorges. *Ingurgites.*

ENGORGAR, engorger, obstruer. Engouffrer.

ENGRANIR, grener.

ENGRANS (se metre), se mettre en frais, s'efforcer.

ENGRENITZ.

Quar sol mi denhet saludar, Del plazer me soi ENGRENITZ.

VENTADORN.

ENGRES, ENGRIS, inique, injuste. Enclin, avide, ardent. Indigné, furieux, irrité. Fâcheux, intraitable. Arrogant, opiniâtre.

Oras que siam desliourat dels ENGRESSES e dels mals homes.

N. T. al Thess. 2.ª 3.

Orate ut liberemus ab IMPORTUNIS et malis hominibus.

Adonc chastiam m•ils los ENGRES cant lor demostram los mals, los cals il creunt ben aver faiz.

BEDA. 28.

Tunc enim PROTERVOS meliùs corrigimus, cùm ea quae benè egisse se credunt mala demonstravimus.

ENGRONDEILL, gronde, murmure.

ENGRUEISSAR, grossir.

ENGUAL. Voyez ENGAL.

ENGUE, aine, flanc; parties honteuses. *Inguen.*

ENIA, ENIGA, ENIJA, fâchée, ennemie.

ENIC, ENICS, inique, méchant, fâché, fâcheux. Injuste, impie.

ENIOLAR, violer un asile.

ENJAU, l'Anjou.

ENJOGLARIR, devenir jongleur.

ENJOGLASCA, qu'il crée jongleur.

ENJONHITZ, enjoint, assigné.

Jornal l'es ENJONHITZ.

ENJOS, en bas, au-dessous.

ENLARZ, obstacle, embarras, empêchement.

ENLIAMAR, enlacer, lier, attacher, empaqueter.

ENLOC, nulle part. Au lieu. A propos.

ENLUMINAMENS, lumière.

ENMAILLOLAR, emmailloter.

ENMAÏSTRITZ, endoctriné, savant.

ENMALAUTIR, rendre, tomber malade.

ENMALEZIR, devenir mauvais.

ENME, amène, emmène.

ENMEI, au milieu, parmi.

ENMEILLURAR, améliorer, corriger, réformer.

ENMELAR, emmieller.

ENAIZINAR, faciliter.

ENOC, irrite, ennuie, soit fâché. Malheur, disgrâce.

Om benignes cant a son ENOC non o preza re.

BEDA. 2.

Vir benignus etiam si patiatur INJURIAM, pro nihilo ducit.

—— Injure, outrage; ennui.

Porta en paz las auntas éls ENOCS que hom te fara.

Id. 40.

—— Envie, jalousie; peine, chagrin.

Qui essenia so fil fai ENOC à son enemic.

Id. 55.

Qui docet filium suum, in ZELUM mittit inimicum.

—— Chute, désastre, infortune.

Qui s'esjois de l'ENOC de sos enemicx, tost chai en atratal ENOC.

Id. 64.

Qui gaudet inimici casu, citò incidit in illud.

—— Haine, inimitié.

L'Altismes a ENOC als peccadors, et a marcé als penedens.
Id.
Altissimus ODIO habet peccatores, et misertus est poenitentibus.

ENOI, ennui.

ENOIAR (s'), être paresseux, différer, tarder.

No te ENOIARAS venir entro à nos.
N. T. Act. 9. v. 38.
Non PIGRITERIS venire ad nos.

ENOIOS, fâcheux, pénible, difficile.

ENOLIACIO, onction, chrême.

ENOMBRAR, faire ombre, obscurcir.

ENOMNAR, dénommer, énoncer, mentionner.

ENONGLAR, river, accrocher, cramponner.

ENPACHAR, empêcher. Enter, greffer.

ENPACHER, ENPACHIER, ENPAG, obstacle. Ente, greffe.

ENPALHAR, empailler. Empêtrer.

ENPARATGIR, ennoblir.

ENPARAULATZ, bavard.

ENPARCAR, parquer, enfermer.

ENPARLAT, éloquent, disert.

ENPASTAR, coller.

ENPASTRE.

E ditz que bastrà mal ENPASTRE
La nueg si pot à sa molher.
R. VIDAL.

ENPAUBREZIR, appauvrir.

ENPEGUIR, poisser, coller. S'embarrasser, avoir honte.

ENPEGUISSON, deviennent sots.

ENPEICER, pousser à terre, échouer.

Can foron en aquel luoc ENPEICERON la nau.
N. T. Act. 27.
Cùm incidissemus in locum dithalassum, IMCEGERUNT navem.

ENPLINHER, jeter, pousser.

Aquest eissorbamen ENPEINH lo al peccat.
V. e V.

ENPEIREZIR, pétrifier.

ENPENDRE, avancer, pousser. Entreprendre.

ENPENH, poussé, poussée. Entreprise, engagement.

ENPENHAR, mettre en gage.

ENPENHER, pousser, jeter contre. Impingere.

ENPERIAR, commander.

ENPERIER, empereur.

EN PER SE, seul, à part soi.

ENPIER, empire.

ENPIMENTAR, embaumer.

ENPLAIDEZIR, faire un procès, mettre en justice.

ENPLEITAR, gagner, faire emplette.

ENPOLVERATZ, saupoudrez, saupoudré.

ENPORTUS, importun, déplaisant, ennuyeux.

Ben es ENPORTUS
Car no m respondes ab motz clus.

ENPOST.

Car cavalliers non es jes miga
Ni non o par, qui que hom diga;
Qu'él mon non a plus mal expost
Que fez villania plus tost.

JAUFRE.

ENPREIGNAR , engrosser , rendre enceinte.

ENPREISONAR , emprisonner ,
captiver.

ENPREISON , ENPRENDEMENT ,
entreprise.

ENPRENDRE , entreprendre.
Allumer.

ENPRENEMEN , dessein, projet.

ENPRENHAMENT , grossesse.

Quant auzi lo ENPRENHAMENT
Lo prince , non fom tau gauzent
Negun temps pos nasquet de
maire.

H. de L.

ENPUJAR , monter.

ENQUAN MAJORMEN , combien
plus.

ENQUANSA , chance. Egalité.

ENQUER , encore. Cherche ,
demande , s'informe.

ENQUEREDOR , inquisiteur.

ENQUES , ENQUEZIT , requis ,
demandé , sollicité.

ENQUET , commença.

ENQUETZ , paisible , tranquille.

ENQUIS , jusqu'à ce que. Requis , sollicité. Chercha ,
s'informa.

ENQUITAIRE , demandeur ,
poursuivant.

ENRABIAR , enrager.

ENRAIGAT , enraciné.

ENRAISAR , illuminer.

ENRAUMIDA , rangée , en ordre.

ENRASONATZ , éloquent , judicieux.

ENRAUMAR , enrhumer.

ENRAUMASSATZ , enrhumé.

ENBAZIGAR , enraciner.

ENREDAR , attraper , embarrasser , prendre dans des
rets. Irretire.

ENREDONIR , arrondir.

ENREMETER , s'entremettre.

ENREQUIR , enrichir , profiter.

ENREVIRONAR , aller autour ,
faire le tour , parcourir.

ENREVIRONAVA castels en aviro.

N. T. Marc. 6. v. 61.

CIRCUIBAT castella in circuitu.

ENREVOLUMAR, tourbillonner.
Rassembler. Pelotonner.
Mettre en désordre.

ENS pour E NOS , et nous.

ENSABATAT , chaussé. Sobriquet que les croisés et les
catholiques donnaient aux
Albigeois et aux Vaudois.

ENSACAR , serrer , cacher.

ENSAGNETAR , ensanglanter ,
souiller de sang.

ENSAIAR , essayer , tenter ,
éprouver.

ENSAJUS , ici bas.

ENSANTIR , sanctifier.

ENSAPAGAR , regimber.

ENSAPAR , buter , broncher.

Quant l'uns dels pes ENSAPA o se
bruncha , o l'autre li acorre.

V. e V.

ENSAPEGADOR , piége.

ENSEIGNAIRIERS , gonfalonier.

Contra Pepin dux de Baviers,
　Que era cap e soma,
Campions e' ENSEIGNAIRIERS
　De la gleiza de Roma.

　　　　　H. de L.

ENSELAR, seller. Equiper, harnacher.

ENSELBAR.

E nos l'us l'autre s'ENSELHA
El par ves sa par s'aizina,
De nos es treg que s'ENSELH
Qusseus d'a cetal aizina,
Ab fin' amor ses erguelh.

　　　　　RUDEL.

ENSEMS, ensemble, avec.

ENSEN, ENCEN, allume, embrase. Anime. excite. Echauffe, irrite. *Incendit.*

ENSENCHA, grosse d'enfant, enceinte.

ENSENDRE, brûler, enflammer. *Incendere.*

ENSENHADOR, maître, docteur, instituteur, habile.

Cove que l'evesque sia ENSENHADOR.

　　　N. T. 1 Tim. 3.

Oportet episcopum esse DOCTOREM.

ENSENHAIRITZ, maîtresse d'enseignement.

ENSENHAMEN, instruction, science, leçon. Qualités, mérite. Politesse.

ENSENRAT, instruit, savant. Bien élevé.

ENSENHORIR, dominer, se rendre maître.

ENSENS, encens.

ENSERCADOR, espion.

ENSIO, intention.

ENT, mais bien plutôt.

ENTAIS, jette dans la boue.

ENTALANTAMENT, goût, désir, penchant, affection, disposition.

ENTALENTAR, donner, prendre du goût, etc.

ENTALH, gravure, sculpture.

ENTALHAR, graver, sculpter.

ENTAULAR, caser au trictrac. S'attabler.

ENTECAT, entaché, souillé, taré.

ENTEMENAR, entamer.

ENTEN, ENTENS, but. Avis.

ENTENDABLE, intelligent.

ENTENDEDOR,
ENTENDEIRE, } amant, qui fait sa cour, galant, amoureux.

ENTENDIMEN, ENTENDIMEN, but. Dessein, projet.

ENTENDENS, savant, intelligent. Amant.

ENTENDENSA, désir, souhait, intention, inclination. Avis, jugement, intelligence.

ENTENDER, aller à, avancer vers. *Intendere.*

ENTENDRE, comprendre, s'appliquer. Interpréter.

ENTENEBRAR, obscurcir, couvrir de ténèbres. *Obtenebrare.*

ENTENERC, attendrit, adoucit.

ENTENSA, attention, application. Aspire.

ENTENSIO, attention, intelligence.

ENTENTA, dessein, intention. But, fin qu'on se propose.

ENTER, entier.

ENTERAR, ENTEIRAR, confier.

ENTEBATZ, ENTEIBATZ, confident, instruit, mis entièrement au fait.

ENTERINA, entière, intacte, immaculée.

ENTEBLESCHE, le zeste.

Metzina ill faitz autra qu'es bella;
L'ENTEBLESCHE de l'amella,
C'om clama git per autre nom.
En un bodelet de colom
Metetz.   PRADAS.

ENTERVA, demande, question.

ENTERVAR, interroger.

ENTES, entendu; à condition.

ENTESAT, tendu, bandé.

ENTESTAR, étêter, décapiter.

ENTEUNEZIR, atténuer; amaigrir, rendre plus mince.

ENTOMAR, sodomiser.

ENTORN, autour.

ENTORBOLAR, entortiller.

ENTRABUCADOR, qui tombe, qui fait tomber.

ENTRACORRER, survenir. *Intercurrere.*

ENTRAIRE, extraire.

ENTRAS, en arrière. *Entras sà*, jadis, ci-devant.

ENTRATGE, début, commencement.

ENTREBESCAR, mêler, entrelacer.

ENTREBESQIU, brouillon.

ENTRE-CAMBIABLE, mutuel.

ENTRECELAR, prévenir, empêcher, prémunir.

Tostz aquest argumens c'aisi
m'auzetz parlar
Ai trag de las estorias, e per
ENTRECELAR
Los lials de falhir, los bos per
emendar.

ENTRECIAR, accabler, tourmenter.

Suffrem tribulacio, mas non em
ENTRECIAT.
N. T. 11.ª Cor. 4.

Tribulationem patimur, sed non
ANGUSTIAMUR.

ENTRECIM, cime, sommet.

ENTRELAISSAMEN, discontinuation, relâche, interruption.

Nos fam tota hora gracias à dieu
per totz vos sens ENTRELAISSA-
MEN.
N. T. 1.ª Thess. 1.

Gratias agimus deo pro omnibus
vobis sine INTERMISSIONE.

ENTRELHONAR, éloigner.

ENTREMESCLAR, entremêler.

ENTREMESSA, entremise, intervenue.

ENTREMUSAR, attendre, muser.

No m fasas mais ENTREMUSAR
Qu'ieu me tarze en mon anar.
JAUFRE.

ENTRENAN, en attendant, auparavant.

ENTREOCIAR. Voyez ENTRECELAR.

ENTRE QUE, tandis que.

ENTRESENH, ENTRESENHA, signe, signal. Indice, preuve. Etendard. Ceint, entoure.

ENTRESTEZIR, attrister.

ENTREPALHAR, sculpter.

ENTREUGAR, EXTREVAR, faire trève.

ENTRO, jusque.

ENTROBLIDAR , oublier.

ENTRO-CORA, jusques à quand.

ENTRUANDAR , gueuser.

ENTRUBERT , entr'ouvert.

ENTUICLGAR , empoisonner.

ENUICH , ENUEG , ENUEI , ennui. *A enuetz*, à contre-cœur, à regret.

ENUEJAR, ennuyer, déplaire.

ENUEJOS , ennuyeux, déplaisant.

ENUMBRAR , avoir peur de son ombre.

ENUOI , ennui.

ENUOS , ENUOSA , déplaisant, déplaisante.

ENUTZ , ennui.

ENVA , en vain.

ENVAIDOR , ENVAZIDOR , assaillant, attaquant.

ENVANEZIR , abolir, anéantir, faire évanouir.

Bona causa es à mi maiorment mori , que alcus ENVANEZISCA la mia gloria.

N. T. 1.ª Cor. 9.

Benum est enim mihi magi mori , qu'm et gloriam meam quis EVACUET.

ENVASIR , ENVAZIR , envahir, attaquer. Entamer.

ENVLATZ , gai.

ENVEJA , zèle.

La ENVEJA de la tua maizo manjet mi.

N. T. Joh. 2.

ZELUS domus tuæ comedit me.

—————— *Aver enveja*, imiter.

Aiaz enceja ades dels bos.

B. DA. 76

Bonum æmulamini in bono semper.

ENVEJADOR , zélé.

ENVEJANSA , jalousie.

ENVEJAR , envier , désirer ardemment , aimer avec jalousie.

ENVEILLEZIR , vieillit.

ENVEIZATZ , gai , joyeux , de belle humeur.

ENVEJOS , désireux.

ENVILLIMEN , avilissement.

ENVILZIR , avilir.

ENVERGONHADA , honteuse.

ENVERINAR , envenimer.

ENVERS , vers , du côté de. A la renverse. Au prix, à l'égard.

ENVERSA , à l'envers , renversée. Contraire.

ENVES , vers , en comparaison.

ENVESCAR , engluer.

ENVESTA , investisse.

ENVESTIR , rechercher , tâcher de trouver. *Investigare.*

ENVEZADURA , joie , gaieté.

ENVEZAT , gai , gaillard , réjoui.

Si me demandatz :
Ta soven per que cantatz ?
Quar es aqui als malvatz
E gaug à nos ENVEZATZ.

P. VIDAL.

ENVIA , envoie. Renvie. Zèle.

ENVIATZ , joyeux.

ENVIDAR , inviter. Renvier.

ENVILANIR , injurier, insulter, outrager.

ENVILEN , outrageant , avilissant.

ENVINAGRAR , vinaigrer, aigrir.

ENVIRAGAR, remplir, infecter d'ivraie.

ENVIT, invitation.

ENVOLUPAMENT, langes.

ENVOURZ, enveloppé. *Invo-
lutus.*

ENZAUZEN, qu'ils poursui-
vent.

EPSA L'ORA, sur l'heure.

EPSAMENT, de même, pareillement.

ER, ERA, à présent, main-
tenant. Etait, sera.

ERAL, hérault.

ERAM, nous étions. Cuivre,
airain.

ERANH, ERANHA, araignée.

ERAS, tu étais. A présent.

ERAVAM, nous étions.

ERBOS, herbe, herbu.

ERC, élève, redresse.

ERF, ERFS, héritier. *Haeres.*

EREPIR, EREBRE, racheter,
réchapper, ravir, arra-
cher, ôter, enlever. *Eri-
pere.*

EREJE, hérétique.

ERETAR, rendre l'héritage,
rétablir.

ERETATZ, héritage, hérédité.
Patrimoine.

EREUBUT, sauvé, dégagé,
délivré, racheté.

EREUP, délivra, arracha.

ERGADA, bande, troupe,
assemblée. Société.

Per qu'ieus prec que de lor
ERGADA
Vos telhatz à vostre poder.

ERGANA, société, compa-
guie.

    E vos no vulhatz
Jes semblar aital mana,
Ni demoratz engana
Ab nul home faichuc,
Nessis ni malastruc.
        SESCAS.

ERGOILL, orgueil, insolence,
témérité. Injure, affront.

ERGOLIOSIR, ERGULHOSIR,
enorgueillir.

ERGUELH, orgueil, faste,
gloire.

ERCLIR, dépouille de ser-
pent.

ERIS, hérisson. S'élève.

ERISSAR, s'élever.

ERISSO, hérisson, machine
de guerre.

ERMAR, désoler, rendre désert. Délaisser.

ERME, abandonné. Désert,
solitude. *Eremus.*

ERMENI, Arménien.

ERMITORI, hermitage.

ERO de Cesta, Héro de Sestos,
amante de Léandre.

EROS, Hérode.

ERRADA, faute, péché.

ERRANSA, égarement.

ERRAT, hérétique.

ERROR, embarras, perple-
xité.

ERS, ERTZ, dressé, élevé,
exalté. Petite rivière du
haut Languedoc.

ERUGE, chenille; sangsue.

    ERUGES et aranhas
C'om apela fadas estranhas,
Car per los cams defors estan.
        PRADAS.

ERUGINAR, s'enrouiller. *Ae-
ruginare.*

Non creire pas ades ton inimic, car sa maleza ERUGISA si cum erams.
BEDA. 64.
Non credas inimico tuo in aeternum, sicut enim aeramentum AERUGINABIT malitia illius.

Es, est, il y a.
Esauvir, entendre, exaucer. *Exaudire.*
Esbalauzit, étonné.

Toq aquil que l'auzian estavan ESBALAUZIT.
N. T. Act. 9.
STUPEBANT omnes qui audiebant.

Esbaudimen, ébat, joie, allégresse.
Esbes, borné, bouché, émoussé, hébété. *Hebes.*

Ja sia so que tu sias esbes de sen, assiduosa feissos a entendemcnt.
BEDA. 81.
Quamvis sensus HEBETUDO sit frequens, tamen lectio intellectum adhibet.

Esbradei, s'évertue.
Esbraire, chanter.
Esbrancar, ébrancher.
Esbrondar, pincer, ébourgeonner.
Esbudelar, étriper.
Esbuernar, éclaircir, dissiper le brouillard.
Esbulir, bouillonner. *Ebullire.*

Cant chascus s'esbulis en la fervor de dreitura, sia atempraz que no sia trop ferveus que perda dreitura.
BEDA. 73.
Oportet in zelo, quo quis FERVET, sit etiam temperans, ne si plùs ferveat, quàm oportet, perdat justitiam.

Esbuschatz.

Noi cansis fust ni peira, murs ni escatz,
Mas cortinas de seda et ESBA-CHATZ
Totz vmtz de meihors palis que unquas visatz.
G. de R.

Esc, manger. Amadou.
Esca, amorce, mêche.
Escabeceira, chevet, oreiller, traversin.
Escabelhar, écheveler.
Escac, échec. Butin. Part, portion.
Escacis, arrivât, avint.
Escader, échoir, arriver.
Escaensa. Voyez Escazensa.
Escaficha, Escafida, pôtelée.
Escarz, morceau d'étoffe, lambeau.
Escai, échoit. Convient. Gauche. Sobriquet.
Escairia, aviendrait, arriverait.
Escaisses, il arrivât. Sobriquets.
Escala, échelle. Escadron, bataillon, corps de troupes.
Escalar, ranger les troupes. Escalader.
Escalfar, échauffer.
Escalhar, rompre, briser.
Escaluz, pièces, morceaux.
Escalis, escalin.
Escalona, Ascalon; Escalone en Espagne.
Escalos, échelons.

ESCALPAR, scalper, écharper.

ESCALVAIRAT, ESCALVINAT, chauve, rasé.

ESCAMBI, échange.

ESCAMEL, escabeau, marche-pied.

  Entro que pauze tos enemix al ESCAMEL de tos pes.
        N. T. Marc. 12.
  Donec ponam inimicos tuos SCA-BELLUM pedum tuorum.

ESCAMPAR, répandre, verser. Décamper, se sauver, échapper, dissiper, disperser.

  Firai lo pastor, e las fedas serait ESCAMPADAS.
        N. T. Marc. 14.
  Percutiam pastorem, et DISPER-GENTUR OVES.

ESCANCELAR, ESCANTELAR, abattre un quartier.

  Noi a ta fort escut non ESCANCEL, No fenda o no pertus o no arcel.
        G. de R.

ESCANDOLS, ESCANDRE, scandale.

  Si ESCANDOLS es pres de veritat, profeitables ESCANDOLS es permes naisser, non que veritaz sia gurpida.
  Si autem de veritate sumitur SCANDALUM, utilius permittitur nasci SCANDALUM quàm veritas relinquatur.

ESCANTIR, éteindre, étancher.

ESCANUS, Ascagne.

ESCAPAR, échapper.

ESCAPOLARI, scapulaire.

ESCAQUIER, échiquier, damier.

ESCABAR, orner, pourvoir.

ESCARCHAR, arracher, déchirer.

  Las cogullas lur ESCARCHET, De l'abadia los gitet.
        H. de L.

ESCARIA, arriverait, aviendrait.

ESCARIA, ESCARIDA, faveur, fortune, aventure. Sort, destin. Lot, partage.

  Tal pot esser l'ESCARIA, Qu'encaras reverdiria La raïtz, E'l vergan estes floritz.
        MARTI.

ESCARIR, chérir. Apprendre, enseigner.

  Mas ben aia cel que m noiri, Que tan bo mestier m'ESCARI Que anc à negus no falhi.
        Coms de PEITIEUS.

——— Garantir, préserver.

  L'escut e l'ausberc essems cosit, Mas no l tochet en carn : dieus l'ESCARIT.
        G. de R.

ESCARIT, ESCARITZ, gai, joyeux. Favorisé, chéri. Effrayé, éperdu. Echu, départi, destiné. Dépourvu, dénué, délaissé. Seul.

  A K. an Gasco comiat querit, Peitavi e Breto s'en sou partit; E pero no remas tant ESCARIT No sian XXX. M. vassal elit.
        G. de R.

ESCARMENTADO , mot espagnol. Instruit, repris, corrigé.

ESCARNAR , faire un grand carnage, tuer, massacrer.

ESCARNIDOR , moqueur.

ESCARNIERES, blasphémateur.

ESCARNIR , berner , jouer , se moquer. Blasphémer.

ESCARS , chiche , économe. Craches , vomisses.

ESCARSETAT , parcimonie.

ESCARVAIS , escargot.

ESCAS , chiche , mesquin , avare.

ESCASAN , estropié , mutilé. Béquillard.

> Fort aura en vos bel pendut ,
> O bel orb , o bel ESCASAN.
>> JAUFRE.

ESCASEDITZ , d'avarice.

ESCASIDA , maigre , chétive.

> Mais val que s'er' ESCASIDA ,
> Nigra e descolorida.

ESCATA , semence , race. Et dans un sens inconnu ,

> Dels oillz del front non as ESCATA.
>> BONAFE.

ESCATMAT , échec et mat.

ESCATZ. Voyez ESBUSCHATZ.

ESCAUDAR , échauder.

ESCAUSIR e gardar , prendre garde.

ESCAVALCAR , descendre de cheval.

ESCAVELS , dévidoir.

ESCAZEGUTZ , échu , arrivé.

ESCAZENSA , échéance. Hasard , accident , rencontre , événement.

ESCAZER , échoir.

ESCEMIR , diminuer. S'évanouir.

ESCHA , qu'il sorte , se retire.

ESCHARNIRE , railleur , moqueur , dédaigneux.

> ESCHARNIRE quer sabieza , e ja non la trobara.
>> BEDA. 52.

> Quaerit DERISOR sapientiam , et non invenit.

ESCHARNS , ridicule.

> ESCHARNS es aver frevoleza en tot lo cors , e petitas plaias mostrar.
>> BEDA. 29.

> RIDICULUM est, debilitato et fracto corpore , vulnera pauca monstrare.

ESCHARPIR , écharper , déchirer , mettre en pièces.

> Avareza tota ora a fam e es sofraitoza , e cum plus ESCHARPIS toi lo munt ab sas cruels dens , plus si demostra enquers esser dejuna.
>> BEDA. 22.

> Avaritia esurit semper et inop est , et cum feralibus dentibu universa mundi regna DISSECERIT et se adhuc jejunam con tetur

ESCIEMITZ , en secret.

ESCIEN , connaissance , discernement; opinion , avis , jugement , habileté.

ESCIENTRE , id.

ESCIENTERS , savamment , prudemment.

ESCLAIRAR , égayer , réjouir. Luire , dissiper. Signaler , illustrer. Laver , nettoyer.

Quant hom troba una peira pres-
sioza e la fanha, no la metra
pas en son thezaur juscas que
l'aia ESCLAIRADA.

SYDRAC.

ESCLARZIMEN, éclaircisse-ment.

ESCLARZIR, purger. Expli-quer.

ESCLAU, route, trace, ves-tige.

ESCLAUS, exclus. Esclavon.

Uut es li possessios de sabieza,
aqui es ESCLAUSA li amors de
femina.

BEDA. 15.

Ubi enim sapientis possessio, ibi
amor mulieris EXCLUDITUR.

ESCLAVABLE, compréhensi-ble.

ESCLAVINA, vêtement gros-sier, sarrau.

ESCLEN, abatte, détruise,
renverse, ruine.

N'aura ta fort castel que non
ESCLEN.

G. de R.

ESCLETZ, pur, net.

ESCLUTZ, exclut, défend.

ESCOBA, **ESCOBILLA**, balai.

ESCOBAR, balayer.

ESCOBOLERS, balayures.

Em fati coma ESCOBOLERS d'aquest
mon.

N. T. 1 Cor. 4.

Tanquàm PURGAMENTA hujus
mundi facti sumus.

ESCOBUT, pouvoir, dispo-sition.

E Karle juret dieu e sa vertut,
Se tenia Girard son ESCOBUT
Ans que son lonh auzit l'auria
pendut.

G. de R.

ESCOFENAR, écosser.

ESCOFITZ, déconfits, détruits.

ESCOGOSSAR, cocufier, hon-nir.

ESCOICENDRE, déchirer.

E evidant, en el mot ESCOICEN-
DENS, issi de lui.

N. T. Marc. 9.

Et exclamans, et multùm DIS-
CERPENS eum, exiit ab eo.

ESCOILAT, eunuque.

ESCOILL, genre, sorte, es-pèce. Tel. Confrérie. Avis.

ESCOLAN, étudiant, élève,
disciple.

Lo mejes lo sec dreita via
Am des ESCOLANS que avia,
Que van am lui matin e ser
Per appenre de son saber.

H. de L.

ESCOLAR, couler, égoutter,
épuiser. Châtrer.

ESCOLORJABLES, glissant.

Diables es ESCOLORJABLES serpens,
el intra ESCOLORIANT dedins lo
cors.

BEDA. 78.

Diabolus serpens est LUBRICUS,
in interna cordis ILLABITUR.

ESCOLORIT, pâle, décoloré.

Vevos u caval ESCOLORIT

N. T. Apoc. 6.

Et ecce equus PALLIDUS.

ESCOLS, que tu vides, ta-risses.

ESCOLTAR, écouter, entendre.

ESCOMENEGADOR, exécrable.

ESCOMERGAT, abominable.

ESCOMIS, défié, provoqué.

ESCOMETRE, gager, parier. Défier, provoquer.

ESCOMINIS, excommunication.

ESCOMIS, j'entrepris.

ESCOMOCIO, emportement.

> Vis trop beguz fai ira et ESCOMOCIO.
> BEDA. 25.
> Vinum multùm potatum IRRITATIONEM et iram facit.

ESCOMONEA, scammonée.

ESCOMOURE, ESCOMOVER, exciter, piquer, irriter.

> Aspra paraula ESCOMOIS forcenaria.
> BEDA. 16.
> Sermo durus SUSCITAT furorem.

ESCOMPRENDRE, allumer.

ESCON, pique, javelot.

> Li ESCON e las archas, e'l tinal
> e'l pilo
> Estan de terra en taula e de bas
> en peiro.
> GUER. des Albig.

ESCONDIR, défendre, disculper, justifier. Cautionner, garantir. Refuser. Dédire.

ESCONDITZ, justification. Refus.

ESCONDRE, cacher. *Abscondere.*

ESCONDUDAMEN, en cachette, furtivement.

ESCONDUT, caché, couvert. *D'escondut*, en cachette.

ESCONS, caché.

ESCONT, cache.

ESCOPIR, cracher.

> Co agues ditas aquestas causas,
> ESCOPIT é tera, e se fer brac de
> saliva, e ons los ulhs del cec.
> N. T. Joan. 9.
> Haec cùm dixisset, EXPUIT in
> terram, et fecit lutum ex sputo,
> et linivit lutum super oculos
> ejus.

ESCOPITZ, conspué.

ESCORGATZ, écorcé. *Scorticatus.*

ESCOREGUT, encouru, confisqué.

ESCOREMENT, attroupement.

> No m'atroberon fazen negun ESCOREMENT.
> N. T. Act. 24.
> Neque invenerunt me CONCURSUM facientem turbae.

ESCORGAR, ESCORIAR, écorcher.

ESCORGERON, écorchèrent.

ESCORPIO, teigne, ver. Machine de guerre.

ESCOMPORAT, incorporé.

ESCORSA, écorce. Ce mot est employé au figuré dans le passage suivant.

> Si per aventura s'escai
> Qe la trob sola, mantenent
> La bais' e l'embrasse sovent;
> E s'ilh se suffre à forsar,
> Prendra son joi ses demorar:
> Qe domna vol per dreit' ESCORSA
> Q'hom li fass' un petit de forsa,
> Q'ill no dira ja, fazes m'o;
> Mas qui la forsa sofre s'o.
> ANONYME.

ESCORTEGAR, écorcher.

E fazem cinq bous amenar
Ez aqui eis ESCORTEGAR.
    JAUFRE.

ESCOS, secoué, battu.

ESCOST, caché.

ESCORZ, esquif, nacelle. Ecossais.

ESCOUAR, équeuter.

ESCOUT, action d'écouter. Ecoutes.

ESCOUTELLATZ, coupé, châtré.

De jos es ESCOUTELLATZ,
E del ping dreitz es arpatz,
E tart crei lansa destenda.
    MARCOAT.

ESCRACAR, cracher.

ESCREGUDA, crue.

ESCREMIR, escrimer, contester.

ESCRICH, écrit.

ESCRIDAR, s'écrier. Huer. publier.

ESCRIM, combat.

ESCRIMIR, se défendre.

ESCRIPA, bourse, besace, valise.

Qui a saquet prenna éissament
ESCRIPA.
    N. T. Luc. 22.
Qui habet sacculum tollat similiter PERAM.

ESCRIPTORA, les scribes.

ESCRITZ, dépeint.

ESCRIU, écris, il écrit.

ESCRIURE, écrire.

ESCROISIT, froissé.

ESCRUSSIR, grincer.

Escrussio las deuts en lui.
STRIDEBANT dentibus in eum.

ESCUBEL.

Un sirventes ESCUBEL
E'n giteira ius sarena.
    MARCOAT.

ESCUBERMEN, révélation.

ESCUBILL, ordures, balayures.

ESCUDELA, écuelle, plat. *Scutella*.

ESCUDIER, écuyer, domestique.

ESCUDRINHAR, fouiller, scruter, éplucher.

ESCUEILL, ESCUOILL, classe, espèce, façon.

ESCUMENEGADA, profane.

Esquiva las ESCUMENEGADAS DO-
velletatz de las vouzés.
    N. T. 1 Tit. 6.
Devita PROFANAS vocum novitates.

ESCUMENJAR, excommunier.

ESCUMERGAMENT, abomination.

No intrara ellei causa laissada,
ni degu fazents ESCUMERGAMENT.
    N. T. Apoc. 21. v. 27.
Non intrabit in eam aliquod coinquinatum, aut ABOMINATIOREM faciens.

ESCUMERGANSA, anathème, abomination.

ESCUMERGAR, détester, abhorrer.

ESCUMERGAT, scélérat, impie.

ESCUPIR VES SUS, cracher en l'air.

ESCUR, obscur, mauvais.

ESCURAS, écuries.

ESCURDAT, tache, obscurité.

ESCUROLS , écureuil.

> Eqai lo reis de Castella ,
> Qe prez e valor capdella ,
> Estan ab sos Espainhols
> Vol l'emperi ni l'apella :
> Don ieu dis qez escurols
> Non es plus lieus qe sos vols.
>
>   DE TORS.

ESCUEZIR, obscurcir, brunir.

ESDANH, refus, dédain.

ESDARAVAT, arraché.

ESDEMES, abandonné. *Totz esdemes*, à bride abattue.

ESDEMETRE, abandonner, renoncer.

ESDEVENIR, devenir, arriver, survenir. Réussir, parvenir.

ESDIC, nie.

ESDICH, dédit.

ESDIRE, nier, protester, rejeter, éviter ; disconvenir.

ESDOLFVI, ESDOLIBRE, déluge.

> Venc lo jorn de Noe am l'ESDOLIBRE, e son tot perdut.
>
>   N. T. Luc. 17.
>
> In dies Noe venit DILUVIUM, et perdidit omnes.

ESDREG, injustice.

ESDUCH, ESDUCHA, retiré, rejeté, rejetée.

ESDURRE, emmener, éconduire.

ESER CAP DE MURIR, être sur le point de mourir.

ESFAMAR, diffamer.

ESFASENT, effaçant.

ESFEILLAT, effeuillé.

ESFELENAR (s'), se piquer, s'irriter.

ESFELNIR, entrer en fureur.

ESFERAR, effrayer, effaroucher.

ESFERVIR, échauffer, bouillonner. *Fervere*.

ESFERZITZ, effrayé, consterné.

ESFLAUJA,

> A dieu prec que mos precs auja ,
> Qu'el volh' e m don qo'eu m'en auja
> Lai on son volgut amics ;
> Quar ja'l sens lis cor s'ESFLAUJA,
> Totz autres trob non plus rics :
> E non o dic ges enics.
>
>   R. d'Aurenga.

ESFORSAR, raffermir, fortifier.

> Misericordia e vertuz gardont lo rei ; e sos tros ESFORSA per pietat.
>
>   BEDA. 44.
>
> Misericordia et veritas custodiunt regem ; et ROBORATUR clementiâ thronus ejus.

ESFORSIU, ESFORSIVA, fort, violent, violente.

ESFRANGA, rompe.

ESFRE, ESFREI, effroi, effraie.

ESFREDAR, effrayer.

ESFREVOLSIR, affaiblir.

> Luxuriosa vida ESFREVOLSIS la carn, e la mena tost à velieza.
>
>   BEDA. 18.
>
> Luxuriosa vita carnem DEBILITAT, fractamque celeriter ducit ad senectutem.

ESFRONDAR, ESFRONSAR, effondrer, percer, enfoncer.

ESFULIA, injure, outrage.

     Las

Las ESFULIAS dels malsdizens sunt vencudas per pacientia.

BEDA. 2.

CONTUMELIAS detrahentium patientia superat.

ESFULIAR, outrager.

Qui ESFULIA son amic, depart l'amistat.

BEDA. 64.

Qui CONVICIATUR amico, is dissolvit amicitiam.

ESGA, sorte de maladie des oiseaux de proie.

Apres febres solon aver
Auzels grans mals per noncaler;
Ref et ESGA son li pejor.

PRADAS.

ESGARDADOR, sentinelle. Scrutateur.

ESGARDAMEN, présence, observation. Spectacle.

Nos em fag ESGARDAMEN ad aquest mont.

N. T. 1 Cor. 4.

SPECTACULUM facti sumus mundo.

ESGARDAR, avoir égard. Regarder.

ESGART, garde, précaution.

ESGAUZIR, réjouir.

Aicels que s'ESGAUZISSO aissi co no esgauzens.

N. T. 1 Cor. 7.

Qui GAUDENT tanquàm non gaudentes.

ESGLAI, effroi, chagrin, trouble, affliction.

Mas qui pogues lo cor vezer
Del malvat ric home savai,
Hom i vira tan fer aver
Que fera paor et ESGLAI.

Per que volgra, quar hom no ve
Lo malvais voler deziron,
La gran malvestat qu'a en se
Portes escricha sus el fron.

CARDINAL.

ESGLAIA, effraie, épouvante.

ESGLANDAR, assommer.

ESGLASIATZ.

Es aversiers? hoc verament
So cre, e dels ESGLASIATZ,
Pus d'aquesta sazon anatz.

JAUFRE.

ESGOTAR, égoutter.

ESGRAPELATZ, éraillé.

ESGRAT, gratuitement.

ESGRAT o recebets, ESGRAT o donats.

N. T. Matth. 10.

GRATIS accepistis, GRATIS date.

ESGUARAR, préserver, garantir.

ESGUART, regard, vue, apparence.

ESGUIRAR, déchirer, égratigner.

ESJAU, réjouis, réjouit.

Pos tant es vas mi fallida,
Ai si lais son senhoratge;
E un volh que m si' aizida,
Ni j mais parlar non quier.
Mas pero qui m'en razona
La paraula m'en es bena,
E m'en ESJAU voluntier
E m'alegr' e mon coratge.

VENTADORN.

ESJAUZIR, réjouir.

ESLABREJAR, hésiter, vaciller, chanceler, glisser, tomber. Dégénérer.

Esqivar levem que'l bes que es e nos non ESLABREJE en vizi.

BEDA.

9

Eslais, élan. S'élance.

Eslaissar, élancer. Relâcher.

No l'eslaissar en corrent, que no
fassas taïna e t'endormas.

        Beda. 77.

Ne currens laxeris, aut moras
faciens dormias.

Eslanegar, Eslenegar, sortir, échapper, descendre.

Recebent honor e gloria de dieu
lo paire, per la vous eslane-
gada ad el de la gran gloria.

        N. T. 11 Petr. 1.

Accipiens à deo patre honorem
et gloriam, voce delafsa ad
eum à magnificâ gloriâ.

Eslanegat, tombé.

Tasteron la bona paraula de dieu,
e las vertutz del segle avenidor,
e son eslanegat.

        N. T. ad Hebr. 6.

Gustaverunt bonum dei verbum,
virtutesque saeculi venturi, et
prolapsi sunt.

Eslassamens, charmes, at-
traits.

Luxuria domda las ferrientas
pessas, per bonas viandas e per
eslassamens de deleiz.

        Beda. 18.

Inter epulas et illecebras voluptatum, etiam ferreas mentes
libido domat.

Esleg, choisit.

Eslengar, arracher la langue.

Esler, élire, choisir.

Esluciada, éclair.

Esliar, délier.

Eslongansa, délai, prolon-
gation.

Eslucha, éloigne.

Esmagatz, troublé.

Esmagrezir, amaigrir.

Esmai, émotion, trouble,
étonnement.

Esmaiar, effrayer, consterner.

Esmans, que tu coupes la
main.

Esmansa, estimation, éva-
luation. *Prendre esmansa*,
penser, réfléchir, exami-
ner.

Esmar, estimer, évaluer.
Juger, comparer.

Esmarrir, affliger, chagriner.

Esmaut, émail.

Ar intret en las cambras, qu'eran
penchas am flors
E d'azur e d'esmaut, e de mantas
colors.

        H. de L.

Esme, qu'il évalue. Prisée,
prix, valeur.

Esmena, Ismène, nom de
femme.

Esmenandres, le Méandre,
rivière.

Esmenda, réparation, satisfaction.

Lo prince ac esmenda de Jaso, e
laisset lo annar.

        N. T. Act. 17.

Princeps, acceptâ satisfactione
à Jasone, dimisit eum.

Esmendar, réparer.

Esmens, prix, valeur.

Esmentidura, éjection.

Esmentir, émentir, fienter.

Esmer, qu'il polisse, perfec-
tionne.

Esmeradura, affinement.

ESMERAR, affiner, épurer.
ESMERI, j'épure.
ESMERILH, émérillon.
ESMES, livré, adonné, abandonné. Nous sommes.
ESMET (s'), s'entremet.
ESMETRE, avancer, engager.
ESMICOLAR, émier, émietter.
ESMIRLE, émérillon.
ESMOL, émout. Émonde.
ESMOLEDOR, rémouleur, gagne-petit.
ESMOLTAS, affilées, émoulues.
ESMOSID, fiente. Émoulue. Nettoyée.
ESMOU, agite, remue.

Bar saill enans, ESMOU las mans e'l bratz
Qu'es forts e ferms contra'ls desmesuratz :
Quar per esfortz sont maint homes estort,
Quez autramen foran vencut e mort.
        BORN.

ESMOUTAS, émoulues.
ESMUNDAT, net, purifié.

Cil que ades plorunt, e no cessunt de pechar, sa plor, mas pas no sunt ESMUNDAT.
        BEDA. 6.

Qui veras lacrymas indesinenter fundit, et tamen peccare non desinit, hic lamentum habet, sed MUNDATIONEM non habet.

ESMUNIR, éteindre.
ESMUS, émeute, excite.

    Lo jois e'l cans
Dels auzels, e'l deport e'l critz
    Esmus euvitz
De cantar, per qu'ieu m'esbaudei.
        BORNELH.

ESORGERA, s'élevera, ressuscitera. *Exsurget.*
ESPA, épée. *Spata.*
ESPADAR, tuer, armer d'une épée.
ESPANDEMENS, épanchement, effusion.
ESPANDIR, étendre. Epanouir. Répandre.
ESPANDUDA, répandue.

La caritats de deu es ESPANDUDA els nostres corajes.
        N. T. ad Rom. 5.

Charitas dei DIFFUSA est in cordibus nostris.

ESPANH, épanouit.
ESPAORDIR, ESPAORZIR, effrayer, épouvanter.
ESPARGA, répande, fasse courir.
ESPARSA, aspergée.
ESPARSERETZ, vous répandrez.
ESPARC, je répands.
ESPARX, cosses.

Desiava omplir so ventre dels ESPARX.
        N. T. Luc. 15.

Cupiebat implere ventrem suum de SILIQUIS.

ESPAS, temps, loisir, commodité. Epée.
ESPATLAS, épaules.
ESPAVEN, ESPAVENTAMENT, peur, épouvante.
ESPAVENTALH, épouvantail.
ESPAVENTAR, épouvanter.
ESPAVENTOS, ombrageux.
ESPAUT, faible, défaut.
ESPAUTAR, troubler.

ESPAUTAT, étonné, stupéfait.

Li discipol foron ESPAUTAT à sas paraulas.
N. T. Marc. 10.

Discipuli OBSTUPESCEBANT in verbis ejus.

ESPAUTOS, ESPAUTOZA, tremblant, tremblante.

Li femna tement et ESPAUTOZA.
N. T. Marc. 5.

Mulier timens et TREMENS.

ESPAZADA, coup d'épée, estocade.

ESPAZETAS, petites plumes d'un oiseau.

ESPAZI, espace.

ESPECIAIRE, épicier, droguiste, apothicaire.

ESPECIAL, épicé.

Orguels es lo viu del diable plus fort e plus ESPECIAL.
V. e V.

ESPEISSA, épaisseur. Épaissit.

ESPEL, ESPELHA, explique. Éclôt.

ESPELH, glace, miroir.

S'om pogues vezer en ESPELH
Tan be sos aips com sas faissos,
Aquel miralhs fora trop bos,
Que'ls malvats viran qui son ell:
Que tal se pimp' e s'aplanha
Cui malvestatz serr' e lia,
Qu'aicel miralhs lo faria
Plazens, de bella companha.
BRUNET.

ESPELIR, éclore.

ESPELLUCHA, batterie, prise aux cheveux.

Lugn es lucha,
So dizon villas, d'ESPELLUCHA.
H. de L.

ESPEN, pousse, chasse, expulse.

ESPENGA, qu'il pousse, excite, anime.

ESPENHER, heurter, frapper.

Vos seres deforas, et ESPENHEN lui dires: senher, obre nos.
N. T. Luc. 13.

Incipietis foris stare, et PULSARE ostium, dicentes: domine, aperi nobis.

ESPENSAR, penser, considérer.

ESPER, espoir, attente. J'espère.

ESPERA, sphère. Affût, terme de chasse.

ESPERAMEN, épreuve.

ESPERC (m'), je m'émerveille.

ESPERDRE, sécher, consumer.

Molt home, per l'ardor d'eveja que ant dels profeiz dels bos, s'ESPERDUNT.
BEDA. 12.

Multi de bonorum profectibus invidiae labore TABESCUNT.

ESPERGA, afflige, soit éperdu.

ESPERIA, espion. Faute, pour ESPIA.

ESPERIC, je m'éveillai.

ESPERITAL (sant), saint Esprit.

ESPERMENTAR, expérimenter.

ESPERONADORS, qui éperonnent.

ESPERONAILL, éperon.

ESPERT, éveillé, adroit, habile.

ESPERTAR, éveiller, expérimenter.

ESPELTZ, proche, voisin, parent, intime.

ESPES, épais. Souvent. Promptement, diligemment.

  Lo Coms ab la companha cavalga
  tant espes
  Que de las V jornadas non a
  faitas mas tres.
          GUER. des Albig.

ESPESSAT, taillé, mis en pièces.

  E son agut à gran turment,
  Mort e nafrat tan laidament
  Et espessatz per Sarrazins.
          H. de L.

ESPESSIERS, épicier.

ESPIA, espion.

ESPIC, pieu, épieu. Epi. *Spica.*

ESPIEUT, épieu, lance.

ESPIGA, épi.

ESPIGAR, monter en épi.

ESPIL, glace, miroir.

ESPINA, arète, épine.

ESPINASSA, buisson.

ESPINASSAR, entourer, couronner d'épines.

ESPINGAR, lorgner.

ESPINTAR, enfoncer.

ESPIRAR, inspirer. Rechercher.

ESPIRITAL, sensé, spirituel.

ESPITAL, hôpital, hospice.

ESPITAR, enfoncer.

ESPLANAR, expliquer, éclaircir. *Explanare.*

ESPLE (ad), au plus vîte.

ESPLECHA, ESPLECTA, fait, opère. Usage, jouissance, profit, récolte, revenu, redevance.

ESPLECHAR, ESPLEITAR, exploiter, exécuter, poursuivre. Tirer le revenu.

ESPLIG, ESPLEIT, outil, instrument. *A espleit*, en hâte.

ESPLEITZ, profits, revenus, redevances.

ESPLES, déployés.

ESPO, explique. *Exponit.*

ESPOIO, mise d'une gageure.

ESPONDA, bord du lit. Rivage. Frontière. Barrière.

ESPONDEIRA, banquette, couchette.

ESPONDRE, expliquer, exposer. *Exponere.*

ESPONJA, éponge.

ESPONRAI, j'expliquerai.

ESPORTA, ESPORTELLA, corbeille, sac, besace.

  Non esportellas, ni pa, ni moneda é las centuras.
          N. T. Marc. 6.

  Non feram, non panem, neque
  in zona aes.

ESPOS, exposé; explique. Epoux.

ESPOSCAR, arroser, nettoyer.

ESPOUZAR, épuiser.

ESPOZALICI, fiançailles. Ce qu'on donne au futur époux.

  La donazo *propter nuptias*, so es
  l'espozalici.
          COD.

ESPREMER, presser, exprimer.

ESPREN, enflamme.

ESPRIEU, expressif, frappant.

ESPROAIRE, ESPROVAIRE, qui éprouve. Souffrant.

ESPROANSA, épreuve, essai.

ESPROVAR, blâmer, reprocher. Charger d'injures. *Exprobrare.*

ESPROVAT, expérimenté. Prouvé, fiessé.

ESPULGAR, éplucher.

ESPURGAMEN, épuration.

ESPURGAR, épurer. *Expurgare.*

ESQUEIRAS, escadrons, bataillons, troupes.

ESQUENA, ESQUINA, échine.

ESQUERN, blasphème, moquerie, médisance. Avanie, plaisanterie.

Los autres an esproat ESQUERNS e batemens.
N. T. Hebr. 11.

Alii LUDIBRIA et verbera experti sunt.

ESQUERRA, écharpe, collier.

ESQUERRAS, dur, farouche, étrange, indocile. Gaucher.

Den m'avetz vestit aital fre
Que ja nous serai ESQUERRAS.
SESCAS.

ESQUERREIR, dur, fâcheux, scabreux.

ESQUIGACHA, échauguette.

ESQUILA, clochette, sonnette.

ESQUINSAR, ESQUINTAR, déchirer, arracher.

Gran annta es si us hom ESQUINSET
lo mantel del col ad autre home,
o si el li ESQUINSET la gonela,
o'l blial, o autre vestiment del dos.
COD.

ESQUIU, je fuis. Bourru, farouche, sauvage. Déplaisant, désagréable. Fort, terrible.

ESQUIVADANSA, mensonge.

Seran denunciatz de lur maleza
e d'ESQUIVADANSA.
Ps. 58.

De execratione et MENDACIO annunciabuntur.

ESQUIVAR, se garder, éviter, éluder.

ESRAIS, arrache, déracine.

ESSA pour ES SA, il est ici; et pour E SA, et sa.

ESSAIAR, essayer, éprouver.

ESSAIS, joutes, combats, escarmouches.

ESSALEGRAR, récréer, réjouir, délecter.

Li piors de deu ESSALEGRA lo cor,
e donara alegreza e joi tostems.
V. T. Eccli. I. v. 12.

Timor domini DELECTABIT cor,
et dabit laetitiam et gaudium,
et longitudinem dierum.

ESSART, abattis, destruction.

ESSAURAR, essorer; mettre, exposer à l'air.

ESSAURIR, écouter.

ESSAUSAMENT, élévation.

ESSE pour EN SE, en soi.

ESSEC, suit, s'ensuit.

ESSEMS, ensemble. *Essems correns,* concourans. *Concurrentes. Essems nomnatz,* surnommés. *Cognominati.*

ESSENDEE, brûler, incendier.

ESSENHAT, instruit, bien élevé. Enceint, enfermé.

ESSENTABLES, à qui l'on peut apprendre.

Aquel es ESSENTABLES qu'es snaus à apenre.

BEDA. 71.

DOCIBILIS ille est qui est ad discendum mitis.

ESSER, être.

Eu vulh vos ESSER savis é be, e simples é mal.

N. T. Rom. 16.

Volo vos sapientes ESSE in bono, et simplices in malo.

ESSERNIMEN, bon sens, jugement.

ESSERNIT, sensé, judicieux.

ESSERRAT, fermé.

No sap ont vai, car tenebras li aut ESSERRAZ los oils.

BEDA. 3.

Nescit quò eat, quià tenebrae OBCOECAVERUNT oculos ejus.

ESSES, encens.

ESSESSER, encensoir.

ESSICAR, aveugler.

Don ESSICENT los oils dels sabis, e mudunt las paraulas dels dreituriers.

BEDA. 48.

Munera EXCOECANT oculos sapientùm, et immutant verba justorum.

ESSIDUELH, ESSIDOILL, Exideuil en Périgord.

ESSIL, ESSILH, exil. Ruine, destruction.

ESSILHAR, détruire, ravager.

ESSIR, sortir. *Exire.*

ESSO pour EN SO, dans son, en son.

ESSOI, et je suis. *Essoi ne ben certz*, et j'en suis bien certain.

ESSUCH, ESSUTZ, essuyé, sec.

EST, vous êtes. Ce, cet.

ESTA, reste. Cette. Sied. Diffère, hésite.

ESTABLAR, statuer.

ESTABLIDA, demeure, établissement. Garnison. *Far l'establida*, courir le guilledou.

Una donna bona et honrada
Avia sa filha espozada
Ad un servent de mala vida,
Que fazia lo ser l'ESTABLIDA;
Et anava mantas sazons
En percas emb' autros glotons.

H. de L.

ESTACA, pilier, poteau. Domicile, demeure.

Lo cal avia ESTACA él vas.

N. T. Marc. 5.

Qui DOMICILIUM habebat in monumentis.

ESTACAR, attacher.

ESTACHIER, ESTAGIER, locataire.

ESTADIS, le stade, hippodrome.

L'ESTADIS, so es aquel locs un corrunt li chaval à Roma.

COD.

ESTAGA, ESTAJA, demeure, habitation.

El mieu paire amarà el, e venrem à el, e farem ESTAGA en el.

N. T. Joh. 14. v. 23.

Pater meus diliget eum, et ad
eum veniemus, et MANSIONEM
apud eum faciemus.

ESTAGRAT, malgré.

ESTAI, est, demeure, sub-
siste.

ESTAL (far, tener), s'arrêter, tenir ferme, rester,
attendre. *Gurpir estal*,
abandonner la place.

ESTALBIAR, épargner, mé-
nager.

ESTALISAGRA, staphisaigre,
herbe aux poux.

ESTALVAT, avenu, arrive.

T'en mortalmen nos esgluia
Temor quens ve de sobremor,
So dizou li tin amador,
Que soven nos es ESTALVAT
Que la nurg quan nos em colcat,
O de bel dia, cassiram
En qual manieira lor digam,
E prenden am nos ardiment
Que l descubram nostre turment,
E cauziem mot bela razo
Am motz plazens e de faisso.
Apres, quan l'om denan vengutz.
Em temeros et esperdutz,
E mutz; et avem oblidat
Tot so quens aviam pessat.
        BREV. d'Amor.

ESTAM, nous sommes.

ESTAMENT, état, situation.

Aital consciencia non pot esser
en pas, taut com ella es en
aital ESTAMENT.
        V. e V.

ESTAMPA, Etampes ou Es-
tampes, ville.

ESTAMPIDA, sorte de poésie.
Barrée, arrêtée par une
barre, fermée.

Ez a una porta passada
D'una gran sala longu' e lada,
E pueis troba n'autra petita
Que fu barrada et ESTAMPIDA
Dedins.
        JAUFRE.

ESTAN, sont, restent. Fixe,
immobile. *En estan*, de-
bout.

ESTANCAR, étancher, bou-
cher, arrêter.

ESTANCX, étang.

ESTANH, étang. Etain.

ESTANSA. Voyez ESTAMENT.

ESTASON.

Hieu fas far una gaia, anc tan
bona no fon,
Que'lh soler e las alas, e'l trau
e'l cabiron,
E'lh portal e las vontas, e'l sial
e l'ESTASON
Son de fer e d'acer tuit lassat
environ.
        GUER. des Albig.

ESTAR, être, demeurer.
Exister, existence. *S'en
estar*, cesser, s'en passer.
Presser, insister.
Estat covinablamen e no-covina-
blamen.
        N. T. 2 Tim. 4.
Insta opportune et importune.

ESTARAGUERA, ESTARAGUESA,
d'Astarac.

ESTARZ, logemens, appar-
temens.

ESTAT, été. Stade.
Cel que corron en l'ESTAT certas
tug corron, mas l'us receb lo
loguier.
        N. T. 1 Cor. 9.
Li qui in STADIO currunt, omnes
quidem currunt, sed unus acci-
pit bravium.

ESTAIGE, séjour, demeure.

ESTATZ, soyez. Restez, arrêtez. L'été. *Aestas.*

ESTAU, ESTAUC, je suis, je reste. Je m'abstiens.

ESTE, cet. Soit. S'abstient.

> Cel que conten en batalha s'ESTE
> de totas cauzas.
>
> N. T. 1 Cor. 9.
>
> Qui in agone contendit, ab omnibus se ABSTINET.

ESTEC, fut. S'arrêta.

ESTEFES, Etienne.

> ESTEFES, baro ple de fe e del Sant Esperit.
>
> N. T. Act. 6.
>
> STEPHANUM, virum plenum fide et Spirito sancto.

ESTEI, je fus, soit. Je restai. *Steti.*

ESTEIA, que je sois, qu'il soit, qu'il reste.

ESTEIGNER, éteindre. *Extinguere.*

ESTEIS, étendit, étreignit.

ESTELA, étoile. Bûche.

ESTENC, s'abstint.

ESTENCHA, ESTENDIDA, éteinte.

> En la bocha nais lo charbou
> Del foc d'amor mainta sazon,
> Don ja non er ESTENDIDA
> La bruxa, tro m si' aizida
> Baixau la vostra, don
> Parlaz tan dolcamen.

ESTENDILHAR, étendre.

ESTENENSSA, ESTINENSSA, abstinence.

ESTENER, s'abstenir.

ESTENGER, ESTENHER, éteindre, étouffer, exterminer.

> Melhor es à tu devol intrar à
> vida, quae aveut doas mans
> annar en pena, el foc que
> jamais non ESTENC
>
> N. T. Marc. 9.
>
> Bonum est tibi debilem introire
> in vitam, quam duas manus habentem ire in gehennam, in
> ignem INEXTINGUIBILEM.

ESTERA, serait.

ESTERGER, secouer, nettoyer. *Abstergere.*

ESTERLIN, sterling. Anséatique.

ESTERN, trace, chemin. Gendre qui vit avec son beau-père. Gouvernail.

ESTEROZA, fume, engraisse. Souille, pollue.

> Per dieu be m tene per toza
> Si l'anel e la croza,
> Pois es mon enemic,
> No l tol, ab de sa boza
> Don tan cou EST ROZA
> Ab un palm de l'espic.
>
> BERGOEDAN.

ESTERS, à l'exception. Etranger. *Exterus.*

ESTES, étendu. Fût.

ESTESSON, fussent.

ESTEVA, cornemuse, musette.

> Trompas mi cors, ni violas ni tambors,
> Guerras ni cortz, ni ESTEVAS ni can
> No valon re contra'l vostre socors.
>
> CARDUELH.

ESTEUC, fut. Resta. Soit.

ESTEUS (eu), moi-même.

ESTEZAR, tendu, bandé.

ESTIAS, tu sois.

ESTIC, je sois, il soit.

Estics , autrement.

Estiers , hormis , outre , excepté. Autrement.

Estiinable , extinguible.

Estirar , étirer , étendre , allonger.

Estiva. Voyez Esteva.

Estivar , passer l'été.

Esro , cet. Mot espagnol.

Estobezens , effrayé , étonné.

Estobezimen , stupeur , stupéfaction.

Foro complitz d'estobezimen e de sobrepujamen de pessa.

N. T. Act. 3.

Repleti sunt stupore et extasi.

Estobezir , être dans l'étonnement.

Esroc , garde , serre. Diffère , remette. S'arrête.

Estojar , garder , enfermer , réserver , cacher , serrer.

Estol, flotte , armée. Exalte.

Estoltas , étourdies.

Estopa , étoupe , charpie.

Estoponar bonder , boucher , étouper.

Estor , Estorn , joute , tournois , combat , mêlée. Trousseau , bruit du tonnerre.

Estorcer , sauver , échapper , retirer , dégager , délivrer , arracher.

Estorcs , arraches.

Estormir , combattre , attaquer.

Estoanel , étourneau , sansonnet.

Estornir , combattre , attaquer.

Estors , Estort , sauvé , délivré.

Estorsemen , délivrance.

Estout , étourdi. Brave , irritable.

Estra , ôte , retire. Outre , hors.

Estrada , chemin.

Estradier , de chemin.

Lo ters ram es de raubadors estradiers , qui raubon los camis.

V. e V.

———— Marcheur , coureur.

Elh li menet en destre son bon destrier ,
Non ac en tota Fransa tan estradier
Que om preze l'hui per corre miga un saumier.

G. de R.

Estragat , étrange , extravagant. Rejeté , détesté.

Estragrat , malgré.

Estraguar , extravaguer.

Estrain , Estran , étranger.

Estraire , ôter , retirer. Disculper , excuser.

Estraissa , trace , voie.

Gren et ab gran treballia trobaras l'estraissa ni la bona faz del bon cor.

Beda. 16.

Vestigium cordis boni et faciem bonam difficilè invenies et cum labore.

Estraisser , presser , extraire , exprimer.

Estrait, écarté , séparé. Issu.

Estrampa , estropiée.

Estrangatz , étrange , effarouché.

ESTRANGOLAR, étrangler. *Strangulare.*

ESTRANGOLMEN, étranglement.

ESTRANH, étranger.

ESTRANHAR, perdre, écarter, éloigner, s'absenter; être étonné, surpris. Trouver étrange.

No vulhas ESTRANHAR en l'embulment, lo cal es fach à vos à temptacio.
N. T. 1 Petr. 4.

Nolite PEREGRINARI in fervore, qui ad tentationem vobis sit.

ESTRANHARESA, voyage.

ESTRANHATGE, cas étrange. Rigueur. Fort loin.

ESTRANHEZA (aver), être farouche, ombrageux.

ESTRANI, étrangers, barbares, qui ne sont pas du pays.

Li ESTRANI avian nos pietat.
N. T. Act. 28.

BARBARI praestabant non modicam humanitatem nobis.

ESTRAS, ESTRES, balcons.

ESTRASSAT, épars, détaché, flottant.

E son ESTRASSAT siei cabel,
Que lusiron contra'l solel
Au i con fa lin aur brunitz,
Que sai e lai son espanditz.
JAUFRE.

ESTRAUS, môle, quai, embarcadaire.

De Tharasco ichiron e coron als ESTRAUS,
E tuit passeron l'aiga et intreron éls caus.
GUER. des Albig.

ESTAUTRAN, cette autre année.

ESTRE, qu'il étrenne, fasse présent.

ESTRECIAR, resserrer, affliger.

ESTREG, ESTREIT, étroit. Strict. Serré, pressé. Chiche, avare. Enveloppé.

ESTREIS, lié, garrotté.

Chascus es ESTREIZ de las cordas de sos pechaz.
BEDA.

ESTREM, bout, coin.

ESTREMAR (s'), se retirer.

Jesus ESTREMET se alla mar com sos discipols.
N. T. Marc. 3.

Jesus cum discipulis suis SECESSIT ad mare.

Mas el s'ESTREMAVA et orava él desert.
Id. Luc. 5.

Ipse autem SECEDEBAT in desertum, et orabat.

ESTREMIDA, ronde, visite, recherche.

ESTREMILR, dernier. Plus haut.

ESTREMIR, faire trembler. Ebranler. *Tremefacere.*

ESTRENHER, éteindre. Jeter par terre. Grincer.

ESTRENAIAN lur dens encontra el.
N. T. Act. 7.

STRIDEBANT dentibus in eum.

ESTRETZ, presse, foule, mêlée.

ESTREUP, étrier.

ESTRIBOT, sorte de poésie.

ESTRIDOR, grincement. *Stridor.*

ESTRIGA, serre, étreint.

ESTRIMADA, hardie, effrontée.

> Huels amoros, gais e plazens
> Ac e non cara ESTRIMADA.

ESTRIMATZ. Voyez ESTRUNATZ.

ESTRIOP, ESTRIU, ESTRIUS, étrier.

ESTRIS, grande mangeuse. *Estrix.*

ESTROLOMIA, astrologie, divination.

ESTROS (ad), tout net, entièrement.

ESTRUBAN.

> Ara l veirem parer fenhen et afachan.
> Anar d'artelh à pe e pojar ESTRUBAN.
>> SORDEL.

ESTRUBIEIRA, étrier.

ESTRUDETZ, ESTRUGETZ, trébuchet, piége, artifice.

ESTRUEILL, instruction, enseignement.

ESTRUMA, bosse, loupe, marque.

ESTRUN, courage, hardiesse, audace. Bonne volonté.

> Empero si sai n'a negun
> Qe volgues aver tan d'ESTRUN
> Qe s'en volgues ab vos anar,
> Gran lauzor pogra gazanhar.
>> JAUFRE.

——— Affection, désir ardent, passion.

> N Uget, auzit ai retraire
> Que l'anrfrei e'l gris e'l vaire
> N'eran ab lo fum tot un;
> Per qu'ieu non ai mon ESTRUN
> Ab aver don sui burlaire:
> E cascuns degr' aissi faire.
>> UGET.

——— *Ab un estrun*, ensemble, réunis.

> Amadieus i Altelmes, sel de Verdun,
> Intren en la batalha AB UN ESTRUN.
>> G. de R.

> Ja no seran passat lhi trei de un
> Que seran V. M. AB UN ESTRUN.
>> Id.

ESTRUNATZ, ardent, irrité, furieux.

> Mas el es tant fort ESTRUNATZ,
> Qe no s vol en loc estancar,
> Entro qe vos posca venjar
> De l'anta qeus fes l'autre jorn
> Taulat.
>> JAUFRE.

> El mon no cre qu'aia son par
> Tant esquit ni tant ESTRUNATZ,
> Ni qe tant aia gazanhatz
> Ab armas per cavalaria.
>> Id.

——— Vanté, flatté.

> D'aquo s'era ben ESTRUNATZ;
> Mas Jaufre lo benaüratz
> N'a venjatz totz sos enemicx.
>> Id.

ESTRUS, sauvage, rétif. Autruche.

ESTUBA, étuve.

ESTUCHAR, ESTUGAR, serrer, enfermer. Étudier.

> Pluzor vez aven que alcus s'ESTUCHA esser suaus, e mespreza los vices de sos sosgeiz.
>> BEDA. 71.

> Saepe enim quisque nimis mansuetudine STUPENS, subjectorum vitia despicit.

ESTUIAZ, gardé, conservé.

> L'avers del pechador es ESTUIAZ al dreiturier.
>> V. T. Prov. 13.

> CUSTODITUR justo substantia peccatoris.

ESTURMENS, instrumens.
ESTURNIT, éternuement.
ESTUT, resta. Il fallut.
ESTUZI, étude. Peine, soin, industrie.

Eu darei estuzi neiss aver vos sovendeiramen.
N. T. 2 Petr. 1.
Dabo operam etiam frequenter habere vos.

ESTZ, ces.
ESVARRATZ, égaré. Embarrassé.

ESVARRATZ
Sui eu vos lauzar, quar guitz
No m'es sabers ni arditz.
RIQUIER.

ESVAZIDOR, assaillant.
ESVAZIMEN, attaque, irruption.
ESVAZIR, charger, assaillir.
ESVELEZIR, avilir.
ESVERTUDAR, s'évertuer.
ESVIAR, dévoyer, égarer.
ETATZ, temps, âge. *Aetas.*
ETBRES, l'Ebre, fleuve.
ETZ, vous êtes.
EU, je, moi.
EUS, EUSSA, même. Pour E VOS.
EUST, eut.
EUZIERA, lieu planté d'yeuses ou chênes verts.
EVAIMEN. Voyez ESVAZIMEN.
EVARAR, égarer, embarrasser.
EUTRAMAR, outre mer.
EVAS, chez.
EVEI, EVEJA, zèle, émulation. Envie.

EVEIRONATZ, entouré, environné.

Cel que porta ira ab sos fraires, es EVEIRONAZ de tempestaz.
BEDA. 3.
Fratrem odiens, tempestate circumdatus est.

EVEJADOR, zélé.

Tuit so EVEJADOR de la leg.
N. T. Act. 21.
Omnes AEMULATORES sunt legis.

EVEJOS, zélé, jaloux, envieux.
EVELA pour É ELA, en elle.
EVELHEZIR, vieillir.
EVERS.

Li chaval de sotz els son tan EVERS
Coro e brocho plus que nulhs sers.
G. de R.

——— Sur le dos, à la renverse.
EVES, envers, chez.
EVESTIR, investir.
EVET, sapin.
EVIDAR, convier, inviter.

Om me prestet un enap d'argent, per ochaison que eu avia EVIDATZ mos amix.
COD.

EVIRO, environ.
EVOIG, en vain.
EXAUZIR, écouter, exaucer. *Exaudire.*
EXEMIR, exempter. *Eximere.*
EXERCITAT, exercé. *Exercitatus.*
EXIDA, sortie. *Exitus.*
EXORCA, stérile.

Qui fa star en l'albere la EXORCA.
Ps. 112.

Qui habitare facit STERILEM in domo.

EXSTIMAR, estimer. *Existimare.*

EXTRAGUATZ, extraordinaire, excessif.

EZ, et. Le Z est ici pour éviter le choc d'une voyelle suivante.

EZAMEN, aussi, pareillement.

EZILLAR, détruire, ravager, ruiner.

EZURA, usure.

EZURIER, EZURIERS, usurier.

F

FA, fait. *Facit.*

FABLAS dels gramazis, fictions des poëtes.

Li clergue devunt eschivar las FABLAS DELS GRAMAZIS; car per lo deleit de las unas fablas escomovunt la pessa al ardor de luxuria.
BEDA. c. 81.

Ideò prohibetur christianis FIGMENTA POETARUM legere, quià per oblectamenta fabularum mentem excitant ad incentiva libidinum.

FABLEL, fabliau.

FABRE, forgeron, maréchal. Ouvrier, charpentier.

FABREGADOR, fabricateur.

FABREGAR, forger, fabriquer.

FABRIL, fabrique. D'ouvrier, d'artisan. *Fabrilis.*

FAC, fait, action.

FACEDOR, FACLIRE, architecte.

FACH, je fais. Fait.

FACHA, faite. Face, visage.

FACHEL, fouet.

FACHILADOR, sorcier, empoisonneur.

Seran defora li FACHILADOR.
N. T. Apoc. 22.

Foris VENEFICI.

FACHILAMEN, FACHURA, sorcellerie, enchantement.

FACHURAR, ensorceler, fasciner.

FACHURIER, FACHURIERA, sorcier; magicien, magicienne.

FACIARIA, bail, location.

Vilà colonus, so es aquel qui ten terra à FACIARIA.
COD.

FADA, folle, sotte. Fée, magicienne.

Las FADAS, prezas las lampezas, no prezero oli ab lor.
N. T. Matth. 25.

FATUAE, acceptis lampadibus, non susceperunt oleum secum.

FADAMEN, follement.

FADAR, féer. Prédire, prophétiser.

FADATZ, né, destiné. Doué par les fées.

FADEI, je fais folie.

FADEJAR, badiner, se moquer. Refuser.

FADELH, fat, fou.

FADENC, FADENCX, fadaise.

FADERO, féèrent, douèrent.

FADET, ensorcela. Diminutif de FAT.

FADEZA, fadaise, sottise, impertinence.

Corona de sabi es sa richeza, e'l
nosens del fol es FADEZA.
BEDA. 15.

Corona sapientium divitiae eorum,
et IMPRUDENTIA stultorum FA-
TUITAS.

FADIA, rebut, dédain, mépris, rigueur, folie, indifférence.

FADIAR, frustrer, manquer, tromper, déranger, ruiner, être refusé.

FADIONS, frustré, refusé.

Seiner rei Artus de pretz flors,
Ez aizo dizon totz li mons
C'om de vos non va FADIONS
De secors ne de vostr' ajuda.
JAUFRE.

FADRIN, errant, vagabond.

FADRINS sian transportatz los filhs
d'el, e menignen.
Ps. 108.

NUTANTES transferantur filii ejus,
et mendicent.

FADRINA, fille.

FADRINESSA, jeunesse.

Los peccatz de la mia FADRINESSA
no t vengan à memoria.
Ps. 24.

Delicta JUVENTUTIS meae ne me-
mineris.

FADUC, fade, fastidieux, ennuyeux, méprisé.

FAENA, ouvrage, travail.

FAG, fais. Fait, action.

FAI, fais, fait. Faix, charge, fardeau. *Fai à far*, est bon à faire.

El meu FAI es s.
N. T. Matth. 11.
ONUS meum leve est.

FAIA, hêtre, fouteau.

FAICHUC. Voyez FADUC.

FAIDA (metre en), prendre la peine, se charger.

Ilh pensara : ges no soi faida
Pos aqest s'en vol metr' en FAIDA.
ANONYME.

FAIDES, faites.

Tot aco que vos volez que vos
fassunt li home, e VOS FAIDES
à els.
BEDA. 45.

Omnia quaecumque vultis ut
faciant vobis homines, ità et
VOS FACITE illis.

FAIDIMEN, révolte.

FAIDIR, bannir, exiler, proscrire.

FAIDITZ, banni.

FAIG, fait, acte.

FAILLA, faute, erreur.

FAISOLS, faséole.

FAISSIMEN, affaire, action, exploit.

E cel qui son fin prez garda
Non fa ges gran FAISSIMEN.

FAISSO, trait, forme, charme, appas. Façon, manière.

FAISSONADA, façonnée, bien élevée.

FAISSONAR, envisager, imaginer, peindre, exprimer, représenter.

FAISSOS, à charge, onéreux.

FAITILA, poison.

FAITILHAMENS, sortiléges, sorcelleries.

FAITILHEIRA, sorcière, devineresse.

FAITILIA, enchantement.

FAITIS, bien tourné, joli, bien proportionné.

FAITONIA.

> Om que anc jorn no fetz colp ni
> pres plaia
> Non es semblan pogues far nul
> faich bon ;
> Quar aitan tost com el s'arma
> s'esglaia ,
> Qu'anc hom d'aital FAITONIA no
> fon.
>
> SORDEL.

FAITS, faits, actes.

> Els FAITS dels apostols.
>
> Actus apostolorum.

FAITURAR, maléficier, ensorceler.

FAIZITZ, banni.

FAJEL, fouet.

FALC, faucon.

FALCIDIA, tiers de la légitime.

> La FALCIDIA es la tertia partz
> d'aquela partida que li aparten
> ria , si aquel de la cui heretat
> es lo plaitz fos mortz, aisi qu'el
> non agues fait nul testament ,
> ni negun ordenament.
>
> COD.

FALGUEIRA, fougère.

FALGUIREN, parjure, faux témoin.

FALHA, faute, manquement. Torche, flambeau.

> Judas co agues recebuda la com
> panha , e dels evesques e dels
> Fariseus les sirvens , vec ab la
> ternas , ab FALHAS.
>
> N. T. Joan. 18.
>
> Judas cùm accepisset cohortem ,
> et à pontificibus et Pharisaeis
> ministros , venit cum laternis ,
> et FACIBUS.

FALHENSA, faute, manque, disette. Faenza, ville d'Italie.

FALHIMEN, manque, défaut; erreur.

FALLACIA, fourberie, tromperie.

FALS, faux. *Falsus.*

FALSAR, altérer, contrefaire, falsifier, fausser.

> Messorga FALSA home , aisi com
> hom pot FALSAR la moneda o lo
> sagel del rei , o la bulla de
> l'apostoli.
>
> V. e V.

——— Blâmer, censurer, critiquer.

> Ben dei tot mon cant esmerar ,
> Qu'em re no m'i posca FALSAR :
> Que per pauc es hom dementitz.
>
> VENTADORS.

FALSART, fauchon, arme ancienne.

FALSDESTOLS, fauteuil, trône.

> Osta felonia del volt del rei , o
> sos FALSDESTOLS er ferms é drei
> tura.
>
> BEDA. 72.
>
> Aufer impietatem de vultu regis,
> et firmabitur justitia THRONUS
> ejus.

FALSEZA, FALSIA, FALSURA, fausseté, perfidie.

FALTILHER,

FALTILHER, empoisonneur.

FAM, faim, nous fesons.

FAMA, renommée, réputation.

FAMEGAR, avoir faim.

FAMEJANT, ayant faim, affamé.

Cant te vim FAMEJANT, e desem à manjar.
    N. T. Matth. 25.
Quandò te vidimus ESURIENTEM, et pavimus te.

FAMOLENT, affamé.

Arma FAMOLENTA prent causa amara per dolsa.
    BEDA.
Los FAMOLENTS umplec de bes, e'ls manents laisset vas.
    N. T. Luc. 1. v. 53.
ESURIENTES implevit bonis, et divites dimisit inanes.

FAN, font. Faim. Infant.

FANA, fane. Infante.

FANG, FANHA, fange, boue.

FANT, enfant.

FANTA, enfante.

FANTAR, accoucher.

FANTAUMIA, fascination, imposture, illusion, prestige.

Res en beutat no galia,
Ni m fai nulla FANTAUMIA
    Deziros,
Joves gens, cors amoros,
Ans gensa qui la deslia:
Et on hom plus n'ostaria
    Guarnizos
Seria' n plus envejos,
Que la noich fai pater dia
La gola: qui la veiria
    Plus en jos,
Tot lo mon n'alumnaria.
    BORN.

FANTILIARGA, enfance, enfantillage.

FANTISA, fantaisie.

FANTOMEJAR, contrefaire, faire l'enfant.

FAODA, giron. Jupe, tablier.

FAR, faire. Phare.

FARA, ferme, métairie, maison de campagne. Génération.

FARA, fera.

FARAM, FARAN, FARAUNT, feront.

FARASSO, torche, flambeau, brandon.

FARGADA, bâtie, construite.

Éls jorns de Noë, can l'archa fou FARGADA.
    N. T. 1 Petr. 3.
In diebus Noë, cùm FABRICARETUR arca.

FARGAR, forger, fabriquer.

FARONARIA, sortilége, fadaise.

FAROS, falot, lanterne.

FARSUM, de la farce, saucisse, boudin. *Farcimen*.

FAS, je fais. Face, visage. Temple, église. *Fanum*.

FASSAM, fesons.

FASSANS, faisans, oiseaux.

Aucas, perdriz, e lebres e FASSANS,
Budel de loz voill partan à lur guisa.

FASSIR, farcir.

FASTI, FASTIG, dégoût, ennui. Fierté, hauteur.

FASTIGOS, dégoûtant, dédaigneux.

FAT, fou, sot, bête. Sort, destinée, fatalité. *Fatum*. Action, affaire, occupation.

10

Sabis hom escriura él temps ocios,
  ‹ qui es mermaz de FAT recebra
sabieza.
                    BEDA. 15.

Sapientiam scribe in tempore va-
  cuitatis, et qui minoratur ACTU
  sapientiam percipiet.

FATONARIA, sortilége, fa-
  daise, niaiserie.

Se confison en breus, ni en erbos,
  et en autras causas vanas, aissi
  com son estornitz et autras mou-
  las FATONARIAS.
                    V. e V.

FATS, fou. Faites, fait.
  Factus.
FAU, je fais. Hêtre.
FAUC, je fais, je fis.
FAUDA, giron.
FAUDAT, tromperie, fausseté.
  Folie.
FAULA, fable.

D'aiso parla Ysops, un savis, en
  la FAULA d'un brachet e d'un
  azen.
                    V. e V.

FAULAR, causer, conter.
FAUN, font. *Faciunt.*
FAURE. Voyez FABRE.
FAÜTZ.

Del estar adonc l'en traetz,
Entre des FAÜTZ l'estrenbetz
Tan fort que n'iesca cil humors
Que avia preza d'aillors.
                    PRADAS.

FAUZIL, faucille.
FAVAFRACH, fèves pilées,
  moulues.
FAVANA, FAVENA, tiare.
FAVAR (colomb), pigeon
  ramier.
FAVEIRA, champ de fèves.

FAVEL, parole, discours.
FAVELA, parole. Parle. Récit.
FAVELAR, parler, causer,
  raconter.
FAZ, fait. Visage.
FAZEDOR, ouvrier. Créateur.
  A faire, qui doit faire.
FAZEDURA, ouvrage.
FAZEMENS, façon, facture.
  Actions. Vases d'argile.
FAZENDA, affaire, occupa-
  tion. Biens, fortune, fa-
  cultés.
FAZENDAT, occupé. Riche,
  aisé.
FAZENDIER, industrieux, la-
  borieux. Intrigant.
FAZER, faire.
FAZONAT, façonné.
FE, foi. Foin. Fit.
FEBLEZIR, plier, affaiblir.
FEBRE, fièvre.
FEBREJAR, avoir la fièvre.
  Febricitare.
FEBROS, fiévreux.
FECS, lie, dépôt, fèces,
  sédiment.
FEDA, brebis. *Fœta.*
FEDAX, troupeau de brebis
  et autre menu bétail.
FEDES. Voyez FETHES.
FEGE, foie.
FEGNEIRES, FEGNIDOR, four-
  be, dissimulé. Amant
  caché.
FEGNER, feindre. Se flatter,
  se vanter, faire parade.
  No se fegner, agir, se
  conduire franchement,
  loyalement.
FEINTAMENT, par feinte, avec
  dissimulation.

Cil que no podunt esser mal apertament, si mostrunt bo FEINTAMENT e vanament.

Beda. 33.

Qui esse nou possunt apertè mali, per terrorem FICTE noscuntur boni.

FEIRA, foire, marché. Qu'il frappe.

FEIRIC, frappa.

FEIS, feint, feignit. Fis.

FEISSES, feignît.

FEL, fiel. Cruel, méchant, injuste, impie. Féminin FELHA.

FELENA, petite-fille.

FELIGE, jaunisse.

FELIP, Philippe.

FELNEI, je me fâche.

FELNIA, FELONIA, félonie, trahison. Haine, colère. Cruauté, impiété, méchanceté. Chagrin.

FELO, dur, impie, inique, injuste, méchant.

FELONESSAMENT, avec fureur, avec impiété.

Hom qu'es ples d'ira vai FELONESSAMENT.

Beda. 1.

Vir odio plenus ambulat IRACUNDUS.

FELONIA, révolte, rébellion. Fureur, cruauté. Crime.

Felonessa es la promessa qu'es aumplida per FELONIA.

Beda. 39.

Impia est promissio, quae SCELERE adimpletur.

FELOUER, foulque ou poule d'eau.

FELTAT, fidélité.

FELTRE, feutre, tapis.

De sobre un FELTRE obrat de Capadoine
Se jatz lo coms Girar.

G. de B.

FEM, FEMS, fumier.

FEMENIL, féminin.

FEMENTIT, parjure, imposteur. Apostat.

FEMERA, drapeau, bannière.

FEMIL, féminin.

FEMORAT, fumier, fosse à fumier.

Ni en terra, ni en FEMORAT non es profichabla.

N. T. Luc. 14.

Neque in terram, neque in STERQUILINIUM utile est.

Nostre cors es aisi coma un gran FEMORAS viel e aterit.

V. e V.

FEN, FENS, fumier. Fends, fend. Foin. Firent.

Ieu ai auzit mal dire d'en Blacatz,
Qui per aisso no feunet un dia;
E de Raimond Agout qui tau valia,
E del marques de cui fo Monferratz,
Qui per aisso no FEN semblan iratz
Ni no tolgron befach à cantadors.

Cadenet.

FENACIL, FENASSIL, tas de foin.

FENCH, feint. Fourbe. *Se fench*, se pique de, se vante.

FENCHA, feinte.

FENCHAMEN, frauduleusement.

FENDEDURETA, petite fente.

FENESTRAL , FENESTRLL , lucarne.

FENGEMENT , vase , figure d'argile.

Doncas lo FENGEMENT ditz ad aicels que fez lui ; per que me fezist enaissi ?

N. T. ad Rom. 9.

Numquid dicit FIGMENTUM ei qui se finxit : quid me fecisti sic ?

FENHEMENT, FENHENSA, feinte , déguisement , dissimulation.

FENHER (se) , se flatter. Voyez FEGNER.

FENHTIS , feint , faux.

FENIC , finit, mourut. Phénix.

FENIDA , fin , conclusion.

FENIER , fenil.

FENIMEN , fin , achèvement , accomplissement.

FENIMON , fin du monde.

FENIS , débile.

FENISOS , fin , bout , extrémité.

FENSER , feindre.

FE o , il le fit.

FER , FERS , ferme , fixe. Dur , cruel , féroce , méchant , sauvage. Frappe , bat.

FERA , qu'il frappe. Ferait. Féminin de FER. Voyez FERA.

FEREZA , cruauté , rigueur , dureté , férocité. Frayeur.

FERIC , frappai , frappa.

FERIDOR , vaillant , bon guerrier. Qui blesse.

FERIR , frapper , blesser. Combattre. Lancer. *Se ferir*, s'élancer.

Bel m'es quan l'alauza si fer
En l'air per on deissen lo rais ,
E monta tro li's bon que s bais
Sus el folh que branda'l bisa ;
E'l dous temps, que bona nasques,
Entroebre'ls becs dels auzelos ,
Don lur votz retin sus e jos.

PEIRE d'Alvernhe.

FERISIA , breuvage composé de vin et de miel.

FERLA , férule , plante. *Ferula.*

FERM , ratifié.

Si l'aic FERM , so es *ratum.*

COD.

FERMALH , FERMALHA , boucle , agrafe.

FERMALIAS , fiançailles.

De *sponsalibus* , so es de las FERMALIAS de las molieransas.

COD.

FERMAMENT , firmament. Appui.

FERMANSA , sûreté , caution.

Defendre podunt tuit ome autre ome en plait , sol que il donunt bona FERMANSA que il pagaraut aco que sera jutgat.

COD.

FERMAR , assurer , confirmer , convenir , ratifier.

FERMA ta paraula ab ton amic , e fai fielment ab lui.

BUDA. 64.

Cum amico tuo CONFIRMA verbum , et fideliter age cum illo.

——— Fiancer.

Nuls om non pot penre molier , ancara la posca el FERMAR , si el es menre de XIV ans.

COD.

FERMAT, FERMADA, fiancé. Fixé, arrêté, assuré, assurée.

FERMETATZ, forteresse.

FERMIA, frauge. *Fimbria.*

FERON, firent. Frappent.

FEROR, frayeur. Furie, fureur, férocité.

FERRAMENS, outils.

FERRAN, FERRANS, gris; de couleur grise. Ferdinand.

FERRE, fer, cep.

FERREM, nous frapperons.

FERRER, FERRIER, ouvrier en fer.

FERRIENC, FERRIENCHA, dur, dure, sévère, intraitable.

FERROLH, verrou.

FERSA, la dame aux échecs.

FES, fit. Foi. Foin. Petit des animaux.

FESSA, fit.

FESSETZ, fissiez.

FESSI, je fisse.

FESTOLA, flûte, chalumeau. *Fistula.*

FESTUCS, FESTUGA, fétu, paille. *Festuca.*

FETGE, foie.

FETHES, FEDES, emphytéose, cens.

Donar o camiar en FETHS, so es cant us hom dona terra ad autre à ces, per tal que el nolia poscha tolre à lui ni à sos ereters, o empeinnorar.
COD.

Aquil hom qui l'a à ces, so es en FEDES.
COD.

FETZ, vous fites, il fit. Fétide. Fiente.

FIU, fief. Fit.

FEUNEJAR, faire félonie. Être en fureur.

FEUNIA, scélératesse. Voyez FELNIA.

Fols fai FEUNIA ab ris.
BEDA. 53.
Quasi per risum stultus operatur scelus.

FLUSE, fougère.

FLUSIERA, fougeraie.

FEUTAT, fidélité.

FEUTRE, tapis. Porte-lance, arrêt.

FEZAT, enchanté, ensorcelé.

FEZEL, FEZELS, fidéle.

FEZELTATZ, FEZEUTATZ, fidélité. Hommage.

FEZESSEN, ils fissent.

FEZESSETZ, vous fissiez.

FEZEST, FEZIST, vous fites, il fit.

FEZI, je fis.

FI, FIN, FINS, vrai, sincère. Se fie. Paix, accord. *De fi*, certainement, positivement.

FIA, figue.

FIAL, fil.

FIALA, coupe, fiole.

FIANSA, sûreté, confiance.

FIRATIERS, possesseurs de fief.

FIBLAS.

Fet los vestir de FIBLAS coma garcos.

FICAR, attacher, clouer.

FICARETZ, ficherez, attacherez, clouerez.

FICELS, fidéle.

FICH , je fis.

FICHARINX , coupe-jarrets , sicaires , brigands.

> Menest al dezert quatre milia barons FICHARINS.
>
> N. T. Act. 21.
>
> Eduxisti in desertum quatuor millia virorum SICARIORUM.

FIEIRA , foire , marché.

FIER , frappe , blesse.

FIEU , fief. *Tener un fieu* , être vassal , relever de.

FIGA , figue.

FIGAREDA , figuerie.

FIGARGON , pigargue.

FILEIRA , sorte de maladie des oiseaux de proie.

FILH , FILHA , fils , fille.

FILASTRE , beau-fils. *Filiaster.*

FILHOL , filleul. Vaurien , mauvais garçon.

FILHTZ , fixe.

FILIETI , mes chers enfans , mot d'amitié.

> Filieti, encara u pauqet so ab vos.
>
> N. T. Joan. 13.
>
> Filioli, adhuc modicùm sum vobiscum.

FILLAT , fils , enfans. File , rangée.

FIN , bon, naïf, pur, loyal. Réconciliation , raccommodement , quittance.

FINA, pure, chaste, fidèle.

FINAR , payer , financer. Rançonner, être rançonné.

FINEM , nous finissions.

FINEN , terminant.

FINISOS , fin.

FIOC , feu.

FIOLON.

> Pluejas e FIOLOSS e grans dezaventura ,
> Eilhauseses e trons , vens de manta figura
> An soffert un gran temps, qu'anc panzar non lur lee ,
> Fruscat lur a lur vela e van ad albre sec.
>
> H. de L. c. 15.

FIS , paix , accord. Sage , fidèle , excellent. Confins , limites. Fic. Fiente , excrément.

FISSAR , piquer.

FISTULA , canne , roseau.

FITZ , fixe.

FIU , fief. Fic.

FIUELA , boucle.

FIZALTATZ , confiance.

FIZANSAMENT , FIZANSOZAMENT , avec confiance , avec liberté.

> Aquel comenset à far FIZANSOZAMENT en la sinagoga.
>
> N. T. Act. 18.
>
> Hic ergò coepit FIDUCIALITER à synagogâ.

FIZAR , se fier , confier.

FIZEL , fidèle. Certain , véritable.

FIZELMEN , fidèlement.

FIZELTATZ , foi , fidélité.

FLAC , FLACAT , FLACS , flasque , lâche , mou , faible , flexible , paresseux.

FLACHA , faible , lâche.

FLACHIZIT , affligé. Faible , affaibli , abattu.

FLAGEL , fléan , fouet. Flagelle.

FLAIRAR , puer.

FLAIROR , odeur.

FLAMEJAR , flamboyer.

FLAMENC , Flamand. Flammant , oiseau.

FLAMETZ.

Si co'l FLAMETZ que ses tota mezura
Art lo leo ab son espiramen.

FLAMIER , sorte de mets.

FLAQUEIR , mollir , devenir flasque.

FLAQUEZA, lâcheté, mollesse, abattement.

FLAR , flair , flaire.

FLAUJOL , flageolet , joue du flageolet.

FLAUSTEL , chalumeau.

FLAUTEUS , flûteur.

FLAUTOL , fifre. Pipeau.

FLAUZONS , flan.

FLAVART , jaune , jaunâtre , de couleur jaune.

FLENES , faible.

FLEBLTIR , FLEBEZIR , affaiblir , s'affaiblir. Débiliter.

FLECA , FLECHA , flèche.

FLECHEZIR , affliger.

Esperansa perlonjada FLECHEZIS l'arma.
BEDA. 34.
Spes quae differtur AFFLIGIT animam.

―――― S'écarter , se détourner.

Hom non si deu pas FLECHEZIR de l'amor de deu.
Id.

FLECME , flamme , lancette.

FLEISSAR, AFLEISSAR, dessangler.

FLETIR , fléchir , plier , courber , détourner. *Flectere*.

FLICIO , flèche.

FLOC , flocon. Panache , houppe , frange.

FLONCAR , clou , furoncle.

FLOR , fleur.

FLORATZ , fleuri.

FLORIDURA , moisissure , chancissure. *Floritura*.

FLORONC , furoncle , clou.

FLORONCOS, sujet aux clous, couvert de clous.

FLOUS , renommée , réputation , célébrité.

FLUISSA , flasque.

Borsa FLUISSA , plena de ven.
BERGUEDAN.

FLUM , fleuve. *Flumen*.

FLUVI , flots.

Si cum li naus qu'es ses governadors, que menunt li FLUVI, atresti es hom leugeirs que non es istables en sos faiz.
BEDA, 71.
Sicut navis absque gubernatore jactatur à FLUCTIBUS, ità et levis circumfertur instabilis per omnes actus suos.

FLUXAR , flotter , balancer , hésiter. *Fluctuare*.

FO , fut. Fuit.

FOABIA , foyer , fourneau , fournaise.

FOASSA , fosse.

FOC , feu.

FOCAR , foyer.

FODENS , fondant , se liquéfiant.

FOGAGANT , flamboyant.

FOGAL , foyer. Qui est de feu.

FOGANHA , âtre , fourneau , cuisine.

FOGIR , fuir.

FOGJER , bécher.

FOGUENS , enflammé , puri-fié par le feu.

FOILH , fusil , briquet.

FOILLAR, pousser des feuilles.

FOILLOS , feuillu.

FOIRI , fouir , bécher , pio-cher. *Fodere.*

FOL , FOLS , fou , enragé. Ignorant, insensé , impru-dent , étourdi.

Fols pecha assiduosament.

BEDA. 21.

INSIPIENS quotidié peccat.

—— EN FOL , follement, vainement , inutilement.

Pulcella ben parlatz en FOL ;
Car qui per forsa no l mi tol ,
N'aurai ieu tot so que desir
Enantz que l lais de me partir.

JAUFRE.

FOLAMENT , imprudemment , inconsidérément.

So que vodes FOLAMENT, no faire.

Quod INCAUTE vovisti , non facias.

FOLATGE , FOLATURA , folie , extravagance. Chose folle.

FOLC , troupeau.

Cels pais lo FOLC , e no manja de lag del FOLC ?

N. T. 1 Cor. 9.

Quis pascit GREGEM , et de lacte GREGIS non manducat ?

FOLDAT , folie.

FOLEJAR , errer. Extravaguer, apostasier.

Non pot deu amar qui FOLEJA en l'amor de son prosme.

BEDA. 3.

Nec poterit deum diligere , qui noscitur in proximi dilectione ERRARE.

Vis e femnas fant FOLEJAR los sabis.

Id. 25.

Vinum et mulieres APOSTATARE faciunt sapientes.

FOLES , folie , extravagance.

E no von meravilhetz ges
Si n'Aimeries lauzet FOLES ;
Quar autres sabis o an ditz ,
En mantz locs o trobi escritz ,
Que cel es sabis e cortes
Qui sab folejar quan locs es :
Et alcuna vetz es foleza
Qui trop demostra savieze.

BREV. d'amor.

FOLESC , raffole , raffola.

FOLESTANSA , folie , extrava-gance.

FOLLET , follet , folâtre.

FOLEZA , folie, sottise , im-pertinence.

So complets de FOLEZA.

Repleti sunt INSIPIENTIA.

FOLGERA , foulque , poule d'eau.

FOLH , feuille , feuillet.

FOLHAR, pousser des feuilles.

FOLIA , FOLLATGE , injure. Débauche , dérèglement.

Si eu te dis alcuna FOLIA , so es laias paraulas.

COD.

La femna muda sa fassa per sa FOLIA , e sos vols li nersis cuma ors.

BEDA.

Nequitia mulieris immutat faciem ejus, et obcoecat vultum ejus, tanquàm ursus.

Follamen, témérairement.

Folleil.

Ez ac almussa d'escarlata
Tota de sebelin orlada;
E tot entorn él cap liada
Savena prima de folleil,
Ab qe son estreit siei cabeil,
Qe l'estan en sus erisat.
Jaufre.

Follensa, folie.

Folletir, rendre, devenir fou; affoler.

Follit, Folliez, fou, rendu, devenu fou.

Folor, folie.

Folradura, fourrure.

Folrar, fourrer.

Folzer, foudre.

Fom, nous fûmes.

Fomeras, Fomirier, tas de fumier, fosse à fumier

Fon, fut. Fontaine. Fond. Je fonds.

Fondadamen, à fond.

Fondre, briser, détruire, ruiner.

Fonfoniaire, joueur de cornemuse.

Fonge, Fongol, fongus.

Fonil, vulve.

Fontebraus, Fontevraux, abbaye.

Fonzamens, fondemens.

Fonzar, fonder.

For, juridiction. Droit. Loi. Prix. Façon. Marché. Coutume. Mode.

Fora, serait.

Foralhat, barre, gond, ferrure.

Foras, hors, dehors.

Forat, creux, trou.

Forata, forain, externe.

Foratz, vous seriez.

Foraviar, ôter du chemin, égarer.

Forbir, aiguiser.

Forcadura, enfourchure.

Forcapis, lods.

Ordenatio e declaramen dé rendas e de forcapis, en cal manieira se devo peure e levar per aquels que han fieus e cesses en la ciutat d'Albi e dins los dex.
Archiv. d'Albi.

Forcar, forcer.

Forcat, Forcatz, fourchu; méchant.

Forcela, brechet, creux de l'estomac.

Forcenar, s'emporter, extravaguer.

Forcenaria, folie, démence, fureur.

Dizian que tornatz era en forcenaria.
N. T. Marc. 3.

Dicebant: quoniam in furore versus est.

——————— Cruauté.

Non temiam la forcenaria dels perseguers mals.
Beda. 78.

Non timeamus malorum persecutorum saevitiam.

Forciva, forcée.

Forda, extérieur, apparent.

Si alcus te chastia del pechat forda, tu li cofessa los pechaz que sunt dins te que el no sap.
Beda. 30.

Si quis te de peccato FORINSECUS correxerit, tu confitere interiùs quod ille nescit.

FORDUCH, FORDUCHA, malmené, éconduit, éconduite.

FOREJAR, fouiller.

FORES, forêt.

FORESGUE, forestier, sauvage.

FORESTARIA, forêt.

FORFAG, FORFATZ, forfait. Malfaiteur, criminel.

FORFACHURA, forfaiture, crime.

FORFET, fer à tondre les draps.

FORFIU, je forfis.

FORGITAR, rejeter, vomir.

Comensarai tu à FORGITAR della mia boca.
        N. T. Apoc. 3.

Incipiam te EVOMERE ex ore meo.

FORGITAT, FORGITADA, exclus, chassé, chassée.

Doncas on es la tua gloriacions? FORGITADA es.
        N. T. ad Rom. 3.

Ubi est ergo gloriatio tua? EXCLUSA est.

FORJUTGAR, mal juger. Condamner.

FORMAGEIRA, fromagère.

FORMEN, fortement, violemment.

FORMENAIRE, fornicateur.

Negus non sia FORMENAIRE, o escumenegatz coma Esau.
        N. T. Hebr. 12.

Ne quis FORNICATOR, aut profanus ut Esau.

FORMIR, remplir, accomplir, exécuter. Déduire, exposer.

FORMIT, FORMIDA, payé, content, satisfait, satisfaite.

FORN, four.

FORNATZ, fournaise, fourneau. Creuset.

FORNELH, fourneau.

FORNES, FOURNES, tuilier, briquetier.

FORNICADRES, fornicateur.

Toz FORNICADRES e no-nedes, e l'avars non an eretat él regne de deu.
        BEDA. 22.

Omnis FORNICATOR, aut immundus, aut avarus non habet haereditatem in regno dei.

FOROSTADA, chassée, rejetée.

FORR-MAL, très-cruel.

FORSA, besoin, défaut. Forteresse.

FORSADAMEN, forcément, par contrainte.

FORSAIC, fort, vigoureux. Véhément.

FORSAICAMEN, fortement, violemment, impétueusement.

FORSAR, se renforcer, insister.

FORSENAR, être hors de sens, extravaguer.

FORSOR, plus fort.

FORTALISSA, FORTIA, forteresse.

FORTIR, fortifier.

FORTRAIRE, soustraire, dérober.

FORTUNA de vent, coup de vent, tempête.

Fon sach gran FORTUNA de vent en la mar.
N. T. Joan. 6.

Mare autem, VENTO MAGNO flante, exurgebat.

FORVENIR, chasser, expulser.

Fos, fût. Fouit.

FOSSEZ, fussiez.

FOSSON, fussent.

FOSSORS, laboureurs à la pioche.

FOT, *futuit.*

FOTEI, *futui.*

FOTER, *futuere.*

FOTJADOR, qui fouit.

FOTZ, fut.

FOUDATZ, folie.

FOUDRADA, fourrée.

FOUTZ, *futuis, futue.*

FOUZER, foudre, éclair.

Ieu vi Satan cazent del cel aisi cou FOUZER.
N. T. Luc. 10.

Videbam Satanam sicùt FULGUR de coelo cadentem.

Fox, feu.

La vida de la charn del felo es verms e FOX.
BEDA. 4.

Vita carnis impiae IGNIS et vermis est.

FOZERS, foudre, éclair.

Si co lo FOZERS resplandens de sotz lo cel.
N. T. Luc. 17.

Sicùt FULGUR coruscans de sub coelo.

FOZIL, fusil à aiguiser. Briquet.

FOZIR, fuir.

FRACH, FRACHA, rompu, cassé. Lâche. Mou, molle.

FRACHIS, cassant, fragile.

FRACHURA, disette, indigence. Mal, disgrâce, méchanceté.

FRADEL, impie, scélérat.

FRADRITZ. Voyez FRAIRIS.

FRAIGNER, rompre. *Frangere.*

FRAIGNONT, brisent, rompent, détruisent.

FRAIRE, frère. Moine. Pareil, semblable.

FRAIRENAL, fraternel, fraternelle.

Cobeeza d'aver sobremonta los cors del mortal poble, e corrump lo FRAIRENAL netceira.
BEDA. 27.

Pecuniae cupiditas populorum corda mortalium superat, etiam FRATERNAM necessitudinem violat.

FRAIRIA, fraternité.

La caritas de la FRAIRIA esti é vos.
N. T. Hebr. 13.

Charitas FRATERNITATIS maneat in vobis.

FRAIRIS, gueux, vil, chétif, lâche, faible, mou. Malheureux.

FRAIS, rompit, rompu.

FRAISSE, frêne.

FRAISSES, rompit.

FRAISSIS, j'enfraignis.

FRAITURA, disette, besoin, nécessité. Fatigue.

Non an FRAITURA li sa de meje.
N. T. Luc. 5.

Nou EGENT qui sani sunt medico.

Non an FRAITURA d'aqi enan de lum de luzerna.
N. T. Apoc. 22.

Ultrà non EGEBUNT lumine lucernae.

FRAITURIANS, pauvre, indigent, qui a besoin.

Negus era FRAITURIANS.
N. T. Act. 4.
Neque quisquam EGENS erat.

FRAITURIR, être dans la pauvreté, avoir besoin.

FRAITUROS, qui est dans l'indigence, nécessiteux.

FRAITZ, cassé, nul, anuullé. *Fractus.*

Nuls hom nou pot ren demandar d'aquel testament qu'es FRAITZ.
Cod.

FRANHEDURA, rupture. Viol.

FRANHEMEN, FRANHEMENTA, fraction, fragment, morceau.

FRANHER, rompre, mettre en déroute. Violer.

I preveri FRANHO él temple lo sabtes.
N. T. Matth. 12.

Sacerdotes in templo sabbatum VIOLANT.

FRANQUEZA, FRANQUETAT, franchise, loyauté. Hardiesse. Liberté, affranchissement.

FRANQUIR, affranchir.

FRANQUOR, plus franc. Meilleur.

FRANSAR, briser.

FRANCX, libre.

FRAR, FRARE, frère.

FRASCAR, briser, fracasser.

FRASEIS, partie de l'armure.

Cambieras benestans,
Cobs, FRASEIS e cuiehals,
E'l braguier.
SESCAS.

FRASITZ, farci.

FRATZ, FRATSA, rompu, cassé, cassée. *Fractus, fracta.*

FRAU, caché, obscur. Fraude, fausseté. *A frau*, faussement.

FRAUCS, faible, lâche.

Et es be FRAUCS e noalhos
Tot hom que non es poderos
De fola molher que mal fa.
Br. d'Amor.

FRE, frein, bride, mors.

FRECHILHA, friture.

FREDEZIR, refroidir.

FREGAL (peira), meule, pierre molaire.

FREGAR, frotter. Coller.

El nostre ventre se FREGA ab la terra.
Ps. 43.
CONGLUTINATUS est in terrâ venter noster.

FREGIDURA, friture.

Ambicios es la padena d'ifern, en que lo diable fa sas FREGIDURAS.
V. e V.

FREGIR, frire. Refroidir.

FREGNAR , frire.

FREGZ , froid. *Frigus.*

FREICIR , FREISSIR , se refroidir , se morfondre. Lan-
guir.

FRELIS , frais , gaillard.

FREIT , FREITZ , froid , re-
froidi.

FREJAL. Voyez FREGAL.

FREJOR , fraîcheur , froideur.

FREM , ferme , solide , fort.

Nos pus FREM devem las frevolezas das frevols sostener.
N. T. Rom. 15.

Debemus nos FIRMIORES imbecil-
litates infirmorum sustinere.

FRENATZ , bordé , brodé ,
galonné.

FRENDA , fiente.

FREOL , faible , fragile. Fri-
vole.

FRERIENCA (porta) , porte
de fer.

FRES , frein , frange , bordure. Pour FERM.

Testamens non pot esser FRES ,
domentre viou cel que testimo-
niet.
N. T. Hebr. 9.

Testamentum nondùm VALET ,
dùm vivit qui testatus est.

FRESA , galon.

FRESCUM , fraîcheur , froi-
dure.

FRELSE , frêne.

E vi pendre en una branca
Una lansa , qu'es tota blanca ,
De bel FRESE , molt ben parada.
JAUFRE.

FRESI , frais.

F. e Bos e Folchiers ab don Segui
Seilh guido lor companhas pel
bruilh FRESI.
G. de R.

FRESQUEIRA , lieu frais. Herbe , gazon.

FRESQUEZA , fraîcheur.

FRESSOS , continuel , perpétuel. Persévérant. Soi-
gneux.

FRETAR , frotter.

FREVOL , FREVOLS , faible ,
facile , infirme , fragile.

Qui cossira la longesa de la present vida , cant breus e FREVOLS
sia , pessa asaz be.
BEDA.

Qui vitae praesentis longitudinem
considerat , quàm sit MISERA et
brevis , satis utiliter pensat.

Fo fait FREVOL as FREVOLS , qe
eu los FREVOLS gazanhe.
N. T. 1 Cor. 9.

Factus sum INFIRMIS INFIRMUS , ut
ego INFIRMOS lucrifacerem.

FREVOLEZA , faiblesse.

Plazer ei é las mias FREVOLEZAS ,
é las antas , é las vezonhas , é
las destressas.
N. T. 2 Cor. 12.

Placeo mihi in INFIRMITATIBUS
meis , in contumeliis , in neces-
sitatibus , in angustiis.

FREVOLIR , affaiblir.

FREVOLUC , frileux.

FREZADURA , broderie.

Pesseja son mantel e romp la
FREZADURA.
H. de L.

FREZAR , broder , galonner.

Frezel , gorgerin.

Frezilhar , frétiller.

Frezir , frissonner.

Fri , je frissonne.

Frichura , friture.

Frimar , foncer.

Friolan . du Frioul.

Frire , frissonner , avoir le frisson. *Frigere.*

Fromir. Voyez Formir.

Fromitz , fourmi.

Fron (per tota), hautement, tête levée.

Froncitz , froncé , plissé , ridé.

Frondilha , feuillage , menues branches.

Frontal , bandeau , bourrelet , guimpe , cornette. Face , courtine.

Frontalier , adversaire , ennemi.

Fronteira , en face , de front , tout près.

Frontiers , effronté.

Fruchar , fructifier.

Fruichier , fruitier.

Fruchs , Frug , fruit.

Frumen , froment. *Frumentum.*

Frun, battement , follement.

Fruquier , fruitier.

Frustar , briser , mettre en pièces , couper en morceaux.

Frustatz , coupé en morceaux.

Liatz à la coza d'un taur

Degr' esser frustatz pel mazel.

Fu , fut.

Fuc, Fuch, Fug , fuit.

Fueg , feu. *Ignis.*

Fuelh , feuille , feuillet. Fer blanc. *En autre fuelh,* d'un autre côté.

Fuere , fourreau d'épée.

Fugal , Fuganha , âtre , foyer. *Focus.*

Fugdiu, Fugidiu, Fugidiva, fugitif , fugitive.

Cobeeza es breus e fugdiva.
Beda. 64.

Fugen , fuyant.

Fugidor , fuyard. A fuir.

Fui , je fus. Fuit.

Fuich , je fuis.

Fuidius , fugitif , coureur , vagaboud.

Si en cumprei de tu un ser , et el es laire , o fuidius.
Cod.

Fuja , fuie , fuite.

Orat que vostra fuja no sia lo sapte ni l'ivern.
Beda. 7.

Orate ne fiat fuga vestra in hyeme vel sabbato.

Fulc , troupeau.

Si l'ususfructuaris a ususfruitz de fulc de fedas , et en mor una o mais , deura y creisser en loc d'aquelas que morunt , atrestantas d'aquelas que i naissunt.
Cod.

Fulhar , pousser des feuilles.

Fulhatz , feuillu , feuillage.

Fum , Fums, fumée , vapeur. *Fumus.*

Fumala , fumeterre.

Fumera , fumée.

Fumers , trombe , siphon.

FUMIERS , fosse à fumier. Cheminée.

FUMO , fumée.

FUN , fut.

FUNEJAR , exciter des trou- bles.

FUR , vol , larcin.

FURAR , voler , dérober , ra- vir , enlever.

FURBIA , fourbie.

FURON , furet.

FURTAR. Voyez FRUSTAR.

FUST , bois , tige , tronc. Bâton. Vaisseau. Piége , panneau.

Si cum li chabra es amenada en FUST, enaissi el cor de l'ergulios.
BEDA. 14.

Sicut capra inducitur in LAQUEUM , sic et corpus superborum.

Si en vert FUST fan aisso , en sec que faran ?
N. T. Luc. 23.

Si in viridi LIGNO haec faciunt , in arido quid fiet ?

FUST de cetim , so es sandel ; bois de sandal.

FUSTA , futailles. Barque.

FUSTALIA , boiserie.

FUSTAN , bois de charpente.

FUSTIM , bois odoriférant.

FUVELLA , agrafe. *Fibula.*

FUSANH , fusain.

FUZER , FUZIR , fuser. Fuir , éviter.

G

G se met souvent pour C au commencement et surtout à la fin des mots ; et pour J devant une voyelle. On le trouve aussi pour D. *Perga , merga*, pour *perda , merda.*

GA , GAS , gué.

GAANIADOR , cultivateur.

Fruz puiriz no val ren à GAANIA- DOR.
BEDA. 14.

Fructus putrefactus inutilis AGRI- COLAE.

GAB , plaisanterie , moquerie. Sédition , trouble.

GABADOR , faux , moqueur , trompeur.

GABAR , railler , se moquer , faire du bruit.

GABEI , moquerie. Gazouil- lement.

GABIA , cage.

GABIER , faux , moqueur , trompeur. Vantard , fan- faron.

GABOR , chaleur , vapeur. Tourbillon.

Dari maravilhas sus él cel , e signs é la tera dejots , sanc e foc e GABOR del fum.
N. T. Act. 2.

Dabo prodigia in coelo sursùm , et signa in terra deorsùm , san- guinem et ignem , et VAPOREM fumi.

GABORZ , chabot , poisson.

GACHA , guet , guette ; garde , sentinelle.

GACHAR , GACHIAR , faire le guet.

GADAINGNAR, gagner, profiter.

GADI, testament.

Si non agues denat son GADI, so
es, si el fos mortz *ab intestato*.
       COD.

—— Trépas.

El li laissa alcuna causa à son
GADI, so es à sa mort.
       Id.

GADRE (lo saut de) p.^e, le
détroit de Gibraltar.

GAEZA, gaieté.

GAFUR, gourmand, glouton.

E si m saubra'l cantar à mel
Ab mo vers qu'ai fait pres d'an
nou
Quen guarengals e gingibres
An lur sazo ab mains GAFURS.
       R. d'Aurenga.

GAI ! malheur !

Gai ad aicel hom per cui l'es-
candol ve !
       N. T. Marc. 14.

Væ homini illi per quem scandalum venit !

GAIADA, gaieté, divertissement.

GAICT, guet.

GAIMENTAR, gémir, déplorer, lamenter.

GAIOJOS, joyeux.

GAIRE, guère.

GAIS, gai. Geai.

GAISSAR, drageonner.

Malvestatz el mon tan GAISSA
Per que patz de nos s'avanta.
       ALANHAN.

GAITA, guette. Garde, sentinelle, vedette. Guérite,
tour.

GAITAR, guetter. Monter la
garde.

GAJAR, regarder.

GAL, coq. *Gallus*.

GALAMBEJAR.

Tan n'i vei dels estrais
Del bel GALAMBEJAR,
Que no m'aus amparar.
Per que no m'o demaus.
       BORNEILL.

GALAUBIA, fanfaronnade, ostentation.

GALAUBIER, drille, grivois,
égrillard, bon vivant.

GALERNA, bise, vent du
nord.

GALES, Gallois, du pays de
Galles.

GALIADOR, **GALIAIRE**, trompeur, menteur, séducteur.

GALIAMEN, **GALIANSA**, perfidie, trahison, tromperie.

GALIAR, tromper.

GALIART, trompeur.

GALIAS, Galien.

GACILE, caille.

GALINA, poule.

GALINEUA, balustrade, galerie.

A destre cum intret ac un peiro
E una GALINEUA tot de viro,
De que so lhi pilar e li stilo
Tuh obrab à cedo.
       G. de R.

GALIOTZ, galérien, forçat.
Pirate, voleur.

GALIU, qu'il trompe.

GALLART, fort, courageux.
       GALLICS,

GALLICS , Galiciens.

GALVAING , GALVANH , Gau-
vain , héros de roman.

GAMAH , goîtreux , terme
d'injure.

Aus en seran enquers. M. esentz
frah ,
E ferit ab ma espaza tan. M.
GAMAH ,
Ja no gueran sotz elme cap ni
carab.

   G. de R.

GAMALEON , caméléon.

GAMATZ , coup , atteinte.
Langueur.

 Ab bel ditz et ab fatz
 Li dova tal GAMATZ
 Al cor , que per petit
 La domna non morit.

   MARSAN.

GAMBAIRO , GAMBAIS , GAM-
BAISO , pourpoint , cami-
sole piquée.

GAMBAUT , enjambée.

GAMEL , chameau.

GAMENO , Agamemnon.

GAMUS , sot.

GANCHIA , détour.

GANCHIDA , fausseté.

GANDA , délai. Feinte , détour , évasion.

GANDIDA , GANDIMEN , refuge ,
salut , garantie.

GANDIR , échapper , éviter ,
préserver , garantir.

GANELOS , Ganelon , traître.
Goguenard.

GANGUIL , gond.

GANHART , pillard , avide de
butin.

GANRE , beaucoup.

GANTA , cicogne ; oie sauvage.

GANTOS , oisons.

GAP , tumulte , sédition.

Non iest Egiptians , lo cal somo-
guist lo GAP ?
   N. T. Act. 21.

Nonne tu es Aegyptius , qui TU-
MULTUM concitasti ?

GAPENSES , district de Gap.

GARAC , GARAIT , sillon ,
guéret.

GARAN (per) , à l'envi. A
garan , avec justesse ,
proportion.

 Aissi etz fach' A GARAN ,
Que mais ni mens noi tanhia.
   CADENET.

GARANDA , embrasse , com-
prend , enserre.

GARAR , regarder.

 E prenon ensus à GARAR ,
 E viron lo seignor estar
 Als corn de la bestia pendut.
   JAUFRE.

—— Garder , répondre , être
garant.

Donna , fort me fai leu GARAR ,
Dis Jaufre ; car , si dieus me GAR ,
Tant avetz en me de poder ,
Que miels mi podetz retener ,
Se vos voletz , ab frevol fil ,
Que no farion d'autres mil
Se m'aguesson estreit liat.
   Id.

—— Chasser , expulser.

Tos discipols non li an pogut
GARAR l'orre esperit.
   N. T. Marc. 9.

Dixi discipulis tuis ut EJICERENT
spiritum , et non potuerunt.

   11

GARAUS pour GARATZ VOS, gardez-vous.

GARBA, gerbe.

GARBAU, GARBIER, beau, de bonne mine.

GARDACORS, haubergeon.

GARDADOR, GARDAIRE, gardien, défenseur.

GARDADURA, aspect, regard.

GARDAMEN, action de garder.

GARDIN, nom de peuple.

GAREN, garant, protecteur. Témoin. Boiteux.

GARENSA, garantie.

GARGAMELA, gosier, gorge.

GARGASSO, calandre, charançon.

GARGATA, gorge, gosier.

GARI, GARIN, Guérin.

GARIA, guérissait.

GARIDA, asile, refuge. Défense, garantie, sûreté.

GARIEST, tu vis, tu regardes.

GARIMEN, salut.

GARIR, guérir, réparer. Sauver, garantir.

GARIZO, vivres, munitions, approvisionnement.

GARLAMBEI, espèce de tournois.

GARLLET, carrelet, sorte de poisson.

Cant lendema li pescador
Tireron la ret contra lor,
Non troban buga ni GARLLET,
Mas Tadieu qu'es mort en la ret.

H. de L.

GARNACHA, houppelande. Cotte de mailles.

GARNEN, bien armé, bien vêtu.

GARNIMENT, armure. Provisions. Rempart, forteresse, fortifications.

GARNIR, armer, équiper. approvisionner.

GARNISCA, équipe.

GARNIZOS. Voyez GARIZO.

GARNIT EN SO, j'y consens, je le veux bien.

GARONDA, la Garonne.

GARRA, garantira, sauvera, échappera. Griffe, serre.

GARRASSA, sorte de légume.

GARRI, rat, souris.

GARRIC, chêne.

GARRISON, guérison.

GARRUEIL, ramage, gazouillement.

Quan si cargo'l ram de vert fueill
E l'auzelet, uns, dui e trei,
Penson d'amor e de domnei
Encontra'l rais e'n fan GARRUEIL,
Comens mon cant ab lo temps de
doussor.

AIMERIC de Sarlat.

GARSONAILLA, valetaille.

GARSONIA, bouffonnerie.

GART, se garde, prend garde.

GARTZ, garçon. Drôle, malotru, polisson. Le galant.

GAS, railleries. Gués, passages.

GASAIN, gain, profit, intérêt.

Si aco que sa molier li laisset
sont diner, el deu redre aquels
diners ab lo GASAIN que el eu
pres, si el lo prestet à GASAIN.

COD.

GASAR, passer à gué.

GASC , GASCA , Gascon , Gasconne.

GASCUENHA , Gascogne.

GAST , désert , solitude.

GASTAIRE , destructeur , dissipateur.

GASTAR , ravager , faire le dégât.

GASTINES , Gatinois , province de France.

GAT , chat. Gué.

GAU , une oublie.

GAUCH , GAUG , joie , plaisir.

Qui GAUG semena plazers coill.
BRUNEL.

GAUCHOS , joyeux , agréable , enjoué.

GAUDINA , bosquet , bocage.

GAUDION , GAUDIONDA , joyeux , joyeuse.

GAUDIR , se réjouir.

GAUJOS , joyeux.

GAUMES , Jacques.

GAUS , moqueries , fanfaronnades.

GAUT , bois , forêt.

GAUTA , joue , mâchoire.

GAUTADA , soufflet sur la joue.

Un dels sirvens donec GAUTADA à Jehsu , dizens : eu aissi respondes al bispe ?
N. T. Joan. 18.
Unus assistens ministrorum dedit alapam Jesu , dicens : sic respondes pontifici ?

GAUTEJAR , souffleter.

GAUTZ , joie.

GAUZANNA , gain , profit.

GAUZENS , joyeux , jouissant. *Gaudens.*

GAUZIDA , GAUZIMENT , jouissance , usufruit.

Si alcus hom a fils , et el vol laissar l'usufruit de las soas cauzas , so es la CAUZIDA , à sa moiher , pot li laissar la GAUZIDA de las doas partz de totz sos bes.
COD.

GAUZIONS , joyeux.

GAVANH , sorte d'oiseau de proie.

GAVANHAR , gâter , estropier.

GAVARER , églantier , buisson.

No cuelh hom figas en espinas , ni razim eu GAVARER.
N. T. Luc. 6.
Neque de spinis colligunt ficus , neque de RUBO vindemiant uvas.

GAVAUDA , Gévaudan.

GAVEDA , excavation , fosse.

GAVINA , mouette , poale d'eau. *Gavia.*

GAZAI , métayer.

GAZANHAIRE , laboureur. Pillard , brigand.

GAZANHAR , gagner.

GAZANHATGE , gain.

GAZARDO , récompense. Mérite.

Si amas cels qe vos aman , qual GAZARDO n'aures ?
N. T. Luc. 6.
Si diligitis eos qui vos diligunt , quae vobis GRATIA est ?

GAZARDONAR , récompenser.

GAZI , testament.

GAZIDA , guérite.

GAZIER , tuteur.

GEBERET , bossu. *Gibbosus.*

GEBRES , givre.

GEIANT.

*Atrestals razos es d'un ome, si
autre lo va geisar.*
Con.

GEIS, gypse, plâtre.
GEISCLAR, pleuvoir et venter.
GELADA, gelée.
GELDO, piéton. Multitude.
GELIS, Gilles.
GELOS, jaloux.
GELOSIA, jalousie.
GEM, gémis, gémit. Perle. *Gemma.*
GEMEMENT, GEMS, gémisse-
ment.
GEN, bien. Poli.
GENC.

*Los escutz ni los fres un no
captenc,
Ni del ferir no feiro falha ni
genc.*
G. de R.

GENEBRES, genévrier, geniè-
vre.
GENES, Génois.
GENESTA, GENESTEL, genêt.
Genista.
GENETALIAS, génitoires.

*Lo deleiz de las genetalias sec
lo ventre estendut per viandas,
o arosat per beore de vi.*
Beda.
*Ventrem distentum cibo, et vino
et potionibus irrigatum, volup-
tas genitalium sequitur.*

GENH, esprit, génie. Art.
Façon, manière.
GENIER, plus adroit.
GENIERS, janvier.
GENOA, Gênes en Italie.
GENOES, Génois.
GENOI, petite monnoie de
Gênes.

GENOIER, GENOVIER, janvier.
GENS, joli. Nations. Gentils.

*Donc deu annar en las partidas
de las gens ensenhar las?*
N. T. Joan. 7.
*Nunquid in dispersionem gen-
tium iturus est, et docturus
gentes.*

GENSAR, orner, embellir.
Surpasser.
GENSER, GENSOR, mieux.
Plus beau, plus belle.
GENSOIA, beauté, gentillesse.
GENTET, gentiment, douce-
ment, sans bruit.
GENTILA, s'embellit, est
gentille.
GENULHOS, GENOLHOS (de),
à genoux.
GEO, je, moi.
GEPA, bosse. *Gibba.*
GEPERIUT, bossu.
GEQUIR, cesser, laisser,
abandonner.
GEQUISCA, qu'il quitte, qu'il
se retire.
GERGA, Grecque.
GERGONS, jargon, argot.
GERGONSE, grenat.
GERMENAR, germer. *Germi-
nare.*
GERTZ, allarme, frayeur.
GES, pas, point, nullement.
GESTA, action, geste, ex-
ploit. *Gesta letrada*, his-
toire écrite.
GET, jet, jette.
GEYAN, Jaen, ville d'Espa-
gne.
GIS, guise. Guide, con-
duit.

GIATAR, tailler, inciser, ciseler.

GIBA, bosse. *Gibba, gibber*.

GIBEL, Gilbert.

GIBRAR, tomber du givre.

GIC, laisse, quitte, part, abandonne.

GIENC, GIENH, artifice.

GIET, sarment.

Ieu sui la vit, vos es lo GIET.
            N. T. Joan. 15.

Ego sum vitis, vos PALMITES.

GIETZ, jet, menue courroie. Guide, précepteur.

Douras la lei fo nostre GIETZ en Jesu Crist.
            N. T. ad Gal. 3.

Itaque lex PAEDAGOGUS noster fuit in Christo.

GIFANGS, gerfaut.

GILI, Gilles.

GILLA, tromperie.

GIN, GINH, moyen. Engin, machine.

GINGIA, gencive.

Et ac las prunellas escuras,
E'ls ueills troblos e grepellatz,
Tot entorn de vermeill orlatz;
E las GINGIAS reversadas,
Blauas e grossas e botadas.
            JAURE.

GINHOS, ingénieux, industrieux, fin, rusé, artificieux.

GINHOZIA, adresse, ruse, artifice.

Aquels ypocritas sou sotils e ginhos de falsa GINHOZIA qui s'entendon en noblezir.
            V. e V.

GINOLS, genoux.

GIQUENS, quittant, délaissant, renonçant.

GIQUIR, cesser, abandonner.

GIQUITZ, lâches, qui abandonnent.

GIRADA, gâteau, fouace.

GIRAR, tourner.

GIRI, Gilles.

GIRFALC, gerfaut.

GIRGO, jargon.

GIRO, aine, hanche.

GIROFLAR, embaumer, parfumer. Ranimer.

Per qe vai à midons pregar,
Si rom eli' es franqu' e cortesa,
Non per me mas per gentilesa
M'acuelha; que sos ser se mor
Se no me GIROFLA lo cor
Ab un baisar sa dous' alena,
Q' enaissi m pot tirar de pena.
            ANONYME.

GIRON, pli, bourse, pan de manteau. Garantie, sauvegarde.

GIRONES, district de Gironne.

GISA, guise, façon, manière.

GISCLE, cri aigu.

GITADULA, vomissement.

GITAR, jeter, chasser, exclure. Précipiter.

GIVEL, vipère.

GIX, sors.

GLAGAR, geler.

GLACHA, glace.

GLAIA, glayeul.

GLAI, GLAIS, glayeul. Glapissement. Peur, crainte. Douleur, affliction. Glaive.

Ben podem esser martir ses GLAI.
            Bern. 2.

Sine FERRO martyres esse possumus.

Contra lo GLAI de la lengua, met l'escut de paciencia.

Id.

Contrà l'nguae GLADIUM, patientiae praebe scutum.

GLANDUR, gland de chêne.

GLASIOS, GLASIOSA, meurtrier, meurtrière.

Arch es mont GLASIOSA armadura, e fer de luni e septosament.

V. e V.

GLASTA, caillot.

GLAT, glapissement, aboiement.

GLATIR, japper, claquer, battre.

GLATZ, glace. Bruit, renom. Cri. Glapit.

GLAUJOL, glayeul.

GLAUS, glouton.

GLAVI, GLAZI, glaive, épée.

Caïtan é boca de GLAZI, e caïtiu seran menat.

N. T. Luc. 21.

Cadent in ore GLADII, et captivi ducentur.

E vec vos la us d'aquels qe eran ab Jehsu estendet sa ma, trais lo seu GLAZI, feric lo sirvens del princeps dels preveires, e trenqet li l'aurelia destra.

N. T. Matth. 26.

Et ecce unus ex his qui erant cum Jesu, extendens manum, exemit GLADIUM suum, et percutiens servum principis sacerdotum, amputavit auriculam ejus.

GLAZIER, meurtrier.

GLEIRA, GLEIZA, église.

GLEISATGES, du ressort de l'église.

Aco es vers, si lo crims non es GLEISATGES; mas si el es GLEISATGES, per l'evesques deu esser conogutz e castiatz.

Cod.

GLEROS, glorieux.

GLES, loir. *Glis.*

GLEZA, grève, rivage.

GLOBS, une gorgée.

GLORIEJAR, glorifier.

GLORIOLS, glayeul.

GLOT, GLOTOS, GLOTS, glouton, avide, gourmand.

GLOTZ, trou, creux.

GLUEG, glui, paille de seigle.

GLUT, GLUTZ, glu.

GOC, jeu.

GORNAR, gouverner.

GOFAINO, goufanon.

GOGOT, cocu.

GOLA, gorge, poitrine. Bouche, gosier. Gourmandise.

Abstinentia engenra castedat; GOLA es maire de non-continensia.

BEDA. 18.

Castitas gignit abstinentiam; GASTRIMARGIA mater est incontinentiae.

GOLAIROS, gosier.

Sepulcres azubrent es lo GOLAIROS de lor.

Ps. 5.

Sepulcrum patens GUTTUR eorum.

GOLAJOS, gosier.

Aurelia no conois vianda, ni GOLAJOS non au paraula.

BEDA. 21.

Nec auris escas, nec GUTTUR verba agnoscit.

GOLESTJAR, chercher avec ardeur.

GOLIART, fripon, mauvais sujet. Goinfre, glouton.

Lo reis fazia venir savis d'encantamert,
Fachuriers e devins, et autres GOLIARTZ
Que sabien diablas et las malvaizas artz.
H. de L.

GOLIAS, Goliath.

GOLIR, avaler, engloutir.

GONEL, GONELA, cotte, jupe, robe, tunique.

Qi tolra la vestimenta, negueis la GONELA no vulhas vedar.
N. T. Luc. 6.

Qui aufert tibi vestimentum, etiam TUNICAM noli prohibere.

GONIOS, mangoneaux.

GORBEL, corbeille.

Non vos recordatz cantos GORBELS aguest plens del releu?
N. T. Marc. 8.

Nec recordamini quot COPHINOS fragmentorum plenos sustulistis?

GORG, gouffre, creux. Torrent.

GORGA, gorge, gouttière. Plaisir, allégresse.

GORRETIER, courtier.

GORTZ, gourd, perclus de froid. Glouton.

GOSSA, chienne. Machine de guerre.

GOSSO, jeune ou petit chien.

GOTA, goutte, crampe. Joue.

GOTAT, teint, tacheté, moucheté.

Era vestit de rauba GOTADA de sanc.
N. T. Apoc. 19.

Vestitus erat veste ASPERSA sanguine.

GOTETA, gouttelette.

GOVERNADOR, pilote, patron, timonier.

GOVERNAR, gouverner, conduire, ménager.

GOVERNS, gouvernail. Commandant général.

GOZ, GOZA, chien, chienne.

Qui per aver pert vergonh' e mesura,
E get' honor e valor à non-cura,
Segon faisson es de semblan cofraire
Al erisson et al GOZ et al laire.
MARCABRUS.

GRA, grain. Degré. Granum. Gradus.

GRABS, main croche.

GRACIA, don, reconnaissance.

GRACIER, suppliant.

GRADIU, GRADIVA, agréable, gracieux, gracieuse.

GRAFAUS, rude, féroce, rechigné.

GRAFI, poinçon, aiguilles de tablettes. Graphium.

GRAFINAR, égratigner.

GRAFIO, griffon.

GRAGELAR, badiner, se moquer, railler, plaisanter.

GRAIEUS, bruit des instrumens.

GRAILE, grêle, mince, menu, délié. Hautbois, clarinette.

GRAILLA, gril, grille, claie, treillis.

GRAISANT, crapaud.

Lo GRAISANT non pot sufrir la odor de l'auruga cant floris.
V. e V.

GRAISSA , la grêle.

GRALHA , la corneille.

GRAMA , grondeuse, fâcheuse, de mauvaise humeur.

GRAMADIS , GRAMAZIS , avocat. Greffier. Ecrivain.

El es advocatz , so es GRAMADIS. Cod.

GRAMAJES , qui est à la grammaire.

GRAMOR , haine , rancune , animosité. Tristesse , chagrin.

Amdui se porten guerra , ira e GRAMOR.
G. de R.

GRAMS , triste , morne, chagrin.

GRAN , grain. Grand.

GRANA , graine. Grène. Ecarlate.

GRANAR , grener , multiplier.

GRANATZ , grené. Grenat.

GRANCADOR , varlope, rabot.

GRANDOLA , glande. Glandula.

GRANELLA , graine.

GRANET , petit grain.

GRANHON , GRANHOS , noyau , pepin.

GRANI , grenier.

GRANILLA , taillis.

GRANMEN , grandement.

GRANNESSA , grandeur. Multitude.

Cel que convertira lo peccador , cubrira la GRANNESSA des peccatz.
N. T Jac. 5.

Qui converti fecerit peccatorem , operiet MULTITUDINEM peccatorum.

GRANOTA , grenouille.

GRANRE , GRANREN , beaucoup.

GRANSA , grande.

GRANT , accorde. Octroi , concession.

GRAN TEMPS A , il y a long-temps.

GRAPA , croc, fourche, trident.

GRAPAUT , crapaud. Harpon, crampon.

GRAPONANT , reptile.

GRAPONAR , ramper.

GRAT , gré. *Mal mon grat*, contre mon gré , malgré moi. *De grat*, gratis , gratuitement.

En darei DE GRAT al sedejant de la font de l'aiga de vida.
N. T. Apoc. 21.

Ego sitienti dabo de fonte aquae vitae , GRATIS.

GRATADOBA , grille.

GRATILH (far) , anéantir , mettre en pièces. Faire rire , chatouiller. Plaisanter , tourner en ridicule.

Del segon trobar naturau
Port la peir' e l'esca e'l fozilh ;
Mas menut trobador bergau,
　　Entrebesquilh,
Me fornon mon cant en badau
　　E'd fan GRATILH.
MARCABRUS.

GRATUAR , gratter , frotter.

GRAUCA , lande , terre stérile.

GRAUZISSA , grêle.

Grans GRAUZISSA si co bezans deicendet del cel en los homes.
N. T. Apoc. 16.

GRANDO magna sicut talentum descendit de coelo in homines.

GRAVA, grève. Gravier.

GRAVANSA, gravité, pesanteur.

GRAVAR, grever.

GRAVASOL. Voyez SENTROGAL.

GRAVENA, gravier.

GRAZA, degré, marche d'un escalier.

Paul estants en las GRAZAS, cenec ab la ma.
N. T. Act. 21.

Paulus stans in GRADIBUS, annuit manu.

GRAZAL, GRAZAUS, vase, vaisseau, le saint Graal.

GRAZERAS, grâces, remercîmens.

GRAZES, degrés, marches d'escalier.

GRAZET, grasset.

GRAZIA, remerciait.

GRAZIDA, agréable.

GRAZIDAMEN, gracieusement, de bon gré, gratuitement.

GRAZILH, gazouillement.

GRAZIR, savoir gré, reconnaître, remercier, rendre grâces.

GRAZITZ, agréable.

GREGA, Grecque.

GREI, plaise, agrée.

GREJAMEN, aigreur, action d'irriter.

GREILL, grillon.

Sercatz un GREILL que sia gros
E gitatz lo fors de son cros.
PRADAS.

GREILLO, grille de fer.

GREISSES, grêlons.

GRENS, poils, moustaches. Barbe.

GREP, orgueilleux.

GREPILLATZ, éraillé.

GREPIERA, crèche, mangeoire.

GREPIS, laisse, abandonne.

GREPS, petit.

GRES, griefs.

GRESESC, Grégeois.

GRESSA, grêle.

GRESSA fou faita, e fuoc mesclat am sanc.
N. T. Apoc. 8.

Facta est GRANDO, et ignis, mista in sanguine.

GRET, gré.

GREU, GREUS, grave, grief, pénible, pesant. *A greu*, à peine, difficilement, violemment.

Li mandamen de lui no so GREU.
N. T. 1 Joan. 5.

Mandata ejus GRAVIA non sunt.

So en las pistolas de Paule alcantas causas GREUS per entendement
N. T. 2 Petr. 3.

In epistolis Pauli sunt quaedam DIFFICILIA intellectu.

GREUGAT, GREUJAT, grevé, lésé, vexé.

GREUGE, vexation, tort, dommage. Affliction. Qu'il vexe.

GREUGETAT, gravité.

Sabis hom atempra l'alegreza de son front, per la GREUGETAT de sas mors.
BEDA. 53.

Vir sapiens GRAVITATE morum hilaritates frontis temperat.

GREUJAR, aggraver, empirer. Vexer, être à charge.

GREUMENT, péniblement, difficilement.

El manents intrara GREUMENT él regn dels cels.

N. T. Matth. 19.

Dives DIFFICILE intrabit in regnum coelorum.

GREZA, grêle.

Li home blastemeron dieu per la plaga de la GREZA.

N. T. Apoc. 16.

Homines blasphemaverunt deum propter plagam GRANDINIS.

GREZES, GRIEUS, Grecs, grégeois.

GRIFAIGNA, refrognée.

Mas cug esser en Espaigna
Quant intrei dins lor maizon,
Chascun vest son chapiron
E m mostr' om cara GRIFAIGNA.

PALAIS.

GRIFO, Grec.

GRIGNO, grenon, moustache.

GRILAR, cribler.

GRILH, GRILHET, grillon.

GRINEZA, attention, soin, pitié, compassion.

GRINO, grenon, moustache.

GRINOS, affligé, sensible, plein de compassion.

Portas del nas la partidura?
Segner, hoc ben; e ve la vos:
E li benastruc totz GAINOS
L'ajustet al nas contenent.

H. de L.

GRIOS, griffon, animal fabuleux.

Lo y a bestias que au quatre pes • dos testas, e a nom GRIOS.

SYDRAC.

GRIU, GRIUS, Grec. Grief. Sorte d'oiseau.

GRIUEZA. Voyez GRINEZA.

GROBS, nœud, lien.

GROC, GROCS, jaune. Croc. Gouffre.

GROGA, jaune. *Crocea.*

GRON, gronde, murmure.

GRONDILHAR, GRONDIR, GRONHIR, grommeler, grogner, marmotter. Rapporter faux.

GRONHZ, groin, museau.

GROPIR, s'accroupir.

GROPS. Voyez GROBS.

GRUEC, GRUECS, jaune.

GRUER, de grue.

GRUISSA, grosseur.

GRUP, grain. Quitte, déguerpis, qu'il déguerpisse.

GRUTZ, farce, hachis. Grain de raisin.

GRUX, grue.

GUA, gué. Jument.

GUACH, guet, sentinelle, garde, faction.

GUAGZ, gage, caution.

GUAIET, geai.

GUALLAR, tromper.

GUAN, gant. Détourne, promesse, garantie.

GUANUHA, branchies.

GUARALHA, accointance, liaison. Foi, croyance.

Mas ieu tem fort, domna cauzida,
Qu'ieu soi traitz e vos traïda
Si voletz creire lauzengiers,
Fols devinadors messongiers:
Que jes de domna que vos valha
No s tanh qu'ab lor aia GUARALHA.

SESCAS.

GUARENGAL, galanga.

GUASAR , passer à gué.

GUAUS , gai , beau.

GUAVELLA , javelle.

GUAZARDO , récompense , présent , rétribution.

GUBA , jupe.

GUBERT , toit , maison.

Senher , non sui dignes que tu
intres sot mon GUBERT.
N. T. Luc. 7.

Domine , non sum dignus ut sub
TECTUM meum intres.

GUENCHIR , gauchir , se détourner.

GUERIDA (à la) , sauve qui
peut.

GUERRIER , ennemi.

Quar meils m'avetz ses dubtansa
Que'l Vielh l'Ansessina geu ,
Que van , neis s'era per Fransa ,
Tan li son obedien ,
Aucir sos GUERRIERS mortals.
PECULHA.

GUERS , louche.

GUES , pas , point.

GUIA , guide. Guise , manière. Chef , capitaine.

GUIARDO. Voyez GUAZARDO.

GUIATGE , GUIDONATGE , GUIO-
NATGE , sauve-garde , es-
corte. Droit de guide.

GUIDAR , aider.

GUIGO , Gui , Guiot.

GUILA , mensonge , tromperie.

GUILHALMA , Guillelmine.

GUILHEM , GUILLEM , Guil-
laume.

GUILLADOR , trompeur.

GUILLETTA , aiguillette.

GUIMA , gambade.

GUINCHAR , lorguer , regarder
de côté.

GUINENS , renards.

Seran racio de GUINENS.
Ps. 62.
Partes VULPIUM erunt.

GUINHAR , faire signe.

Peire va lur GUINHAR que non so-
nessan motz.
N. T. Act. 13.
ANNUENS eis Petrus ut tacerent.

GUINIANS , faisant signe , cli-
gnotant.

La fornicacios de la concoeira es
conioguda en la composicio de
sos vestimens , e él ris e él joguet
de sa bocha ; e en sos pel os ,
car sos oils es rieus e GUINIANS.

GUION , GUIOT , un guide.
Gui.

GUIORTZ , Gisors.

GUIREN , garant , témoin.

GUIRENTIA , témoignage , dé-
position de témoins.

GUIRER , aider , secourir ,
sauver , garantir.

Senhor GUIREX nos , qe perem.
N. T. Matth. 8.
Domine ADJUVA nos , perimus.

GUIRIAR , guerroyer , disputer.

GUIS , quitte, délaisse, abandonne.

GUISCOS , rusé , prudent.
Adroit, avisé. Artificieux,
inconstant , capricieux.

GUISCOSIA , ruse , finesse ,
adresse , artifice.

Eu essem-penrei los savis é la GUISCOSTA de lor.

N. T. 1 Cor. 3.

Comprehendam sapientes in AS-TUTIA eorum.

GUISSERA, quitterait, abandonnerait.

GUITA, cane, femelle du canard.

GUIZ, guide, conducteur.

Disciplina es GUIZ de via, e fazenda de bona proeza.

BEDA.

Disciplina DUX est itineris, ac negotium bonae indolis.

GUIZA (tener se de), se bien conduire, être en mesure.

GUIZADOR, guide, conducteur.

Gai à vos GUIZADORS CEX, liqual disets, quals qe jurara per lo temple, nient es; mas quel qe jurara à l'aur del temple, es deuteire.

N. T. Matth. 23.

Vae vobis DUCES coeci, qui dicitis: quicumque juraverit per templum, nihil est; qui autem juraverit in auro templi, debet.

GUIZAJE (dar), servir de guide, conduire, introduire. Permission de passer, passeport.

GUIZAR, guider, mettre en ordre.

GUIZARDON, présent, rétribution.

GUIZARMA, hache.

GUIZAT, guidé, conduit.

GULHA, aiguille.

GULLIMENS, tromperies, baies, bourdes.

GULPIR. Voyez GURPIR.

GULS, cul, anus.

GUMER, guenon.

GURPIA, j'abandonnais.

E pos d'avol companhia
No m tenc apagatz;
Si cantar GURPIA,
Digatz ab que m defendria
Dels avols mal ensenhatz?

BORNEILL.

GURPIR, déguerpir, laisser, quitter. Renoncement, abnégation.

Res non profeicha lo GURPIR del cors, ses lo GURPIA de la pessa.

BEDA. 8.

GULPET efansa, e vivet et anet per via de sabieza.

BEDA. 68.

GUVERNADOR, pilote.

GUZA, obscurité, brouillard.

H

H avec L et avec N forme une prononciation mouillée, et ne sert ailleurs que pour indiquer l'origine du mot. Les copistes des Mss. l'ont conservée ou supprimée au gré de leur caprice.

HAUSENSA, hauteur.

HER, hier.

HERES, héritier. *Haeres.*

HERETAR, hériter. Mettre en possession.

HERETIERS, hérétiques.

HERO, Hérode.

Hevra , ricin.
Hoc , oui.
Hoimais , désormais.
Hom , homme. On.
Homenes , hommage.
Hondrar, Honrar, honorer, respecter.
Honor , honneur. Terre , états , domaine.
Honoros , honoré , honorable.
Horri , grenier. *Horreum.*
Hospital , maison de l'ordre de Malte.
Hossen , pectoral du jugement.

Hostage , demeure , habitation.
Hulcs , creux , vide.
Hucier , vaisseau de charge ou de transport.
Huisel , porte , guichet.
Humas , humain.
Humelios , Humilians , Humils , Humius , humble , modeste , honnête. Indulgent.

Les autres mots se trouveront aux voyelles qui suivent cette aspiration.

I

I est mis fréquemment pour E.
I pour in , en , dedans.
Ibia , hibou.
Ibres , Ibris , ivre.
Ibriatz , enivrés.
Ida , Énide , héroïne de roman.
Idria , cruche. *Hydria.*
Ieis , vient , sort.
Iesca , que je sorte , qu'il sorte.
Iest , tu es , vous êtes.
Ieu , je , moi.
Ievre , ivre.
Ifern , enfer.
Ifernau , infernal.
Igau , égal.
Igeg , joie.
Il , lui.
Ilh , elle.
Ilha , île. *Insula.* Flancs. *Ilia.*

Ili , le lis.
Ilison , hérisson.
Illuminador , qui éclaire. *Illuminator.*
Image , Imagena , statue , idole.

Fara una imagena à la semblansa de son paire , e comandara à tota sa gen que l'aoro.

SYDRAC.

Impegner , chasser , pousser. *Impingere.*
Impeisser , id. Expulser.
In , dans.
Ina , une.
Incastelar , fortifier.
Inch , onc , jamais.
Incobolar , empêcher.
Indi , Indis , bleu ou violet.
Infernar , damner.
Ingual , égal, pareil.
Inils , ennuyé , fâché.

Ins , dans.

Insolar , parqueter , planchéier.

Intendensa , entente , intention.

Intender , courtiser , faire l'amour.

Intendidor , amant.

Interogons , interrogation.

Intrada , entrée, début , commencement.

Intrament , arrivée.

Intran (à l') , au commencement.

Intratge , droit d'entrée.

Invannar , couvrir , placer la charpente d'un édifice.

Invern , hiver.

Invers , hiver. Envers.

Iou , œuf.

Ipocras , Hippocrate.

Ira , haine , colère , courroux. Chagrin , tristesse.

Cel que porta ira ab sos fraires, es eveironaz de tempestas.

    Beda. 3.

Fratrem odiens , tempestate circumdatus est.

Osta ira de te , car ira auci , e profeiz non es en lieis.

    Id. 52.

Tristitiam expelle à te , multos enim occidit tristitia , et non est utilitas in illa.

Irais , irrite.

Iraissable , Iraissos , irascible, colère, emporté.

Orazos d'iraissable es abominaz ences , e li salmodia del felo es sos espaventables.

    Beda. 16.

Iracundi oratio abominata thymiamata , et psalmodia iracunda sonus horribilis.

Hom iraissos apella tensos ; e cel qu'es suaus las abaissa.

    Beda. 16.

Vir iracundus provocat rixas ; qui sapiens est mitigat suscitatas.

Irascer , irriter , mettre en colère.

Irascut , irrité , furieux.

Irat, effrayé , fâché , triste , affligé.

    El rei fo molt irat.

    N. T. Marc. 6.

    Contristatus est rex.

Felix fon irat , e va li dire : vai.

    Id. Act. 24.

Tremefactus Felix , respondit : vade.

Iria , j'irais , il irait.

Irlan , Irlandais.

Ibnelitat , vitesse , promptitude , légéreté.

Ibnius , léger , prompt , alerte.

Ironda , hirondelle.

Iror , fureur , frénésie.

Iros , irrité , colère.

Is , il sort , il est.

Iscatz , que vous sortiez.

Isciamen , sciemment.

Isclar , crier.

Isco , sortent.

Iserna , chêne.

Iseut , Iseult , héroïne de roman.

Ismanga , Isme , estimation , compte, calcul, jugement.

Isnel, Isneus. Voyez Irneus.

Isop, goupillon.

Issaiare, qui essaie, qui fait une épreuve.

Cel que demanda aco que sap
non o demanda pas per aprene,
mas per saber coment respondra
cel cui demanda, en la semblansa del Phariseu, non pas
coma disciples, mas cum issaiare.
                          Bena. 77.

Quiconque interrogat non votó
discendi, sed studio redar-
guendi, per similitudinem Pha-
risæorum, non quasi discipu-
lus, sed quasi tentator acce-
dit.

Issament, de même, pareillement.

Issararz, embarrassé. Chiche, serré.

    Del rei se tenra per pagatz,
Qu'el non es ges de donar issararz.

Issarnit. Voyez Eissarnit.

Issarop, sirop.

Issart, friche, lande. Destruction.

Issartatz, essarté. Embarrassé.

Issau, écoute, exauce.

Issegatz, mouillé, humecté.

Issen, fin, finissant. Issue.

Issernir, discerner, démêler.

Issernit, sage, prudent.

Issetz, excepté que, à moins
que, ôté. Autrement, sans
cela.

Per aco la te vendei meins que
eu non feira issetz.
                          Cod.

Issi, ici, ainsi. Sortit.

Issia, sortait.

Issid, issue, fin.

Issida, sortie. Fin, déclin.

Issilhatz, banni, chassé.

Issir, s'en aller, partir. Sortir.

Del cor eisso li mal cossirers,
avouteris, laironicis.
                 N. T. Matih. 15.
De corde exeunt cogitationes
malae, adulteria, furta.

Issirapa, bassin, cuvette,
aiguière.

Issis, sortit.

Issoflar, souffler sur.

Issorbar, aveugler.

Issucs, essuyé, sec.

Issugar, essuyer, sécher.

Ist, ce, cet.

Ista, cette. Reste, demeure.

Istage, demeure, séjour.

Istan, sont, demeurent.

Istar, être.

Istauc, je suis, je reste, je demeure.

Istenc, j'étends.

Istera, serait.

Isters, Istiers, excepté, à
la réserve, si ce n'est.

Istes, fût.

Istro, soit, soient.

Istra, sera, sortira.

Ital, tel, telle.

Ivan, Ivain, l'un des che-
valiers de la table ronde.

Ivernaill, hiver, d'hiver.

Ivernar, être en hiver, faire
froid.

Ivros, ivrogne.

Izeiqi, celui qui.

J

J s'emploie souvent pour G devant l'E et l'I.

JA, déjà. *Ja sia so que*, quoique. *Ja que*, bienque.

JAC, coucha. *Jacuit*.

JACE, toujours.

JACILHA, tombe, est à bas.

JACME, Jacques.

JAFRE, JAFRET, Theofred.

JAGAN, géant. Qu'ils couchent.

JAGUESSON, qu'ils couchassent.

JAI, couche; gît. Gai. Geai. Joie.

JAIA, que je couche, qu'il couche.

JAIANS, géant.

JAMME, Jacques.

JANGLA, babille. Babil, caquet, médisance.

Adoncx dizon las chiflas e los gabs, e trufas e JANGLAS.

V. e V.

JANGLADOR, railleur.

JANGLAR, se moquer, railler, tourner en ridicule. Babiller, médire, mentir.

JANGLARIA, caquet, médisance.

JANGLOILL, JANGUOILL, menterie, tromperie.

JANGLOS, moqueur.

JANGLOSIA, moquerie.

JANGUELH, cause, médit.

JANTIS, gentil.

JAPS, aboiement.

JAQUEZA, monnoie du roi Jacques d'Aragon.

JAREM, nous coucherons.

JASA, JASSA, que je couche, qu'il couche.

JASIATZ, couchiez.

JASSAM, que nous couchions.

JASSE, toujours.

JATZ, gît. Gîte. Je couche, il couche, est couché.

JAU, je goûte, je jouis. Souci. Se soucie. Couche.

JAUBARDELLA, branle, sorte de danse.

Ans que aur ni vaissella,
Ni denier ni bezan,
Penria piucella
Tozeta, benestan,
Trepan
Attal JAUBARDELLA
Que m'aues embrassan.

CARDINAL.

JAUDIRE, jouissant.

JAURE, JAUFRES, Geoffroi.

JAUI, j'ai joui.

JAUME, Jacques.

JAUS pour JA VOS.

JAUSIC, je jouis, je goûtai, il goûta.

JAUSION, joyeux, jouissant, heureux.

JAUSSERAN, réjouissant.

JAUZENS, heureux, joyeux.

JAUZIDA, JAUZIMEN, jouissance, joie, bonheur.

JAUZIR, profiter, réussir, tirer avantage. Jouir, se réjouir.

JAUZIRE, jouissant, heureux.

JAUZISCA, jouisse.

JAUZIU, jouissant.

JAUZUT, qui a joui.

JAZEMEN,

JAZEMEN, action de coucher.
JAZER, coucher, être couché. Accoucher.
JAZILHA, gésine.
JEJUNI, jeûne. *Jejunium.*

Deu hom los movemens carnals restreguer e repremir per abstinencia de jejuns.
V. e V.

JEL, gèle, gelée.
JELOS, jaloux.
JEN, gentiment, joliment. Gentil, joli.
JENIER, JENOVIER, janvier.
JENOLS, genoux.

Apropiet se à Jehsus us hom plegatz los jenols denan lui, disens: senhor, miseria aias de mi e del meu fil, quar lunaios es, e sofre mal: soven ca en foc, e espessamen en aiga.
N. T. Matth. 17.

Accessit ad eum homo genibus provolutus antè eum, dicens: domine, miserere filio meo, quià lunaticus est, et malè patitur: nam saepè cadit in iguem, et crebrò in aquam.

JENSAR, parer, embellir.
JENSER, JENSOR, plus beau, plus belle.
JEONA, jeune.
JO, joug.

Li ser qui sunt sos jo fassunt honor à lor segnior.
BEDA. 62.
Quicumque sunt sub jugo servitutis, dominos suos omni honore dignos arbitrentur.

JOAN, JOHAN, Jean.
JOC, jeu. *Jocus.*
JOGADOR, joueur.

JOGAR, jouer, folâtrer, plaisanter. *Jocare.*
JOGLAR, jongleur, mime, bouffon. *Joculator.*
JOGLARIJAR, bouffonner. Faire le métier de jongleur.
JOGLARESC, de jongleur. Comique, bouffon.
JOGLARET, diminutif de JOGLAR.
JOGLARIA, escamotage, tours de gibecière. Métier de jongleur.
JOGUET, jeu, jouet.
JOI, JOIA, joie, plaisir. *Faire joi*, applaudir.

Fols hom fai joi de sas mas.
BEDA.
Homo stultus plaudet manibus.

JOIELS, joyaux.
JOIGNEDOR, JOINCHEDOR, jouteur, combattant.
JOIS, joiguit, unit, assembla.
JOLIA, Julien.
JOLIS, gai.
JOLIVETAT, gaieté.
JONC, je joins.
JONCHAS, jointes.
JONH, joint.
JONHEIRES, jouteur, champion.
JONJER, joindre, unir. *Jungere.*
JONTA, attaque.
JOP, aune, peuplier.
JORDAN, JORDANS, Jourdain.
JORDI, George.
JORN, jour.
JORNAL, JORNAU, journée, temps, occupation. Du jour, du matin.

JOETAT, réuni.

JORTZ, George.

JOS, sous. Joug.

> Lo meus jos es suaus, e'l meu fai es leus.
>   N. T. Matth. 11.
> Jugum meum suave est, et onus meum leve.

JOST, JOSTA, près. *Juxtà.*

JOSTA, joute.

JOSTAR, jouter, assembler, accoupler, amasser.

JOU, JOUS, jeudi.

JOVE, JOVES, jeune. *Juvenis.*

JOVES, JOVINE, JOVENTUT, jeunesse. *Juventus.*

JOVENIR, JOVENSAR, rajeunir, renouveler.

JOY, joug.

JUCIATZ, jugé.

JUDEU, JUEU, Juif.

JUEC, jeu.

JUEL, ivraie.

JUGAR, jouer. Juger, réputer.

JUITI, juge, condamue.

JUIZI, jugement, peine, condamnation.

JUJAMEN, jugement.

JUJAR, juger, condamner.

> No vulhatz jujar, qe no sias jujatz; quar en qual judisi qe vos jujetz, seres jujat.
>   N. T. Matth. 7.
> Nolite judicare, ut non judicemini; in quo enim judicio judicaveritis, judicabimini.

JULS, ivraie.

JUMENTA, bêtes de charge ou de somme.

JUMERRA, chimère, monstre.

JUNCHAR, joindre, enjoindre.

JUNEGA, génisse. *Junix.*

JUNH, je joins.

JUNQUIERA, jonchée, lieu où il croit du jonc.

JUNS, juin. Joints.

JUR, JURS, serment.

> Lo jur qe juree az Abram.
>   N. T. Luc. 1.
> Jusjurandum quod juravit ad Abraham.

JURAIRE, jureur.

> Hom juraire es ples de felonia.
>   Beda. 37.
> Vir multum jurans repletur iniquitate.

JURAR, fiancer.

JURENT, témoin.

JURIA, injure, querelle. *Jurgia.*

JUS, à bas, en bas, dessous.

JUSARMA, javelot, demi-pique.

JISOUS, JUZIEVA, Juif, Juive.

> Si negus jusieus si neguna juzieva, sia paue o gran, passa pel pont, sia à pe o à caval, sia mortz o sia vieu, deu al pontanier XII d. per testa.
>   Archiv. d'Albi.

JUST, près, proche, à côté. *Juxtà.*

JUSTAIRE, jouteur, adversaire.

JUSTAS, joutes. Assemblées, cours plénières.

JUSTICIA, épices, honoraires des juges.

JUTGADE, juge.

Grans es lo JUTGADE e poderos en honor.
BEDA. 9.

Magnus est JUDEX et potens in honore.

JUTGADOR, juge. A juger, qui doit être jugé.

JUTGAIRE, JUTGAIRITZ, justicier, justicière.

JUTI, juge.

JUTJARIE, juridiction.

JUVIZI. Voyez JUIZI.

JUZAR, condamner.

JUZE, juge.

JUZIVI, JUZIZI, jugement.

Repeara lo mon de JUZIVI.

Corripiet mundum de JUDICIO.

K

Cette lettre est rarement employée dans les Mss. occitaniens.

KALENDA, premier du mois.

KIRIS, prières, oraisons.

L

L est souvent à la fin des mots pour l'article LE ; alors nous désignons cette lettre ainsi 'l. Nous l'avons détachée, lorsqu'elle s'y trouve comme pronom affixe.

LABOR, travail, métier.

LABORAIRE, ouvrier.

LABORAR, labourer. Travailler.

LAC, lait. Lacs. Cuve. Enfer.

LACH, LAICH, laid. Lait.

LACHAR, lacer, lier.

LACTOAN, élixir, électuaire.

LADA, large.

LADA es li charitaz que prent l'amor dels enemix.
BEDA. 1.

LATA est charitas quæ inimicorum delectatione capitur.

LADEZA, largeur.

LADRAR, aboyer. *Latrare.*

LADRE, voleur. *Latro.*

LADRIERS, quartiers, côtés de père et de mère.

LAGAINOS, chassieux.

LAGAMENT, vilainement.

LAGER, plus laid, plus vilain.

LAGEZA, laideur, tache, souillure, nudité. Corruption, vilenie, impureté. Turpitude.

LAGNA, plainte, mal, peine, douleur.

LAGNAR, plaindre, lamenter, déplorer.

LAGOT, caprice, feinte, dissimulation.

Done quan li fara bel semblan
E l fara L d acuhlimen,
El casora de mantenen
Qu'ela o fai per tricharia,
O per LAGOT o per bauzia.
Br. d'Amor.

LAGOTIRA, flatterie, paroles douces.

LAGOTURS, flatteurs, mensongers.

LAGREMA, larme.

LAGRIMAR, pleurer. *Lacrymare.*

LAGUI, chagrin, inquiétude.

LAGUIAR, faire languir.

LAGUIOS, lent, paresseux, négligent.

LAH, LANZ, laid, vilain.

LAI, là. Laisse. Plainte. *De vos en lai*, excepté vous.

LAIA, LAIDA, laide; honteuse, impure.

LAIAMEN, vilainement.

LAIANSA, injure, insulte, offense, outrage.

LAIDIR, injurier.

LAIDURA, opprobre, affront, vilenie.

LAIG, LAIGA, laïque.

LAIMBERT, lézard.

LAINATZ, vanté, cité, loué.

E cant us hom l'era LAINATZ
Volia l'aver on que fos.

LAINIER, lanier.

LAINS, ici, céans, là dedans.

LAINTRE, là dedans.

LAIOR, plus laide.

LAIRAMENT, aboiement.

LAIRAR, aboyer, crier, clabauder.

LAIRE, larron. Qu'il aboie.

Li dias del senhor avenran co li LAIRE.
N. T. 2 Petr. 3.
Adveniet dies domini ut FUR.

LAIRIS, friche.

LAIRO, larron, filou. *A laire*, à la dérobée.

LAIRONICI, vol, larcin.

LAIRONIL, dérobé.

Las aigas LAIRONILS sunt plus dolsas, e pas escondux plus suaus.
V. T. Prov. 9.
Aquae FURTIVAE dulciores sunt, et panis absconditus suavior.

LAIS, laisse, quitte. Cesse. Las. Lai, plainte, élégie.

LAISADURA, tache.

Garda aquest mandamen senes LAISADURA.
N. T. 1 Tim. 6.
Serves mandatum sine MACULA.

LAISAMEN, LAIZAMEN, souillure.

LAISAR, LAIZAR, gâter, souiller, tacher, insulter.

LAISAT, LAIZAT, souillé.

LAISER (non), il ne faut pas, il ne convient pas.

Non LAISER perir propheta foras Jerusalem.
N. T. Luc. 13.
Non CAPIT prophetam perire extra Jerusalem.

LAISSA, testament; legs.

En ta LAISSA laissa als paures.
BEDA. 44.
In TESTAMENTO tuo relinque pauperibus.

LAISSAMENT, fatigue.

LAISSAR, renvoyer, congédier.

Quan los ac LAISSAT, annet él pueg orar.
N. T. Marc. 6.
Cùm DIMISISSET eos, abiit in montem orare.

LAISSAS, lices, barrières, palissades.

LAISSAT, languissant. Délivré, mis en liberté.

LAISSUS, là haut.

LAIZAR, souiller.

Aujatz e entendetz. Aco qe intra per la boca no LAIZA l'ome : mais aco qe eis de la boca LAIZA l'ome.

N. T. Matth. 15.

Audite et intelligite. Non quod intrat in os INQUINAT hominem : sed quod procedit ex ore INQUINAT hominem.

LAMIERA, cotte de mailles, cuirasse.

Non lo tenc palays ni alberez,
Ni LAMIERA ni gambayzons,
Ni dengun autra garnizons.

H. de L. 23.

LAMPEZA, lampe.

LAMS, foudre, éclair. Boiteux, estropié, manchot. Imparfait.

LANA, laine.

LANDA, plaine, champ.

LANO, LANGI, languis.

LANGUIA, languissait.

LANGUIOS, LANGUIT, malade.

LANHA, peine, travail. Voyez LAGNA.

E troban lur companha
Que menavan gran LANHA
De corre, de sautar,
E de mots juecs affar.

H. de L. 13.

L'AN QUAN, lorsque.

LANS, jet, jettes. *De lans*, d'emblée.

LANSOL, linceul, drap de lit. Linge.

LANTA, LANTEZA, lampe.

LANTIA, flambeau.

LANTOLZ, nom d'homme.

LANZ, saut, jet, élancement.

LAOR, labour, labeur, travail.

LAORADOR, cultivateur, vigneron.

Ieu soi vera vit, e'l mieu paire es lo LAORADOR.

N. T. Joan. 15.

Ego sum vitis vera, et pater meus AGRICOLA est.

LAORAR, labourer.

LAPORDA, bardane, glouteron.

LAPS, sein, giron.

LARC, LARCS, libéral, généreux, large, abondant.

LARGEIAR, faire des largesses.

LARGETAT, largesse, libéralité.

LARGOR, abondance, quantité. Plus libéral.

LARGUEZA, largesse.

LARJA, libérale.

LAS, hélas. Malheureux. Près, proche, à côté. Flanc.

Deus es LAS te, e regardara te que no sias pres.

BEDA. 67.

Dominus erit in LATERE tuo, et custodiet te ne capiaris.

U cavallier li a ubert lo LAS amb una lansa.

N. T. Joan. 19.

Unus militum lanceâ LATUS ejus aperuit.

LASAR, lacer, lier. Tisser.

LASCA, lâche.

Lasert, lézard. *Lacerta.*

Lassar, enlacer. Fatiguer, renvoyer.

Lassec, fatigue, lassitude.

Dormiro fort per lo gran **lassec** que avian.
           Philomena.

Lassen pour **la sen**, la tempe.

Lasses, fatigués. Lacs, cordons. Piéges, lacets.

Lasset, diminutif de **las**.

Lasserat, lassitude.

Lat, large. *Latus.*

     De loue e de **lat**.
           Sydrac.

Lata, lime, plaque.

Lati, langage, ramage.

Latinar, parler latin.

Latinier, interprète, orateur.

Lato, laiton.

Latrar, aboyer. *Latrare.*

Latz, côté. Auprès. Lacet. Las. Laid. Lie.

Latzerado, déchiré.

Lau, **Laus**, loue, approuve. Louange. Lods. L'un.

Laugeiria, légéreté.

Laun, l'un.

Launart, Léonard.

Laupart, léopard.

Laur, **Laurs**, laurier

Laura, couleur de laurier.

Lauri (oli), huile de laurier.

Laus, je loue. Louange. Pour **la us**, l'un ; et pour **la vos**.

Lausar, approuver, consentir.

Si ela i consent, so es **lausa**.
           Cod.

Laussols, linges.

Laütz, luth.

Amors te sos enamoratz
Tot jorn alegres e pagatz
Mielhs no fai **laütz** ni guitarra.
           Br. d'Amor.

Lauza, ardoise.

Lauzable, louable, recommandable.

Lauzador, digne de louange.

Non es meins **lauzador** forz hom en plor, que en bataillia.
           Beda. 6.

Non minùs **laudandus** est vir fortis in luctu, quàm in bello.

Lauzamen, louange.

Lauzar, louer, chanter, célébrer. Approuver, consentir.

Lauzarei en esperit, **lauzarei** en pessa.
           N. T. 1 Cor. 14.

Psallam spiritu, **psallam** et mente.

Lauzat, approuvé, ratifié.

Aquel hom non pot mais ren dire pois que el l'ac *ratum*, so es pois que el l'ac **lauzat**.
           Cod.

Lauzemne, louange.

Li memoria del just a **lauzemne**, e'l noms del felo puiris.
           Beda. 11.

Memoria justi cum **laudibus**, et nomen impiorum putrescit.

Lauzenga, médisance, perfidie. Louange, flatterie.

Peccat de azulacio es portar Lauzengas.
V. e V.

LAUZENGIER , LAUZENJADOR ,
flatteur , menteur , médisant. Semeur de rapports.
LAUZENJAR , médire , calom-
nier.
LAUZETA , alouette.
LAUZIDA , directe d'un seigneur.
LAUZIMANA , LAUZUMANA ,
louange , flatterie.
LAUZISME , louange. Lods.

Li chans dels salmes es faitz per
demostrar lo LAUZISME e la gloria
de deu.
BEDA. 7.
Psalmorum decantatio perpetuam
dei LAUDEM demonstrat , et gloriam sempiternam.

LAUZOR , louange.

Lauzor é las antezas.
N. T. Marc. 11.
Hosanna in excelsis.

LAUZULADOR , flatteur.

L'olis engraissa lo chap del pe-
chador , si cum favor de LAU-
ZULADOR asuauza son cor.
BEDA. 17.
Impinguat caput oleo peccatoris ,
cùm demulcet mentem favor
ADULATORIS.

LAVADOR , lavoir , piscine.
LAVAMEN (sant) , baptême.
LAVANCA , averse.
LAVIAS , LAVRAS , lèvres ,
langue.

Las LAVRAS del just cossiront
plazens chauzas.
BEDA. 2.

LAZ. Voyez LATZ.
LAZER , Lazare.
LEALEZA , loyauté , équité.
Equitas , so es LEALEZA.
V. e V.

LÆBRE , LÆBRES , lièvre.
LÆBREIRA , levrier , levrette.
LEBROS , lépreux.

Co dissendec Jehsu del pug ,
seguiro lo graus companhas ; e
venc us LEBROS , e azorava le ,
e dizia : senhor , se tu o vol ,
pos me mondar. E estendec
Jehsu la ma , e toqet lo , e dix
li : voil te sanar. E issa la ora
sanet es la lebrosia de lui.
N. T. Matth. 8.
Cùm descendisset Jesus de monte ,
secutae sunt eum turbae mul-
tae ; et ecce LEPROSUS veniens ,
adorabat eum , dicens : domine ,
si vis , potes me mundare. Et
extendens Jesus manum , tetigit
eum , dicens : volo mundare.
Et confestim mundata est lepra
ejus.

LEBROSIA , la lèpre.
LEC , fut permis. Gourmand.
LECA , ratière , souricière.
LEGADEIRA , gourmande.
LEGAI , avide , gourmand.
LECHARIA , gourmandise.
LEGONIA , débauche , liber-
tinage.
LECS , gourmand. Que tu
lèches.
LECTIO , élection.
LECTRE , lecteur.
LÆCTUARIS , élixir , électuaire.
LEDENHA , injure.
LEG , loi.
LEGATZ , léché. Lié. Légat.
LEGEN , lisant.

Legena, légéreté, inconsé-
quence, frivolité.

Legens, permission, loisir,
liberté.

Leger, temps, loisir.

Legir, lire, élire. *Legere.*

Legna, Leigna, bois à brûler. *Lignum.*

Legor, Leguor, Leguors,
aise, joie. Loisir.

Legoria, allégorie.

Legrat, Legretatz, allé-
gresse.

Legs, lois.

Legua, lieue. Une laïque.
Soit permis.

Legues, était permis.

Legut, Leguda, permis,
permise.

Non es leguda causa jurar.
V. e V.

Lei, loi. Elle. Est permis.

Leial, légal, légitime. Loyal.

Leialansa, Leialeza, loyauté.

Leich, lit.

Leidier, Didier.

Leigartz, qui lèche.

Leios, lion.

Lo just estai segurs coma leios,
e si repausa ses paor.
Beda. 11.

Justus quasi leo confidens, absque
terrore erit.

Leis, lois. Elle.

Lessieu, lessive.

Leissa, lice, chienne.

Leissos, leçons, gloses,
commentaires. Lecture.

Li leissos de las divinas escriptu-
ras dona doble do.
Beda. 81.

Geminum confert donum lectio
divinarum scripturarum.

Leit, affaire, procès. *Lis.*

Si avian contestada la leit, so
es, si aviant comensat lo plait.
Con.

Leito, Leiz, lit.

Leizerado, oisif.

Len, loin. Lentement.

Lena, haleine. Hélène.
Douce. *Lenis.*

Lendema, le lendemain.

Lenga, Lengua, langue.

Lengo, Langon, petite ville
de Gascogne.

Lengua-logat, flatteur à
gages.

Lenguos, grand babillard.
Linguosus.

Lenhiar, Lenhiers, bûcher.
Chantier.

Lenia, bois à brûler.

Li fuocs art segunt que i a lenia.
Beda. 16.

Secundùm ligna silvae sic ignis
exardescit.

Lentar, jeter.

Leos, Léon, province d'Espagne.

Lepar, lécher.

L'escorpion lepa e blandis tot
primierament ab la lengua, e
puis apres poing et euverina
mortalment ab la coa.
V. e V.

Leri, gai, léger, jovial.

Les, est permis.

Læsca , tranche mince.
Læser , loisir. Lire.
Læsera , il serait , il sera permis.
Læseratz , libre , oisif.
Læssa , qu'il soit permis.
Læssos , leçons , lecture.
Læsta , choisie , élue.
Lætz , Letz, sain, gai, joyeux. Il est permis. Laïques. Lois. Lu.
Letera , le latin.
Letrier , pupitre. Chaire , tribune.
Lettre , lecteur.

Tu sabis lettre eschiva ergoliosa entendensa.
                    Beda. 81.

Prudens lector cavet semper superstitiosam intelligentiam.

Leu , Leus , bientôt. Aisément. Vite , léger , facile. Lève.
Leudairia , bureau des impôts.
Leugansa , Leugaria , légéreté , imprudence , faute , inconstance , facilité.
Leugatz , allégé.
Leuge , qu'il allège , soulage.
Leujar , alléger , soulager.
Leujaria. Voyez Leugansa.

Leujaria desira que hom la lauze ades.
                    Beda. 71.
Levitas cupit semper laudari.

Leujazo , saignée.

Qu'il sane caut d'una leujazo
D'ome li dona , fort es bo.
                    Peadas.

Leujeiramen , légérement , facilement.
Leula , la luette.
Leumen , légérement.
Leusa , lierre.
Leuon , le lion.
Leupartz , léopard.
Leus , pourrions.
Leutatz , loyauté.
Levador , le lever : matin.
Levar , prendre , enlever.
Levat , ôté, excepté. Levain.
Levavatz , vous leviez.
Leviar , affaiblir , rendre plus léger. Alleviare.
Leyris , friche.
Leza , qu'il soit loisible.
Lazer , loisir. Permission. Léger. Etre permis.
Lezeria , serait loisible.
Lezebos , oisif.
Lezor. Voyez Legor.
Lhaupart , léopard.
Lhaus. Voyez Laus.
Lhircua , glaïeul , flambe , plante.
Lhis , lin , cotte.
Li , le , les. Lui.
Liacamba , jarretière.
Liador , qui lie , à lier.
Liamiers , limiers.
Lial , loyal , sincère. Mesure de quatre pintes.

Cascuna lial conte quatre cartos.
                    Archiv. d'Albi.

Lialeza , loyauté.
Lialmen , loyalement , de bonne foi.
Liam , lien , chaîne , joug.
Liamen , ligament , ligature.
Liamet , lia , enchaîna.

LIANANSA, aliénation.

LIANSA, hommage lige.

LIAR, obliger. Gris, grison; pommelé.

LIATZ, prisonnier.

LIAUNIERS, pauvres de Lyon, hérétiques.

LIAUTAT, bonne foi.

LIAZOS, liaisons, liens, ligatures.

LIBANUS, espèce de bois, arbre qui porte l'encens.

LIBEL, cédule, titre, charte. *Factum.* Pot de chambre.

LIBRADOIRA, bibliothèque.

LICACH, LICAIS, gourmand.

LICENCIA, LICERS, permission.

LICHADOR, débauché. Gourmand.

LIEGZ, lit. Délice.

LLEICH, LIEIT, LIET, lit.

LIEIS, elle.

LIEU, léger, facile, aisé.

LIGADURA, paquet.

LIGANSA, hommage lige.

LIGEN, lisant.

LIGIDOR, électeur. Elu, choisi.

LIGIT, lu.

LILI, lis. *Lilium.*

LIMANHA, limon, argile.

Dieu nos fes d'aital LIMANHA.

LINAGE, race, lignage. Fruit, produit.

Ja non beurai del LINAGE de la vit.
N. T. Marc. 14.
Jàm non bibam de GENIMINE vitis.

LINDAR, seuil, poteau et ferrure de porte. Entrée, linteau.

LINH, vaisseau. Lignée, parenté, race, tribu.

LINHA, lignée. Bois.

LINHADA, généalogie.

LINHOLET, cordon.

LINHUL, lignage.

LINT, linge.

LINOS, graine de lin.

Ple pouh de LINOS solamen
Faretz fort cozer e buillir.
PRADAS.

LINZ, vaisseau, barque, navire.

LINZOL, linge.

LIOC, lieu.

LIOINE.

En una cambra vouta pencha à LIOINE.
G. de R.

LIOM, LIOME, LIUME, légume.

LIONG, loin.

LIOS, lieux.

LIOURANDA, largesse, distribution.

LIPAUDES, cajolerie, flagornerie.

LIPSAR, lisser, polir.

LIQUAR, lécher.

Los cans d'aquest rie li venian LIQUAR las plagas.
N. T. Luc. 16.
Canes veniebant et LINGEBANT ulcera ejus.

LIS, lisse, uni, poli, doux. Etait, fut permis.

LISA, douce, lisse.

LISSAS, lices, barricades. Terrasses. Palissades, retranchemens.

Lisson, lecture. Election.

Lista, bordure, lisière.

Listaisies, Listre, id.

Listrar, border, orner de bandes.

Liu, lieu. Lie, attache, joint.

> Ab plazers recep et acoill
> Lo dous temps que color' e peing,
> E noi a ram no s'entreseing
> De blancas flors e de vert foill :
> E'l colombet pel gaug d'estiu
> Mesclon un amoros tornei,
> Que dui e dui fan lur domnei
> E par qu'amors baizan los LIU.
>
> BRUSET.

Liurament, délivrance.

Liuranda, livraison, ration de vivres, fourniture, largesse.

Liuransa, don, tradition.

Liurar, livrer, abandonner. Délivrer.

> Non digas ni redas mal per mal ;
> mas aten deu, e el LIURARA te.
>
> BEDA. 5.

> Ne dicas : reddam malum. Expecta dominum, et LIBERABIT te.

Liure, libre.

Liures, délivré.

> Si vols deu segre, vent aco que as ; e si non as, tu es LIURES de grant fais.
>
> BEDA. 8.

> Christum sequi cupiens, rem tuam vende ; si non babes, à magno onere LIBERATUS es.

Liureza, abondance, fécondité, fertilité. Liberté.

> Aqui unt es l'esperiz de deu, aqui es LIUREZA.
>
> BEDA. 62.

> Ubi autem spiritus domini, ibi LIBERTAS.

Livel, niveau.

Lo, le. Loue, approuve.

Loador, louangeur, panégyriste. *Laudator*.

Loairenc, Loerenc, Lorrain.

Loar, louer, conseiller. Gager, soudoyer.

Loba, louve.

Lobatz, louveteau.

Lobret.

> Mais son que LOBRET menut.

Loc, lieu, temps, occasion. *Locus*.

Locha, lutte.

Lochar, lutter.

Lodoics, Louis. *Ludovicus*.

Loga, loue, soudoie. Lieu, place.

Logadier, Logadetz, mercenaire. Locataire.

Local, lieu, place, endroit.

> Aquesta natural amor
> Au mot cantat li trobador,
> Dizen de lieis en mans LOGAES
> Alcus grans bes, alcus grans mals.
>
> BR. d'Amor.

Logar, lieu, bourg, village. Louer, donner ou prendre à loyer.

Logazo, loyer, louage. *Locatio*.

Logissia, logicien.

Lognes, éloignât.

Lograr, réussir, gagner, obtenir. *Lucrari*.

Loguadier, mercenaire, journalier.

> Paire, fai me aisi con u de tos LOGUADIERS.
>
> N. T. Luc. 15.

Pater, fac me sicùt unum de MERCENARIIS tuis.

LOGUER, LOGUIER, loyer, prix, salaire, récompense.

Calxge donara u calit d'aiga freja solament é nom de descipol, no perdra sa LOGUER.

N. T. Matth. 10.

Quicumque potum dederit calicem aquae frigidae in nomine discipuli, non perdet MERCEDEM suam.

LOGULT, loua.

LOI pour LO I, le lui.

LOICA, logique.

LOIGNOR, plus long, plus éloigné.

LOINAR, éloigner.

LOINS, reins.

LOIRAR, leurrer.

LOIRE, leurre, appât.

LOITA, lutte.

LOITADOR, lutteur, adversaire.

Cant portam antre nos nostres blasmes, confondem nostre LOITADOR e l sobremontam.

BEDA. 45.

Cùm invicem onera nostra portamus, COLLUCTATOREM nostrum confundimus et superamus.

LOITAMENS, lutte.

Non profeita si silentia es en abitatio, cant nausa de vices e LOITAMENS de passio es éls abitadors.

BEDA. 13.

Nihil prodest si in habitatione silentium sit, et in habitationibus vitiorum tumultus et COLLUCTATIO passionum.

LOMBRICS, nombril. Vers. insectes.

LONC, LONG, le long, auprès.

LONCHAR, différer, éloigner, prolonger.

LONDA, LONDAN, LONDANA, LONDAS, éloigné, lointain, lointaine.

LONDANSA, éloignement.

LONGANSA, longue attente.

LONGAS, LONGUAS, long-temps.

LONGEIS, plus loin, plus long-temps.

LONGESA, longueur, étendue, distance, éloignement.

Li LONGESA de la terra non part pas aquels que charitaz ajostet.

BEDA. 1.

Terrarum LONGITUDO non separat quoscumque amor jungit.

LONGIA, longue.

LONGILBA, mante, capot, capote.

LONGIS, Longin.

LONGITAR, éloigner, rejeter.

LONHET, éloigna.

LONRS, prolonges, différes.

LONIA, LONJA, attente.

LONIADA, éloignée.

LONSOR, plus long.

So fo éls LONSORS dias quant intra estatz.

G. de R.

LOP, loup.

LOR, leur. Laurier.

LORTZ, sot, bête, hébété, lourd, pesant.

LOS, les.

LOSC, LOSCA, qui a la vue basse, borgne. *Luscus.*

Sembla donc que re noi conosca, Aitan pauc cum si era LOSCA.

BREV. d'Amor.

Losti, fourchette.
Lot, limon, boue, argile. *Lutum*.
Loto, laiton.

Li pe semblavan loto estanhat.
N. T. Apoc. 1.
Erant pedes ejus similes auri-calcho.

Lotz, lent, tardif, paresseux.

Non es lotz ni coartz.

Lu, lui, elle.
Luc, douleur, affliction. *Luctus*.

Anar i pogra à doill e luc.

Lucha, lutte, dispute. Aube, point du jour.
Luchar, lutter.
Lucibel, Lucifer.
Luec, lieu. Aussitôt, sur-le-champ.
Luen, Luenc, loin.
Luert, Luzert, lézard. *Lacerta*.
Lugana, garde-robe, lunette, latrines.

Soven soletz anar à la lugana.
Bonaie.

Lugnar, éloigner, rejeter.
Lugor, lueur, clarté, lumière du jour.
Lugra, lucre, gain, usure, intérêts.
Luitar, lutter.
Luitz, lumière.
Lul, nul, aucun.
Lum, Lums, lampe, lumière.

Lumdar, seuil.
Lume, lumière. *Lumen*.
Lumenament, lumière éclatante.

Per so que lumenament de l'avangeli non resplandisca per els.
N. T. 2 Cor. 4.
Ut non fulgeat illis illuminatio evangelii.

Lumeneira, Lumneira, lampe.
Lunajos, Lunategue, lunatique.
Lunapampa, Pampelune.
Lunengenrat, fils unique.
Lunh, Lunha, nul, aucun, aucune. *Lunha hora*, jamais.
Lunhana, éloignée.

Annet en pellerinatge en lunhana terra.
N. T. Luc. 15.
Profectus est in regionem longinquam.

Luns, lundi. Nul, aucun.
Luntar. Voyez Lumdar.
Luny, loin.

Lo cel es luny de la terra.
V. e V.

Lup, loup.
Lus, lundi. Nul, aucun. Brochet. Luminaire.
Lusor, lueur.
Lutz, lumière. Luit, reluit, brille, éclaire.
Luza, luise.
Luzerna, lampe, flambeau. *Lucerna*.
Luzir, luire, briller. Rendre luisant.

M

M est souvent employée pour N, et à la fin des mots pour ME, MI. Dans ce dernier cas, nous l'avons détachée.

MA, main.

MABIT.

Senhors, lo moine es complit,
Per lo gran temps sembla MABIT.

H. de L. c. 90.

E semblava prozoms MABIT.

Id. c. 116.

MACA, massue.

MACABIEU, Machabée.

MACAR, meurtrir, assommer. Tacheter.

MACIP, jeune homme.

Velhs e MACIPS loben lo nom de deu.

Ps. 148

Senes cum junioribus laudent nomen domini.

MADAISA, écheveau. *Madaisa de fil*, cordon.

MADEIRA, matériaux. *Materia.*

Si aquel qui bastit de la mia
MADEIRA, so es, de la mia fusta
o de las mias peiras, en sa terra,
o fetz per mala fe, el n'es tengutz per laironici.

Cod.

MADRE, grosse pièce de bois. Agate.

MADRIGUERA, matrice.

MADRIN, d'agate.

MADUR, mûr. *Maturus.*

MADURAR, mûrir.

MADUREZA, maturité.

MAESTRAR, maîtriser, gouverner.

MAESTRATGE, maîtrise. Enseignement.

MAESTRATZ, passé maître. Exquis, supérieur. Etudié, recherché.

MAESTRIA, MAIESTRIA, science, habileté, supériorité. Artifice.

MAESTRILH, de maître, savant, difficile.

MA-FAT, fait avec la main, artificiel. *Manufactus.*

MAGALH. Voyez MAILH.

MAGAGNAT, estropié, mutilé.

MAGER, plus grand.

MAGERMENT, surtout, principalement.

MAGISTRE, maître. Chirurgien. *Magister.*

MAGNA, grande.

MAGNOL, paquet, gerbe, javelle.

MAGORNS, privé des pieds; pied bot.

MAGREZIR, maigrir. *Macrescere.*

MAGUS, plus grand.

MAI, plus, mieux. Davantage. *Magis.*

MAIALS, de mai.

MAILH, mail, maillet, masse, massue.

MAILLAT, tacheté.

MAIN, matin. *Manè.*

MAINADA, famille, gens, domestiques.

MAINADIER, MAISNADIER, soldat, pillard, brigand, assassin.

MAINADOR, ménager, économe.

MAINAS, mines, grimaces.

MAING, grand.

MAINIER, privé, familier.

MAIO, mai, maison. *Maio de dieu*, hôpital.

MAIONETA. Voyez MAYONETA.

MAIRE, mère. Matrice.

> La MAIRE que es él ventre de la femna, lai on l'efas si noiris, à son remudar si eversa, e l'efas vai fors. SYDRAC.

MAIBIR, s'attrister, s'affliger.

MAIROLHZ, marrube, plante.

MAIS, mai. Plus. *Magis*.

MAISNAMENT, beaucoup plus.

MAISSELLA, joue, mâchoire. *Maxilla*.

> Qi te fera à la MAISSELLA, dona li l'altra.
> N. T. Luc. 6.
> Qui te percutit in MAXILLAM, praebe et alteram.

MAISTRADOR, maître, qui enseigne.

MAISTRAMEN, modérément, sagement.

MAISTRAT, habile, fin, adroit. Accompli, parfait, de main de maître.

MAISTREJAR, travailler en maître.

MAIT, maint. Plus.

MAJERS, plus grand.

> Qual qe s'umeliara enaissi co quest efants, aquist es MAIERS él regn del cel.
> N. T. Matth. 18.

> Quicumque humiliaverit se sicut parvulus iste, hic est MAJOR in regno coelorum.

MAJOR, aîné, plus grand.

MAJORALS, princes, anciens, les grands.

MAJORANA, marjolaine.

MAJORIA, le plus grand nombre, la plus grande portion. Avantage, supériorité.

MAJORMEN, surtout, principalement.

MAJORS, ancêtres, aïeux. *Majores*.

MAL, malheur. Marteau, maillet. Méchant.

> Juizi son aparelhat als encharnidors, e'l MAL ferent als cors dels felos. BEDA. 53.
> Parata sunt derisoribus judicia, et MALLEI percutientes stultorum corpora.

MALE, à la maleheure, Maille.

MALALEZ, maudit, détestable, mal.

MALAFAITA, tort, dommage.

> si fez alcun dan ad autre, so es alcuna MALAFAITA.
> COD.

MALAGE, maladie.

MALAIA, maudit soit.

MALAIGNA, mal, vice, tare, défaut.

> Ben volgra'l reis fos devis
> E que passes sai mest nos;
> E que saubes dels baros
> Quals es fals e quals l'es fis;
> E conogues la MALAIGNA
> De que colpa Lemosis,
> Qu'era sens e fora l bos,
> Mes un sobres lo l gavaigna.
>   DE BORN.

MALAIRE, méchant, de mauvaise mine.

MALANANS, malade, malheureux.

MALANYNSA, MALANSA, malaise, disgrâce, infortune, malheur. Tourment, infirmité.

MALAPERTA, maladroite, mal-apprise.

MALAPTE, malade.

Li san no volon pas metge, mas li MALAPTE.
BEDA. 11.

Non egent qui sani sunt medico, sed qui MALE HABENT.

MALAPTIA, maladie.

Segout la MALAPTIA deu hom donar la medecina.
BEDA. 30.

Secundùm morbum impendenda est medicina.

MALASTRE, malheur.

MALASTRUCS, MALASTRUX, malheureux. *Malastrux es*, malheur à.

Qui aflegis son paire e trebalia sa maire, es MALA-TRUX.
BEDA.

Qui affligit patrem et fugit matrem, ignominiosus est et INFELIX.

MALASTRUX es cel per cui escaudies ven.
N. T. Matth. 18.

Vae homini illi per quem scandalum venit.

MALAURE, malade, malsain.

MALAUROS, MALAZUROS, malheureux.

MALAUS, malade. Et pour MALA VOS.

MALAUTES, malade.

MALAVEI, MALAVELG, mal, infirmité.

MALAVEJAR, languir, traîner.

MALAZAURZ, maussade, déplaisant.

MALAZIR, maudit, détestable. Malin.

MALAZITA, maudisson, malédiction, imprécation.

MAL-COMPAZIBLE, qu'on ne peut arrêter.

MALCOR, haine, rancune, malveillance.

MALDIG, médisance, blasphème.

MALDIR, médire, détracter, blasphémer.

MALDISORS, qui maudissent.

Benezets los MALDISORS de vos.
N. T. Luc. 6.

Benedicite MALEDICENTIBUS vobis.

MALDITZ, maudit, malédiction.

MALDIZEDOR, médisant, blasphémateur.

MALECH (aver), haïr, en vouloir.

E nuls hom no pogra far drech
Si amors lor agues MALECH.
BREV. d'Amor.

MALENCONI, MALENCONIOS, mélancolique, triste, chagrin, fâché, de mauvaise humeur.

Empero lo dich testimoni.
Qurz el fetz aun cor MALENCONI,
No val ges de drech una glan,
Si gardas so que dis denau.
BR. d'Amor.

MALENGEIN,

MALENGEIN , malice , méchanceté.

MALENVEJAR , languir , être faible.

Tos fraires es escandalizatz , o MALENVEJA.
N. T. ad Rom. 14.

Frater tuus scandalizatur , aut INFIRMATUR.

MALESTA , n'est pas séant , est messéant.

MALESTANSA , malaise , état fâcheux , messéance.

MALEZA , malice , méchanceté. Bravoure.

MALEZEIR , MALEZIR , maudire.

L'envejos MALEZEIS lo ben d'autrui , e greuja los autruis mais , et aleva mals aitan con pot.
V. e V.

MALGEING , fraude , tromperie.

MALH , MALHA , masse , marteau. Maille. Taie.

MALHA-NIRVA , ride.

MALHOC , MALLIOC , mauvaise place , mauvais lieu.

MALHOL , petit marteau.

MALHORGA , Majorque.

MALHUGAT , meurtri.

MALIDAT , irrité.

MALIGE , malaise , infirmité , incommodité.

MALIGNES , méchant, hardi , téméraire.

Non i a tan MALIGNES que no sia doptos.
GUER. des Albig.

MALLLO , Mauléon.

MALLEVAR , confier, cautionner.

MALLON , brique.

MALL-PUBLIC , audience.

MALME , malmène, maltraite.

MALMEIRE , qui paie, qui récompense mal.

MALMENAR , réprimander.

Lo just me rependra ab misericordia , e MALMENAR m'a.
Ps. 140.

Corripiet me justus in misericordia , et INCREPABIT me.

MALMERENS , déméritant , coupable.

MALMERIR , ne pas mériter.

MALMES , malmené , maltraité.

MALMESCLAR , brouiller.

MALMETRE , malmener , maltraiter.

MALMIER , ne mérite pas.

MALMIRINS , déméritant.

MALMUDAT , de mauvaise espèce.

MALEAZONATZ , blâmé, brocardé.

MALTATZ , malice , méchanceté.

MALTRAIRE , maltraiter. Avoir du mal.

MALTRAIT , MALTRATZ , peine, fatigue, persécution, mauvais traitement.

MALTRAZEN , souffrant.

MALTREITO , mauvais traitement.

MALVADESA , malice , méchanceté.

MALVAIS , MALVAS , injuste , méchant, scélérat. Lâche, poltron.

13

MALVASTAT, MALVESTAT, lâcheté, ignominie.

MALVENTOIRA, mésaventure.

MALVESTULA, méchanceté.

MALVEZADAMEN, méchamment.

MALVEZIATZ, maladroit.

MALVI, guimauve.

MALVIZI, corruption, iniquité.

MALVIZIAR, corrompre, induire à mal.

MALVOLENSA, malveillance, mauvaise volonté.

MALVOLGUTZ, malvoulu.

MAN, main. Maint. Ordre, message. Mande. Matin.

Es altre que parla des lo mas d'issi c'al vespre.
BEDA. 13.
Est alius qui à MANÈ usquè ad vesperum loquitur.

MANA, manière.

MANAIA, puissance, domination.

MANANTIA, richesse.

MANCA, femme perdue.

MANCHA, manchote.

MANCIP, MANCIPA, jeune garçon, jeune fille.

MANCIPI. doncas aves companaje? N. T. Joan. 22.
Pueri, numquid habetis pulmentarium?

MANCOLP, beaucoup, souvent.

MANCS, MANCT, estropié, manchot.

MANDA, ordonnance.

MANDAMEN, ordre, commandement. Poste. Autorité, gouvernement.

MANDAR, commander, disposer.

MANDOLIERS, amandier.

MANDUC, je mange.

MANDUGAR, manger. *Manducare.*

MANDURCAR. Voyez SITOLAR.

MANEAR, MANEJAR, manier, toucher.

MANEBLAR, porter.

MANEBLA sa crotz.
Bajelat crucem suam.

MANECS, fixe, arrêté.

MANEGUE, manche.

MANEI, manie, patine.

MANELIA, anse.

MANEMES, ni plus ni moins. *Ses manemes,* sans se faire prier.

MANEN, MANENS, MANENTS, riche, puissant.

El MANENTS intrara grenment èl regn dels cels.
N. T. Matth. 19.
Dives difficilè intrabit in regnum coelorum.

MANENTIA, richesse.

La semensa qe ca é las espinas; aquest so qe auzo la paraula, e dels cossirers, e de las MANENTIAS so ofegats, e no porto fruit.
N. T. Luc. 8.
Quod in spinas cecidit; hi sunt qui verbum audiunt, et à sollicitudinibus, et DIVITUS suffocantur, et non referunt fructum.

MANENTIR, enrichir.

MANENZA, richesse.

MANER, MANIER, privé, apprivoisé.

Manes, promptement, aussi-tôt, sur-le-champ.

Manescalc, maréchal.

Manet (fol), fou pommé.

Manfre, Mainfroi.

Mangadoira, Manjadoira, mangeoire.

Manganel, mangoneau.

Mangas, manches.

Mangirs, le manger, repas.

Mangna, mange.

Mangues, je mangeasse, il mangeât.

Manr, grand. Maint.

Manicorda, monocorde, trompette marine.

Maniers, familier.

Maniet, mangea.

Manifestador, qui manifeste.

Manipol, Manipoli, monopole. Poignée, botte, faisceau.

Manivia, mange, rouge.

El te dira manivia e beu, e sos cors non es ab te.
BEDA. 12.

Comede et bibe dicit tibi, et mens ejus non est tecum.

Eveja manivia lo cors d'ome atressi coma pestilentia.

Manleu, légèrement, sans soin.

Manlevar, emprunter. Lever la main pour prêter serment.

Manoil, paquet, trousseau, gerbe, javelle.

Mans, mains. Maints. Ordres, envois. Doux, privé. *Mansuetus.*

Mansa, métairie.

Mansart, métayer.

Mansel, Manceau, du Maine.

Mansion, demeure.

Mant, maint.

Manta, mainte. Housse, manteau.

Mante, maintient, soutient.

Manteigna, soutienne.

Mantelar, couvrir, voiler.

Mantenemen, Mantenimen, Mantenensa, maintien, protection, faveur. Soutien. Conversation.

Mantengues, maintint.

Mantengutz, maintenu.

Manteus, manteau, mantelet.

Mantga, mange.

Mantoana, le Mantouan, le pays de Mantoue.

Mantuzar, manier, prendre, caresser avec la main.

Nuills hom qu'es trop luxurios
A tener auzel non es bos :
Trop gran mal li fai se l mantuza
E si femnas comunals uza.
PRADAS.

Manui, mange.

Vostre seguramens ni l sieu
No l tenra pron qu'ieu no l desfasa
Enaus que ja manui ni jusa.
JAUFRE.

Mar, mer. A la maleheure. *De mar*, dès que, aussitôt que.

Negus hom no sia tengutz de pagar patz de son cors, de mar aura LX ans passatz.
ARCHIV. d'Albi.

Marabetis, Marabotis, maravedis.

MARACDA , MARACDE , MA-
RACDES , MARAUDA , éme-
raude.

MARAJE , marine, plage, bord
de la mer.

MARAVILHA , merveille, miracle.

MARCA , marche , marque.
Frontière.

MARCANDAIRIA , trafic.

MARCESIR , flétrir , faner ,
dessécher. Appaiser. Adoucir.

Grans frevoleza de charn fai
MARCESIR l'enjen de la pessa.

BEDA. 31.

Corporis debilitas nimia mentis
ingenium facit INARESCERE.

Sofraita de vianda fai lo ventre
MARCESIR e ls desiers.

Id. ibid.

Escarum indigentia MITESCERE
facit desideria mala.

MARCHA , la Marche d'An-
cône.

MARCIS , de Mars.

Champs MARCIS , so es aquel
champs un jutjavan li chavaller.

CON.

MARES , marine , plage , côte
de mer.

Am tant e li cor sant
Si van metre denant
Intz en un brueill espes
Qu'era pres del MARES.

H. de L. 13.

MARGARIDA , perle. *Marga-
rita.*

MARJA , haie , clôture , en-
tourage.

MARIMEN , douleur , affliction.

MARME , marbre. *Marmor.*

MARQUA , la Marche , pro-
vince de France. Frontière.

MARQUESANS , peuples de la
Marche.

MARQUEZA , fille ou demoiselle au service d'une
dame.

MARRIDAMEN , mal , méchamment.

MARRIR , s'égarer.

Hom non pot anar ses charitat ,
mas MARRIR.

BEDA. 1.

Sine charitate non ambulare
possunt homines , sed ERRARE.

MARRISC , s'écarte.

MARRIT , mauvais , vil.

Cel qui crezon en lui son MARRIT
e treffan.

MARS , mers.

MARSAL , Marcel.

MARSOLIER , garçon boucher
qui assomme les bœufs.

MARTEL , marteau. Petite
ville du Querci.

MARTILHER , forgeron.

MARTIR , s'attrister, s'affliger.

MARTOR , la Toussaint.

MARTURIAR , martyriser ,
tourmenter.

MARTZ , aigu , piquant.

MARUFIS , Maruéjols en Gévaudan.

MARUELH , Mareuil en Périgord.

MARUERS , MARVIERS , vifs ,
actifs , expéditifs.

E laïns en Toloza ac aitans car-
pentiers
Que fan trabuquets dobles , e fi-
rens , e marlers ,
Que'l castel Narbones , que lor
es frontaliers ,
Noi remas tor ni sala , dentelh ni
murs entiers.
    Guer. des Albig.

Marues , promptement.

E digatz li qu'à tal domna soplei,
Que marues po jurar sobre ma lei
Que l meillor es del mon e plus
corteza.
    De Born.
Marutz , maris.
Marzor , amertume.
Mas , mais. Mains. Maison.
Hameau. *Mas quan , mas
que* , excepté , si ce n'est.
Masan , bruit , tumulte.
Magnificence, ostentation,
vanité. Chamaillis , car-
nage , boucherie.
Mascarar , barbouiller.
Mascle , mâle. *Masculus.*
Masmut , Mameluk , maho-
métan.
Masnada. Voyez Mainada.
Masnil , ménil , manoir ,
demeure.
Massa , pâte. Beaucoup ,
très , fort.

La costuma es massa perilhosa.
    V. e V.

Massabiou , boucher.
Massador , assommeur.
Massals , Marcel.
Massar , amasser.
Massip. Voyez Mancip.
Massissa , massive , forte ,
pleine.

Massol. Voyez Marsolier.
Massola , masse , massue.
Massolier. Voyez Marso-
lier.
Massuguier , fermier , mé-
tayer , habitant d'un ha-
meau.
Mastlguar , mâcher, broyer.
Mastegue , Mastes , mastic.

Mastes polverat gitas sus.
    Pradas.

Masti , mâtin.
Mastra , huche , pétrin.
Mat , triste , fâché. Tué.
Mat aux échecs. Fou.
Matagilos , tue-jaloux.

Pois no m'en val dretz ni fes ,
Al bran d'acier en clam merces
Et al ferran matagilos.

Matar , tuer.
Materon , Matrel , trait ,
matras. Maçon.
Matfre , Mainfroi.
Matrona , matrice.

Cant la femna vol enfantar , las
junhturas lhi alargo la una da
l'autra , exceptat la matrona.
    Sydrac.

Mau , mal.
Mauca , panse , bedaine.

E Jaufre no l fer jes en van ,
Ans lo feri de tal poder
Que'l fer fes dins l'escut parer ,
Si que'l bratz d'outr' en outra
trauca :
Mas l'ausberc li gari la mauca.
    Jaufre.

Maudich , Maudicha , mau-
dit , maudite.
Maufei.

Albert es caegut del bar morei
E G. derochatz latz un MAUREL.

        G. de B.

MAURA, MAURAS, maure, noire. Les Maures, montagnes de Provence.

Ar si ...on en questa intz per lo
  bosc salvaje;
Li un queron la MAURA, li autre
  lo ribaje.

        H. de L.

Isiron de las MAURAS e serpens e
  dragons.

        Id.

MAURS, Maure, noir.

MAUSTINA, mâtine.

MAUTA, braule des cloches, carillon.

Mas li corn e las trompas, e'l
  gang cominalers,
E'ls repics e las MAUTAS e'ls sonetz
  dels clochiers,
E las tabors e'ls tempes, e'ls
  grailes menuiers
Fan retendir la vila e los pazi-
  menters.

        GUER. des Albig.

MAYONETA, hutte, tente, cabane.

Habitant en las MAYONETAS amb
  Isaac et am Jacob.

        N. T. Hebr. 11.

In casetas habitando cum Isaac
  et Jacob.

MAZA, assemblage de fermes.

MAZAN. Voyez MASAN.

MAZATGE, hameau.

MAZAUDIER. Voyez MASSU-GUIER.

MAZEL, boucherie. *Macellum.*

MAZELAR, égorger.

MAZELIER, MAZELLER, un boucher.

MAZER, plus grand. Cassidoine, agate.

MAZIG, mâcha.

MAZINA, marine.

ME, me, moi.

MEALHA, maille, petite monnoie.

MEALHATZ, broder, nuancer.

MEG, muet.

MECIER, messire.

MEDEGAR, panser, traiter. *Medicari.*

MEDEIS, même.

MEDIA, midi.

E tant son plus doblat miei cos-
  sirier
Com lo sols es plus cautz contra'l
  MEDIA.

        ALBERTETZ.

MEDRE, moissonner. *Metere.*

MEG, mi, milieu, parmi.

MEGE, médecin, chirurgien.

MEGGAR, MEJAR, médicamenter.

MEI, moi, mes. Moissonne. Milieu.

MEIZINA, médecine.

MEJA, milieu.

MEJAN, MEJANA, moyen, mitoyen, mitoyenne.

MEJANCIERS, médiateur. Médiocre. Moyen, qui est au milieu.

Cel que vos non sabes istet MEJAN-
  CIERS de vos.

        N. T. Joan. 1.

MEDIUS autem vestrûm stetit,
  quem vos nescitis.

MILIEU, MEIG, mi, milieu.

MEILH, mieux. *Meilh de*, mieux que.

MEILHER, MEILLOR, meilleur.

MEILLURAMEN, amélioration.

MEILLURANSA, supériorité.

MEILLURAR, améliorer, rendre meilleur, abonnir.

MEILLURAZO, amélioration, soulagement.

MEILLURIERS, id. Mieux, avantage.

MEINIA, maison, habitation.

MEINIER, sergent, appariteur.

MEINS, moins. *Meins de*, sans, sauf, excepté.

MEINSPENRE, se méprendre, se tromper.

MEIR. Voyez MIER.

MEIRA, paie, punisse. *Mereatur.*

MEIRE, moissonner, faucher.

MEIRON, mirent, méritent.

MEIS, mêle. *Miscet.*

MEISSERS, faire boire, inviter à boire.

Aïsso non es pas donar à beure, mas MEISSERS.

BEDA. 25.

Hoc non est poculum porrigere, sed PROPINARE.

MEITADAR, diviser, partager. Nuancer.

MEITATZ, moitié.

MEITESMAMEN, mêmement.

MEITZ, mi, moitié.

MEL, miel.

MELA.

Grana de ruda e de MELA Polverada.

PRADAS.

MELGOIRES, monnoie de Melgueil.

MELGUERS, MELGURS, Melgueil ou Mauguio, petite ville du Languedoc.

MELH, mieux.

Se la tua ma t'escandalisa, o'l tous pes, trenca lo e jeta'l de tu; qe MELH es à tu intrar é la vida de deu devol, o contraits, qe aver dos pes e dos mas e esser mes en foc durable.

N. T. Matth. 18.

Si manus tua, vel pes tuus scandalizat te, abscinde eum, et projice abs te; BONUM tibi est ad vitam ingredi debilem, vel claudum, quàm duas manus vel duos pedes habentem mitti in ignem æternum.

MELHOR (aver del), avoir l'avantage.

MELHORIERS, mieux, avantage.

MELICRAT, breuvage composé de vin et de miel bouillis ensemble.

MELURAMEN, amélioration.

MELUS, joue, mâchoire.

MEMBRAMEN, ressouvenir, réminiscence.

MEMBRANS, se ressouvenant, songeant.

MEMBRANSA, mémoire.

MEMBRAR, se ressouvenir, songer, considérer.

MEMBRAT, prudent, avisé, circonspect.

MEN, ment.

MENA, manière, façon, conduite, allure. Minière.

Aqest fons non sap al fenis, ni à las MENAS de la terra solphroza.

V. e V.

MENAIA, menée, pratique.

MENANDRES, Méandre, fleuve.

MENAR SECRET, prendre conseil.

>MENA los SECRETZ ab savis homes.
>
>> BEDA. 64.
>
>Cum sapientibus TRACTA.

MENASSAR, reprendre.

>MENASSA los durament, que sian sanis en la fe.
>
>> N. T. ad Tit. 1.
>
>INCREPA illos durè, ut sani sint in fide.

MENAZO, dyssenterie.

>Lo paire de Publi jazia malautes de febre e de MENAZO.
>
>> N. T. Act. 28.
>
>Contigit patrem Publii febribus et DYSENTERIA vexatum jacere.

MENDA, dédommage, répare. Tache, défaut. Réparation.

MENDAR, amender, corriger, réformer.

MENDES, réformât, amendât.

MENDIC, mendiant, gueux, pauvre, chétif. Coquin. Malheureux. Médisant, mauvais, méchant.

>Seiner, dis lo donzel, per dieu
>Laissetz li dir, que no m'es greu
>Ren que'l ricx hom fasa ni diga;
>Qu'eu sai que sa lenga MENDICA
>M'en venjara mout ricamen.
>
>> JAUFRE.

MENDIGUAN, enchantement.

MENDRE, moindre, mineur.

MENERS, mines.

MENESCABAR, dépriser, déchoir.

MENESPREZAR, mépriser.

>Aquest mandament nos amonesta que nos garden d'offendre e de MENESPREZAR scientament nostro paire e nostra maire.
>
>> V. e V.

MENESTAIRAL, ouvrier, artisan.

MENESTIER, ministère. Secours, besoin. *Peira de menestier*, pierre à aiguiser. Mystère.

>Podes entendre la mia savieza él MENESTIER de Crist.
>
>> N. T. ad Eph. 3.
>
>Potestis intelligere prudentiam meam in MYSTERIO Christi.

MENESTRAL, ouvrier, artisan.

MENESTRES, monastère.

MENJANAS, moyennes.

MENOR, moindre, cadet. *Det menor*, petit doigt.

MENORET, plus petit. Cordelier.

MENRE, moindre.

MENS, moins. Esprit, mémoire, souvenir. *De mens*, sans, faute de.

MENSONEGA, MENSONHA, mensonge.

MENSPENDRE, mépriser.

MENSPREIZAR, mépriser, dédaigner.

MENSURA, mesure.

MENTAC, fit mention, nomma.

MENTAU, fait mention, rappelle.

MENTAUGUI, je mentionnai.

MENTAUGUT, mentionné, renommé.

MENTAURE, citer, vanter, célébrer. Rappeler.

MENTILL , manteau.

MENTIR , fausser.

MENTIRE , menteur.

MENTIZO , mensonge.

MENTRAI , je mentirai.

MENTRASTE , menthe sauvage. *Mentastrum.*

MENTRE , pendant , tandis que.

MENTZ , manque.

MENUDA , menue.

MENUDATZ , MENUDET , rapetissé.

MENUDIER , menu , petit.

MENUT , de peu de valeur. Fréquemment.

MENUZAR , diminuer , amoindrir.

MENZUNZERS , menteurs , mensongers.

MEO , mien , mon.

MEOLA , moelle.

MEOLHON , moelle , cœur , noyau.

MER , paie , punit , récompense.

MERATZ , pur. *Merus.*

MERAVELHAIRE , émerveillé.

MERAVELHANSA , merveille.

MERAVILHA , étonnement.

MERAVILHAR , admirer , s'étonner.

MERAVILLOS , merveilleux , étonnant.

MERCADAIRIA , négoce , trafic ; marchandise.

MERCADAR , négocier , trafiquer.

MERCADEJAR , MERCANDEJAR , marchander , commercer.

MERCADIAL , marché.

MERCADIER , marchand.

MERCAT , MERCATZ , marché.

MERCE , merci , miséricorde , pitié. Grâce, don , récompense.

MERCEJAIRE , suppliant. Rémunérateur.

MERCEJAMEN , supplication.

MERCEJAR , supplier , prier en grâce.

MERCENEJAR , avoir pitié ; faire miséricorde.

MERCENER , miséricordieux.

MERCES , merci. Marchandises.

MERCRES , mercredi.

MERELA , brille , reluit , rayonne.

Vens lhi denan Rotrieu que tenc
  Niela ,
Fer Folchier en la targua , qu'ab
  aur MERELA ,
Si que tota la lh fen e l'escartela.

          G. de R.

MERER , mériter.

MERGA , merde , excrément.

A vos m'autrei valens domna de
  Berga ;
Vos etz fins aurs e vostre maritz
  MERGA.

         BERGUEDA.

MERGUT , mérité.

MERIG , prix , salaire , récompense.

    Lo MERIG
    Del chairie
N'auras ses faillensa.

        MARCABRUS.

MERIR , mériter ; punir , traiter selon ses mérites. Récompenser.

MERIT, salaire, rétribution. Payé, récompensé.

MERLET, merlon, défense, fortification.

MERM, apetisse, diminue.

MERMANSA, déclin, décadence.

MERMAR, baisser, diminuer.

MERMATZ, privé, affaibli.

MEROILL, sorte de plante.

Suc de menstrast' e de MEROILL.
PRADAS.

MERRAI, je mériterai.

MERS, pur, vrai. Paie, récompense. Marchandise, mercerie.

Vana gloria es la moneda d'ifern, dont diables compra tota la bella MERS que es en la fieira del mon.
V. e V.

MERSEI, remercie.

MERTZ, marchandises.

MERUT, mérité.

MES, mis. Mais. Metz. Dépense. Message, messager. Excepté.

MESA, messe.

MESATGE, procureur, fondé de procuration.

El fai plait per son procuraor, so es per son MESATGE.
CÒD.

MESAVE, mésarrive.

MESCAB, méchef, malheur. Méprise.

MESCABAR, Déchoir. Manquer. Mésarriver.

MESCAENSA, malheur, infortune.

MESCAP, malheur. Perte. Manque, se trompe.

MESCHAT ZITZ, maussade, impoli, grossier. Méconnu.

MESCHINA, jeune fille.

MESCLA, mélange. Mêlée. Brouillerie. Querelle.

MESCLADA, mêlée.

MESCLADAMEN, MESCLAMEN, sans distinction, pêle-mêle.

MESCLANHA, MESCLANSA, mêlée, dispute, querelle. Mélange.

MESCLAR, mêler, brouiller, diviser.

MESCLATZ, mêlé. Métis.

MESCLAVA, mêlait, brouillait.

MESCLIU, MESCLIUS, brouillon, querelleur.

MESCONEISSER, ignorer.

O no sabetz, o MESCONEISSETZ? An nescitis, aut IGNORATIS?

MESCONOISSENSA, ignorance.

MESCONOISSENSA es nuirissa de vices.
BEDA. 21.
IGNORANTIA vitiorum nutrix est.

MESCRE, ne croit pas, se défie.

MESCREZENS, incrédule.

MESCREZENSA, incrédulité.

MESEIS, même.

MESERA, je mettrais, il mettrait.

MESERS, messire.

MESES, mit, plaçât. Les mois.

MESEUS, même. *Meseus disen*, d'autant mieux.

MESLET , prit querelle.

MESOIGNA , MESORGA , mensonge.

MESPENRE , offenser.

MESPREIZO , offense , délit.

MESPRES , coupable , dans l'erreur.

MESPREZADOR , contempteur.

MESPRETZ , je méprise , je dédaigne.

MESQI , MESQUI , MESQUIN , pauvre, chétif, misérable, affligé , malheureux. Méprisable. Jeune homme.

Tu es caitius , e MESQIS, e paubres , e cex, e nuts.
N. T. Apoc. 3.
Tu es miser , et MISERABILIS , et pauper , et coecus , et nudus.

MESQINIA , misère.

MESQUINA , MESQUINETA , jeune , petite fille.

MESSAGAIRIA , légation , ambassade.

MESSAL , missel.

MESSIO , frais , dépense.

Lo paire deu far totas las MESSIOS del plait.
CON.

MESSO , MEISSO , moisson.

MESSORGA , mensonge.

Lo demon , co parla MESSORGA , de las proprias causas parla ; quar messorguers es , e el paire de lui.
N. T. Joan. 8.
Diabolus , cùm loquitur MENDACIUM , ex propriis loquitur ; quia mendax est , et pater ejus.

MESSORGUER , MESSORGUIER , menteur.

MESSOS , moisson.

La MESSOS es mouta , e li obrer so pauqei.
N. T. Matth. 9.
Messis quidem multa , operacii autem pauci.

MESZ , entre , parmi.

MESTIER , besoin, nécessité. Office , culte , mystère , ministère.

MESTIS , MESTISSA , métis , métisse. Mitoyen , mitoyenne.

MESTURA , pièce. Menstrue.

Negus , o luohs hom no met la MESTURA del dra nou e la vestimenta viel.
N. T. Matth. 9.
Nemo immittit COMMISSURAM panni rudis in vestimentum vetus.

MET , dépense , moissonne.

Qui petit semena , petit MET.
BEDA. 49.
Qui parcè seminat, parcè et METET.

META , borne , limite.

METEDORS , dépensiers. Mettables. Qui doivent être envoyés. Moissonneurs.

METEIS , METEIPSA , même.

METENS , dépensier , libéral , généreux.

METEUS , même. Ieu meteus, moi-même. Pour METES vos.

METGES , médecin.

Si lo ser es notaris , deu esser prezatz L sols ; e si el es METGES, deu esser prezatz LX sols.
CON.

METGIA , médecine.

METOAS, moues, grimaces.

METRE, dépenser. Jeter, précipiter.

METRIA, je dépenserais, il dépenserait.

METZINA, remède.

MEU, MEUS, mon, mien.

MEUA, ma, mienne.

MEULA, moelle. *Medulla*.

MEZALHA, maille, obole.

MEZEIS, MEZEISSA, même.

MEZEL, ladre, lépreux.

MEZELLIA, ladrerie.

MEZERI, malheureux, mendiant.

MEZEUS, MEZEUSSA, même. *Mezeus disen*, d'autant mieux.

MEZIA, médecine.

MEZINAS, médecines, philtres, sortiléges.

MEZOLA, MEZOLLA, moelle.

MEZURA, sagesse, raison, équité. Prudence, règle, tempérance. Sorte, espèce, manière. Sobriété.

Sobrietatz, so es MEZURA.
V. e V.

Vi tres orres esperitz en MEZURA de granolhas.
N. T. Apoc. 16.

Vidi spiritus tres immundos in modum ranarum.

MEZURANSA, douceur, modération.

MIA, ma, mienne. Point.

MIAL, mille.

MIDONS, madame.

MIECH, MIEG, MILITZ, demi. Milieu.

MIEGAS, MIEJAS (à), à demi, à moitié.

MIEI, mes, miens. Milieu.

MIEIRA, paie, punisse, récompense.

MIELH, MIELS, mieux. *Miels de be*, beaucoup mieux.

MIELHER, meilleur.

MIER, mérite. Paie, punit, récompense. Pur, fin.

MIETZ, à demi. Milieu.

MIEZ, MIEIA, demi, demie.

MIGA, MIJA, pas, point, nullement. Demie. Amie.

MILE, millième partie.

MILGRANA, pomme de grenade.

MILLARGOS, grain, tige de maïs.

MILLOR, meilleur.

MILLZ, mieux.

MINGUA, MINIA, point, nullement.

Quan vi qu'el venria à gariso
No li fo de sa plaia MINIA un boto.
G. de R.

MINISTERI, mystère.

Lo MINISTERI del regne de dieu es donat à vos conoiser.
N. T. Marc. 4.

Vobis datum est nosse MYSTERIUM regui dei.

MINT, je mens, il ment.

MIQUEL, Michel.

MIR, je vois, qu'il voie.

MIRA, regarde. Boue, bourbier.

MIRACDES, émeraude.

MIRACLE, tour d'observation.

MIRADOR, tour d'observation. Miroir, exemple.

MIRAILL, miroir, exemple, modèle.

MIRAIRE, attentif, soigneux. Regardant.

MIRANDA, belvéder, sommet du donjon.

MIRAR, regarder, observer. Se mirer. Admirer, prendre exemple.

MIRENS, méritant.

MIRS, que tu observes.

MIS, envoi, envoyé. *Missus.*

MISER, monsieur.

MISERIA, pitié.

MITADAR, couper par moitié.

MITADAT, MITADATZ, partagé.

MITAT, moitié. *Cor de doas mitatz,* cœur qui se partage.

MITO, rainette verte, animal.

> Miro es una reneta verda que crida fort en estiu per las trellas e per los jardins.
>
> V. e V.

MIZA, point du tout.

MIZELS, ladre, lépreux.

MIZIA, médecine.

MOC, mut, vint, partit. Remua, excita.

MOCHA, nombreuse, abondante.

MOCS, morve, morveau.

MODOLON, tas.

MOGES, MOGUES, qu'il partit.

MOGRA, mouvra, mouvrais.

MOGUDA, départ. Remuée.

MOGUI, je remuai, je bougeai.

MOGUT, parti, déplacé, commencé.

MOGZ, MOUTZ, MOT, muid.

MOIA, qu'il meure.

MOILLER, femme, épouse.

MOIRA, meure.

MOIS, lâche, mou, émoussé. Avisé, fin, prudent, réservé.

> Quar hom savis e mois
> Sol al parlar conois;
> E qui bo mot li ditz
> Es en lui sebelitz.
>
> GARI lo BRUS.

MOISSET, émouchet.

MOJOL, moyeu, jaune d'œuf. Siphon.

MOL, lâche, mou, émoussé. Moud. *Molet.*

MOLA, qu'il moule. Moelle.

MOLAR, meule de moulin.

MOLAS VESTIMENTAS, habits magnifiques.

MOLC, moulut.

MOLESTIA, ennui, chagrin.

> Garda ti de fol, que non aias MOLESTIA.
>
> BEDA. 61.

> Serva ab insensato, ut non MOLESTIAM habeas.

MOLH, MOLHZ, moyeu. Mouille.

MOLHAR, mouiller.

MOLHER, MOLIER, femme. *Mulier.*

MOLHERATZ, marié.

MOLI, moulin.

MOLIERANSA, mariage.

> Ara digam de matremonis, so es de MOLIERANSA.
>
> CUD.

MOLINAR, rouler.

> Li montagna s'apella Dina :
> Can reyna soyea MOLINA
> Peiras y rogan mot espes.
>> H. de L. 100.

MOLINIER, meunier.

MOLLER, femme, épouse.

> Dizia Jhon al Ero : no letz à tu
> aver la MOLLER de to fraire.
>> N. T. Marc. 6.

> Dicebat Joannes Herodi : non
> tibi habere UXOREM fratris tui.

MOLON, tas.

MOLONAR, entasser, accumuler.

MOLOTON, pelote, peloton.

MOLRE, moudre. *Molere.*

MOLS, mou. *Mollis.* Trait, tiré. *Malsus.* Beaucoup, plusieurs.

MOLSER, traire, tirer le lait. *Mulgere.*

MOLSOIRA, vase dans lequel on trait.

MOLT, beaucoup. *Multùm.*

MOLTARSIS.

> Lo chaval de sotz lui no fo resis,
> Plus tost sasih de son rene c us
> MOLTARSIS.
>> G. de R.

MOLTON, mouton, le signe du belier.

MON, monde. Monte. Pur.

> Qual profeit es à l'ome si gaza-
> nha tot lo MON, e destruzimen
> fa à sa arma?
>> N. T. Matth. 16.

> Quid prodest homini si univer-
> sum MUNDUM lucretur, animae
> verò suae detrimentum patiatur?

MONDA, pure, nette, purgée, purifiée. Purifie.

MONDADURAS, ordures.

MONDAXAL, mondain, du monde. *Mundanus.*

MONDANSA, expiation.

MONDES, pur, propre, net. *Mundus.*

MONDIFICAR, purifier.

MONDILH, MONDILHA, balle de grain, paille d'avoine.

MONEDA NEGRA, monnoie de cuivre ou de billon.

MONEDILR, monnoyeur.

MONEGA, nonnain, religieuse.

MONEGUE, moine.

MONESTAR, admonéter, avertir, exhorter,

MONESTRANSA, exhortation.

MONG, estropié, mutilé.

MONGE, moine.

MONGIA, monachisme. Couvent.

MONGIL, MONGILS, monastère, monastique.

MONIA, nonne, religieuse.

MONIMEN, sépulcre.

MONJEZICS, Monjony.

MONS, le monde. Pur, exempt.

MONTA, intérêt de l'argent.

MONTADOR, qui monte.

MONTALBA, Montauban.

MONTAMEN, ascension.

MONTANERS, MONTANIERS, montagnards.

MONTANSA, le montant, le total.

MONTARIS, de montagne.

MONTELH, MONTELH-AZEMAR, Montélimart.

MONTI CALVAR , Mont-Calvaire.

MONZIA , état monacal , monachisme.

MOR , meurs , je meurs , il meurt. Mais , seulement. More.

MORA , qu'il meure. Mûre. Retard.

Si'l contraitz es de bona se , i el
es en MORA , que non pag al
termini , deu emendar tant cant
la causa valg plus , en aquel
dia que ela deg esser pagada.
        COD.

MORBS , maladie. *Morbus*.

MORDEDOR , meurtrier.

MOREL , MOREN , Noir , More. Moreau. Brun.

MORGIA , monachisme. Couvent.

MORGOILL , MORGON , plongeon , cormoran. *Mergus*.

MORGUE , moine.

Si cum li fornaz e'l foez proa
l'aur e l'argent , enaissi templa-
cios proa MORGUE.
        BEDA.

Siùt aurum et argentum probat
ignis , sic cor MONACHI tentatio.

MORIA , mourait. Mortalité. Peste.

MORIC , mourut.

MORIER , mûrier.

MORIRO , mouraient.

MORNS , morne , pensif.

MORO , meurent.

MORRUT , lippu. Émoussé. Incivil , fâché , rechigné. Fin , rusé.

MORS , meurs. Maures. Morsure. Mords.

MORSA , morne.

Aissi disses vos gran orgoilh ,
Gab forsa , car la podetz far ,
Voletz tan lautz deseretar
Una pulcelia trist e MORSA ,
Car vezes que nous pot far forsa.
        JAUFRE.

MORSEL , morceau.

MORRA , boîte d'encens. Mortier.

MORTADOR , maçon.

MORTAINA , cadavre , charogne.

MORTAIROL.

E per far meillor MORTAIROL.
Ajustai hom del barbajol ;
E d'aquel' erba tenen pro
Li vilan sobre lor maizo.
        PRADAS.

MORTALDAT , mortalité.

MORVEL , morve. Polype , excroissance qui vient dans le nez.

MOS , mon , mes. Mousse. Monsieur , monseigneur.

MOSCAR , émoucher.

MOSCIDAR , flairer. Renifler.

MOSCLALH , hameçon , crochet.

MOSEL , chevreau.

Anc non mi doniest un MOSEL
que maujes am mos amix.
        N. T. Luc. 15.

Nunquàm dedisti mihi HAEDUM
ut cum amicis meis epularer.

MOSNEIRA , bourse.

MOSQUET , émouchet. Musc , ambre.

MOSSA, mousse, émoussée.
MOSSEN, messire.
MOSSENHE, monseigneur.
MOSTE, moite, humide.

> Dieus setz quatre complicios, de
> caut, de freh, e de sec e de
> MOSTE.
> SYDRAC.

MOSTELA, belette. Machine de guerre.
MOSTELON, le petit de la belette.
MOSTRAIRE, qui montre.
MOSTRI, je montre.
MOT, beaucoup.
MOTA, nombreuse. *Motos de vetz*, souvent, maintes fois.
MOTEZA, MONTEZA, quantité, multitude.
MOT-FORMABLA, diversifiée.

> La MOT-FORMABLA savieza de dieu.
> N. T. ad Eph. 3.

> MULTIFORMIS sapientia dei.

MOTBZ, muid.
MOTIR, parler bas, marmotter, murmurer.
MOTOS, plusieurs.

> Sanet en MOTOS, que eran treballat de diversas langors.
> N. T. Marc. 1.

> Curavit MULTOS, qui vexabantur variis languoribus.

MOTS, plusieurs. Vers, rimes, paroles.
MOU, meut, excite. Vient, procède. S'en va. Commence.
MOULT, beaucoup, plusieurs.

MOURE, mouvoir, bouger. Oter, retrancher.
MOURIALS TALOS, piquerait des deux.
MOUS, bouges, meus, remues.
MOUT, beaucoup. Moulu.
MOUTEZA, multitude, quantité.

> No podian traire la ret per la MOUTEZA dels peisses.
> N. T. Joan. 21.

> Nou valebant rete trahere prae MULTITUDINE piscium,

MOUTO, colline, tertre, éminence.
MOUT-PARL-BLAMEN, en plusieurs manières.
MOUTZ, plusieurs. Parti, changé. Moulu. Tire le lait.
MOVEDOIRE, MOVEDUR, mobile.
MOVEDURA, meuble, chose mobile.
MOVER, mouvoir, partir.
MOVERS, départ.
MOVIA, mouvait.
MOYDURA, moisissure.
MOYS, cousin, insecte qui pique.
MOYSSON, cousin, moucheron.
MOYT, chanci, moisi.
MUDA, mue. Muette.
MUDAR, changer, déménager. *No pose mudar*, je ne puis m'empêcher.
MUDI, je change.
MUDIR, devenir muet.
MUDONT, changent.

MUEC,

MUEC, je partis, il vint.
MUEG, muid.
MUEILLA, mouille.
MUEIR, je meurs.
MUEIRA, meure.
MUELHA, moelle. Mouille.
MUER, meurt. Tue.
MUEROLH (sarralha à), serrure à pêne.
MUETZ, muid.
MUEU, meut.
MUG, muid.
MUGA, mue, nasse.
MUIRIA, meurtre.

Si om promet tal causa que sia escontra leis, si cum es de furt, o de rapina, o de MUIRIA faire, non val lo covinens.
COD.

MULAR, mouiller.
MULAT, mouillé.

Pietatz l'en a preza car li sant son MULAT.
H. de L. 25.

MULIER, femme, épouse.
MULTA, amende, punition. *Mulcta.*
MUN, MUNS, le monde. Mont.
MUO, changent, détournent.
MURADOR, maçon, architecte.
MURET, loir.
MURIR, mourir.
MURMURADOR, rapporteur.
MURMUREGRON, murmurèrent.
MURMURIOS, haïssable, fâcheux.

Ara sia so que aquil que non au perfeita charitat estengout essems, il sunt ades MURMURIOS, e moleste, e turbulent, e plen d'aissa.
BEDA. 1.

Nam in quibus non est perfecta charitas, cùm in unum sunt, ODIOSI sunt, molesti sunt, turbulenti sunt, anxietate suâ turbant caeteros.

MURSEL, MURSOL, museau.

Las mas pus negras que carbo,
E'l MURSOL e'l front e'l mento
Negre e ruat e fronsit.
JAUFRE.

MUS, muse, lambine. Bourdonnement. Museau.
MUSAIRE, musard. Sot, nigaud.
MUSATGE, sottise, nigauderie.
MUSCLES, épaules.

Li Fariseus aman los primers setis els manjars, e las primeiras cadieiras é las sinagogas. Lian los grans faisses no-portables, e'ls pauzan sobre'ls MUSCLES des homes.
N. T. Matth. 23.

Pharisaei amant primos recubitus in coenis, et primas cathedras in synagogis. Alligant onera gravia, et importabilia, et imponunt in humeros hominum.

MUSEC, mosaïque.
MUSICA, harmonie.
MUSICADOR, musicien.
MUF, MUTZ, muet. Mot, parole.
MUZA, musette. Attente vaine.
MUZADOR, nigaud, sot, bête, imbécille.
MUZAT, agacé.
MUZEL, museau.

N

N se trouve souvent pour M, et se met à la fin des mots pour EN, NE. LIN, lui en; NIN, ni ne. Alors nous écrivons LI'N, NI'N.

NA, dame. Nain.

NADA, nage. Née. Navigue.

NADAL, NADALOR, NADAUS, noël. *Natalis.*

NADET, nagea, naviga.

NADI, je nage ou navigue.

NADIVA, native. Fieffée, pommée.

NADOR (dia de), jour de la naissance.

NAFIL, clairon, trompette.

NAFRA, blesse, blessure, balafre, estafilade.

NAFRAR, navrer, blesser.

NAFRE, qu'il blesse. Balafre, estafilade.

NAHZ, né. Insensé, fou, sot, imbécille.

NAIS, naît.

NAISSEMEN, naissance. Pays. Nativité.

NAISSER, naître. *Nasci.*

NALEG. Voyez NELLG.

NALENGRI, maître renard.

NALES, il n'est pas permis.

NALES à nos ancire nengu.

N. T. Joan. 18.

Nobis NON LICET interficere quemquam.

NAN, NANS, nain. *Nanus.*

NAO, navire, vaisseau.

NAP, navet. Ecuelle.

NAPS, coupe, tasse, vase à boire.

NAPOLS, Napoli, Naples.

NAR, nez, narrine.

NARBUL, Narbonne.

NARCEZIS, Narcisse.

NARPI.

Jurar sobre las dens NARPI.

NARPA, NARRIGOLA, nez, narine.

NAS, nez. Nain.

NASC, naquit.

NASCUDA, née.

NASSERA, naîtrait, naîtra.

NASSIO, nature, naturel. Naissance, race.

NAT, né. *Natus.*

NATAL, noël. *Natalis.*

NATGES, fesses. *Nates.*

NATURAL, NATURAU, natif. Bon, vrai, sincère, franc. Parfait. Fieffé, pommé.

NAU, navire, vaisseau.

NAUCS, auge à cochons.

NAUSA, nasse.

NAUT, NAUTA, haut, haute.

NAUTA, bruit, train, fracas.

E meno trop major NAUTA
Que la maïnada d'I rei.

Coms de PEITIEUS.

NAUTOR, nautonier, batelier.

NAUZA, bruit, tintamarre de paroles.

NAUZOS, tumultueux.

Luxuriosa res es vis, e ivreza es NAUZOZA.

BEDA. 25.

Luxuriosa res vinum, et TUMULTUOSA ebrietas.

NAVAR, Navarrois.

NAVAUS.

Mos alos es
En tal deves
Res mas ieu no s'en pot jauzir ;
Aissi l'ai claus
De peus NAVAUS
Nuls hom no lo m pot envazir.
MARCABRUS.

NAVECH, NAVEI, NAVEITZ, NAVILI, navire, flotte.
NAVEIAR, naviguer, ramer.
NAVETA, barque, bâteau.

Pojet en la NAVETA.
N. T. Luc. 8.
Ascendit in NAVICULAM.

NEBLA, nielle, brouillard.
NEBOS, NEBOT, neveu. *Nepos.*
NECI, nigaud, imbécille, ignorant, étourdi.

Li fol cobeitunt so que lor nos, e'l NECI aïrunt scientia.
BEDA.
Stulti ea quae sunt sibi noxia cupiunt, et IMPRUDENTES odio habuerunt scientiam.

NECIERA, besoin, disette, nécessité.
NECIES, NECIETATZ, ignorance, sottise.
NECS, bègue, bredouilleur.
NED, NEDES, net, pur.

Benairat cel ab cor NED.
N. T. Matth. 5.
Beati MUNDI corde.

NEDES so del sanc de totz.
N. T. Act. 20.
Mundus sum à sanguine omnium.

NEDLA, nette, pure.

NEDEJAMEN, pureté, purification.
NEDLJAR, nettoyer.
NEDEJATZ lo velh levan.
N. T. 1 Cor. 5.
EXPURGATE vetus fermentum.

NEDEZA, netteté, propreté. Nette, pure.
Totas causas so NEDEZAS als nedes.
N. T. ad Tit. 1.
Omnia MUNDA mundis.

NEF, neige.
NEFA, le gros du bec d'un oiseau de proie.

Om apella NEFA o sera
Lo gros del bec on las nars so.
PRADAS.

NEGAR, nier. Noyer. Refuser. *Negare.*
NEGLIGOS, négligent, paresseux.
NEGRE, noir. *Niger.*
NEGREZIR, noircir, rougir.
NEGROR, noirceur.
NEGUEIS, même.

Senhor es lo fil del hom NEGUEIS del dissabtes.
N. T. Matth. 12.
Dominus est filius hominis, etiam sabbati.

No issiras d'aqui, entro NEGUEIS la derairana causa redas.
N. T. Luc. 12.
Non exies indè, donec ETIAM novissimum minutum reddas.

NEGUERO, nièrent, noyèrent.
NEGUITOZAMENT, négligemment.

Negus, personne, nul, aucun.

> Necus non es bo sino us Deus.
>
> N. T. Marc. 10.
>
> Nemo bonus nisi solus deus.

Neia, nie, refuse. Renonce.

Neis, même.

Neita, petite-fille, descendante.

Nelechos, négligent. Coupable, criminel.

Neleg, Neleigz, Neleitz, mal, faute, tort, injustice, négligence.

Nellex, même, peut-être.

Nemes, moins, excepté.

Nemic, Nemics, ennemi.

Nemps, moins, sauf, excepté.

Nemze, Nîmes. *Nemausus.*

Nengun, Nenguna, nul, aucun, aucune. Personne.

Neolina, brouillard, nuée.

Neps, neveu. *Nepos.*

Nepta, nièce. Herbe médicinale.

Nequedonc, cependant, néanmoins.

> Nequedonc per aquela charitat non si deu hom pas flechezir de l'amor de deu.
>
> Beda. 1.

Ner, Ners, noir, fâché, triste, chagrin.

Nerta, myrte.

Nertas, lieu planté de myrtes.

Nervios, nerveux.

Nesci, bête, ignorant.

Nesciamen, sottement, par ignorance.

Nesciatge, sottise, folie.

Nescieiar, nigauder.

Nescies, bêtise.

Nescietat, ignorance.

> Mas u dia no val aquel judicis que es donatz fors razou, o sia que li arbitres lo dona son escient, o sia per nescietat.
>
> Cod.

Nessa, belle-sœur, cousine germaine.

Nesseira, besoin, nécessité.

Nessessios, indigent, nécessiteux.

Nessieta, nicette, simple.

Netceira, disette, indigence, pauvreté.

> Aqui ont a trop paraulas, es netceira.
>
> Beda. 13.
>
> Ubi autem verba sunt plurima, ibi frequens egestas.

Neu, Neus, neige. Même. De plus.

> Ges pel temps fer e brau
> Qu' adutz tempiers e vens,
> Don torba'ls elemens
> E fa'l cel brun e blau,
> No s cambia mos talens;
> Aus es mos pessamens
> En joi et en cantar :
> E m volh mais alegrar
> Quan vei la neu sus en l'auta montanha,
> Que quan la flor es per poig e per planha.
>
> P. Vidal.

Neula, nue, nuée, nuage. Brouillard, vapeur. Gaufre, oublie.

Neulos, nébuleux, entouré de nuages.

Niblan, milan.

E qui vol comandar
Sos poletz ni bailar
Al NIBLAN per noirir,
Ja us dels grans no m do pois per raustir.
    BOSSIGNAC.

NIC, nice, sot.
NIEX, neige. *Nix.*
NIELA, ivraie, nielle.

Maleza esquiva vertut, e NIELA abat lo froment.
    BEDA. 23.

Imitatur virtutem malitia, et ZIZANIA confundit frumentum.

NIENT, néant, rien. Pas, point, nullement.

Senes lui es fait NIENT so q'es fait.
    N. T. Joan. 1.

Sine ipso factum est NIHIL quod factum est.

NIENTEZA, nullité, néant.
NIER, noir, sombre, chagrin.
NIERA, puce.
NIEU, neige. Nuée.
NIGRE, noir. *Niger.*
NI M, pour NI ME.
NINA, petite fille. Poupée.
NINAR, neiger.
NINTS, manquant, manque, défaut.

Encara es à tu us NINTS.
    N. T. Luc. 18.
Adhuc unum tibi DEEST.

NIOLS, nue, nuage, nuée. Nieul, Niœuil, bourgs de France.
NIQUETAR, se mettre en peine, se soucier.

Aisso dix, no que dels pauber NIQUETASSES à lui.
    N. T. Joan. 12.
Dixit hoc, non quià de egenis PERTINEBAT ad eum.

NIS, **NIU**, nid. Neige.
NI T, pour NI TE.
NIVOL, } **NIVOLA**, } nuage, nuée.

Nivolas de vent menadas
    N. T. 2 Petr. 2.
Nebulae turbinibus exagitatae.

NIX, neige. *Nix.*

Mas ieu, las! sol sostenc l'ardor
E la pena que m ven d'amor
Ab dous dezirs, ab grans destrix;
E m'enpalezis ma color.
Pero no die que s'er' anticx,
Blancs esdevengutz com es NIX,
Qu'ieu ja de madomna m clames.
    CABESTANH.

NO, nœud.

El mal NO de l'albre deu hom fichar mal clavel.
    BEDA. 24.
Malo arboris NODO malus clavus infigendus est.

NOALHA, paresse, méchanceté.
NOC, nuisit. *Nocuit.*
NOCA, jamais.
NOCALENS, nonchalant, inconsidéré.
NOCALER, négligence. Mépris, indifférence.
NOCEJAMEN, noces, mariage.
NOCEJAR, se marier.

Melh es NOCEJAR, qe esser usclats.
    N. T. 1 Cor 7.
Melius est NUBERE quàm uri.

Nocer, nuire. *Nocere.*

No-cercent, jumeau.

Tomas lo qua les dits no-cercent.

N. T. 1 Joan. 11.

Thomas qui dicitur didymus.

Noceria, je nuirais, il nuirait.

No-certanedat, No-certeza, incertitude.

Comanda als rics d'aquest segle que non aiunt ergolios sen, ni esperont en la no-certanedat de richesas.

Beda. 56.

Divitibus hujus saeculi praecipe non superbè sapere, nec sperare in incerto divitiarum.

Nocort, butor.

No-covinable, inutile.

No-covinen, ingrat.

Noda, noue. Marque, signe, stygmate, cicatrice, meurtrissure.

Pesma noda es ergoils en tenso.

Beda. 14.

Denotatio pessima superbi lingua.

Nodar, nouer, lier, attacher. *Nodare.*

No-destenhable, inextinguible.

Nodriment, doctrine, instruction, discipline.

Mostra m bonesa, nodriment, e scientia.

Ps. 118. 66.

Bonitatem, et disciplinam, et scientiam doce me.

Noel, nouveau.

Noela, bruit, rumeur, nouvelle.

Garda que tu no recepchas las noelas de toz homes.

Beda. 17.

Cave ne rumusculis hominum cleveris.

Noelltat, renouvellement.

No vos volias conformar à aquest segle, mas format vos é noelltat de vostre sen.

Beda. 8.

Nolite conformari huic saeculo, sed reformamim in novitate sensûs vestri.

No-esclavable, incompréhensible.

Nou, neuf, nouveau.

Nofes, parjure, infidélité.

Nofezatz, sans foi.

Nogaills, cerneaux; amandes, noyaux.

De presegas auretz nogaills, Faitz n'oli.

Pradas.

Nogles.

Grans nogles resembla
En dir, border guatz,
Lairan quan se sembla
C'us cans enrabiatz.

la Caravana.

Nogra, nuirait.

Nogrom, nuisirent.

Nogues, qu'il nuisît.

Nogut, Nolgut, nui, préjudicié.

Noi, pour non i, n'y.

Noia, ennui. Déplaît, déplaise.

Noich, Noig, nuit. *Nox.*

Noien, rien, néant.

Noigandres, noix muscade.

NOILL, ne lui, ne leur, ne le.

NOIRIDOR, instituteur. Nour-ricier. Gosier.

NOIRIDURA, nourriture. Nour-rissons, élèves, disciples.

Mortz per que nos as tout tant sancta creatura?
Com nos as mort am lui tota sa NOIRIDURA?
H. de L. 63.

NOIRIGUIER, laboureur, cultivateur.

Tut fugan lo viaje e'l cami dre-churier:
Li terra torna gasta, non i a NOIRIGUIER
Ni autra creatura.
H. de L. 76.

NOIRIM, nourriture, éducation. Nourrisson, engeance.

NOIRIMEN, leçon, instruction.

NOIS, n'est. Ennui, importunité.

NOISENS, nuisible.

NOITZ, la nuit.

NOL, ne veut pas.

NO-LAIZAT, sans tache.

NOLC, ne voulut pas. *Noluit.*

NOM (à), nominativement, expressément.

NOME, nom.

Aias cura del bo NOME.
Curam habe de bono NOMINE.

NOMINATIU, NOMINATIVA, célèbre, fameux, renommé.

NOMNADA, nommée, réputée. *Nominata.*

NOMNADAMEN, nommément, expressément.

NOMNATIVANSA, réputation.

NOMNATIVAR, publier, divulguer.

NOMNATIVAT, publié, divulgué.

Mais no sia NOMNATIVAT el poble.
N. T. Act. 4.
Ne ampliùs DIVULGETUR in populum.

NOMNAVA, j'appelais, il appelait.

NO'N, nous en.

NONA, aumone. Nonne, religieuse. None, midi. Biens, possessions. Provisions de bouche.

NONAI, Annonai en Vivarais.

NONCA, NONQUA, jamais. *Nunquàm.*

NON-COEROMPENDAMENS, inviolablement.

NO-NEDE, impur.

NONETA, niaiserie.

NO-NOMBRALS, innombrable.

NO NOS, ne nous.

NON-PLAZER, déplaisir.

NON-PODER, impuissance, impéritie.

Charitaz aministra lo be que NON-PODER tol.
Deux. 1.
Vires quas IMPERITIA denegat, charitas subministrat.

NON-PODEROS, impuissant. Impossible.

NON-PODEROZA cauza es plazer à dieu ses la fe.
N. T. ad Hebr. 11.
Sine fide IMPOSSIBILE est placere deo.

NON-RE , néant.
NO NS , pour NO NOS.
NONSEN , déraison.
NO-PENSAT , imprévu.
NO-PROFEITOS , inutile.

No sias escomoguz en ta lengua , e NO-PROFEITOS , ni malvaz , ni eslaissaz en tas obras.

BEDA. 13.

Noli citatus esse in linguâ tuâ , et INUTILIS et remissus in operibus tuis.

NOQUA , NOQUAM , jamais. *Nunquàm.*
NORA , bru , belle-fille.
NORANTA , nonante.
NOROFCX , Northumberlandais.
NORRIM , compagnie , habitude , éducation.
NOS , nuit. *Nocet.* Nœud. Condyle.
NOSCLA , agrafe , collier , bracelet.

Aur , argent , e perlas , e NOSCLAS , e fermals , e draps precioses.

V. e V.

NO-SENAT , insensé.
NO-SENS , folie , imprudence.

El NO-SENS del fol es fadeza.

BEDA. 15.

IMPRUDENTIA stultorum fatuitas.

NOSER , nuire.
NOSERAN , nuiront , empêcheront.
No SIA , à dieu ne plaise ; n'en faites rien.
NO-SOFERTANSA , intolérance , impatience à souffrir.

Cel que non pot mal suffrir , es garens que per sa NO-SOFERTANSA non es pas bos.

BEDA. 45.

Quisquis malos non tolerat , ipse sibi per INTOLERANTIAM suam testis est , quià bonus non est.

NOSSAS , noces.
NOT , la nuit. Nœud , jointure. Pour NO TE , ne te. Nuit. *Nocet.*
NOTZ , nuit. Nœuds. Noix.
NOU , NOUS , neuf , nouveau. Jeune. Pour NO VOS , ne vous.
NOUMERCAT , Neufmarché en Normandie.
NOVAS , contes , nouvelles.
NOVEL , NOVEU , nouveau.
NOVELLARIA , nouveauté.

E cant issia de l'abadia
Aportava NOVELLARIA
De peccat e de tracions ,
Am qu'enganna los compagnons.

H. de L.

NOVENS , neuvième.
NOZ , nuit. Ronge , consume , dévore.

Si cum li tenia devora lo vistiment , e'l verms lo fust , enaissi NOZ tristicia al cor.

BEDA. 52.

Sicùt vestimentum tinea , et vermis devorat lignum , ità tristitia cor hominis EXEDIT.

NOZAR , nouer.
NOZEDORS , ennemis , qui nuisent.
NOZEL , nœud.
NOZEMEN , tort , préjudice.
NOZER , nuire.
NOZERIA , nuirait.

Nozi , je nuis.

Nozols.

Esparvier e mosquet mudat
A hom plus leunen adobat
Ab caneta et ab nozols.
    Pradas.

Nu , ne , non.

Nualha , Nualia , paresse,
nonchalance. Torpeur, en-
gourdissement.

Bon ome aprendra s'arma à apa-
reliar à las virtuz, per l'ozament
dels vices , escomovent los vices
à la nualia de negligentia.
    Beda. 8.

Dei servus , à torpore negligen-
tiae , sollicitantibus vitiis , ad
virtutes animam per exercitium
praeparat vitiorum.

Nualhos, Nualios, Nuallos,
lent , paresseux , indolent.

Non siatz fag nuallos.
    N. T. Hebr. 6.
Non segnes efficiamini.

Si fom isnel ressemblar los mais ,
per que em nuallos ressemblar
los bos.
    Beda. 76.

Si apti fuimus imitari iniquos in
malum , cur pigri sumus imitari justos in bonum.

Nubere , se marier.

Nuble , nue , nuée. Nébu-
leux.

Humils orazos monta sobre las
nubles.
    Beda. 7.

Oratio humiliantis se nubes pene-
trabit.

Nuda , nue , dénuée.

Nudeta , diminutif de nuda.

Nueig , nuit.

Nueitia , nuitée.

Nuel , Nueu , neuf , nou-
veau.

Nuelza , noise , bruit.

Nuetz , nuit. Nuisance.

Nueza , nudité.

Re non profeita à home nueza ,
cant a ades cobeeza.
    Beda. 27.

Nihil prodest ei nuditas , cui
inest cupiditas.

Nuills , nul , aucun.

Nuirissement , aliment.

Diables non abraza lo nuirissement de cobeeza.
    Beda. 78.

Diabolus concupiscentiae fomen-
ta non succendit.

Nuirit , élevé , commensal.
Nutritus.

Nulhatz , annullé , aboli.

Nulla sazo , Null' ora , jamais.

Nun , Nuna , aucun , nul ,
nulle.

Nuoit , la nuit.

Nupsejar , faire des noces ,
se marier.

Nus , Nutz , nu , dénué.

Nuza , nue , dénuée.

Nuzalh , je fainéante.

Nyo , neige.

O

O se met souvent pour A et pour U.

O, oui. Le. On.

OAN, cette année. *Hoc anno.*

OB, avec. Ou. Besoin.

OBEDIENSA, obédience, ordre, religion.

OBEDIRE, obéissant.

OBERERAS, tu feras, tu opéreras.

OBERT, ouvert.

OBEZIENSA, OBEZIMEN, obéissance.

OBEZIR, obéir. Aimer, chérir.

OBLIAR, engager. *Obligare.*

Si el non pot trobar fermansa, deu obliar las soas causas en peignora.
Cod.

OBLICS, obliquité, détour.

OBLIDAR, oublier.

OBLIDOS, oublieux.

OBLIT, j'oublie. Oubli.

OBRA, œuvre, ouvrage, travail; travaille.

OBRADOR, atelier, laboratoire.

OBRATHA, œuvre, ouvrage.

OBRAN, ouvrable.

Dieus nos comanda repausar lo selen jorn, que non fassam neguna obra servil, d'aquelas que podem far éls seis jorns obrans de la setmana.
V. e V.

OBRANSA, ouvrage.

OBRAR, agir, travailler. *Obrar laiessa*, commettre des crimes d'infamie.

OBRE, je travaille.

OBRER, OBRIER, ouvrier.

Dignes es l'obrer de so manjars.
N. T. 1 Tim. 5.
Dignus est operarius cibo suo.

OES, besoin, nécessité.

Venc lo dia dels aimes ó qu'em oss d'ouvire la pasca.
N. T. Luc. 22.
Venit dies azymorum in quo necesse erat occidi pascha.

OC, OCS, oui. *Hoc.*

Oc senhor, tu sabs qe eu amo te.
N. T. Joan. 21.
Etiam domine, tu scis quià amo te.

OCAISAR, mordre.

OCAISO, cause, raison, sujet. Dispute, obstacle, difficulté. Blâme, reproche, accusation.

Eu no trobi ocaiso en lui.
N. T. Joan. 18.
Nullam invenio in eo caisam.

OCAISONAR, accuser, reprocher.

OCIOS, oisif. *Otiosus.*

OCIOSETATZ, oisiveté. *Otiositas.*

OCLEI, je cligne les yeux.

OCOILLA, accueille.

OCTAU, huitième. *Octavus.*

ODI, haine. Débat, différend.

Negus non ac la sua car en odi.
N. T. ad Eph. 5.
Nemo carnem suam odio habuit.

ODOARTZ, Édouard.

ODORAMENT, senteur, parfum. *Odoramentum.*

ODOROS, odorant, parfumé.

ODRADAS, honorables.

OFEGADOR, étouffeur.

OFEGAR, étouffer, suffoquer.

> Eran entorn doa milia, e foren ofegar en la mar.
>
> N. T. Marc. 5.
>
> Erant ad doa millia, et suffocati sunt in mare.

OFENDUTZ, offensé.

OFERNES, Holopherne.

OFEZ, offensé.

OFERIR SE IS, complimenter.

OGAN, OGUAN, cette année. Jamais.

OI, oui. J'eus. Entendit. Aujourd'hui.

> Le nostre paire, qe es els cels; santificat sia lo teus noms. Avenga nos lo teus regns; e sia faita la tou volontat, si co él cel e cù la tera. E dona à nos or lo nostre pa que es sobrecausa. E perdona à nos los nostres dentes, aisi co nos perdonam als nostres denteires. E no nos amenes en tentatio. Mais deliura nos del mal.
>
> N. T. Matth. 6.
>
> Pater noster, qui es in coelis, etc.

OIANTA, quatre-vingts.

OIDIES, aujourd'hui, à présent. *Hodiè.*

> Oidies es ordenatz plus.
>
> Cou.

OIA, entende.

OIDETZ, écoutez.

OIL, oui.

OIL, œil.

OIMAIS, désormais.

OING, oint.

OINGNER, flatter, caresser.

OINTURA, onction. Flatterie.

OIRE, une outre.

OIS, oignit.

OISSIST, as oint, oignis.

> Leo e Pons Pilat s'ajosteron encontra Jesum, lo tieu sant fozel, lo qual tu oissist.
>
> N. T. Act. 4.
>
> Convenerunt adversùs sanctum puerum tuum, quem unxisti, Herodes, et Pontius Pilatus.

OISSON, femme, épouse. *Uxor.*

OITZ, huit.

OL, ou le. Sent. *Olet.*

OLA, pot, marmite. *Olla.*

OLENS, qui a de l'odeur.

> Ai! doussa flor ben olens,
> Plus clara que flor de lis,
> Ni maracde, ni robis
>
> CAURNET.

OLER, sentir.

OLLAS, OLLERS, potier.

> Non a pozestat l'olers, de la mezeissa la massa de lot, far l'autre vaissel en onor, mas l'autre en anta?
>
> O l'ouvre del breç non a pozestat d'una meteissa massa, acertas far l'o vaseel en l'onor, et autre en anta.
>
> N. T. Rom. 9.
>
> Au non habet potestatem figulus luti, ex eàdem massâ facere aliud quidem vas in honorem, aliud verò in contumeliam?

OLI, huile, onguent. *Oleum.*

OLIBA, orfraie.

OLIFANT, éléphant, cor d'ivoire.

OLIFANTA, trompe, trompette.

OLAS, yeux.

OLOR, odeur.

Ar vei vermelhs, blaus, blancs
  e grois,
Vergiers, plans, plais, tertres e
  vaus;
E'l votz dels auzels son' e tint
Ab dous acort matin e tart.
So m art en cor qu'eu colore
  mon cun
D'un aital flor don lo frug si'
  amors,
E joi lo gran, e l'olor de noiz
  gandres.
                    DANIEL.

OLS, contraction d'o **LOS**, ou les.

OLZINA, vallon, chêne.

OM, homme. **OD. OU** me. **Orme.**

OMAIS, désormais.

OMAN, **OMANA**, humain, humaine. Honnête.

OMBRAILL, ombrage.

OMBER, homme. *Ombre-dieu*, homme-dieu.

OMBREJAR, ombrager, couvrir.

OMBRELH, sombre.

OMBRHIBA, ombrage, lieu couvert.

OMBRIER, **OMBRIU**, **OMBRIVA**, ombragé, ombrageux.

OMELIAR, humilier.

OMELIU, humble, humilié.

OMENATGE, **OMENES**, hommage, dévouement.

OMER, Homère.

OMESCADIER, homicide.

OMIL, **OMILS**, humble, modeste, honnête.

OMNESC, hommage.

OMNIPOTENS, tout-puissant.

OMPLIR, remplir.

ON, où. **Orme.**

ONCAS, jamais.

ONCH, oint, flatté.

ONCHER, oindre, frotter. Caresser.

ONCHURA, onction.

ONDIANT, flottant.

ONDRAR, honorer.

ONDRA to paire e ta maire.
                    N. T. Matth. 18.
Honora patrem tuum et matrem tuam.

ONDRE, qu'il honore.

ONGAN, **ONGUAN**, cette année.

ONGNA, oigne.

ONGUIMENT, emplâtre, onguent.

ONH, **ONHS**, oint, frotté.

ONHA, oigne.

ONHEMEN, onguent, aromates, parfum.

ONHER, oindre, embaumer, parfumer.

ON MAIS, plus.

ONOR, domaine, états. Faveur, dignités.

ONORATGE, **ONRAMEN**, **ONRANSA**, honneur.

ONRATZ, honoré, qui a de l'honneur.

ONRE, qu'il honore.

ONRESSON, honorassent.

ONS, contraction d'o **NOS**, ou nous.

ONT, où.

ONTA, honte.

ONTAR, hounir, faire affront.
ONZEJAR, remuer, courber les doigts du pied.
ONZEN, onzième.
OPITAR, repaître.
OPS, besoin, commodité. *Opus. A ops, az ops,* pour. *Per ops,* tout de bon, pour toujours, pour une bonne fois, pour la dernière fois. *Ops es,* il faut, il est nécessaire.
OR, je prie. Bord, rivage, orée.
ORA, prie. Heure. A présent. *A las oras, tal ora es,* quelquefois.
ORADAMENT, follement.
ORADOR, oratoire. Suppliant, qui prie.
ORAN, priant.
ORAR, prier, demander. Adorer.

Anec se Jehsus ORAR en-l pueg.
N. T. Marc 6
Abiit Jesus in montem ORARE.

ORAT, ORATZ, insensé. Prière, oraison.
ORAZOS, prières.
ORB, ORBS, aveugle.
ORBA (à), en aveugle.
ORBAMEN, comme un aveugle.

Adonc qeretz giardon ORBAMEN,
E chantatz ne ades qui no'l vos ren.
LO DALFIN.

ORCA, cruche, urne, jarre.
ORCS, sorte d'herbe.
ORDE, ordre monastique. Messe, office. *Orde estreg,* étroite observance.

ORDEAR, gâter, salir, souiller, polluer.

Fornicatios non ORDEA pas solament la conscientia, mas lo cors.
BEDA. 18.
Fornicatio non solùm conscientiam fornicatoris, sed et corpus MACULAT.

ORDEN, ordre, rang.
ORDENADOR, ORDENAIRE, économe, procureur, intendant, administrateur.
ORDI, orge. *Hordeum.*
ORDII, ordure, saleté, souillure, impureté, vilenie.
ORDIR, ourdir.
ORDUMNA, ordure, saleté, souillure, impureté.

Per l'ORDUMNA de la charn es lo temples deus efraiz.
BEDA. 18.
Per carnis IMMUNDITIAM templum dei violatur.

OAR, qu'il prie.
OREC, adora.

Vezent Jhesum de luenh, correc et OREC lo.
N. T. Marc. 5.
Videns Jesum à longè, cucurrit, et ADORAVIT eum.

ORIZA, prierais, prierait.
ORIZATZ, souillé.
ORIZESSA, abomination, parole déshonnête, impureté.
ORFES, orphelin.
ORFRES, orfroi, drap d'or.
ORGANAR, chanter, jouer d'un instrument.
ORGOILL, orgueil, fierté.
ORGOL, pot, cruche. Burette.

Tant va l'ORGOL à l'aigua entro que se trenca.
V. e V.

Tenon los lavament des ORGOLS, e dels calicis.
N. T. Marc. 7.

Servant baptismata calicum et URCEORUM.

ORGOLHEZIR, enorgueillir.

ORGUENAS, instrument, machine.

ORGULHOSAMENT, fièrement.

ORIFANS, éléphant.

ORGOLAR, s'enorgueillir.

ORLAC, ORLHAC, Aurillac.

ORLADA, ourlée, bordée.

ORLENS, Orléans.

ORMIEX, très, fort. beaucoup, grandement, surtout.

ORPS, nourri, élevé.

Moyse nasquet, lo qual fon ORAZ per tres mes en la maiso de son paire.
N. T. Act. 7.

Natus est Moyses, qui NUTRITUS est tribus mensibus in domo patris sui.

ORRE, horrible, honteux, sordide, impur, immonde. *Orre mal*, épilepsie.

Aqelas so qe fan l'ome ORRE.
N. T. Matth. 15.

Haec sunt quae COINQUINANT hominem.

ORREZAR, gâter, souiller, polluer.

ORREZESSA, chose impure, parole déshonnête. Abomination.

La causa qe es aut' als omes, es ORREZESSA denant deu.
N. T. Luc. 16.

Quod hominibus altum est, ABOMINATIO est antè deum.

ORRI, grenier, grange. *Horreum.*

ORS, ours. Prières. Bord, lisière.

ORSA, ourse. Urne. Nord. Frange, bord.

ORT, jardin. *Hortus.* Né, sorti, issu. *Ortus.*

ORTIGA, ortie.

ORTIL, ORTILS, jardinet.

ORTOLAN, ORTOLAS, jardinier. *Hortulanus.*

Ela aesmans qe for ORTOLAS.
N. T. Joan. 20.

Illa existimans quià HORTULANUS esset.

ORTOLEZA, légumes.

Cel qe es frevol, manjeh la ORTOLEZA.
N. T. Rom. 14.

Qui infirmus est, OLUS manducet.

ORUGA, chenille. *Eruca.*

ORZA, indigne, sale, impure.

La vita de pechador non es ORZA, quant s'eslava per plors.
BEDA. 6.

Peccatorum vita esse INDIGNA jam non potest, quae fletibus lavatur.

ORZOLS, pot, cruche.

OSAS, bottes, houseaux.

OSBERG, haubert, cotte de mailles.

OSCA, coche, hoche, entaille.

OSCAR, enrichir, combler de présens. Doter.

OSCAT, OSCADA, ébréché, ébréchée.

OSCLE, douaire, don, présent de noces, bagues et joyaux.

OSDAL, maison, hôtel.

OSDALARIA, hospitalité.

No vulhats oblidar l'osralaria.
N. T. Hebr. 13.
Hospitalitatem nolite oblivisci.

OSDALER, hospitalier; aimant, exerçant l'hospitalité.

OSDE, hôte. Étranger, nouveau venu.

OSSA, carcasse.

OSSEN, pectoral, rational.

OSSI, comment

OST, armée.

OSTA, hôtesse. Ote.

OSTAL, gîte, auberge, logis.

OSTALAIRIA, hospitalité.

Esseguent ostalairia.
N. T. Rom. 12.
Hospitalitatem sectantes.

OSTALAR, loger, être logé.

OSTALEIRA, cabaretière.

OSTALIER, hôtelier. Casanier. Hospitalier.

OSTAN, ôté, excepté.

OSTAR, OSTAU, gîte, auberge, logis.

OSTE, étranger.

OSTEJADORS, troupes, gens de guerre.

OSTEJAR, faire la guerre, retourner chez soi.

OSTERICS, Autrichiens.

OSTIARIS, portier. Ostiarius.

OSTING, soutint.

OT, eut. OTHON.

OTRA (en), au-devant.

Issiro en otra à lui.
N. T. Joan. 12.
Processerunt obviam ei.

OTRA-GRAT, contre le gré.

OTRAMARIS, d'outre-mer.

OTRAMARS, outre-mer.

OU, OUS, œuf. Contraction d'o vos, ou vous.

OUATZ.

Tolz auzels pois que es mudatz,
Si trop crida sembla ouatz.
PRADAS.

OUG, j'entends.

OUTRACUG, arrogance, présomption, témérité.

OUTRACUJAR, être téméraire, présomptueux. Extravaguer.

OUTRACUJAT, OUTRACUIDAT, arrogant.

OUTRA-FLUM, au-delà de la rivière.

OUTRATGE, arrogance, témérité.

OUTREAR, OUTREJAR, octroyer, accorder.

OVEILLA, brebis, ouaille.

OVISQUES, évêque.

OZASOS, occasions.

P

P s'emploie quelquefois au lieu de B ; TROP pour TROB, trouve.

PA, pain. *Panis.*

PABALHO, pavillon, tente, tabernacle.

PAC, repaît, nourrit, régala. *Pascit, pavit.*

PACHA, pacte, accord.

PACIAR, traiter, faire un accord, pactiser.

> La persona deu esser tals que poscha PACIAR, so es, que poscha far covenent.
>   COD.

PACOIRA, pâtis.

> Aols vius ten terr' en PACOIRA,
> Qar non sab far mas ni boira.

PADELADA, une poêle pleine.

PADENA, PALLLA, poêle à frire.

PADENETA, poêlon.

PAES, pays.

PAG, paie, contente, appaise.

PAGADA, appaisée, satisfaite.

PAGADOR, payable.

PAGANISME, incirconcision.

PAGAR, payer, contenter, satisfaire.

PAGAS, paies, paiemens. Païens.

PAGES, villageois, laboureur. Guéridon.

PAGEZES, impoli, malhonnête.

PAGEZIA, grossiéreté.

> Fols vanars es pagezes,
> E gran laus es PAGEZIA.

PAGRA, paîtrais, paîtrait.

PAGUET, paya.

PAGUETZ, vous nourrîtes.

PAGUT, PAGUDA, repu, nourri, nourrie.

PAI, père.

PAILLOLA, paillasse, lit, grabat.

> Aras laisa le reis la guerra de Turquia,
> Cavalca sas jornadas tro que fon en Ongria,
> E trobet Herembore qu'en PAILLOLA joscia.
>   H. de L. 3.

PAÏMENT, carreau à paver, carrelage.

> E cazec abauzada en miei del FAÏMENT.
>   H. de L. 6.

PAIRE, père.

PAIRENAL, paternel.

> Luxuria es perdicios de la PAIRENAL beneicio.
>   BEDA. 18.

> Luxuria perditio est PATERNAE benedictionis.

PAIRETAT, parenté, paternité.

PAIRI, parrain.

PAIRO, modèle, patron.

> Fai tetas cauzas segon lo PAIRO, lo cals fo demostratz à tu él puei.
>   N. T. Hebr. 8.

> Omnia facite secundùm EXEMPLAR, quod tibi ostensum est in monte.

PAIRONA, maîtresse, qui a des esclaves.

En

En las cansas de son libertin , o de sa libertina , atrestal dreit a la PATRONA cum lo paires.

Cou.

PATRONAIS , paternités.

PATRONIL , paternel.

PATROS , pères, ancêtres. Seigneur, maître, patron.

PAIS , appaise , contente. Nourrit. Paix.

PAISSER , paître , nourrir. *Pascere.*

PAISSON , puissent. Jalon.

PAISETZ , repu.

PAL , pieu , palissade. Poteau , potence , gibet.

PALADA , palis , clôture , palissade.

PALADEL , le palais de la bouche.

PALAI , rubis balais.

PALAIZI , palatin.

PALAR , parler.

PALAU , parvis.

PALEISSAT , palissade.

PALERNA , Palerme , ville de la Sicile.

PALES , évident , manifeste. *En pales* , clairement , à découvert. *Far pales*, découvrir.

Empero degus no parlava à PALES de lui , per la paor dels Jaseus.

N. T. Joan. 7.

Nemo tamen PALAM loquebator de illo , propter metum Judaeorum.

PALEZAMEN , ouvertement.

PALEZA , pâleur.

PALEZA ab humilitat , e maigreza en chara , es honors à morgue.

BEDA. 40.

PALLOR cum humilitate , et maceries , decus est monachi.

PALH , paille , paillasson.

PALHATZ , garni de nattes.

PALHER , PALHIER , grenier à paille.

PALHOM , ils parlent.

PALHUGS , paille menue.

PALI , tapis , robe , drap de soie.

PALIDA.

Aqui pauseren tropas de relequias; so es à saber , de la PALIDA de sanct Laurens.

PHILOMENA.

PALLATZ , vous parlez.

PALMA , empan.

PALMADA (ferir la) , toucher dans la main.

Feron la PALMADA per ferma stipulacion.

V. e V.

PALMADOIRA , fouet de cuir.

PALS , robe , manteau. *Pallium.*

PALUEZIR , pâlir.

PAM , portion , quartier , segment.

PAMPA , pampre.

PAN , PANS , pain. Empan.

PANAR , voler , dérober.

Amassatz à vos tesaur el cel , o lairo no'l foiran , ni'l PANARAN.

N. T. Matth. 6.

Thesaurizate vobis thesaurum in coelo , ubi fures non effodiunt , nec FURANTUR.

PANATGE , la paisson des pourceaux.

PANCIERA , PANSIERA , cuirasse.

PANELZ , petit pain. Bande d'étoffe.

PANGA , estomac.

> Usa petit de vi per lo tieu PANGA, e per las tuas sovenieiras enfermetalz.
>
> N. T. 1 Tim. 5.

> Modico vino utere propter stomachem tuum , et frequentes tuas infirmitates.

PANISSIER , panetier.

PANISTRE , panier.

PAMPOL , sarment.

> Ieu sui la vit, vos es lo PAMPOL.
>
> N. T. Joan. 15.

> Ego sum vitis , vos PALMITES.

PANTAIS , trouble , agitation , embarras, incertitude. Rêve , songe.

PANTAISSA , est ému , s'agite.

PANTEJAR , être effrayé , être troublé.

PANTOISAR , perdre l'esprit , le sens , extravaguer. Rêver.

> Ill li disian : tu PANTOISAS.
>
> N. T. Act. 12.

> Dixerunt ad cum : INSANIS.

PANTOUSTIER , boulanger.

PAO , PAOS , paon.

PAOC , peu , petit.

PAONAT , d'un rouge brun. Couleur de paon.

PAOR , peur , crainte , épouvante. *Pavor.*

PAORLIOS , PAORUC , peureux, craintif.

PAOZA , pause.

PAPAGAI , perroquet.

PAPALHO , papillon.

PAPAVER , pavot.

PAR , semble , paraît. Père. Comparable, pareil. Compagne , compagnon.

> Anc mais no m'entremis d'amor,
> Et aqesta m fai gran paor
> Qe m'auci ab un dous esguart ;
> Qar donnas han en l'uel un dart
> Ab qe nafron tan dousament,
> Qe mentre q'hom mor nom o sent :
> Qe'l gai cors auci drut cortes
> Con lo rossinhol quant es pres ,
> Qe non pot esser ab sa PAR.
>
> ANONYME.

> Pueis que la tortre a perdut son PAR , jamais non s'ajusta ab autre ; e fuig la companhia de las autras , et estai solitaria.
>
> V. e V.

PARA , paraisse.

PARACIOS , noble , illustre.

PARADOR , appareilleur , architecte. Foulon. *Pes de parador ,* marteau à foulon.

PARAGE , PARATGE , noblesse, honneur , dignité.

PARAGES , égalât , allât de pair.

> Covengra qu'eu fezes
> De tant autas razos
> Tant avinent caosos
> C'à mon cant PARAGES ,
> Que de valen loc es.
>
> PUEGSIBOT.

PARAMEN , PARAMENT , parure, atour.

PARAR , tendre , présenter. *Parar la pera ,* peler la poire.

> Qui te fera à la tua gauta destra, PARA li l'autra.
>
> N. T. Matth. 5.

Si quis te percusserit in dexteram maxillam tuam, PRAEBE illi et alteram.

PARAULA, parole. Parabole. Il parle.

PARAULAR, parler, traiter.

PARAULETAS VENALS, caquets, mauvais propos.

PARAVIS, paradis.

PARAZEN, PAREZEN (sol), sou parisis.

PARC, épargne.

PARCENEJAIRE, co-seigneur.

PARCENEJANSA, participation.

PARCENEJAR, ⎱ participer,
PARCENER,   ⎰ avoir part.

Us pas, us cors em mouts, tuit qe d'u pa e d'u calits PARCENEJAM.
N. T. 1 Cor. 10.

Unus panis, unum corpus multi sumus, omnes qui de uno pane PARTICIPAMUS.

PARCER, épargner, ménager, pardonner. *Parcere.*

PARDAL, moineau.

PARDALUM, girafe.

PAREC, parut. Troupeau.

Tot PAREC de fedas, complit de C bestias, o de plus, que jaga en cledas, pague V sols.
ARCHIV. d'Albi.

PAREGRA, paraîtrait.

PAREGRON, parurent.

PAREGUES, parut.

PAREI, soit comparable.

PAREILLES, paires.

PAREIS, paraît.

PAREJAR, assortir, comparer.

PAREL, pareil, égal.

PARELHA, paire, couple.

PARELHARIA, compagnie, société.

PARENTIU, parenté.

PARES, semblans.

PARES, PARET, muraille. *Paries.* Amnios, enveloppe du fœtus.

PARGE, basane, parchemin.

PARGUE, parc à moutons.

PARIA, compagnie, société, commerce, alliance.

PARIAIRE, qui est en partage d'un fief, co-seigneur.

PARIEIRA, accouchée.

PARIER, égal, camarade, compagnon. Rival.

PARLADOR, parloir.

PARLADRE, parleur, orateur.

PARLAMENT, babil, caquet, bavardage.

Qui aïra PARLAMENT estengera malicia.
BEDA. 13.

Qui odit LOQUACITATEM extinguit malitiam.

——————— Éloquence.

Meils es aver sainta simpleza, que aver PARLAMENT pecador.
Id. Ibid.

Multò meliùs est rusticitatem sanctam habere, quàm ELOQUENTIAM peccatricem.

——————— Discours, entretien, conversation.

Ont plus seras assiduos en divis PARLAMENS, ont plus i penras plantadosa ententio.
Id. Ibid.

Quantùm magis in sacris ELOQUIIS assiduus fueris, tantùm ex eis uberiorem intelligentiam capies.

PARLAVAIS , vous parliez.
PARLAZUBOS , paralytique.
PARLER , PARLIER , babillard, bavard.

PARLER e ocios , e curios , dizont so que non cove.

BEDA. 13.

VERBOSI , otiosi et curiosi , loquentes quod non oportet.

PAROC , ouailles , troupeau, paroissiens.

Poble ses govern marritz vai
E foldat en loc de sen fai.
S'il pastre marritz se desvia
Qui mostrar' al PAROC la via ?

SENECA.

PARONEL LEG , loi paternelle.
PARPALHOL , papillon.
PARPELHA , paupière , cils.
PARRIA , paraîtrait , semblerait.
PARS , épargne , pardonne. *Parcit.*

En aquesta vida PARS dens los mals , e non PARS pas fos bos.

BEDA. 50.

En gran afar noc pauc petit' errausa,
Qui ben s'acusa ni s repen :
Per qu'ieu cre que sos tortz l'er PARS ,
En dieu n'ai esperansa.

BORNELH.

PARSELIER , qui est en part.
PARSONAIRIA , union.
PARSONER , PARSONIER , participant , associé , partageant.
PARSSO , part , participation.

PART , entre , parmi. Du côté , vers. Outre , au-delà , à l'écart. *Part dever ,* plus que je ne dois , d'a-abondance.
PARTENDEIR , participant , associé , complice.

Ja sia so que alcur home siaut vegut PARTENDEIA de la fe , non ant negus croissement de vertut.

BEDA. 1.

Quamvis nonnulli fide videantur esse PARTICIPES , nullum habent incrementum virtutis.

PARTIA , partageait , séparait.
PARTIC , sépara.
PARTICIPS , participant.
PARTIDA , part , portion , partage , partie. Départ. Côté. Parti. Société. *De partida ,* imparfait.
PARTIDOR , sociétaire.
PARTIDURA , pièce , morceau séparé.

Lo suniz a prez la PARTIDURA ,
Torna l'en luoc ; no conegras
Que fossa partida del vas.

H. de L. 62.

PARTIMEN , partage , jeu-parti.
PARTINER. Voyez PARSONER.
PARTIR , séparer , diviser. *Partir plait ,* proposer une thèse.
PARTISON , départ , sortie.
PARTIT , fendu , divisé , séparé.
PARTIZOS , partage.
PARTIRAI , je partirai , séparerai.

PARTZ, pars. Partage. En-
fante. Espèce de rudiment.

PARUDA, apparence.

PARVEN, semblant, avis,
sentiment. Probabilité.

PARVENSA, apparence, sem-
blant.

PARVES, parùt, semblàt.

PAS, pain. Paix. Je passe,
qu'il passe. Point. Pa-
tience.

PASC, nourrit. Pacages,
pàtis.

PASCA, paisse. Pàque.

PASCAU, pascal.

PASCOR, pàque. Printemps.

PASMAZON, pâmoison, défaillance.

PASQUIAR, fourrage, pâtu-
rage.

PASSA, passé, passée.

PASSADAMEN, en passant.

PASSAR, souffrir. Repaître.

PASSATA, droit de passage.

PASSATGE, péage.

PASSE, repaisse.

PASSERATZ, passereau, moineau.

PASSERETA, femelle du moineau.

PASSERO, petit moineau.

PASSES, pas, passages. Passât.

PASSIEN (patz), paix pro-
fonde, paix parfaite.

PASSIER. Voyez PAZIER.

PASSIES, je nourrisse.

PASSIO, paisson, pâturage.
Mal, souffrance.

PASSIONATZ, souffrant, qui a
souffert.

   PASSIONATZ sotz Pons Pilat.
        V. e V.

PASSOM, nous passons.

PASE, pâture, mangeaille.
Pastus.

PASTADOR, boulanger, pa-
netier.

PASTAR, pétrir, piler.

PASTATZ, empâté.

PASTENEGLA, panais.

  Prenetz PASTENEGLA, verben e cast,
  E cozetz lo fort tot ensemps.
        PRADAS.

PASTIS, pâté. Pastille. Pacte,
accord, convention.

PASTOR, pasteur, berger.

PASTORA, PASTORELLA, PASTO-
RESSA, PASTORETA, ber-
gère.

PASTOIRAR, PASTORIAR, faire
paître.

PASTORIL, PASTORIU, pasto-
ral, de berger. Bergerie.

PASTRE, pâtre, berger.

PATARIN, gueux, hérétique.

PATEJAR, pactiser, traiter,
contracter.

PATERNA, une fesse. Père,
paternelle, paternité.

  Aras corram al gautz de vida
  sempiterna,
  Per tal que miels puscam la veraia PATERNA
  Pregar per totz aquels qu'en nos
  auran fizansa.
        H. de L. 124.

PATT, pacte, traité, condition.

PATISCES, pantoufles, patins.

PATZ, paix, accord. Impôt,
abonnement, octroi. Capi-
tation.

PAU, paon. Paix qu'on fait
baiser à l'église.

PAUBRE, pauvre, indigent, nécessiteux.

PAUBREIRA, PAUBRETATZ, pauvreté.

PAUC, PAUCA, peu, petit, petite. *Ab pauc*, pour peu, peu s'en faut. *Cada pauc*, peu à peu.

PAUPRE. Voyez PAUBRE.

PAUQUET, un petit peu.

PAUQUEZA, le peu, la petite quantité. *Paucitas.*

PAURE, pauvre.

PAURUCHA, peureuse, craintive, timide.

PAUS, paon. Je mette, il mette. Paix.

PAUSAR, se reposer, mettre, placer, poser, opposer.

Li mal jutgador PAUSENT fals garens.

Improbi judices OPPONUNT falsos testes.

PAUTONIER, coquin, manant, maraud.

PAUZADA, supposition.

PAUZAR, poser, supposer. Asseoir, mettre au nombre.

PAUZATZ, supposer. Statué, ordonné. Compté.

PAVES.

Totz an perpres los murs e'ls bores PAVES.
G. de R.

—— Pavesan, de Pavie.

PAZ, paix. Pacifie.

PAZIBLE, pacifique, tranquille.

PAZIER, fermier ou collecteur des impôts.

PE, pied. *Pes.*

PEATGIER, fermier d'un péage.

PEAZO, fondement.

PEBRADA, poivrade, poivrée.

PEBRE, poivre.

PEBRINA, piment.

PEC, PECS, sot, niais, pécore. Je pèche, il pèche.

PECA, il pèche. Faute.

PECADOR, PECAIRE, pécheur.

Si'l just à pena sera salvatz, el fel e'l PECAIRE on aparam?
N. T. 1 Petr. 4.

Si justus vix salvabitur, impius et PECCATOR ubi parebunt?

PECCAIRITZ, pécheresse.

PECCAR, pécher, manquer.

PECCAT, PECCATZ, péché. Perte, dommage.

PECEJADOR, qui met en pièces.

PECEJAR, briser, mettre en morceaux.

PECHADOR, PECHADRE, PECHAIRE, pécheur.

Tos PECHADRE es ergulios.
BEDA. 14.

PECIAR, PECOIAR, briser, mettre en pièces.

Os no PECIARETS de lui.
N. T. Joan. 19.

Os non COMMINUETIS ex eo.

PECOLS, quenouilles de lit.

PECTENAR, peigner. *Pectinare.*

PECUNIA, pécune, argent monnoyé.

E det li penedensa segon qu'a meritat,
Mas non ges de PECUNIA con fau alcun prelat :

Almornas ni dejunis non cargan
  à la gent ,
Sol que puescan aver los deniers
  e l'argent :
E dels altruis peccatz pognan con
  fassan rix
Los fraires e'ls parens , e los autres amix.
       H. de L. 55.

PEDIR , demander.

PEDOLLOS , pouilleux.

PEDRE MESCAP, se méprendre,
  se tromper.

PEDRUSCADA , grêle.

PEGA , poix. Niaise, sotte.

PEGAMEN , sottement.

PEGAR , poisser, goudronner.

Cant li toza sent que breument
Er lo jorn de l'enfantament,
Una caiseta mandet far
E vai la defora PEGAR.
       H. de L. 79.

PEGE , crépi , badigeon ; pa-
  rement , revêtement.

Lo PEGE defors fetz gent sarrazina,
E fo desus cuberta per art tapina.
       G. de R.

PEGERS , pire.

Si quo'l solelh pel freg cristal se
  lausa
De tal esfortz qu'outra'n nais foes
  ardens ,
Atressi es amors PEGERS tormens
Pos s'i ajost' ira ni malestansa.
       PEIROLS.

PEGNER , PEIGNER , peindre ,
  farder.

PEGNORA , gage , nantissement.

PEGNORAMENT , engagement ,
  action d'hypothéquer.

PEGNORAR , saisir. Mettre en
  gage. *Pignerare.*

PEGUESAR , être sot.

PEGUEZA , sottise.

PEICH , pis. Poitrine.

PEICHOS , poissons.

PEILLA , guenille.

PEILOT , haillon.

PEINORA , caution , sûreté.

PEIRA , pierre. *Petra.*

PEIRADIS , pierreux , couvert de pierres.

PEIRAGORC , Périgord.

PEIRAGORDI, PEIRAGORZI , Pé-
  rigourdin.

PEIRAL , carrière. Margelle.

PEIRALADA , Pierrelate , bourg
  du Dauphiné.

PEIRAS D'ALZONA , pierres de
  touche.

PEIREGADA , chute de grêle.

PEIREIRA , PEIRIER , machine
  à lancer des pierres.

PEIRON , cour. Banc de pierre.
  Perron.

PEIS , poisson. Peint. Peignit.
  Poitrine. Pis.

Lo publicas batia son PEIS , e dizia :
  pietados sias à mi pecador.
       N. T. Luc. 18.

Publicanus percutiebat PECTUS
  suum , dicens : deus, propitius
  esto mihi peccatori.

PEISSAR , mettre en pièces.

PEISSO , poisson.

PEISSONET , fretin.

PEITAU , Poitou.

PEITAVI, Poitevin. *Pictavus.*

PEITEUS , PEITIEUS , Poitiers.

PEITRAL , poitral.

PEJOR , pire.

PEJORAR , empirer.

PEJORET , empira.

PEJURANSA, PEJURAZO, détérioration, infériorité.

PEJURAR, PEJUREI, empirer, empira.

PEJUROS, PEJUROZA, empiré, empirée.

Caut alcus om acapta ususfruitz,
dea douar fermansa que el non
fara nolla ren en la causa, per
que la causa sia PEJUROZA.
                              Cod.

PEL, peau, poil. Tente, pavillon. *Pellis.* Pour PELLO.

PELEA, procès.

PELAGRE, PELEG, mer, haute mer. *Pelagus.*

PELEGIER, chicaneur, querelleur.

PELEGRA, querelle, brouillerie.

PELEGRI, PELEGRIN, voyageur, étranger. Pélerin.

PELEI, PELEIA, débat, dispute, chicane, procès.

PELETAS, pellicules.

PELEUS, Pélée, père d'Achille.

PELHA, guenille, haillou.

PELIER, PELISSIER, pelletier, fourreur.

PELLO, cil, sourcil, paupière.

Li fornicatios de femna es en
l'eslevament de sos oils, e de
sos PELIOS.
                        BEDA. 18.

Fornicatio mulieris in extollentiâ
oculorum, et in PALPEBRIS illius
agnoscitur.

PELOS, velu, sale, malpropre.

PELUCAR, pincer, épiler.

Cui q'en ac
Chascuns a cor qeus PELEC,
Si q'el zuc
Remanra blanc li pezuc.

PELLUNHA, écorce, enveloppe.

PELUGAR, éplucher.

Per so banh l'om en aiga freida,
Apres meta l'om al soleil
On neguna res no l coreil,
Mas be s PELUGE e s peronga
Tro al vespre que fams lo ponga.
                            PRDAS.

PELUTZ, velu.

PEN, pend, dépend. Peuche.

PENA, penne, plume. Peine, amende.

Lo jutges gran PENA en den sostener, so es de XX liuras d'aur.
                              Cod.

PENAIRE, qui porte la peine.

PENAR, punir, porter la peine. *Se penar*, se repentir.

PENABLE, peine, travail.

PENARTZ, faisan, oiseau.

PENCH, PENCHA, peint, peinte.

PENCHEIRE, péintre.

PENCHENADA, cardée.

PENCHENAIRE, peigneur, cardeur.

PENCHENAR, peigner.

PENCHENIL, pénil.

PENCHES, peignes.

PENCHURA, peinture, fard.

PENDAMENS, pénitence.

PENDEILLA, pend, pendille.

PENDEMENS, pendaison.

PENDIA, pendait.

PENDRE (mens), estimer moins.

PENEDA, se repente.

PENEDENSA, pénitence, repentir.

No faro PENEDENSA sobre la laiessa e la no-castedat.

N. T. 2 Cor. 12.

Non egerunt PŒNITENTIAM super immunditia et impudicitiâ.

PENEDENSATZ, repenti, repentant.

PENEDENSIER, pénitent, croisé, pélerin.

PENEDER, **PENEDIR**, **PENEDRE**, se repentir.

A penas se pot negus hom PENE-DRE d'aital peccat.

V. e V.

PENEL, pennonceau, girouette.

Son semblan à PENEL, que se gira à totz los vents.

V. e V.

PENGER, **PENHER**, peindre. *Pingere.*

PENHEDOR, **PENHIDOR**, peintre.

PENHORA, gage, nantissement, hypothèque.

PENI, je souffre, je suis dans la peine.

PENIZOS, pénitence.

PENNECAR, rêver, sommeiller.

PENOL, **PENOS**, étendard, pennon, pennonceau.

PENRE, prendre. *Penrai*, je prendrai, peinerai, tâcherai.

PENS, pense, pensée. Pent.

PENSA, pensée, mémoire, souvenir. Bon sens, raison.

Aquel que era trebalhat del demoni vezent sezer, e vestit, e de sana PENSA, tremero for.

N. T. Marc. 5.

Vident illum qui à daemonio vexabatur, sedentem vestitum, et sanae MENTIS, et timuerunt.

PENSAGE, penser.

PENSAMEN, chagrin, soin, souci.

PENSANSA, tristesse, inquiétude, affliction.

PENSASON, rêverie.

PENSASOS, triste, rêveur, pensif.

PENSAT, pensée.

PENSIU, **PENSIVA**, rêveur, pensif, pensive.

PENT, se repent.

PENTENILH, pénil.

PENTENSA, repentir.

La fraire de Letins agron mot gran PENTENSA.

Del trebailh c'an agui per dezobediensa.

H. de L.

PENZAR, peser; examiner.

PENZENAT, peigné.

PEOILLETZ, poux petits.

PEOILLIA, maladie péditulaire.

PEOILLOS, pouilleux.

PEOILLS, **PEOLHS**, poux.

PEON, piéton, fantassin. Pion.

PEONET, diminutif de PEON.

PEOR, pire.

PEPIDA, pepie.

PEPIDOS, qui a la pepie.

PEQUERON, péchèrent.

PER, par, pour. *Per aisso*, *per amor d'aisso*, c'est pourquoi.

PERC, je perds.

PER CANT TEMS, tant que, durant.

PERCASSAR, pourchasser, poursuivre, rechercher.

PERCATZ, poursuite. Profit, acquêts.

PERCEBRE, recevoir, comprendre, apercevoir. *Percipere*.

PERCEBUTZ, avisé, prudent.

PERCOLAR, battre, frapper, maltraiter. Embrasser fortement.

PERCREGUDA, trop accrue.

PERCUSSIEN, frappeur, exterminateur. *Percutiens*.

PERDA, perde, perte.

PERDEMENS, perdition.

PERDES, perdit.

PERDICIEAS, de perdition, réprouvé.

PERDITZ, perdrix.

PERDO, pardon, indulgence. *En perdo*, en vain, gratuitement, inutilement.

PERDOA, perte.

PERDOA non sera à neguna arma de vos.
N. T. Act. 27.

Amissio nullius animae erit ex vobis.

PERDONADOR, indulgent.

PERDONAIRE, qui pardonne.

PERDONAMEN, PERDONANSA, pardon.

PERDONAR lo deute, remettre la dette, tenir quitte.

RDUI ME, conduis, mène-moi.

PERDURABLE, éternel, perpétuel.

PERDURRE, prolonger.

Cel sacrifica be, que FERNE dusch' en la fi lo sacrifica de bona obra.
BEDA.

Ille bene immolat, qui sacrificium boni operis usque in finem PRODUCIT.

PER EGAL, PER ENGAL, également.

PERLIERAS, pierriers, anciennes machines de guerre.

PERILHOS, périlleux, dangereux.

PERROS, paresseux.

Non PERROS per consirier.
N. T. Rom. 12.
Sollicitudine non PIGRI.

PERSTATGE, jambage.

PERFAIRES, achèvement, accomplissement.

Bos connensars non es virtuz, mas lo PERFAIRES.
BEDA. 19.

Bonum est non coepisse, sed PERFECISSE virtus est.

PERFAR, perfectionner.

Nostra voluntaz sia bona obra, car Deus la PERFARA.
BEDA. 42.

Bonum ergò opus nobis sit in voluntate, nam ex divino adjutorio erit in PERFECTIONE.

PERFAZEMENT, achèvement.

PERFER, offre.

PERFICADAMENT, parfaitement.

PERFEICH, PERFIEG, PER-
FIETZ, PERFIEITZ, parfait.

PERFEITAMEN, perfection.

PERFORSAR, PERFOSSAR, s'efforcer, tâcher.

PERFORT, souffre, supporte,
endure.

PERFUI, flux, écoulement,
perte.

Avia sofert ben XII ans PERFUI
de sanc.
                    N. T. Marc. 5.

Erat in PROFLUVIO sanguinis annis
duodecim.

PERGA, perche. Perte, perde.

PERGAFUIT, Pierrefeu en Provence.

PERGAIRE, arpenteur.

PERGAMINA, parchemin.

PERGUETA, petite perche.

PERIDA, périe, perdue.

PERIDORS, qui doit périr. *Pe-
riturus.*

Hom fols es PERIDORS per sas
felonias.
                    BEDA. 30.

PERIGOLAR, être en danger.
Periculari.

PERILLANS, en péril.

PERILLAR, périr, péricliter.

PERIZON, danger, péril.

PERJURIA, parjure.

PERMEI, PERMIEG, au milieu,
par la moitié.

PERMEST, parmi.

PERO, mais, cependant,
pourvu que.

PEROLIAMEN, extrême-onc-
tion.

PERONH, tique au croupion.

PERPARANSA, offre, propo-
sition.

PERPAUZAMENT, projet, dessein, résolution.

PERPENSAR, peser, considérer, rêver, méditer.

PERPONS, PERPONTZ, pour-
point.

PERPREN, prend, environne.
Etend.

PERPRENDRE, PERPRENRE, oc-
cuper, s'emparer, se saisir.

PERPRES, enceint, occupé.
Surpris, interdit.

PERQUE, pourquoi.

PERREMIER, premier.

PERS, sorte d'étoffe.

PERSAVALS, PERSAVALS, Per-
ceval, héros de roman.

PERSEC, poursuit.

PERSEGA, poursuive.

PERSEGRE, poursuivre.

Qui non pot son enemic PERSEGRE
ab glai, lo persec ab paraula.
                    BEDA. 64.

PERSEGUTOR, persécuteur.

PERSEILANSA, longanimité,
persévérance.

Donem nos meteisses en PERSEI-
LANSA.
                    N. T. 11. CH. 6.

Exhibeamus nosmetipsos in LON-
GANIMITATE.

PERSERVIR, mériter.

Rendra à chascun segont que
aura PERSERVIT.
                    V. e V.

PERSET, sorte d'étoffe.

PERSEVERADOR, qui persévère.

Logers non es pas promes als co-
mensadors, mais als perseve-
radors.

        BEDA. 19.

Non inchoantibus praemium pro-
mittitur, sed perseverantibus
datur.

PERSEVERIERS, persévérans.

PER SE, PER SE, seul. A part.
L'un après l'autre.

PERSONATZ, charges, fonc-
tions, caractères. Personne.

      Aquels
  O per sos PERSONATZ
  O per las dignitatz
  El mon no sou semblan.

PERTEGUA, perche. *Pertica.*

PLATONOPEU DE BLEI, Parthé-
nopex de Blois, héros de
roman.

PERTRAIRE, tirer, lancer des
traits. Munir, approvi-
sionner.

PERTRAITZ, convoi, bagage,
attirail, machines, muni-
tions.

PERTUS, pertuis, trou, troue.

PERTUSAR, percer, forer.

PERTUSAT, troué, fendu,
ouvert.

PETITC. Voyez SLETROGAL.

PREUNXTOS, extrême-onction.

PERVER, voir, apercevoir,
prévoir.

PREVEIRE, prêtre.

PREVEIRIAL, sacerdotal.

PERVENDA, prébende.

PERVENS, savant, prudent.
Prévoyant.

Refoidarai la pervensa des PREVENS.

        N. T. 1 Cor. 1.

Prudentiam PRUDENTIUM reprobabo.

PERVLES, fin, rusé. Chan-
geant, habile, circonspect.

Hom PERVERS cela sa scientia.

        BEDA.

Homo VERSUTUS celat scientiam.

PERVEZER, pourvoir.

PERVIS, avisé, prudent.

PES, poids. Pieds. Qu'il
pense, pèse, fâche.

PESA, lame de plomb.

PESAR, peser, fâcher.

PESCADOR, pêcheur. *Piscator.*

PESCAR, pêcher.

PESCIER, vivier, poissons.

E de satz son eau li vallut,
Pien d'aiga on a gran PESCIER.

        JAUFRE.

PESTILHAR, gond, pivot.

PESMA, très mauvaise. *Pessima.*

PESSA, esprit, pensée. Pièce.
A pessa, depuis long-
temps, il y a long-temps.

Los jujagems des cals non sessa
A PESSA, e la perdicio dels non
dorm.

        N. T. 1 Petr. 2.

Quibus judicium JAM OLIM non
cessat, et perditio eorum non
dormitat.

PESSAMEN, pensée. Souci,
inquiétude.

PESSAR, méditation, méditer.

So que no sabem aprendem le-
gent; e so que avem apres gar-
dam per PESSAR.

        BEDA. 81.

Quae nescimus lectione discimus;
quae autem discimus MEDITATIO-
NIBUS conservamus.

PESSAT, brisé, rompu.

PESSATZ, peine, chagrin.

PESSEG, qu'il écrase, brise, détruise.

PESSETZ, pensées, desseins. Pensiez.

PESSIER, chagrin, pensée.

PESSIGAR, mettre en pièces.

PESSIU, PESSIVA, pensif, rêveur, rêveuse.

PESSUC, pinçon.

PISSUGAR, pincer.

PESTAR, piler.

PESTEL, pilon.

PESTELENCIA, peste. *Pestilentia.*

PESTRE, prêtre. Boulanger.

PESTRE-JOHAN, Prête-Jean, grand Négus.

PETENAR, peigner. *Pectinare.*

PETGE, pénil.

PETHZ, poitrine.

PETIER, PETIEIRA, péteur, péteuse.

PETIT, peu.

PETRO, perron.

PETROCS, précipites.

PEUS, pieux. Pieds. Poils.

PEZ, pèse. Pois. Poids.

PEZA, pèse.

PEZANSA, poids. Chagrin, affliction.

PEZANSOS, triste, pensif, rêveur.

PEZATGE, droit de poids, droit de passage. Péage.

PEZEGUE, poursuivre.

PEZI, à pied.

PEZIL, péril, danger.

PEZO, PEZONIER, piéton, fantassin.

Girartz aus la novella e demanda
  Guari,
Seneseais de sa terra, e cavalliers am si,
A lo trames ad Arlle, si con Sevis
  volia,
Pezoneas e sirventz, e mot gran
  compagnia.
                    H. de L. 46.

PEZOILLS, poux.

PEZUC, PEZUCS, pinçon. Pesant. Crâne.

PEZEN, poids, pesanteur.

PEZERA, empire, va plus mal.

PI, pin,

PIA, douce, bonne.

PIADAR, expier, purifier. Légitimer.

PIADOS, propice.

PIAMEN, bonnement, religieusement.

  Car trop a son pietz revel
  Cel que non fai PIAMEN
  Enfoiz failz com dreitz comanda.

PIATADOS, PIATOS, pieux, compatissant, miséricordieux.

PIATANSA, PIATAT, pitié, piété.

PIC, PICS, pivert. Pioche, serfouette. Frappes.

PICTAUS, Poitevins. *Pictavi.*

PIDANSA, PIDATZ, pitié, miséricorde, compassion.

PIDOS, miséricordieux.

PIDOSAMENT, avec clémence, bonnement.

  Cel que perdona PIDOSAMENT, negus pechaz non remanro en lui.
                    BRSA.

  Qui in se peccanti CLEMENTER indulserit, nullum peccati vestigium in illius animo remanebit.

PIECH, pire. Poitrine. Pic, pui.

PIEG, pire, pis. Arrhes.

PIEGRAS, pire.

> L'uns rams es mals, e l'autre
> PIEGRAS, e l'autre sobre-mals.
> V. o V.

PIEITZ, **PIETZ**, pire. Sein, poitrine.

PIEUCELA, pucelle.

PIEVATZ, gros pifre.

PIGA, pie. *Pica*.

PIGASSA, hache, cognée.

PIGE.

> Esteve, qui no l justizia,
> Guerr' a greu de la ta conia
> Pos per lo cors no s casia
> Per dieu ieu rog que qui l pendia
> Qu'als autres pendutz emblaria
> Corda, o bendel, o tortor.
> CARDINAL.

PIGORAZO, pire, détérioration.

PILA, une porte. Pile de pont. Pile, broie. Pilier. Auge.

PILAR, pilier, poteau. Pile, soutien.

PILON, **PILOT**, dard, trait, javelot. *Pilam*.

PILOTA, balle, pilule.

PILOTETA, diminutif de **PILOTA**.

PIMEN, sorte de boisson, nectar. Pommade, onguent. *Pigmentum*.

> Metges lai suaus PIMENS, e cofei suaus unctios.
> BERN. 74.

Unguentarius faciet PIGMENTA suavitatis, et unctiones confi-ciet sanitatis.

PIMPA, instrument de berger. Se fait pimpant.

PISAIROL, Pignerol.

PINDOLETAS, pilules.

PINEL, bouquet, paquet.

> Diran alen : ara m digatz
> En qual guiza l'enamoratz,
> Qu'a fag de las fuelhas capel,
> A fag d'aquestas flors PINEL :
> Qu'el non a mas una preza
> Solament, so es largueza,
> La qual es pus tenen la ma.
> Mas PINEL de moras se fa.
> BREV. d'Amor.

PINHA, **PINHOL**, pin.

PINHOLA, **PINHOLETA**, pilule.

PINNOS, **PINO**, certaines petites plumes de l'aile d'un oiseau de proie.

> PINNOS serratz et alas be
> Que defors non parescon re....
> Li PINO son las tres penatas
> Que nos apelam espazetas ;
> En l'ala son tot dreit en lor
> E soven paron per defor,
> Aprop d'elas son li cotel.
> PRADAS.

PINHA, le haut, le faîte, le pinacle.

PINSAR, pincer, piquer, blesser.

PINTOR, peintre. *Pictor*.

PINZEL, pinceau.

PIOIS, puis, ensuite.

PIOR, pire.

PIOSC, je puis.

PIPERAIRE, épicier.

PIS, pissat. Pin.

PISON, pilon.

PISTAR, piler, broyer. *Pistare*.

PISTOLA, lettre, épître. *Pistola lauzable*, lettre de recommandation.

PISTORI, boulanger. *Pistor.*

PITAN, espèrent, attendent.

PITANSA, PITAZ, pitié, miséricorde.

PITOS, miséricordieux.

PITZ, gorge, poitrine. Pieds.

PIU, piolement.

PIULAR, pioler, crier.

PIUMEN. Voyez PIMEN.

PIUS, clément.

> Enaissi sias pius els altrui delaiz
> cum els teus.
>   BEDA. 47.

> Ità CLEMENS esto in alienis delictis
> sicut in tuis.

PIUSSEL, puceau, vierge, pur.

PIVA, aigre, aigue.

>   Et estivas,
>   Ab votz pivas,
> E las liras fai retentir.
>   CALANSO.

PIZAR, piler, gâcher.

PLA, uni, uniment, simple, bou, bonnement. Plaine.

PLAC, plut. *Placuit.*

PLACEJAR, courir les places. *Per plateas ire.*

PLAIRA, plaira.

PLAG, procès, différend. Accord, traité, pacification. Audience, plaidoyer. Cour plénière.

PLAGA, plaie.

PLAGADOR, voleur d'esclaves. Qui vend ou achète une personne libre.

> Les non es pauzada al just, mas
> al non just, als jazedors dels
> masches, als plagiados.
>   N. T. 1 Tim. 1.

> Lex justo non est posita, sed in-
> justis, masculorum concubito-
> ribus, PLAGIARIIS.

PLAGIS, querelleur, plaideur.

PLAGNA, PLAIGNA, plaigne. Plaine.

PLAGUESSON, plussent.

PLAGUT, plu.

PLAGZ, affaires.

PLAICH. Voyez PLAG.

PLAIDEI, plaide. Accord.

PLAIDEIS, discours.

PLAIDEIAIRE, plaideur, disputeur.

PLAIDEJAMEN, paix, accord.

PLAIDEJAR, parlementer, traiter, s'accorder.

> Cel que é van perdo à deu, qui
> tost non PLAIDEJA ab son prosme.
>   BEDA. 5.

> Frustrà propitiare deum quaerit,
> qui cito PLACARE proximo negli-
> git.

———— Appaiser, adoucir, calmer.

> Dolsa paraula multiplia amics,
> e el bela enimix.
>   Id. Ibid.

> Verbum dulce multiplicat ami-
> cos, et MITIGAT inimicos.

———— Rendre propice.

> Nuls hom non pot aver salut, si
> primeirament no si PLAIDEJA ab
> deu.
>   Id. 34.

Neque salus esse cuiquam potest, nisi priùs sibi PROFITIUM FACIAT *dominum.*

PLAIDES, contraire, opposant, adversaire.

PLAIGAR, plaider.

PLAING, plainte, complainte.

PLAINSSES, plaignit.

PLAIS, bois plié, courbé. Voyez PLAG.

PLAISSADENCX, PLAISSADITZ, PLAISSAT, haie, clôture. Courbé, ployé, entrelacé.

PLAIT. Voyez PLAG.

PLAMENS, sur-le-champ.

PLAN (de), franchement, uniment.

PLANA, plaine. Aplanit. Unie, polie.

PLANAMEN, simplement, entièrement.

PLANARIA, surface.

PLANC, je plains, il plaint, plaiguit.

PLANGA, planche.

PLANETAT, plénitude, perfection, accomplissement.

Li PLANETAT *de la lei es amors.*

 N. T. Rom. 13.

Plenitudo legis est dilectio.

PLANGER, plaindre. *Plangere.*

PLANH, plaint. Complainte, élégie.

PLANISSA, plaine.

PLANON, doloire, plane, rabot.

PLANQUA, planche.

PLANS, plaines, pléniers.

PLANSON, lance, épieu.

PLANTADOS, PLANTADIVA, abondant, abondante.

PLANTAGE, PLANTAIRE, plantain.

PLANTATZ, abondance.

PLAS, plaine. Plein, simple, clair.

PLASENTIER, PLAZENTIEIRA, agréable, complaisant, complaisante.

PLASMAR, pâmer.

PLASMAZO, pâmoison.

PLASMEI, je pâmai.

PLASON, plaisent.

PLASSA, plaise. Place. *En plassa*, hautement, en public.

PLATZ, plait. Traité de paix, transaction, procès, démêlé.

PLAUC, il plut.

PLAVENSA, caution, cautionnement.

PLAXAT, tacheté.

Leupart es PLAXAT *de diversas colors.*

 V. e V.

PLAZ. Voyez PLAG.

PLAZEJAR. Voyez PLACEJAR.

PLAZENMENT, agréablement.

PLAZENTI, le Plaisentin.

PLAZER, plaire. Plaisir. Plaisanterie.

D'aisso sai grat als autres trobadors,
Quar en sos ditz pliu quascus et aia
Que sidons es la genser qu'el
mon sia.
Si tot s'es fais, lor ditz lau e
merci;

 Qu'entre

Qu'entre lor gabs passa segur
  mos vers,
Q'uns no'l conois ni no s'o ten à
  mal,
Quar atressi cujon sia PLAZERS.
      MARCELH.

PLAZERIA, plairait.
PLAZIA, plaisait.
PLE, plein.
PLEC, PLECS, PLEG, pli, plie. Jure, promet.
PLEGADURA, courbure, entre-lacement.
PLEGAR, plier, se fausser.
PLEGASSETZ, pliassiez, enga-geassiez.
PLEGATA, pliée.
PLEGES, jurât, cautionnât.
PLEITO, accord, procès.
PLEJAR, cautionner.
PLENDAT, abondance, quan-tité.

En un pous ses tot' aigua un jorn
  la vai gitar,
Pueis li gitet dessus de peiras gran
  PLENDAT.
      H. de L.

PLENDENSA, splendeur.
PLENDOS, opulent.
PLENIER, entier. Uni, frayé, battu.
PLENIT, rempli.

Cil que amunt deu sont PLENIT
  de sa lei.
      BEDA. 9.

Qui diligunt deum REPLEBUNTUR
  lege ipsius.

PLETHZ, pli.
PLETZ, pacte, accord, con-vention, affaire.
PLEU, cautionne.

PLEVENSA, engagement, ga-rantie.
PLEVI, gage, caution.
PLEVIA, promettait, cau-tionnait.
PLEVIDA, promise.
PLEVINA (en), en vérité, par ma foi.
PLEVIR, promettre, s'enga-ger.
PLEVIT, PLEVITZ, juré, as-sermenté.
PLIEU, PLIU, jure, promet. Affirme. Engage.
PLIOBAI, PLIURAI, je jurerai.
PLIURE, chardon.
PLIUS, promesse.
PLIVA, promette, s'engage.
PLIVENSA, caution, caution-nement.
PLIVIRA, affirmerait.
PLOC, il plut. *Pluit.*
PLOGUT, plu.
PLOIA, PLOJA, pluie.
PLOIRE, pleuvoir.
PLOJOS, pluvieux.
PLOMBAR. Voyez PLUMBAR.
PLOR, pleuré, pleurs.
PLORIOS, PLOROS, déplorable; funèbre, de deuil.

Vas ventre e abiz vils e PLORIOS
  depreiunt deu.
      BEDA. 30.

Iuanis venter et habitus LUCRUO-sus deum deprecantur.

PLORIUNT, affligé, dans le deuil.

Sias PLORIUNT e plorat, que vos-tre ris er tornat en plor, e vostre jois en dolor.
      BEDA. 52.

Lugete et plorate , risus vester in luctum convertatur , et gaudium in moerorem.

PLOU , il pleut.

PLOURE , pleuvoir.

PLOVINAR , pleuvoir fréquemment.

PLOVON , pleuvent.

PLUJOS , pluvieux.

PLUM , PLUMB , plomb.

PLUMBAR , plomber. Accabler. Plonger , enfoncer , submerger , précipiter , couler à fond.

PLUO , il pleut.

PLUSORS , plusieurs.

PLUVINA , pluie fréquente et abondante.

Mais un temps s'esdevenc que aiguas e PLUVINAS
Sobrecaupiron fort los vals e las gaudinas.
H. de L. 76.

PO , POBOL , peuple.

El es trastornant lo po de Judea, e de Galilea entro aisi.
N. T. Luc. 23.

Commovet populum per Judaeam, à Galilaeä usque hûc.

POAIRE , pompe à tirer de l'eau.

POAR , puiser , épuiser.

POBLADAMENT , publiquement.

Non deu nuils hom desputar pobladament.
Cod.

POBLAL , public , municipal.

Vos avetz alcun ofici poblal , so es poestatz d'alcun loc , si cum es vescoms , o basles , o vegars , o avetz autra poestat publica.
Cod.

POBLAMENT , logement.

POC , put.

POCHA , pioche.

POCSETZ , pussiez.

PODA , serpe.

PODADOIRA , serpette.

PODADOR , vigueron.

PODAGRA , la goutte.

PODAR , tailler la vigne. Putare.

PODEIRA , pouvoir, puissance.

PODEM , nous pouvons.

PODER , ⎫ pouvoir. Puissance , forces.
PODERAGE , ⎬ Ressort , juridiction.

PODERAMEN , sujétion , soumission.

PODERAU , subjuguer , surmonter.

PODERAT , vaincu.

PODEROS , PODEROSA , maître, possesseur, puissant, possible.

A deu totas causas so PODEROSAS.

Apud deum omnia POSSIBILIA sunt.

PODESTAT , potentat.

PODI , je puis.

PODIA , il pouvait.

PODOR , puanteur.

POEC , je pus.

POERAI , je pourrai.

POESES , vous pussiez.

POESTADITZ , maître, possesseur.

POESTADOS , puissant.

POESTAT , gouverneur, grand seigneur , maître. Juge , magistrat.

Aquesta razos non dura outra un an util , s'ieu avia copiam judicis , so es , si eu avia voestat à cui me pogues clamar.

Con.

POC , put. Petit trait, point, virgule.

Plus leu es traspassar lo cel ella terra , que cazer un roc de la lei.

N. T. Luc. 16.

Facilius est coelum et terram praeterire, quàm de lege unam Apicem cadere.

POGAL , pouce. Pincée , poignée.

POGEI , je montai.

POGES , montât. Petite monnoie du Pui.

POGET , monta. Monticule.

POGNEDOR , combattant.

POGRA , je pourrais.

POGUESSETZ , vous pussiez.

POGUI , je pus.

POUTZ , pui , pic , sommet d'une montagne.

POI , pui , pic. Puis , ensuite, après.

POIG , montagne.

POIGNA , effort , soin , étude.

POIGNAR , s'appliquer , étudier , travailler.

POIGNAT , peiné , travaillé.

POIGNER , piquer.

POIGNET , s'occupa , s'appliqua.

POIGNON , tâcheat.

POIMON , Piémont.

POIN , s'applique , travaille.

POINA , tâche , peine.

POINAR. Voyez POIGNAR.

POINS , le moment , l'instant.

POINZ , piqué.

POIRA , pourra.

POIRIA , pourrais , pourrait. Pourrissait. Pourrie.

POIRIDA , pourrie.

POIRIDURA , pourriture , apostume.

POIRIR , pourrir.

POIS , après. Piqua. Point , trait , accent.

POISAB , percer.

POISO , potion , breuvage.

POISSAS , après , ensuite.

POISSES , je montasse , il montât.

POIX , cochon.

POIZAR , mouter.

POIZONAR , empoisonner , donner un breuvage.

POL , coq. Peuplier. Qu'il pousse.

POLET , poussin.

POLGAR , pouce.

POLHA , est mis. La Pouille.

POLHES , de la Pouille.

POLI , poulain.

POLIELA , poulie.

POLIERS , menteur.

POLLINOR , fossoyeur.

POLOGRES , prologue.

POLPIL. Voyez POPIL.

POLS , pouls. Poudre , poussière. Choc , heurt. Puces.

POLSAR , souffler , respirer. Heurter.

POLSETZ , asthme , courte haleine.

POLVERA , poudre , poussière.

POLVERIERA , poussière.

POLZINS , poussins.

POLZOS , essoufflé , poussif.

POM , pomme , pommeau , pommette. Fiche. Fruit.

POMADA , pommée. Cidre. Bière.

POMAT , gris pommelé. Pommé , cidre.

> No beura ni vi ni POMADA.
> N. T. Luc. 1.

> Vinum et SICERAM non bibet.

POMEL , pommeau , bouton.

POMELAR , jeter des pommes en l'air.

POMIAS , Pamiers , ville de France.

POMSERS , pierre-ponce.

PON , met. Pont.

PONA , mette.

PONCEJAR , pointiller , improuver.

PONCESA , pierre-ponce.

PONCH , poing. Piqué.

PONCHA , pointe , piqûre. Pioche.

PONCHAR , poindre , piquer.

PONCHAT , pointé , piqué.

PONCHETA , pointe.

PONDRE , mettre , ajouter.

PONG , piqua. Poing , poignée.

PONGER , poindre , piquer. *Pungere.*

PONGILAR , étayer , échafauder.

PONGURA , piqûre. *Punctura.*

PONH , pique , point. Poignet. Atteinte.

PONHA , hâte. Soin , devoir , attention.

PONHAR , tarder. Tâcher , s'efforcer , se peiner.

> Lo rossinhol per semblansa
> Us don . que viu ab alegransa

> Tan quan PONHA en se par covertir ;
> Pueis son deus cant torn' en aspre rugir.
> GUILLEM.

PONHARAI , je tâcherai.

PONHAT , peiné , travaillé. Tardé.

PONHEDOR , combattant , assaillant.

PONJA , poigne , perce , tue.

PONJEMENT , piqûre.

PONRE , pondre. *Ponere.*

PONT , point , nullement. Pommeau.

PONTAR , pointer , piquer.

PONZ , points. Ponte au jeu.

PONZEJAR , servir , rendre service aux autres.

PONZILHA , échafaude.

POPA , la mamelle.

POPAR , téter.

> Benezeit es lo ventre qe te portec,
> e las popas qe POPEST.
> N. T. Luc. 11.

> Beatus venter qui te portavit, et ubera quae SUXISTI.

POPEL , mamelon.

POPIL , le gras , la partie charnue.

> Un palm de la gonella blanca.
> Li trenqet , e'l rom de l'anca.
> JAUFRE.

POR , pour. *En por* , à part , à l'écart , à quartier , de côté. *Por juizi* , après le jugement.

PORCARIA , troupeau de cochons , et autre menu bétail. Etable à cochons.

PORCASSI , gardeur ou châtreur de cochons.

Coruera ses fadi
Pus fort qu'escassier PORCASSE.

PORCH , porphirion , oiseau qui a le bec et les pattes rouges.
PORCHE , vestibule.
PORFIL , étable à cochons.
PORFILI , Porphyre , philosophe grec.
PORGADOR , purgatoire.
PORIOM , on pourrait.
PORJE , portique , parvis.

Ero tuit d'u coraje el PORJE de Salomo.
        N. T. Joan. 10.

Erant omnes unanimiter in PORTICU Salomonis.

PORPAL , pourpre.
PORQUIER , porcher.
PORRE GITAR , jeter de côté. Dissiper , dilapider.

Los bens de son senhor , que li eran donatz per gasanhar e multiplicar , a despendutz e PORRE GITATZ , e mes à son afar.
        V. e V.

PORRETZ , poireaux.
PORS , pore. Port. Porcs.
PORT , porte. Faveur. Passage , galerie.

La piscina avia cinq PORT.
        N. T. Joan. 5.
Piscina quinquè PORTICUS habens.

PORTADURA , ce qu'on a porté, enfant.

Hanc tan dolor non vist menar
Con illi fai en anta vous :
Segner , que levat fust en crous ,
Ben m'a preza dezaventura
C'aia perdut mi PORTADURA ;
Mos fils era hui sans e baus.
        H. de L. 71.

PORTANT-MORT , pestilentiel , peste publique.

Nos atrobem aquest hom PORTANT-MORT e somovent tensos.
        N. T. Act. 24.

Invenimus hunc hominem PESTI-FERUM , et concitantem seditiones.

PORTEGUE , porche , cour , passage , vestibule.

Peire seguia los de lueng entro dedins lo PORTEGUE del sobeira preveire.
        N. T. Marc. 14.

Petrus à longè sequebatur , usquè intrò in ATRIUM summi pontificis.

PORTEL , guichet.
PORTENIER , portier.
PORTOGALS , Portugais.
POS , Pons. Puis , après. Puits. Tu peux. Porte , poterne. Repos.
POSCAN , puissent.
POSCHABLAS , possibles.

Totas chausas sunt POSCHABLAS al crezent.
        BEDA. 33.

Omnia POSSIBILIA sunt credenti.

POSCHENS , puissant.

Qui es plus patiens de pena sufrir , er plus POSCHENS él regne de deu.
        BEDA. 2.

Qui fuerit patientior ad injuriam, POTENTIOR constituetur in regno dei.

POSDEMA, apostème.

POSSAS, mamelles.

> Benauradas son las entrarmas elli ventre que non engendreron, e las tostas que non allacheron.
>
>   N. T. Luc. 23.

Beatae steriles, et ventres qui non genuerunt, et UBERA quae non lactaverunt

POSSEZIA, possédait.

POSSEZIDOR, possesseur.

POSSEZIR, posséder.

POSSIL, toit à cochons.

POST, planche. Pond. Met.

POSTAT, lambris, cloison.

POSTELLA, pustule.

POSTOLI, pape.

POT, peut. Lèvre, baiser.

POTENSA, puissance.

> Domna, vers es ï mas la POTENSA
> Qu'en leis es me dona temensa
> Tal que non l'aus querer s'amor.
>
>   JAUFRE.

POTON, un baiser.

POTTA, *cunnus*.

POTZ, tu peux. Lèvres. Puits.

POUAIRE, godet, pompe à tirer de l'eau.

POUDREL, poulain, jeune cheval.

POURPAL, pourpre.

POUS, puits.

> Antr' andous los palmiers fatas cavar un POUS.
>
>   H. de L. 29.

POUTZ, alimens. *Pultes*.

Pous, nom d'homme.

POUZAR, POZAR, puiser.

POUZER, pouce.

POUZI, poussin, poulet. Je paise.

POVETZ, vous pouvez.

POZARANCA, citerne, cloaque, privé.

POZESTADOS, puissant.

POZESTATZ, puissances, potentats.

POZI, je m'en remets, je m'en rapporte.

PRADA, prairie.

PRAT, PRATZ, pré. *Pratum*.

PRAVAMENT, mal, méchamment.

> Nuils non pot aver misericordia en altrui, qui visent PRAVAMENT no l'a en se.
>
>   BEDA. 44.

Nullus autem in alio esse misericors potest, qui PRAVÈ vivendo in se misericors non est.

PREA, proie. *Praeda*.

PREADOR, ravisseur. *Praedator*.

PREANT, priant.

PREATZ, prié.

PREBORDE, PREBOST, prévôt. Gouverneur, préteur.

PREBOSTAT, prétoire.

> No intraro en PREBOSTAT, qe no fosso laissadi.
>
>   N. T. Joan. 18.

Non introierunt in PRAETORIUM, ut non contaminarentur.

PREC, je prie. Prière. Précaire.

PRECAS, poursuite. Acquèt.

PRECLARS, très-beau.

PREDELLI, bdellion.

PREDIC, prêche. Prédication, discours.

PREDICADOR, PREDICAIRE, prêcheur, prédicateur.

PREDICANSA, prédication.

PREDICAR, prêcher.

PREDICATORI, chaire, tribune.

PREGK, prier.

PREFLUDI, flux, perte, écoulement *Profluvium.*

PREGA, prie.

PREGADOR, amant, suppliant.

PREGAIRIAS, prières.

Junis e PREGAIRIAS servia de nuits e de dias.
N. T. Luc. 2.

Jejuniis et OBSECRATIONIBUS serviebat die ac nocte.

PREGAR, prier, solliciter, faire l'amour.

PREGNE, engrosse.

PREGON, profond, profondément. Publication. Prient.

PREGONAR, publier.

PREGONESSA, profondeur.

PREIAIRE, suppliant.

PREIAR, prier. Priser.

PREICACIO, proclamation, témoignage.

No recebre lo fol en PREICACIO ab los savis.
BIBL. 21.

Fatuum cum sapientibus in PRAEDICATIONE non suscipies.

PREINS, enceinte, grosse d'enfant. *Praegnans.*

PREIO, prison, prisonnier.

PREION, prient.

PREIRA, je prendrais.

PREIRE, prêtre.

PREIS, prix, valeur.

PREISO, prison, prisonnier.

PREISONATGE, prison, détention.

PREISSA, presse, foule.

PREJUR, parjure.

PREM, mince. Je presse.

PREMER, presser, fouler. Persécuter, déprimer. *Premere.*

PREN, prends, prend.

PRENCIPAT, principauté, province du royaume de Naples.

PRENDA, dîner, souper, repas. *Prandium, coena.*

PRENDON, prennent.

PRENRE, prendre.

PRENS, grosse, enceinte.

PRENSAIRE, preneur.

PREON. Voyez PREGON.

PREONDAMEN, profondément.

PREONDESSA, profondeur.

PREONIER, captif, prisonnier.

PREOR, présure.

PREPONTA, pourpoint.

PREPUCIS, incirconcision, prépuce.

Circoncisio nient es, e'l PREPUCIS nient es.
N. T. 1 Cor. 7.

Circumcisio nihil est, et PRAEPUTIUM nihil est.

PRERA, prise.

PRES, pris, prisonnier. Reçu. Près. Prix. Prit. Enlevé.

Es PRES él cel, e se à la destras.
N. T. Marc. 16.

Assumptus est in coelum, et sedet ad dexteram.

PRESANT, prisé, louable, estimable.

PRESIGA, pêche, fruit du pêcher.

PRESENSA (en), d'abord, au premier moment.

Tota disciplina es EN PRESENSA tristors, non jois.

BEDA. 28.

Omnis disciplina IN PRAESENTI videtur non esse gaudii, sed moerois.

PRESENT (à), ouvertement, à découvert.

PRESENTALHA, oblation.

PRESENTEIRA, femme qui parle hardiment.

PRESENTEIRAMEN, manifestement.

PRESENTIER, agréable, gracieux. Manifeste.

PRESER, priser, apprécier.

PRESICES, prêchât.

PRESIR, prêcher.

PRESO, prisonnier.

PRESSEGUIER, un pêcher.

PRESSET, drap très-fin.

PRESSIEUS, PRESSIEUA, précieux, précieuse.

PRESSERA, douleur, tourment, tribulation.

PRESTAIRE, prêteur, usurier.

PRESTANSA, prêt.

Si en te doa aver en PRESTANSA, si m'en es tu obligatz.

COD.

PRESTIR, pétrir.

PRETZ, prix, estime, gloire, honneur, talens, mérite, qualités, vertu, valeur.

PREUON, profond.

PREUS, pressa.

PREVEIRAJE, sacerdoce.

PREVEIRAL, sacerdotal.

PREVEIRAT, ordonné prêtre.

Si la poestat troba lo clergue colpables, non lo deu condemnar tro que lo bisbes lo get de clercia, si es preire PREVEIRAT.

COD.

PREVEIRE, prêtre, ecclésiastique.

PREVEIRIA, prêtrise, sacerdoce.

Li fil de Levi que ant preza PREVEIRIA, devant penre los desmes segunt la lei, so es, solamnt de lor fraires.

N. T. Hebr. 7.

De filiis Levi SACERDOTIUM accipientes, mandatum habent decimas sumere à populo secundùm legem, id est, à fratribus suis.

PREVEZENSA, prudence, prévoyance.

PREUX, prix. Prière.

PREZ. Voyez PRETZ.

PREZA, prise. Proie, butin.

PREZADOR, qui prie.

PREZANS, femme enceinte.

Malaventura as PREZANS et als noirens eu aicels dias.

N. T. Marc. 13.

Vae PRAEGNANTIBUS et nutrientibus in illis diebus.

PRESAR, priser. Piller.

PREZENMEN, évidemment.

PREZENS (à), aussitôt, sur-le-champ.

PREZENSA. Voyez PRESENSA.
PRESENSANS, en présence.
PREZENTIS, agréable, gra-
cieux.
PREZICADOR, prêcheur, pré-
dicateur.
PREZICAR, prêcher.
PREZICAT, prêché.

Li pauper so PREZICATS.
N. T. Matth. 11.
Pauperes EVANGELIZANTUR.

PREZO, prise, butin, profit.
PREIADORS, supplians, amou-
reux, galans.
PRIM, PRIMS, fin, mince,
subtil, adroit. Léger.
D'abord. Premier. *Al
prim*, au commencement.
PRIMAIRAN, premier. *Prima-
rius*.
PRIMAIRIA, prémices. *En
primairia*, premièrement.
PRIMAMEN, adroitement.
PRIMANTRA, PRIMERBAGE,
printemps.
PRIMER-ENJENRAT, premier-
né.
PRIMEZA, primauté.
PRIMICIAS, prémices.

Non amermar tas PRIMICIAS.
BEDA. 51.

Non minuas PRIMITIAS manuum
tuarum.

PRIM PREON, très-profondé-
ment.
PRINCEPS, prince.
PRINCIPATZ, principauté.
PRINCOLS, mère-goutte.
PRINGA, prenne.
PRINGATZ, premiez.

PREON, profond.
PREUCE, femme enceinte.
PREUNDEZA, profondeur.
PRIVADA, privée. Fieffée.
Favorable. Latrines.
PRIVADANSA, PRIVADEZA, pri-
vauté, familiarité.
PRIVAT, ami, familier, par-
ticulier. Parent, prochain,
voisin.

Hom deu aver charitat ab toz
homes, ab los estraius et ab los
PRIVATZ.
BEDA.

Impendenda est charitas omnibus,
et PROPINQUIS et extraneis.

PRIZA, prisée, estimation.
PRIZADA, estimée.
PRO, assez, beaucoup, trop.
Profit. Prudent.
PROA, proue. Preuve. Sonde.

Pauseron la PROA, e troberon XX
passes.
N. T. Act. 27.

Summittentes CORHUM, invene-
runt passus viginti.

PROAIRE, qui éprouve, qui
fait une épreuve.
PROANSA, preuve, épreuve.

Soberaina PROANSA es de charitat,
cant es amaz aquel qui fai mal.
BEDA. 1.

Summa est PROBATIO charitatis,
si et ipse diligitur qui adversatur.

PROAR, prouver. Qui se tient
à la proue. Timonier.

Non damnar home davant juizi.
Davant lo PROA, e pois lo jutga.
BEDA. 72.

Nullum condemnes antè judicium. Antè PROBA, et sic judica.

PROBAYNA, provin, bouture. *Propago.*

PROBAYNAR, proviguer, propager.

PROBDANA, prochaine, voisine.

PROBENC, proche, prochain. *Propinquus.*

PROBENCAR, approcher.

PROCASSON, pourchassent.

PROCATZ, poursuite, qu'il poursuive.

PROCESIR, procéder, émaner.

PRODEINGNAR, protéger, défendre.

PROENSA, la Provence, la province.

PROENSALESC, langage roman méridional.

PROFS, éprouvât.

PROESSA, valeur, générosité, vertu, honnêteté.

PROEZA, naturel, caractère, penchant, inclination.

Sabis hom cant pert so fil de bona PROEZA, non aia dol car lo pert, mas joi aia car l'ac.

Bens. 55.

Vir sapiens quandò filium suum bonae INDOLIS amittit, non doleat quod talem perdiderit, sed gaudeat quod talem habuerit.

PROEZEMENS, profit. Prouesse.

PROF, prés.

PROFECH, PROFEIT, profit, avantage, utilité.

PROFECHOS, profitable, utile, avantageux.

PROFEITAR, avancer.

Li engannador PROFEITO en peitz.

Seductores PROFICIUNT in pejus.

PROFEIZ, avantage, profit.

Le PROFEIZ de chantar cossola lo cor.

Bens. 7.

Psallendi UTILITAS tristia corda consolatur.

PROFER, offre.

PROFERER, PROFERRE, offrir, faire des offres, présenter, produire, alléguer.

PROFICHANS, profitables, utiles.

PROFIEG, profit, profite.

PROFFER, donne, offre.

PROSCENDRE, fendre. *Proscindere.*

Li rellia, so es l'aguzims de nostra lengua, non ause PROSCENDRE la terra de l'estran cors.

V. e V.

PROISMAL, prochain.

En los PROISMALAS vilas.

In PROXIMAS civitates.

PROISMANA, prochaine.

PROISME, le prochain.

PROLEG, PROLOGUE, prologue, préface, avant-propos.

PROMESSIO, promesse, ce qui est promis.

PROMETEDOR, prometteur.

PROMETRE, faire sa déclaration, se faire enregistrer.

Tug aueron PROMETRE en lur cioutatz.

N. T. Luc. 2.

Ibant omnes, ut PROFITERENTUR singuli in suam civitatem.

——— Permettre.

Esperi mi istar à leu temps am vos, si lo senhor o PROMETTA.

N. T. 1 Cor. 16.

Spero me aliquantulùm temporis manere apud vos, si dominus PERMISERIT.

PROMEZEST, promîtes, promit.

PRON, profit. Assez, beaucoup. *Tener prou*, être utile, profiter.

PROONDEZA, profondeur.

PROOSAMEN, courageusement.

PROP, près, presque. *Propè.*

PROPCHAM, nous approchons.

PROPCHAN, approchent, approchant.

PROPDANAMEN, prochainement.

PROPDAS, voisin, prochain, proche.

PROPIA, approche.

PROPENRE, envahir.

PROPHETIAR, profiter.

Vejas que nient nos a PROPHETIAT, e tot lo mon va apres el.

N. T. Joan. 12.

Videtis quià nihil PROFICIMUS, ecce mundus totus post eum abiit.

PROPRES, environné.

PROS, preux, vaillant, bon, sage, prudent, honnête. *Probus.* Profit.

PROSEC, procède.

PROSMANA, prochaine.

PROSMAR, approcher.

PROSME, le prochain.

PROSSION, procession.

PROVANSA, preuve.

Ara digam de sagrament que om fai emplait, cant non i es ni garentia ni PROVANSA.

COD.

PROVANSA, so es leials demostransa d'aquela causa don es doptes.

Id.

PROVAR, éprouver, essayer.

PROVENT, revenu, abondance.

PROVERBI, énigme.

PROVERBIAR, outrager, charger d'opprobres.

Si es PROVERBIAT él nom de Crist; benauratz seres.

N. T. Petr. 4.

Si EXPROBRAMINI in nomine Christi, beati eritis.

PROVEZER, pourvoir.

PROXEME, proche, près.

PROZELS, proses, prières.

PRU, PRULC, profit, bien, avantage.

PRUEP, près, proche.

PRUESME, proche, prochain.

PRUGAR, purger, purifier.

PRUMIER, PRUMS, premier.

PRUZON, prud'homme. Démangent.

PUA, pointe, pique.

PUBLIAL, public, municipal.

PUBLICAS, sorte d'hérétiques. Publicain.

PUCH, haut, noble.

PUDEN, puant.

PUDIR, puer.

PUDITZ, bois-puant.

PUDOR, puanteur.

PUTC, je pus, il put.

PULCH, pui, pic.

PUEG, pui. Élève, monte.

PUEGAU, colline, montagne.

PUEGCEDA, Puicerda.

PUEGE, élève, fasse monter.

PUEINGEN, tâchent, s'efforcent.

PUER (gitar), jeter loin, rejeter.

PUEIS, PUEISSAS, puis, depuis, après, ensuite.

PUG, PUIG, montagne, pic.

> Dones comensaran à dire : puig cazetz sobre nos.
>
> N. T. Luc. 23.
>
> Tunc incipient dicere montibus : cadite super nos.

PUGA, grimpe, monte.

PUGNADOR, combattant.

PUGNAR, tâcher, s'efforcer. Tarder.

PUIN, poing.

PUING, s'applique, travaille.

> Seiner, faitz m'un meje venir
> Que puing é ma nafra garir.
>
> JAUFRE.

PUINGNA, tâche, s'efforce.

PUINHAR, tâcher, s'efforcer.

PUINHOM, tâchons.

PUIRIDURA, pourriture.

PUIRIR, pourrir.

PUISSAS, ensuite, après.

> Degus puissas no viro.
>
> Neminem amplius viderunt.
>
> Puissas qan ressucitarei.
>
> Sed postquam resurrexero.

PUISSEL, puceau. Exempt.

PUJADOR, PUJADOIRA, qui doit s'élever.

PUJAE, monter.

> Doi homi puiero él temple qe oresso : us farisens, e autre publicas.
>
> N. T. Luc. 18.
>
> Duo homines ascenderunt in templum ut orarent : unus pharisaeus, et alter publicanus.

PUJARIA, monterait.

PUJES, montât.

PUJET, monta.

PUL, pour Pus li, dès que je lui.

> Non pretz gaire
> Domna pul sai corapauhos.

PUNCH, PUNH, point, nullement.

PUNG, s'efforce, tâche. Pique.

PUNHAL, qu'on peut tenir avec la main.

PUNT, point.

PUOI, pui.

PUOS, je puis. Après.

PUPADA, poupée.

PUR, PURS, cependant, néanmoins, seulement.

PURGAR, purger, nettoyer.

PUS, pais, puisque. Plus. Crachat.

> L'arma pus es qe'l manjar, e'l cor qe'l vestiment.
>
> BEDA.
>
> Plus est anima quàm cibus, et corpus quàm vestimentum.

PUSC, je puis.

PUSCAM, nous puissions.

PUSCAN, qu'ils puissent.

PUSTELA, pustule, abcès, apostème.

PUT, vilain, mauvais.

Puta , vilaine , putain.
Putaire , mauvaise mine.
Putairia , Putaria , putanis-
me , prostitution.

Corompe la tera é la sua putairia.
        N. T. Apoc. 19.

Corrupit terram in prostitutione
suâ.

Pois que la femna es puta , non
li esta faib si ela recep aver per
sa putaria.
        Cod.

Putaner , Putanier , putas-
sier , fornicateur.
Putejar , putaniser.
Putia , putanisme.
Putnais , punais , puant.
Puza , bouton , germe.

L'escaravatz non tocha negus
temps à la flor, mais s'envolup-
pa totz en la puza.
        V. e V.

Puzat, monté, élevé, exalté.

Q

Q est souvent remplacé par
C devant A , O , U.
Quada , chaque.
Quadaü , chacun.
Quadern , cahier.
Quais , quasi , presque.
Qu'ainsi. Comme si.
Qual , quel.
Qualacom, quelqu'un, quel-
conque.
Qual-lun , tandis que , pen-
dant le temps que.

    Qual-lun serai ab vos.
    Quandiu vobiscum ero.

Qualque-qual , qui que ce
soit , quiconque.
Quan, quand, comme. Com-
bien.
Quar , car , mais , parce
que.
Quaranta perdos, oraison de
quarante heures.
Quarar , quarrer , équarrir.
Quart , Quarta , quatrième.
Quartier. Issu de germains.

Quartar , avoir , prendre le
quart.
Quarter , une obole. Qua-
drans.
Quascun , Quascuna , cha-
cun , chacune.
Quaterna , quatrième.
Quaez , parlant peu.
Quazerns , cahier.
Que , Qe , afin que , afin de ,
pour.

Trespasse Jesu d'aqi , qe esse-
nhes e preziques é las ciutatz de
lor.
        N. T. Matth. 11.

Transit Jesus indè , ut doceret
et praedicaret in civitatibus
eorum.

Quebrar , rompre , crever.

Aqi hom l'aiga troba terrasana
vana e frevol, e la quebra e
ieis.
        Sydrac.

Quecha , chacune.
Quecs , chaque , chacun.

Bel m'es quan lo vent m'alena
En abril ans qu'intre mais,
E tota la noich serena
Canta'l rossinhol al jais.
QUECS auzel en son lengatge,
Per la frescor del mati,
Va menan joi d'agradatge
Cum QUECS ab sa par s'aizi.

        MARUEIL.

QUECUN, quelque chose.

En non pose dir QUECUN qui gaz
  non sia.
        COMS DE PROENSA.

QUEI, que y, qui.
QUEIRA, qu'il recherche, qu'il s'informe. Carquois.
QUEIRE, cuire.
QUEITA, cuite.
QUE'L, que le, que la, qui lui.
QUELS (ab), avec un peu.
QUEM, pour QUE ME.
QUENITZ.

   Ab Nicolau s'engalha,
    Que'l son aizitz,
  Que'l mes jorz la ventalha
    Lo pal QUENITZ,
  Si qu'anc non restet malha.

        VAQUEIRAS.

QUENS pour QUE NOS.
QUER, quiert, cherche.
QUERREGRA, je requerrais, je demanderais.
QUERELHA, QUERELHAMEN, plainte, complainte, lamentation. Doléances.
QUERELHAR, se plaindre.
QUERELLAR, parler.

  Entre lor se QUERELLAVO.
  LOQUEBANTUR ad invicem.

QUEREMENS, une demande.

Bos QUEREMENS es, cant lo cors
quer e vol aco que l'esperiz vol.
        BEDA. 58.
Bonarum rerum POSTULATIO est,
quando corpus eadem vult habere quae et spiritus.

QUERENTIS, pauvres, mendians.

Qui los apela QUERENTIS
Ni renoviers d'autrus avers.

QUERER, chérir, vouloir. Demander.

Re non QUER per son enemic, qui
de charitat non preia per lui.
        BEDA. 1.
Pro'inimico nihil POSTULAT, qui
ex charitate pro eo non orat.

QUERERS, demandes.
QUERES, cherches.
QUERI, je chéris.
QUERREN, cueillant, cherchant.
QUERS, recherches.
QUES, requis, demanda.
QUESSES, cherchât.
QUESSO, QUESSON pour QUE SO, QUE SON, qui sont.
QUESTA, cette. Taille, impôt.
QUESTE, QUESTO, ce, cet.
QUESUT, recherché, prié. Quaesitus.
QUET, que on qui te.
QUETZ, coi, tranquille. Quietus. Froid, ferme, fixe. Taciturne, silencieux.
QUEUS, que ou qui vous.
QUEZEMEN, demande, sollicitation.
QUEZES, je demandasse, il demandât.

QUEZOM, qu'on. Z est ici par euphonie.

QUIEL, demande.

QUIEIRA, qu'il cherche. Carquois.

QUIETA, tranquille, tranquillement. Quitte.

> La causa romanga ad els paziblament e QUIETA.
>
> Archiv. d'Albi.

QUIGNA, quelle.

> QUIGNA es questa paraula?
> Quid est hoc verbum?

QUILL, fredon, ramage.

QUILLAR, gazouiller.

QUIN, qui, quel, quelle.

QUINA, quelle. Cuisine. *Coquina*.

QUINHA, quelle, laquelle.

QUINS, qui nous. Quint, cinquième.

QUINTAR, avoir, prendre le quint.

QUINZ, quint, cinquième.

QUIRA, cilice.

> Zà-ra-areire, en QUIRA e en cenerisca se foro peneditz.
>
> N. T. Luc. 10.
>
> Olim in cilicio et cinere poeniterent.

QUIRIR, chercher, demander.

QUIRIZ, demandé.

> Non es els cristias QUIRIZ lo comensameus de bonas obras, mas li fis.
>
> BEDA. 19.
>
> Non quaeruntur christianis initia, sed finis.

QUIROLS, écureuil.

QUIS, demandé. Qui est.

QUISEI, QUISI, je demandai.

QUIS VOL, quiconque, qui que ce soit.

QUITANIA, Aquitaine.

QUITARRA, guittare, harpe, luth, cithare.

QUITIS, acquitté, franc, libre.

QUITXAT, écrasé, épaté.

> El vas quitxat e moregos.
>
> JAUFRE.

QUIU, que je. QUIU pour QUIO, qui le.

QUIUS, qui vous.

QUIX, chacun.

QUO, QUOM, QUON, comme, comment. *Quomodò*.

QUOR, QUORA, quand, à quelle heure.

QUORAUS pour QUORA vos.

QUOSSON pour QUO SON, comme je suis.

QUSQECS, chacun, quiconque.

R

Cette lettre est souvent transposée; on la trouve pour L et pour N. Quelquefois elle est supprimée.

RA, rase. Verge. *Radit. Rhabdos.*

RABA, rave. Chose de rien.

RABEI, rebec, violon.

RABLIG, cours, courant.

Los peissos si banion e si noirisson
èl RABLIG de las aiguas.

    V. e V.

RABETA, petite rave.

RABIA, rage.

Non teniam la RABIA dels blasmans.

    BEDA. 78.

Non timeamus blasphemationum RABIEM.

RABINA, creux, ravin. Rapidité.

Mosqueta es tan rabineira
Qu'ab so que pren vai sa carreira;
E perd se puèis per sa RABINA.

    PRADAS.

RABINAIRE, coureur.

RABIOS, RABIOSA, enragé, enragée.

RACAR, rendre, vomir.

RACH, rayon.

RADIIRE, qui rase, barbier.

RADELADA, ràtelée. Roideur.

RADITZ, racine. *Radix*.

RAFE, petite rave, raifort.

De RAFE penretz raïzetas,
Et autressi coma rabietas
Sotz las semres las cazeretz.

    PRADAS.

RAGE. Voyez ARAGE.

RAGNA, iraignon, filet. Araignée.

RABITZ, racine.

RAI, rayon. Rase. Ruisseau. Retz, filet. Luit. *A rai*, impétueusement, à grands flots.

Li sanez dels cors s'en ieis a RAI
Del pieg denant e de l'esquina.

    H. de L. 125.

RAIA, rayon, lumière.

Home envejos nou pot vezer lo
ben d'autrui, plus que la rata-
penada la RAIA del soleil.

    V. e V.

RAIAR, rayonner. Couler, ruisseler. Raser.

RAIDAR, rayonner. *Radiare*.

RAINA, dispute, différend, débat, querelle.

Contensos aparelia RAINA. RAINA
aparelia batalia. RAINA abraiza
la filia d'odi, e corrump con-
cordia.

    BEDA. 69.

CONTENTIO lites parat. CONTENTIO
rixas gignit. CONTENTIO faces
odiorum incendit. CONTENTIO
concordiam rumpit.

RAINAR, contester, disputer.

RAINARTZ, renard.

RAINETA, grenouille.

RAINGNA, araignée.

RAINOS, mécontent.

RAIRE, raser, tondre. Racler, effacer. Scier.

RAIS, racine. Rayons, rayonne. Coule. Sorte de mesure.

Li Sant s'en van à l'obra, e caveron la lauza
Mais d'un RAIS e demiei, que
deguns non i pauza.

    H. de L.

RAISA, scie.

RAISSOS, rechignant. Exact, ponctuel. Avide, empressé, désireux.

Tan sui d'apenre RAISSOS
So que d'amar ai falheusa,
Que nuls pessars no mes bos
Mas selh qu'alz verais s'agensa.

    RIQUIER.

RAÏTZ,

RAÏTZ, RAÏZ, racine, base, fondement.

Ni'l rams del bon albre non a ges de verdura, si non estai en la raïz de charitat.
BEDA. 1.

Nec habet aliquid ramus viriditatis boni operis, qui non permanet in RADICE charitatis.

RAÏZETA, petite racine.
RAM, rameau, branche, brin, baguette. Cuivre, airain.

Co ja li RAM de lui es tendet, e las fulhas nadas, prop es l'estiu.
N. T. Matth. 24.

Cùm jam RAMUS ejus tener fuerit, et folia nata, scitis quià propè est aestas.

RAMA, RAMADA, ramée, feuillée.
RAMAR, pousser des branches.
RAMAT, branchu, qui a des rameaux.
RAMATGE, farouche, sauvage.
RAMEL, rameau; bouquet.
RAMENC, RAMENCS, branchier.

RAMENCS es cel c'om preu sul ram.
PRADAS.

RAMILHA, petite branche, feuillée, ramée.
RAMPA, crampe.
RAMPEGOL, crochet, croc, grappin.
RAMPONAR, railler, se moquer, gronder, quereller.
RAMSES, brins, branches.
RAMTZ, airain.

RAMTZ sonans, o cimbol tindouts.
N. T. 1 Cor. 13.
Aes sonans, aut cimbalum tinniens.
RANA, grenouille.
RANAIL, plainte.
RANC, RANCS, roche, écueil. Boiteux. Royaume.
RANCA, boiteuse.
RANCOR, rancune.

En aquest mandament es defendut peccat de RANCOR e de malvolensa.
V. e V.

RANCUOILLAR, râler.
RANCUR, plaigne, afflige.
RANCURA, plainte, chagrin, reproche.
RANCURAR, gronder, plaindre. Protester, réclamer.
RANCUROS, fâché.
RANDA (à), entièrement.
RANDAR, ajuster, arranger.

Reis qui gran terra demanda
Par que fassa _as,
Qan caval no 'ca del pas
Ni cals.s de fer non RANDA.

RANDO, roideur, impétuosité. De rando, précipitamment. En un rando, de suite, d'une course.
RANDOLA, hirondelle.
RANDOLOS, hirondeaux.
RANH, RANHA, araignée.
RANQUAIRE.

Ans n'agues el perdut la ciut deraire,
E. M mas de la honor que tec sos paire,
Que ses granda batalha passe RANQUAIRE.
G. de R.

RANQUEJAR, boiter, clopiner.
RANQUILHOS, boiteux.

RANTAR, arracher subitement des mains.
RAPIR, réprimande.
RAPTAR. Voyez REPTAR.
RAS, rasé. Déaué, retranché. Sorte de mesure.
RASCA, teigne.
RASCAS, teigneux.
RASOIRA, racloire.
RASSAS, membre viril.
RASSITZ, racine.
RATA, souris.
RATAIROL, émouchet.
RATA-PENNADA, chauve-souris.
RATEIRA, souricière.
RATILA, la rate.
RATER, rats.
RATETA, petite souris.
RATIERS, RATINIERS, ratier, capricieux, fantasque.

Esparvier novel e mosquet
Den hom ab petit auzelet
Afaitar al comensamen;
E que cec cec li gitara
Lenh de vila en un bel pla,
On non aura negun boisso
Ni bosc ni albere de vino:
Quar per bosc deve RATINIERS,
E per boissos deve RATIERS.
                PRADAS.

RATONADURA, endroit rongé par les rats.
RAU, lent, difficile.

Als ostatges lhiurar no vos trop
RAU.
                G. de R.

RAUBA, robe. Dérobe. Hardes, effets.
RAUBADOR, RAUBAIRE, voleur, ravisseur.

RAUBARIA, pillage, brigandage, usurpation. Déroberait.
RAUBIR, ravir.

Alcus no RAUBIRA aicelas de la mia ma.
                N. T. Joan. 10.

Non RAPIET eas quisquam de manu meâ

RAUBOR, pillage, brigandage.
RAUBELA, petite robe.
RAUC, RAUCH, RAUCHA, rauque, enroué, enrouée.
RAUCAMEN, d'une voix rauque.
RAUMARIA, pélerinage.
RAUMATZ, rhume.
RAUQUILHOS, rauque.
RAUS, roseaux. Raoul.
RAUSA, lie de vin.
RAUSEL, RAUSLU, roseau.
RAUSTA, rôtie, noire, brûlée.

Pueja una roca redonda,
Auta e RAUSTA e tailant.
                JAUFRE.

RAUSTIR, rôtir.
RAUT, rompt, sépare.
RAUTA, cithare, harpe, guitare.

Deu cantarai ab RAUTA.
                Ps. 70.
Deus psallam tibi in CITHARA.

RAUZA, roseau.
RAUZAR, rogner.
RAZ-A-JOS, en bas.

Me te à RAZ-A-JOS.
Mitte te hinc DEORSUM.

RAZINAT, enraciné. *Radicatus.*

RAZIM , raisin.

RAZINA , réglisse.

RAZITZ , racine. Source, principe. Race. Souche.

RAZO , raison. Discours, propos, récit, sujet, matière. Compte. Action en justice.

D'aquesta questien naissunt doas actios, so es doas RAZOS.
COU.

RAZONADOR , RAZONAIRE , avocat, défenseur.

Li avocat, so son li RAZONADOR del plait, nom podunt faire garentia en aquel plait ou si sunt RAZONADOR.
COU.

RAZONAMEN , discours , défense. Prétexte.

RAZONANSA , réprimande , correction.

RAZONAR , compter. Reprendre. Parler , plaider , défendre , disculper , justifier , discuter. Rabattre , tenir un compte.

RAZON ESCRICHA , le droit écrit.

RAZOR , rasoir.

RAZOS , droits , impositions.

RAZURA , rapure.

RE , rien. Chose. Personne.

REBENEBRAR , se ressouvenir.

REBERTAR , ressembler. Se souvenir.

REBLAN , REBLANDA , flatte , caresse , cajole , ménage.

REBLANDIR , caresser.

REBLO , blocage , cailloutage.

REBOCHAR , émousser , réprimer.

Li ergoliosa pessa es fort REBOCHADA , cant es sosmessa à celui ver cui s'ergolis.
BEDA.

Valdè quippè elata mens REBUNDITUR , si ipsi , super quem se extollit , supponatur.

REBON , enterre , ensevelit.

REBONDRE , ensevelir.

REBORGAR , émousser , se fausser , se reboucher.

REBORGS , obtus , replié.

REBOST , enterré. *Repostus.*

REBUTZ , racheté.

REBUZAR , rebuter , repousser. Emousser , détériorer.

REBUZON (à) , à rebours , à reculons.

RECALAR , se calmer , s'apaiser.

E le temps si RECALA c'à vespras lendeman
En l'isla dellerins s'en intreron de plan.
H. de L. 101.

RECALIU , action de se réchauffer. Rechute.

RECALIVAR , réchauffer , rallumer , ranimer. Retomber.

RECAPTAR , receler , racheter.

RECAPTE , RECATE , ordre , sûreté.

RECASTENANS , RECASTINANS , disputant , reprochant.

RECEBEMENT , acception. Soumission.

RECELS , soupçons , défiances.

RECEMIT , racheta.

RECEP , je reçois.

RECEPCHAS , tu reçoives.

RECEUPT , reçut.

RECHALIDA , rechutée.

RECHINHAR, rechigner, ricaner.

RECIPIA, reçoive, accepte.

RECLAM, appelle. Rappel. Plainte. Réclame, t. de fauconn.

RECOBRAMEN, reprise, recousse, rachat.

RECOBRAR, recouvrer, reprendre, retirer.

RECONJAR, approprier, agencer, ajuster, enjoliver.

RECONOSC, je reconnais.

RECONTAR, imputer.

> Benaürat es lo bar al qual lo
> senhor no RECONTET lo peccat.
>
> N. T. Rom. 4.

> Beatus vir cui non IMPUTAVIT dominus peccatum.

RECONTRALS, boiteux.

RECORDAR, se rappeler. Se ressouvenir.

RECORTZ, ressouvenir.

RECRE, lasse, cesse. Récrée, réjouit.

RECREAMENS, récréations.

RECREDUTS, RECRESSUTZ, RECREUTZ, recru, lassé.

RECREZEMEN, lassitude, mollesse, lâcheté.

RECREZEN, lâche, lassé, rendu, soumis, vaincu, abattu.

> Ces no m'espaven
> Ni m recre de joven
> Per fals brug d'avol gen
> Cui proeza esglaia ;
> E quar quascos sen
> Son flac cor RECREZEN
> Cujon que'l mon decaia.
>
> FAIDIT.

RECREZENSA, lâcheté.

RECREZUDA, rebutée, rendue. Retraite.

RECREZUT, las, recru, battu, défait, vaincu.

RECTOR, curé.

RECUBIR, herser, briser les mottes d'un champ.

RECUEGZ, recuit.

RECZON, rançon.

REDABLE, roable. Fourgon de boulanger. *Rutabulum.*

REDEC, rendit, produisit.

REDELHAR, frapper rudement.

> Cel d'en Lobat
> Cel del vila l REDELHA,
> Que l'ai trobat
> Lai de sotz una trelha
> Tot empachat,
> Qu'à pauc no l desparelha
> Del saur Pomat.
>
> VAQUEIRAS.

REDEMS, racheté. *Redemptus.*

REDIERS, dernier.

> Aquel que volra esser premiers,
> sera REDIERS de totz.
>
> N. T. Marc. 9.

> Si quis vult primus esse, erit omnium NOVISSIMUS.

REDISIA, redisait.

REDISSEM, rendissions.

REDON, rond. Cul.

REDONDA, ronde.

REDONDETA, rondelette.

REDONESSA, rondeur, tour, contour.

REDONHAR, rayonner.

> Folco ferit Elin que tene Bologna;
> Tal li det en la targua, qu'ab aur
> REDONHA,
> Que deuan lhi falset la blanca
> bronha.
>
> G. de R.

———— Retrancher. Chasser, expulser.

Dih non presa un où tota sa
ponha
Se Girar de sa terra fors no RE-
DHONA.
Id.

REDONSAR, couper, rogner.

Ad aquest vos die ieu breumen
Que à sa vita non ac sen;
Per que ges ieu no vos daria
Una glan en sa garentia,
Quar per sa falsetat proada
Lhi fo sa lenga REDONZADA.
Br. d'Amor.

REDORTA, hart, lien, rouette.
REDUR, retour.
REDURE, résumer. *Al redure*, en somme, en résumant.
REEMADOR, rédempteur.
REEMBRE, racheter.
REEMSOS, rédemption.
REENZON, rançon, rachat.
REF, sorte de maladie des oiseaux de proie.

Apres febres solon aver
Auzels grans mals per noncaler;
Ref e tesga son li pejor:
Quar per REF suefron tal dolor
Que'l cap e'ls oills fors de la testa.
PRADAS.

REFERIR, rendre. *Referre.*
REFERMAR, confirmer, rassurer. Raffermir.
REFERMAT, caillé, coagulé.

Mont REFERMAT, mont gras.
Ps. 67.
Mons COAGULATUS, mons pinguis.

REFERMERA, je serrerais, il serrerait.

REFFERAR, refaire. Remettre des fers. Assister.
REFFERMAR, remettre, renfermer, rétablir.
REFIER, rend, rapporte.
REFINAMEN, soulagement.
REFORTIR, renforcer.
REFRAGNER, tempérer, refréner.
REFRAIG, retiens, retient.
REFRAIGNEMEN, soulagement.
REFRAING, apaise, soulage, console. Répare, compense. Répète son chant.
REFRAIS, est consolé.
REFRAITZ, brisé.
REFRANCAR, soulager, ranimer.
REFRANDRES, adoucissement, soulagement.
REFRANH, soulage, console. Refrain.
REFRANHER, fredonner.

E mai que'l temps es clars e gais
E l'auzelet REFRANHA sos lais.

REFRANHS, fredons, refrains.
REFREGIR, refroidir.
REFREGUS, je me refroidis.
REFREJA, refroidit.
REFREITOR, réfectoire.
REFREN, retiens. Refuse, résiste.
REFRENAR, tempérer, soulager. Se contenir.
REFRESCAR, laver, rafraichir, renouveler.
REFRIGERI, rafraîchissement.

Don de pietat es un REFRIGERI de vos del cel.
V. e V.

REFRIM, REFRIN, refrain, ramage. Retentissement.

REFRINH, retentit.
REFRIRE, retentir, résonner.
REFREITOS, réfectoires.
REFUCH, refus.
REFUDAMEN, réprobation, action de rejeter.
REFUDAT, réprouvé.

Liuret els deu en REFUDAT sens.
    N. T. Rom. t.

Tradidit illos deus in REPROBUM sensum.

REFUI, asile, refuge. Refus, rebut.
REFUIAMEN, refuge.
REFUIDAR, refuser, fuir, rejeter, réprouver. Réfuter.
REFUT, refuse. Fuite. Divorce.
REG, rois.
REGAINATZ, cagneux, tourné en dedans.

Lo genoils REGAINATZ e gros.
    JAUFRE.

REGAN, courroie.
REGANHAR, rechiguer, montrer les dents.
REGART (aver), courir risque, être en danger.
REGAZARDONAIRE, rémunérateur.
REGAZARDONANSA, récompense, rétribution.
REGAZARDONAR, rendre, donner, récompenser.
REGE, roide. *Rigidus.*
REGEAMEN, avec roideur, vivement.
REGIER, ensuite.

Vos prec que donetz vostr' auzel,
Cel ab que casses al ridel
Las gruas, que lo cavalier
Vauc e nos autres REGIER.
    JAUFRE.

REGIMEN, gouvernement; principes, rudimens.

Per ca can scolar, tant l'intrada
que foural, gramatic tro al RE-
GIMEN, VII sols VI diniers.
    ARCAIV. d'Albi.

REGIRAR, retourner. Tournoyer, tourner en rond.

Lo rois del segle se REGIRA e se
volota, e torneja se à forma
d'una roda de molin de vent,
en s'abaison de totas partz los
XII veus.
    V. e V.

REGIRE, régisseur, gouverneur. Retourne.
REGISME, royaume.
REGITAR, tuer, regimber.
REGLA, partage.
REGLAR, partager. Régulier.
REGNA, rêne, courroie. Règne, se conduit.
REGNAR, se conduire, se comporter.
REGNAT, royaume, règne. Roi, souverain.
REGNATGE, royaume, pays, contrée.
REGN' AUSSOR, royaume des cieux, paradis.
REGNON, vivent, se conduisent.
REGOLA, brique, tuile. *Tegula.*
REGONESSER, reconnaître.
REGORGAR, regorger.

REGOTZ, tresses, boucles de cheveux.

REGRASSIAR, remercier.

REGUA, sillon, raie, rigole.

REGUESSAMEN, avec roideur, durement.

REGULLOSA, enrouée.

REGULLOSA es la mia bora.
Ps. 68.

RAUCAE factae sunt fauces meae.

REBUZAR, repousser.

REE, roi. Pour RE I, rien y.

REIADOR, dominateur.

REIAL, royal.

REIALME, royaume.

REIAU, royal. Enfant, marmot.

REIDAMENT, rudement.

El sicx parla REIDAMENT.
BEDA.

Dives affabitur RIGIDE.

REIDAR, éveiller.

REIHA, conduis-toi.

REILA, soc.

REINA, reine. Règne. Résine.

REING, REINH, règne, pouvoir, domination.

REINOS, rogneux, galeux.

REIO, région, pays, contrée.

REIRAVIS, bisaïeul.

REIRE (en), jadis, autrefois.

REIREGARDA, arrière-garde.

REIREVIT, renvi, je renvie.

REIROPIA, rétive.

Es bestia espaventoza e REIROPIA.
COD.

REIRUELHAR, regarder de travers.

REISDER, REISIDAR, réveiller.

REISIDAT, REISIDADA, rejeté, rejetée.

Peira certas REISIDADA dels homes.
N. T. 1 Petr. 2.

Lapidem ab hominibus quidem REPROBATUM.

REIX-PAUS, roitelet. Officier subalterne.

Era aqui us REIX-PAUS del qual us fil era malautes.
N. T. Joan. 4.

Erat ibi REGULUS cujus filius infirmabatur.

REJOVENIR, rajeunir.

RELAIS, divertissement. Relâche, cesse. *Ad un relais*, ensemble, d'une seule voix.

Andronics lo joios s'es noiritz él palais
De solas, de baudor, aitan con vol e mais;
Mas hanc no si donet à nul malvais RELAIS.
H. de L. 3.

RELARGAR, relâcher.

RELENDITZ, ralenti, recru, rendu, vaincu.

RELETS, reliefs de repas.

RELHA, soc.

RELIGIONS, couvens, ordres monastiques.

RELINQUIR, abandonner. *Relinquere*.

RELLIA, fer, pointe, penture, soc de charrue.

RELUTZ, reluit.

REMA, manque. Cesse, finit.

REMANDRE, remédier. Rester, demeurer.

REMANENT, reste, restant.
REMANER, cesser, arrêter. Fixer, demeurer.
REMANHA, cesse.
REMANRA, cessera.
REMANZUDA, restée.
REMAS, demeure; resta, cessa.
REMASEGRON, restèrent.
REMASILHAS, restes, reliefs.
REMEIZ, remède.

Sax e dejuns sunt armas de penedensa, e REMEIZ de pechaz.
BEDA. 30.
Saccus et jejunium arma sunt poenitentiae, et REMEDIUM peccatorum.

REMENADOR, chemin, sentier.
REMENBRAR, rappeler, revenir à soi.
REMENDADORS, bouffons.
REMENDAR, réparer, satisfaire.
REMESESSEN, cessassent.
REMEZI, Remi.
REMIRAR, considérer, regarder.
REMOTA, tumulte, remuement.
REMPSIST, rachetas.

Ai! verais dieus, qu'ab ton sanc nos REMPSIST,
Vejas com es sancta gleiza venals!
CARDINAL.

REMS, rames. Rheims en Champagne.
REMUEILL, humidité.

Li sant s'en van à l'obra e caveron la lauza
Mais d'un pais e demiei, que deguns non i pauza;

E donavan am pochas et am pies sus l'escoeilh,
Que non troberon aigua ni vena de REMUEILL.
H. de L. 39.

REMUT, je casse, je change. Racheté.
REN, rein. Rien, chose, personne.
RENC, bord, confins, limites, frontière. Royaume, état.

Que tals XX ans duret la malvolensa
Que ane non auzet venir él RENC de Fransa
G. de R.

RENCHAS, tu règnes, tu vis.
RENCURAN, s'affligeant.
RENDA, rende. Rente, revenu, profit.
RENDEN, rendant, rapportant. Revenu, profit.
RENDOR, rédempteur.
RENDUTZ, RENDUDA, religieux, religieuse.
RENENBRAR, se rappeler, se souvenir.
RENEGADA, reniée, renoncée.
RENEGAT, ruiné.
RENFLAR. Voyez ROFLAR.
RENGATZ, rangé en bataille.
RENGNAS, rênes.
RENH, royaume.
RENHESSON, vécussent.
RENIERS, renégats, apostats.
RENIEU, usure, intérêt.
RENNACONILH, asperge, sorte de légume.
RENOMINADA, célèbre, renommée. Réputation.
RENOMENATZ, fameux, renommé.

RENOS, grondeur, querelleur.

RENOU, RENOUS, reniement. Usure.

RENOUIER, renegat. Usurier. Créancier.

RENPROIER, proverbe.

REN QUE SIA, quoi que ce soit.

RENS, rangs. Rames.

RENSA, rente.

REON, rond.

REPAIRAR, revenir.

REPAIRE, maison, demeure. Pays. Revienne.

REPAUS, reste, demeure, repose.

REPAUZAR, s'asseoir.

Adone REPAUZERO li baro, per nombres en aisso coma V mila.
N. T. Joan. 5.

Discuberunt ergò viri, numero quasi quinque millia.

REPAZIMAR, apaiser.

REPENADA, regimbement.

REPENAR, ruer, regimber.

REPENRE, reprendre, convaincre.

REPENTIDA, repentir, repentance.

REPERC, loge, logea.

REPIC, REPIQET, carillon. Renom.

REPLENITZ, rempli.

REPONA, place, mette, enterre.

REPOSTURA, une cache, lieu secret, intérieur.

Toz pechaire que cela son pechat, s'escun dedins, e s'es esconduz en sas REPOSTURAS.
BEDA. 25.

Omnis peccator dùm culpam suam abscondit, intrinsecùs latet, et in suis PENETRALIBUS occultat.

REPRENDEDOR, censeur.

REPRENDRE, reprocher. Blâmer, condamner.

REPRES, broché, brodé.

REPREZA, répréhension, réprimande.

REPROER, REPROIER, REPROVIER, reproche. Regret. Proverbe. Opprobre.

Enaissi fe nostre senhor à mi, éls dias, éls quals gardec ostar lo meu REPROER entre'ls homs.
N. T. Luc. 1.

Sie mihi fecit dominus in diebus, quibus respexit auferre OPPROBRIUM meum inter homines.

REPROPCHE, réprobation.

Negus non cude que el sia eleiz, que per aventura non l'aia deus à REPROPCHE.
BEDA. 11.

Nullos se putet electum, ne forté apud deum jàm sit REPROBUS.

REPROPCHIER, REPROPIER, reproche. Proverbe.

REPROZAR, reprocher.

REPTAR, accuser, imputer, reprendre, reprocher.

REPTAT, REPTADA, accusé, condamné, condamnée.

REPTE, qu'il accuse.

REPTES, imputât.

REQERENSA, REQUERENSA, requête, demande.

Saben que nos avem las REQERENSAS, las quals requerem de lui.
N. T. Joan. 5.

Scimus quoniam habemus PETITIONES, *quas postulamus ab eo.*

REQUERER, REQUERIR, attaquer, demander vengeance.

REQUERIDOR, exacteur.

REQUIST, vérifié, recherché, examiné.

REREGARDA, arrière-garde.

RES, chose. Rien. Personne. Corde, tresse.

RESBLANDIR, resplendir.

RESCAP (de), de rechef, encore.

RESCLARIR, éclairer, éclaircir, donner du lustre, de l'éclat.

RESCLAUZA, RESCLAUZURA, écluse, pale, arrêt.

RESCONDRE, cacher. *Recondere.*

RESCONDUT, caché. Clique-musette.

RESCOS, recous, retiré, délivré.

RESCOST, caché. *En rescost,* en cachette, en secret.

Tu con oraras, intra en ta cambra, e clau to uiss, e ora to paire EN RESCOST; *e teus paire qi ve* EN RESCOST, *rendra o à tu.*
> N. T. Matth. 6.

Tu cùm oraveris, intra in cubiculum tuum, et clauso ostio, ora patrem tuum IN ABSCONDITO; *et pater tuus qui videt* IN ABSCONDITO, *reddet tibi.*

Deguna causa no es cuberta, qe no sia descuberta; ni RESCOSTA, *qe no sia saubuda.*
> N. T. Luc. 12.

Nihil opertum est, quod non reveletur; neque ABSCONDITUM *est, quod non sciatur.*

RESCOZEM, nous cachâmes.

RESLING, RESENH, racheta.

RESENTIR, entendre. Tâter, essayer. Reconnaître.

RESIDAR, réveiller, s'éveiller.

RESIOS, retiré, écarté.

RESIS, rétif.

RESIT, je m'éveille.

RESON, rasent, coupent, scient.

RESORS, RESORTZ SUS, ressuscité, ressuscite, ressuscita.

RESORZER, ressusciter.

RESORZERA, ressusciterait.

RESPEIG, RESPEIT, répit, délai. *Per respeit,* eu égard.

RESPERIR, réveiller, ranimer.

RESPERITZ, guéri, délivré, débarrassé, soulagé, ressuscité.

Mas al dous sentir del baisar
For' ieu tost d'est mal RESPERITZ.
> VENTADORN.

RESPIEG, RESPIEICH, RESPIEIT, répit, délai, remise, égard.

RESPLAN, resplendit.

RESPLANDOR, RESPLANDRES, éclat, clarté.

RESPLENDENSA, éclat, splendeur.

RESPOG, répondit.

RESPONDEMEN, réponse, correspondance.

RESPONDRE, sortir, aboutir.

RESPONSIER, fessier.

RESPONSION, RESPONSIVA, réponse.

RESPOS, réponse, réplique. Répondit.

RESPOST , arrêt de lance.
RESPOSTA , réponse ; riposte.
RESPOZI , je répondis.
RESSAUTELAR , bondir , tressaillir.
RESSAZIONDAR , se rétablir , prendre des forces.

E sia RESSAZIONDATZ ab vos.
N. T. Rom. 15.
Et REFRIGERER vobiscum.

RESSEMBLADOR , imitateur.
RESSENH , enceint , environne.
RESSEVA , reçoive.
RESSIDAR , réveiller.
RESSIS , RESSIT , faible , infirme , cacochyme , perclus , impotent.

Que farai , las caitieu , si ma
compagna es morta ?
Que sui vieillz e RESSIT , non vauc
qui non mi porta.
H. de L. 28.

RESSIZA , retranche.
RESSONA , parle.
RESSORS , ressuscité.
RESSORSA , ressuscitée. Ressource.
RESSORTIR , relever. Rejaillir , rebondir.
RESSOS , bruit, renommée.
RESSUSCITAMEN , résurrection.
RESTAIG , console.
RESTANCAR, apaiser. Arrêter.

Toquet lo liech ; e lo RESTANCAR
aquels que lo portavan.
N T. Luc. 7.
Tetigit lectum ; hi autem qui
portabant STETERUNT.

RESTAUR , RESTAURAMEN , réparation , rétablissement.

RESTAURAR , restituer.
RESTAURIEST , tu reparas.
RESTOBLE , RESTOL , chaume.

Si alcus hedifica sobre aquest fundament , aur , argent , peiras
preciosas , fust , fe , RESTOL , la
obra de cadaus er manifestada.
N. T. 1 Cor. 3.

Si quis superaedificet super fundamentum hoc , aurum , argentum , lapides pretiosos , ligna ,
foenum , STIPULAM , uniusquisque opus manifestum erit.

RESTRENGEIR , repousser.

Las saetas al diable deu hom
RESTRENGLIR ab veliar e ab dejunar.
BEDA. 78.

Diaboli sagittae jejuniorum et
vigiliarum fragore RESTRINGENDAE sunt.

RESVIDAR , rejeter, refuser , blâmer , improuver.
RETAPINATZ , misérables.

Pueis vi lai venir denant si
Tres homes am mot fer vejaire ,
Lur vestimenta no val gaire ,
Paures e blos , RETAPINATZ.
H. de L. 4.

RETE , retient. Accuse.
RETENDA , retienne par cœur.
RETENDIR , retentir.
RETENEMENS , barrière. Réserve , retenue, condition.

Condities en latin , so es RETENEMENS en romans.
COD.

RETENER , entretenir , réserver. Subsister. Rappeler , se souvenir.

Retensar, rincer, frotter, nettoyer.

Retentida, retentissement.

Retic, je retins, il retint.

Retin, murmure. Retentit. Chant, air, son. Retentissement. Contenance, maintien.

Retinent, retentissant.

Fag sui aisi com l'eram sonant, o la campana RETINENT.
　　　　　N. T. 1 Cor. 13.

Factus sum velut aes sonans, aut cymbalum TINNIENS.

Retomba, déchet. Chose fragile.

Retornar, repasser, examiner. *Retornar é servitut*, asservir.

Retrach, **Retrag**, raconte. Reproche. Restriction.

Retraci, **Retrassi**, reproche, insulte.

En la taverna s'aparellon mesclas e bregas, RETRASSIS, contensos, homicidas.
　　　　　V. e V.

RETRACIS non creiras ni nulla malvestat.
Tro que aias sauput la pura veritat.
　　　　　H. de L.

Retraire, débiter, réciter. Reprocher. Retirer, retenir.

Retraisseba, reprocherait, reprochera.

Retrassio, récit, mémoire, rapport.

Retrazemen, reproche, insulte.

Retroencha, espèce de chanson.

Reubert, racheté.

Reupontic, raiponce.

Reurensa, respect, révérence.

Reus, défeudeur.

Li REUS es aquel à cui hom demanda.
　　　　　Cod.

Reüsar, repousser.

Reüsos (à), à reculons, à rebours, à revers.

Reve, revient, retourne. Récupère. Arrange.

Revegna, répare. Fasse revenir. Rétablisse.

Revel, révolte. Contestation, difficulté, opposition, combat, résistance. Joie, gaieté. Réveil. Désobéissance.

Revelar, **Revellar**, révolter.

Revelleron, se rebellèrent.

Revelha, **Revella**, retour, refrain.

Reven, fait revenir.

Revenen, ravissant. Se ressouvenant.

Revengutz, amélioré.

Revenimen, retour, ressource.

Revergar, **Reversar**, trousser, relever.

Reversals, de revers.

Revert, **Reverta**, revient, retourne. Ressemble.

Revertir, retourner.

Revidar, renvier.

Revinensa, ressource. Retour.

REVIORE, revivre.

REVIOUDEC, ressuscita, est ressuscité.

Mos filhs era mortz, e REVIOUDEC.
N. T. Luc. 15.

Filius meus mortuus erat, et REVIVIT.

REVIROLAR, tourner, renverser.

REVIRONAMEN, tour, circuit.

REVIRONAR, entourer, envelopper, faire le tour. Parcourir.

Us hom plantec sa vinha, e REVIRONET la de seb, e fos i cros.
N. T. Marc. 12.

Homo plantavit vineam, et sepe CIRCUMDEDIT eam, e fodit lacum.

REVIST, renvie.

REVIU, je revis, il revit, renaît, ressuscite.

REVOLIM, REVOLIN, REVOLINA, révolution, changement.

Quan pensar m'en fai aizina
Adoncs la bais e l'acol ;
Mas pos torn'en REVOLINA,
Per que m n'espert e n'aflam.
REDEL.

REVOLOPIT, enveloppé.

Si vostr' auzel es trop lasatz,
E per trop grans auzels casatz
Que l'aion batut e ferit,
E malamen REVOLOPIT...
PRADAS.

REVOLS, roule, retourne, médite. Revolvit.

REVOLUM, bruit, fracas, vacarme.

REVOUT, roulé, tourné.

REZANA (tela), toile claire, fine.

REZEMER, racheter. Redimere.

REZEMET, rédima.

REZEMSO, REZENSO, rançon, rachat, délivrance.

REZEMUT, rédimé.

REZENDAS.

Rics hom, quan fai sas calendas,
E sas cortz e sas bevendas,
De toutas e de REZENDAS
Fai sos dos e sas esmendas.
CARDINAL.

REZOINAT, rogné, tondu.

Li moine non fan mas cridar,
REZOINAT son et au lonc coll ;
Eu veritat ben semblan foll.
H. de L. 25.

REZORZIMEN, résurrection.

RIAL, royal.

RIBEIRA, rivière, étang. Rivage.

RIC, RICS, riche, grand, noble, beau.

RICAIREL, richard.

RICAMEN, richement.

RICAUDIA, tromperie.

RICCAZ, richesse.

RICHIR, enrichir, accroître.

RICOR, richesse, vertu, noblesse, grandeur, dignité, mérite, perfection. Vanité, hauteur, insolence.

RICOS, riche, insolent, hautain.

RICTATZ. Voyez RICOR.

RICTOS, RICTOSA, disputé, disputée.

Es la batalha mout longa, e RIC-
TOSA, e perilhosa.
> V. e V.

RIDENTZ, riant. *Ridens.*
RIDON, rient.
RIDORTA, rouette, lien, hart de fagot.
RIEJA, grille.

Cant à la RIEJA furon fut
Sus en lo tompiar son cazut.
> H. de L. 25.

RIEJER, régir, gouverner.
RIERS (Isla de), l'île de Rhé.
RIESME, royaume.
RIEUS, ruisseau.
RIGAR, arroser, baigner.
RIGOTAR, friser, tresser.
RIGOTIER, fer à friser.
RITA, riait.
RIMAR, fendre. Rissoler, brûler.
RIMOR, bruit, rumeur.
RIMS, rimes.
RIN, en rit.
RINHAR, corrompre, ronger.

Fatz à vos trazaur non defalhent
él cel, on lairo non lo panna,
ni RINHARA escorpio.
> N. T. Luc. 12.

Facite vobis thesaurum non defi-
cientem in coelis, quò fur non
appropiat, neque tinea CORRUM-
PIT.

RIOS, ruisseau.
RIPOLES, de Ripoll en Cata-
logne.
RIPROCIER, proverbe.
RIPS, pointe, aiguillon, tran-
chant.
RIQUESGA, richesse.
RIR, ris, rire.

RIBAU EN, en riront.
RISSIDAR, s'éveiller.

Quar en somhan cujam parlar
Ab la bela, ri' e jogar;
Mas apres quan nos RISSIDAM
Et el bech solet nos trobam,
Li plazer qu'aviam d'amor
Tornan en mal et en dolor.
> BR. d'Amor.

RISSIT, se réveille.
RIU, ruisseau, rivière, bras de mer. Courant d'eau.

Hom simples e paciens sembla lo
RIU de la font, lo qual fai delei-
table beure.
> BEDA. 2.

Patiens homo RIVULI fons est,
omnibus exhibens delectabilem
potum.

RIZET, un sourire. Rit. *Risit.*
RO, rouge, mange.
ROAIS, ROAIX, Edesse, ville de la Mésopotamie.
ROAMS, ROANS, Rouen.
ROAZOS, rogations.
ROBIN, ROBINA, ROBIS, rubis.
ROC, ROCS, la tour aux échecs.
ROCAIROL, sorte d'oiseau.
ROCEGAR, traîner, tirer avec des chevaux. Herser.
ROCI, roussin.
RODA, roue. *Rota.*
RODOLAR, rouler.
ROESTA, ravage.
ROFIOLS, gâteau de farine et d'œufs.
ROFLAR, ronfler, râler, sangloter.
ROG, ROGA, rouge.
ROGAN, blocage, cailloux.

ROHOS, rouge. Rogneux.

ROIA, gale, ulcère. Rouge. *Grana de roia*, garance.

ROILHAT, rouillé.

ROILL, rouille. Tache, vice.

ROILLAR, souiller, gâter.

ROIRE, rouvre, chêne-vert.

ROITZ, rouge, rubicond.

ROIZE, bois taillis.

ROIZIR, rougir.

ROJOLS, rouget, surmulet.

ROM, rompt, casse, brise.

ROMA, reste, demeure. Manque.

ROMAGNA, qu'il cesse.

ROMAGUERA, buisson.

ROMANER, demeurer.

ROMANI, romarin.

ROMANIA, demeurait. Pélerinage.

ROMANS, histoire. Langue romane.

ROMANSIA, pélerinage.

ROMAS, Romain. Resta, demeura.

ROMAVIA, pélerinage.

ROMAZEST, restâtes.

ROMAZILHA, reste, relief.

ROMAZUT, resté, délaissé.

ROMETZ, ronce, buisson.

ROMIAR, ruminer.

ROMIEU, pélerin.

ROMIVATGE, pélerinage.

ROMPEDURA, rupture. Hernie.

ROMS, tu romps. Turbot. *Rhombus*.

RONCI, roussin.

RONCINIERS, terme de mépris.

RONHOS, galeux. Raboteux.

RONS, fèves noires. Rides.

RONSAR, jeter avec force. Vomir.

RONSES, bois taillis.

ROQUA, roche, rocher. Château fort.

ROS, roux. Jaune d'œuf. Rouge. Rosée. Roseau.

ROSANA, de roses.

ROSELL, rosier. Roseau.

ROSERGUE, le Rouergue.

ROSIERS, roseraie.

ROSSAR, roter.

ROSSEGAR, ronger.

ROSSENIER, terme injurieux.

ROSSI, roussin.

ROSSOR, rougeur.

ROT, brisé, rompu.

ROTA, rompue. Déroute, défaite.

ROTIER, roteur.

ROUELH, rouille, ver, nielle.

ROUILH, rouille.

ROUILHAR, rouiller, gâter.

ROUILHOS, rouillé. Usé, vieux.

ROUZAS VALS, Roncevaux.

ROVER, rouvre, chêne-vert, yeuse.

ROVEZIR, rougir.

Flama loc chai dels ciels que ls
ROVEZIZ,
Que'l gonfainos. G. en enbroïtz.
G. de R.

ROVIERA, chênaie.

ROZELA, coquelicot.

ROZENDA, gourmandise. Mangerie.

ROZER, le Rhône, fleuve.

ROZETZ, vous rongez.

ROZIL, ROZILH, rouille, nielle, brouillard.

ROZILHAR, rouiller.

ROZONET, appela.

Rua , ride. *Ruga.*

Ruat , Ruada , ridé, ridée.

Ructar , roter. *Eructare.*

Ruda , rue. *Ruta.*

Rudela, descente précipitée.

Rugen , rongeant. Rugissant.

Ruils , rouille.

> Car un plus tost lo cors del pechador leva per l'entalantament de charitat , tant es plus tost gastaz lo ruils del pechat.
>
> Beda.

> Tantò namque ampliùs peccat[i] rubigo confunditur, quantò cor peccatoris magno igne crematur.

Ruissa , le milan.

Rumniar , ruminer , penser.

> Tote jorn rumnia vianda en son cor , qui al vespre aparelia degitaz à la plena gola del cors.
>
> Beda. 31.

> Totâ die epulas in cogitatione ruminat, qui ad replendam gulam vespere sibi delicias praeparat.

Runa , combat.

Runhô , reins.

> Li runhô , cant son feble , no podo sufrir lo pes de l'efan.
>
> Sydrac.

Rusca , ruche , écorce.

Rurz , grogne.

> A pauc Achier no fo'n Fransa ,
> On parlou aissi com porcs rurz.
>
> Torcafol.

Ruzil , rouille , crasse.

> Osta lo ruzil de l'argent , e sias purs vaicels.
>
> Beda. 72.

> Aufer rubiginem de argento , et egredietur vas purissimum.

S

S entre deux voyelles est souvent remplacée par Z. On la trouve assez fréquemment pour C devant l'E et l'I. A la fin des mots, elle n'est parfois qu'euphonique.

Sa , sain , bien portant.

Sà , deçà.

Sab, sait. Sent. S'ab, si avec.

Saban , sachent.

Sabartes, Saverdunois, petit pays du comté de Foix.

Sabata , savate , soulier.

Sabatat , chaussé. Sobriquet donné aux Vaudois et aux Albigeois.

Sabato , Sabatos , soulier.

Sabedoira , à savoir.

Sabedor, savant, sage, devin.

Sabens , Sabent . savant.

Sabensa, science , savoir.

Saber , savoir , sens, esprit, raison. Sentir , avoir le goût. *Saber bo* , trouver bon, être bien aise. *Saber mal* , être fâché , trouver mauvais.

Sabezutz, sages, savans, habiles.

Sabi , sage. Je sais.

Sabieza , prudence.

Sablo , sable , grève.

Sabo , savon. *Sapo.*

Sabon ,

SABON, savent.

SABOR, saveur.

SABORARIS, le sens du goût.

SABOROS, savoureux. Sensible. Délicieux.

SABOTAR, secouer, ébranler.

SABRA, saura, sentira.

SABBER, SABRIER, SABRIERS, goût, saveur.

SABRES, vous saurez.

SAES, sapin.

SABTE, samedi, jour du sabbat.

> Lets be far als SABTES.
>
>   N. T. Matth. 12.
>
> Licet SABBATIS benefacere.

SABUC, sureau.

SABUDA (à), hautement, publiquement.

SACIAZ, sachez.

SACRIFICIS, ordre de prêtrise.

SACRIFIZAR, sacrifier, faire le sacrifice.

SADOL, rassasié. *Satullus.*

SADOLABLE, SADOLADOR, rassasiant.

SADOLAMEN, rassasiement, réplétion.

SADOLAR, rassasier.

SADOLEZA, rassasiement.

> Aqui unt es IVREZA e SADOLEZA, aqui seguiorea luxuria.
>
>   BDA. 25.
>
> Ubicumque SATURITAS atque ebrietas fuerit, ibi libido dominatur.

SADOS, saison.

SABREIA, sarriette.

SA-EN-RERE, par le passé.

SATA, flèche, trait.

> L'escuz de pacientia frain las SAETAS d'ergoil.
>
>   BDA. 2.
>
> SAGITTAS contumeliae patientiae clypeus frangit.

SAFAREG, réservoir.

SAFRANADA, jaune, safranée.

SAGECIA, saïque.

SAGEL, sceau, cachet. *Sigillum.*

SAGELHATZ, scellé, empreint.

SAGELLAR, sceller.

SAGI, aîné.

SAGITARI, archer.

SAGITTA BARBADA, flèche barbelée.

SAGNA, guérit.

SAGRA, secrète de la messe. Bru.

SAGRAFIZI, sacrifice.

> Nostre segner non aesma pas lo fait ni'l SAGRAFIZI, mas lo talant d'em a.
>
>   BDA. 8.

SAGRAMEN, serment. Mystère.

> En bona causa dreitorera pot hom jurar senes peccat, aissi com en jutjament on hom demanda SAGRAMEN de veritat.
>
>   V. e V.

SAGRANSA, consécration.

SAGRIER, sanctuaire, sacristie. *Sacrarium.*

SAGUES, sût.

SABES, SABUE, sureau.

SAI, ici. Je sais.

SAI, saïa-doux.

SAIA, saie, ancien vêtement.

SAIET, Sidon, ville de la Phénicie.

SAILL, sors, il sort, qu'il sorte. Saute.
SAILLIR, sortir, sauter.
SAIM, SAIN, sain-doux.
SAINA, guérit. La Seine.
SAINS, sensé. Céans, ici.
SAIS, gris.

> No m tengatz en soan
> Si tot m'ai la pel sais,
> Qe'l cor es fis e gais,
> E sai bos faitz grazir.

SAISAR, grisonner.

> Lo desirer no m laissa
> De vos, per que ma crins saisa
> Com s'avia d'ans carauta.

SAI-SUS, ci-dessus.
SAITZ, éveillé.
SA-JOS, ici-bas.
SAL, sauf, hormis, excepté. Sel. Sauve, garde. Au moins. Saute. Assuré.
SALA, cour, palais.

> Non den hom plorar cels que li celestials sala recep.
>
> BEDA.
>
> Non deplorandi sunt quos coelestis aula recipit.

SALAIGNAC, château en Querci.
SALAROS, Saragosse.
SALEIRA, salière.
SALEBIZ, SALEEZ, api.
SALGAR, pétrir.
SALIR, sortir.
SALME, pseaume.
SALMEBA, chante, psalmodie.

> Tals lauza dieu e salmeba,
> E l creis e l conois parlan,
> Qu'en sas obras lo venia,
> E l fug e l ger à son dan.

SALNITRE, salpêtre.
SALPASAR, SALPICAR, SALPESCAR, saupoudrer, asperger.
SAL QUAR, si ce n'est, excepté que.
SALS, sauve.
S'ALS, si autre.
SALSA, sauce.
SALSIFRANHA, la saxifrage.
SALTERI, psalterion.
SALTIERS, pseautier.
SALUDABLES, salut.

> Aquest saludables de dieu, es trames allas gens.
>
> N. T. Act. 28.
>
> Gentibus missum est hoc salutare dei.

———— Sain, salubre, salutaire.

> Seguet donc charitat, li quals es dolsa vianda e saludables dos.
>
> BEDA. 1.
>
> Sectamini charitatem dulci ac salubri cibo.

SALUDAIRE, qui salue.
SALUDAR, saluer.
SALUDATZ, saluez, salué.
SALUDERON, saluèrent.
SALUTZ, SALUZA, Saluces en Piémont.
SALV, sauf. Sauve, sauvé.
SALVADOR, SALVAIRE, sauveur. *Salvator.*
SALVAIZINA, sauvagine, venaison.
SALVAMEN, sûrement. Salut, sûreté.
SALVAN, sauf, sauvant. Sûr, assuré.

SALVATGE, farouche, cruel, féroce, terrible.

SALVATOR, sauveur.

> Lo sieu cors sera SALVATOR del mon.
>
> SYDRAC.

SALVE, Sauve, ville du Languedoc.

SALVETAZ, santé. Raison, bon sens.

> Grans sabieza es SALVETAZ de terra.
>
> BEDA. 15.
>
> Multitudo sapientiae sanitas est orbis terrarum.

SALVIA, sauge.

SAMBUC, sureau. Harpe, chalumeau.

SAMIT, étoffe de soie. Satin. Bysse, lin très-fin.

> Negus non comprara plus merces de bis, e de polpra, e de SAMIT.
>
> N. T. Apoc. 18.
>
> Nemo emet amplius merces byssi, et purpurae, et SERICI.
>
> Uns hom era mot rics, e vestia polpra e SAMIT.
>
> N. T. Luc. 16.
>
> Homo quidam erat dives, qui induebatur purpura et BYSSO.

SAN, sain. Saint.

SANADOR, guérissable, curable.

SANAR, guérir. Châtrer.

> Sanec los que avian obs de sanamen.
>
> N. T. Luc. 9.
>
> Eos qui cura indigebant, SANABAT.

SANAT, eunuque.

SANCA, cothurne. Main gauche.

SANC-ROTO, plaie, blessure avec effusion de sang.

> En tot home que fassa SANC-ROTO, se'l fa ab fust o ab peira, o ab armas, ha lo bisbe LX so's de R... e que fassa far drech al deman.
>
> ARCHIV. d'Albi.

SANCNAR, saigner.

SANCS, gaucher.

SANCTEZA, sainteté, dévotion.

SANCTOR, saint, sainteté. Reliques.

SANEYT, guérison.

SANGLETAR, en-sanglanter.

SANGLOS. Voyez JANGLOS.

SANGLUT, hoquet, râle, rot.

SANGLIAS, saignées.

SANGLINIS, sanguinaire, cruel, impitoyable.

SANB, saint.

SANHA, marécage.

> Quan fuelh vertz e blanca floc
> Nais e l'obet en la SANHA.

SANITATZ, santé. *Sanitas.*

SAN ONGI, Saintonge.

SANS, sain, saint.

SANSO, Sanche, nom d'homme.

SANSOINGNA, la Saxe.

SANTANA, sainte.

SANTEZA, sainteté.

SANTIFIRE, psautier.

SAO, saison, temps.

SAOBRA, je saurais.

SAORRA, saburre.

SAP, sapin. Sait. Sent. Plaît. Trouve bon.

SAPCHA, qu'il sache.
SAPCHATZ, sachez.
SAPCHON, sachent.
SAPIATZ, sachez, sachiez. Sentiez.
SAPIENS, sage, savant.
SAPTE, samedi.
SAPUT, SAPUDA, su, connu, connue.
SAPCHAN, sachent.
SAQUET, sachet, petit sac.
SARAR, serrer, fermer, boucher.
SARDANHA, SARDENHA, la Sardaigne, la Cerdagne.
SARDIL, serge.
SARDINA, sardoine.
SAREM, nous serons.
SARERONT, lièrent.
SARGANTANA, lézard.
SARGOTAR, secouer. Sangloter.
SARPELIERA, serpillière.
SARRADA, serrée, enfermée.
SARRALHA, cage, serrure.
SARRAMEN, serrement, étrécissement.
SARRE, qu'il serre, rétrécisse.
SARENOM, Serenon en Provence.
SARRON, serrent.
SARTOR, SARTRE, tailleur.
SARZIR, rentraire, reprendre, raccommoder. *Sarcire.*
SAS, sain. *Sanus.*
SASONADA, rassasiée.
SATAIL, petite fiole. Fourchette.
SATRUSSAR, écraser, broyer.
SATZ, assis, placés.
SAUMSSES, sussiez.
SAUBESSON, sussent.

SAUBRATZ, sauriez.
SAUBRIA, saurait.
SAUBRON, surent.
SAUBUDA (à), au su, à découvert.
SAUEUTZ, su, connu, publié.
SAUC, sureau.
SAUCX, saule.
SAULS, sauf, sain, sauve, sauvé.
SAUMA, ânesse, bête de somme.

U poil de sauma él qual negus hom anc no se.

N. T. Luc. 19.

Pullus asinæ supra quem nullus homo adhuc non sedit.

SAUMADA, charge, faix.
SAUMIER, ânier. Maîtresse poutre.
SAUMIERA, bête de somme.
SAUN, sommeil. *Menat de saun*, endormi.
SAUP, sut. Sentit. *Saup bo*, plut, sentit bon.
SAUPHON, surent.
SAUPTENIR, fouler aux pieds.
SAUPUT, SAUPUTZ, su, découvert.
SAUR, SAURA, saure, roux, blond, blonde.
SAURAR, saurer, saler, fumer. Blondir.
SAUREL, tête à l'évent.
SAURENGA, sauce piquante.
SAUS, goût, saveur.
SAUSEDA, saussaie.
SAUSER, saule.
SAUT, bois, gorge, défilé.
SAUTERI, psautier. Je sautai.
SAUTES, sautât.

SARTZ MENUTZ, petit trot.

SATZI, saule.

SAUZER, SAUZERS, saussaie.

SAVAI, SAVAIS, fourbe, fripon. Lâche, fainéant. Mauvais. Grossier, vilain, maussade.

SAVALS, au moins, du moins.

SAVENA, bandeau.

SAVENAL, de toile, de linge.

SAVI, savant, capable, habile, prudent.

SAVIAMEN, sciemment, sagement.

SAVIEZA, science, sagesse. Artifice.

SAZADA, rassasiée, comblée.

SAZAIZ, plein, rassasié.

SAZIAMENT, rassasiement.

Re non profeita tot jorn faire
    lone dejun; e li anma trabucha
    pois per gran SAZIAMENS de vian-
    das.
                    BERN. 31.

Nihil prodest totâ die longum
    ducere jejunium, si post cibo-
    rum SATURATEM vel nimietatem
    anima obruatur.

SAZIC, saisit.

SAZIDA, saisie.

SAZINA, abondance, fertilité.

SAZION, rassasiant.

SAZO, SAZON, SAZONS, saison. A sazon, à propos. De sazon, à temps.

SEBARALHADOR, qui rompt, qui met en désordre.

SCACIER. Voyez ESCASSIER.

SCALA, pont d'une galère. Échelle.

SCALES, échelons, degrés.

SCALPRE, scalpel.

SCANDOL, scandale.

SCANHA, peloton.

SCAPOL, libre, innocent.

SCARTS, écarté, exilé.

SCASSA, SCASSUR, qui a les pieds tortus.

SCATA, écaille, paillette.

SCAUMA, écaille, maille de cuirasse. Squama.

SCEM, diminué, amoindri dépourvu.

SCHERMBERGA, épée, flamberge.

SCIENT, savoir.

SCIENTOS, savant.

SCLARZIR, éclaircir.

SCLAU, esclave.

SCLAUMA, écaille.

SELE, seigle. Secale.

SCOBAR, balayer. Scopare.

SCOFELAR, écosser.

SCOGOSSAR, cocufier.

SCOILL, école, leçon.

SCOLAT, eunuque.

SCOLPER, sculpter, graver. Sculpere.

SCONDIRE, cacher. Refuser, défendre, se dédire, écondaire.

SCORCHAT, SCORCHATZ, écorchez, écorché.

SCORIATZ, excorié, dépouillé.

SCROENZ, affront, moquerie. Désastre.

SCORSOL..., fouiller.

SCORELGAR, écorcer, écorcher. Decorticare.

SCRIMIR, escrimer, parer, défendre.

SCROULA, écrouelles. Scrofulae.

SCUDAR, couvrir d'un écu.

SCULPILCHA, saleté.

SCUR, obscur.

SCUROLOS, écureuil.

SE, si. Soi. Seiu. Siége, trône. Assied.

Depauset los poderosos de la se, e eissausset los umils.

N. T. Luc. 1.

Deposuit potentes de sede, et exaltavit humiles.

— Est assis.

Qui jura per lo cel, jura lo tron de deu, e deu que i se.

Beda. 37.

Qui jurat in coelo, jurat in throno dei, et in eo qui sedet super eum.

SEA, soit.

SER, une haie.

SEBELIR, ensevelir, enterrer. *Sepelire.*

SEBENC, furoncle.

SEBENCS, serf, esclave.

Si cum es us seus SEBENCS, que es sos sers.

Cou.

SEBISSA, haie.

SEBOETURA, sépulture.

Primeirament deu traire de la hereiat aco que lo despenduiz en la sebouetura d'aquel de cui fo la heretatz.

Cou.

SEBRADAMENT, séparément.

SEBRAR, séparer.

SEBRES, sépares, séparât.

SEC, sèche. Suit. Aveugle. S'asseyait, était assis. *Sec sec*, tout de suite.

SECADA, sécheresse.

SECANT, selon, suivant.

SECAR, sécher, dessécher.

SECATZ, séchez. Desséché.

SEGLES, siècle, monde.

SECODER, SECODRE, secouer.

SECOB, secourt.

SECORRE, secourir.

SECOS, secoua. Secoué, débarrassé.

SECOT, secoue. Écarte, renverse.

SECRET (baro), conseiller intime.

SECRETA, décrets, statuts.

SECRETARI, asile, refuge.

Tu es SECRETARI meu en la tribulacio.

Ps. 31.

Tu es refugium meum à tribulatione.

SECRETZ, mystères de la foi.

SECTA, hérésie.

SEDEJANT, qui a soif.

Si cum lo beures de l'aiga profeita al SEDEJANT, per la chalor del soleil, enaissi profeita consolatios al fraire qu'es pausaz en tribulatio.

Beda. 13.

Sicut potus aquae sitienti in aestu solis, sic sermo consolationis, fratri in tribulatione posito.

SEDEJAR, avoir soif.

SEDELA, ruban.

SEDIERS, sentiers.

SEDOS, lacs de crin.

SEDRA, harpe. *Cithara.*

SEELHA, siége, trône, chaise.

Dieus dara li la SEELHA de David son paire.

N. T. Luc. 1.

Dabit illi dominus deus SEDEM David patris sui.

Esquivas dels escrivans que volon sezer en las autas SELHAS.
N. T. Marc. 12.

Cavete à scribis qui volunt in primis CATHEDRIS sedere.

SEF, suif.

N'Aimars fai lum en sa cambra
De SEF ardent quant à privat s'en intra
St. GAUBERT.

SEG, suivit, s'assit.
SEGA, suive. Aveugle.

Galina SEGA
C'al volar vola coma pega.
PRADAS.

SEGAL, seigle. *Secale.*
SEGALAS, pays, terres à seigle.
SEGILLAT, scellé. *Sigillatus.*
SEGLAR, mondain, du siècle.
SEGLE, siècle, temps, monde, terre, univers.

Li filh d'aquest SEGLE noceio, e so liuratz à nossas.
N. T. Luc. 20.

Filii hujus SAECULI nubent, et traduntur ad nuptias.

SEGLEJADORS, mondains.
SEGNAL, bannière, étendard.
SEGNAR, faire signe. Bénir. Se signer.
SEGNER, seigneur, seigneurs.
SEGNOBEJAR, dominer, commander, se rendre maître, traiter avec empire.
SEGNORIA, seigneurie.
SEGNORIOS, seigneurial.

SEGON, second. Suivent. Selon, suivant.

Als contes man en Proensa
Lo vers, e sai à Narbona,
Lai on pren jois mantenensa
SEGON aquels per cui renha.
Et ieu trob sai qui m retenha,
Tal domna don soi amaire,
Non ges à la lei Gascona,
Mas SEGON que nos amam.
P. D'ALVERNHE.

SEGONHO, petit de la cigogne.
SEGOR, assuré.
SEGRE, suivre.
SEGREDOR, secret, intime, discret.
SEGRES, poursuite, le suivre.
SEGRIA, suivrait.
SEGRIERS, ancien nom donné aux troubadours en Espagne.
SEGUA, suive. Scie. S'asseye.
SEGUEI, je suivis.
SEGUEL, seigle.
SEGUEM, nous suivons. Nous nous assîmes.
SEGUENT, suivant. Coupant.
SEGUENTRE, conséquemment, de suite. Derrière, depuis, selon, suivant. Après.

Esquiva l'ome erege SEGUENTRE lo premier e'l segon castiament.
N. T. ad Tit. 3.

Haereticum hominem, post unam et secundam correptionem devita.

SEGUES, suivez, qu'il suivît, qu'il s'assît, fût assis.
SEGUIA, je suivais, il suivait.
SEGUIC, suivit.
SEGUIEIRA, sécheresse.
SEGUINA, pinne-marine.

Seguir , suivre.

Qi volrà seguentre me venir ,
abnege si-meseis , e prenga sa
crois , e sega me.
>> N. T. Matth. 16.

Qui vult post me venire, abneget
semetipsum , et tollat crucem
suam , et sequatur me.

Dis os l'huic segua te, à qualqe
loc anaras.
>> Id, 8.

Unus ait illi: sequar te , quô-
cumque ieris.

Segunhola , jeune cigogne.

>> Aissi com la segunhola
>> Baisa , leva , tout' avau ,
>> Cazen , leran , 't breola
>> La seguirs e non aves ait.
>>> Marcabrus.

Segunt , suivent , trouvent.

Molt es estreita e greus li via que
mena à salut, e pauc seguent la
>> Beda 60.

Angusta est via et dificilis , quae
ducit ad vitam , et pauci sunt
qui inveniunt eam

——— Suivant , selon.

Segunt la vertat te garda de ton
proïme , e mena tez serrez ab
sabis homes.
>> Id. 64.

Secundum virtutem tuam cave te
à proximo tuo , et cum sapien
tibus tracta.

Segur , sûr , assuré , certain.

Segura , sûre , assure , assurée.

Segurana , certaine , assurée.

Segurans , garantissant.

Seguransa , assurance , garantie.

Segurar , défendre , assurer ,
garantir.

Seguros , sûr.

Segurs , en sûreté. *Secu-
rus.*

Segurtansa , Segurtatz , sûreté , assurance , caution ,
garantie.

Seia , soit.

Sei , ses. Soi. Soif. Assieds.
Çà , ici.

Seiam , asseyons-nous.

Seis , suit.

Co'l giraflor qe lo soleil seis.

Seignal , signe , marque ,
preuve. Enseigne , bannière. Exemple , modèle.

Seignar , faire signe. Se signer. Ceindre.

Seigneira , bannière , étendard.

Seignoratge , supériorité.
Domination , puissance.
Avantage.

Seignoreiar , commander ,
maîtriser.

Seignoressa , maîtresse , sou-
veraine.

Seignoril , Seignoriu , seigneurie , seigneurial.

Seil pour se il , ou se li.

Seilla , seau.

Seillier , cuve. Sellier.

Seinar , bénir.

Seiner , seigneur , seigneurs.

Seing , Seinhs , ceint , enfermé.

Seinz , cloches.

Els SEINTZ comenson à sonar
Per la messa, que vol cantar
Le bons arquivesque Gales.
                    JAUFRE.

SEIRE, asseoir, s'asseoir.

Preguet l'elip qe pujes, e ssotes
ab lui
                    N. T. Act. 8.

Rogavit Philippum ut ascenderet,
et sederet secum.

SEIROL, sorte d'oiseau.
SEIS, six. Ceignit. S'assit.
SEIZEN, SEIZENS, sixième.
SEJORN, oisiveté, repos.
SEJORNAR, se plaire, se dé-
lecter, se reposer.
SEICLE, cercle.
SELHA, cruche.

Encontreres un home que porta
una selha d'aigua.
                    N. T. Marc. 14.

Occurret vobis homo lagenam
aquae bajulans.

SELIS, cilice.
SELVA, bois, forêt.
SEM, privé, dénué. Défail-
lant, abattu.
SEMAR, retrancher, dimi-
nuer.
SEMBEL, combat. Jeu. Tour.
Piège, trébuchet.
SEMBELI, zibeline, fourrure.

El premier sembeli
C'om portet sobre si.

SEMBELLAR, tonneler, prendre au trébuchet.

Vos etz ben sembellatz
Cum l'auzel q'al sembel se pren,
Car ses grat e ses gauzimen
Amatz e vos non es amatz.

SEMBLAMEN, aussi, pareillement.
SEMBLAN, SEMBLANT, mine,
apparence. *Per aital semblan*, ainsi, comme, de
même.

Los olhs e'l cor estan
Vas leis, qu'alhors no'ls vire,
Si qu'ades on qu'eu m'an
La vei e la remire:
Tot per aital semblan
Com la flor qu'om retrai
Que totas horas vai
Contra'l solelh viran.
                    PEIROLS.

SEMBLANSA, sorte, espèce.
Comparaison, similitude.
Apparence.
SEMBLE, semblable. *Per
semble*, par exemple.
SEMBRADOR, semeur.
SEMDIER, sentier.
SEMELHA, assimile.
SEMELHS, que tu assimiles.
SEMEN, SEMENSA, semence,
race, génération.
SEMENAR, semer. *Seminare.*
SEMOSTA, semonce, invita-
tion.

Dominus, sens semosta,
Evenou de totz laiz.
                    VAQUEIRAS.

SEMPRE, aussitôt, sur-le-
champ.
SEMS, exempt, dénué. Re-
tranché. Demi, moitié.
Semis.
SEN, SENS, sens, raison,
esprit. Cens. Sans. Avis.
sentiment.
SENADA, sensée.

SENAR , guérir.
SENAS , langes , lisières.

Qui que l fassa pecaire , eu dic
qu'el es enfans
Que senas a gitadas à tot lo primer lans.
          Guer. des Albig.

SENATZ , sage , sensé.
SENBEL , SENBELH , tonnelle à prendre les oiseaux. Combat , tournois.
SENBLANSA , ressemblance. Portrait. Semblant.
SENCER , sain , pur.
SENCHA , ceinte , ceinture. Sangle.
SENCHAR , ceindre.
SENCHATZ , ceint , sanglé.
SENDA , fende , cuise. Sentier.
SENDAT , SENDATZ , taffetas. Drapeaux , étendards.
SENDEC , les syndics.
SENDET , fendit , divisa , déchira. *Scidit.*
SENDIER , sentier.
SENDIL , cabinet.

En la chambra qu'es vouta , dias
lo senoil
Que fo de marbre crue , ind'e
vermelh.
Lai n'es intratz lo reis e siei
coseill.
          G. de R.

SENECS , vieux.
SENEQUIER , gaucher.
SENES , sans.

Senes mi , re no podest far.
          N. T. Joan. 13.
Sine me , nihil potestis facere.

SENESES , le Siennois.
SENESTRE , gauche. *Sinister.*

SENGA , ceigne , embrasse.
SENGLES , chaque , chacun. Seul. *Singulus.*
SENGLETA , plume de l'aile.
SENGS , marque , signe.
SENH , se signe , admire. Ceint , environné.
SENHA , ceigne. Etendard , drapeau. Cri de ralliement.
SENHADAMEN , savamment.
SENHAGOL , sceau , cachet.
SENHAL , signe , étendard , bannière. Blason , armoiries , sceau , cachet.
SENHAR , bénir , sceller. *Si senhar* , se signer , admirer , s'étonner. Faire signe.

Adoncas senhec ad aquist Simon
Peire
          N. T. Joan 13.
Innuit ergo huic Simon Petrus.

SENHER , maître , seigneur.
SENHORABLE , du seigneur.

Foi en esperit el senhorable jorn,
et auzi apres gran vous aisi coma de trompa.
          N. T. Apoc. 1.
Foi in spiritu in dominica die ,
et audivi post me vocem magnam
tanquam tubae.

SENHOREJADOR , dominateur.
SENHORIL , seigneurial.
SENHS , cloches. Reliques. Sanctuaire.
SENMANA , semaine.
SE NON , si ce n'est que , à moins que.
SENRE , cendre.
SENSA , cense , cens , rente , tribut. Sans.

SENSAL, SENSALS, censitaire.

SENT, je sais, je connais.

SENTAT, sainteté.

SENTATZ, assis.

SENTE, le centième.

SENTEME, le centuple.

SENTENSIAR, juger.

SENTIA, sentais, sentait.

SENTIBLE, sensible.

SENTIR, tact. Le sens du toucher.

SENTROGAL.

Del SENTROGAL li dona hom
Ah caru candeta queacom,
E'l gravesol ab figarel
D'un congulet jove per vel.
                PRADAS.

SENTURA, ceinture.

SEON, Sehon, roi des Amorrhéens.

SEPELLIR, ensevelir, enterrer. *Sepelire.*

SEPS, haie. *Sepes.*

SEPTEN, septième.

SER, sieur. Soir. Serf. Montagne. Cerf. Serpent.

SERAUN, seront.

SERAUS pour SERA VOS.

SERBE, sénevé.

Se aures fe, enaissi co'l gra de la SERBE, direts ad aquel pug, traspassa d'aissi, e traspassara.
                N. T. Matth. 17.

Si habueritis fidem, sicut granum sinapis, dicetis monti huic, transi hinc illuc, et transibit.

SERCAIRE, sarcleur.

Temor es lo SERCAIRE del vergier qui u purgua las malas plantas.
                V. e V.

SERCAR, chercher.

SERCARA, cherchera.

SERCAT, cherché, tourné.

SERE, SEREN, serein.

SERENA, sirène.

SERENAR, rendre, devenir serein. Calmer.

SERIER, cerisier.

SERIESAS, cerises.

SERMEN, SERMENBA, sarment.

SERMO DE LINHADA, généalogie.

SEROR, sœur. Religieuse.

SERP, serpent, couleuvre, reptile.

SERPOL, serpolet.

SERQUE, je cherche, qu'il cherche.

SERQUEM, cherchons.

SERQUIEI, je cherchai.

SERRA, scie. Colline, montagne.

SERRADURA, SERRAILHA, serrure, fermeture.

SERRAR, scier, couper.

SERS, cerf. Esclave. Soir.

Co fo seas en aicela dia, en la u dels sabtes.
                N. T. Joan. 20.

Cùm sero esset die illo, uno sabbatorum.

SERT, sûr, certain. Fort. Profond. Ferme. Assuré.

SERTAN, SERTANA, certain, certaine.

SERTAS, certain, certainement.

SERTEZA, certitude.

SERV, il sert.

SERVA, conserve. Esclave.

SERVIRE, serviteur.

SERVENTES, servante, sorte de poésie.

SERVENTULA, diminutif de SERVENTES.

SERVESA, cervoise.

SERVUS, serviteur.

SERVIMENT, politesse, service. Mérite.

Tost monton nostras orazos à deu, cant li serviment de nostras ebras las trametunt.
BEDA. 7.

Cito orationes ad dominum ascendunt, quas ad deum merita nostri operis imponunt.

SERVIR, mériter.

SERVIRE, serviteur, esclave. Servage.

SERVISE, service, obéissance.

SERVISI, don, présent.

Le Jugge que servisi pren
A greu la lial juggamen.
SENECA.

SERVISSI, obéissance.

SES, ceus, censive. Sans. S'assied. Siége, trône.

Eu sei en estas, on es la ses de Satanas.
N. T. Apoc. 2.

Scio ubi habitas, ubi sedes est Satanae.

SESCA, jonc.

E d'assendre en l'erba fresca
On an no cale rauza ni sesca,
Que'l prat fo de noelas flors.

SESELHA, banc, siége.

SESSAL, censitaire. Esclave, soumis.

SESTA, cette, celle-ci.

SESTAIRO, Sisteron, ville de Provence.

SESTES, hormis, si ce n'est.

SESTIAR, setier. Soif.

SESTIEIRAL, setier.

SET, soif.

SETA, cette.

Seta pena es la premeira
Qu'en l'ala fai dreita carreira.
PRADAS.

SETS, SETEN, SETENA, septième.

SIEGE, SETJE, siége.

SETI, siége, place.

Li Fariseus aman los primos setis els manjars, e las primieiras cadieiras e las sinagogas.
N. T. Matth. 23.

Pharisaei amant primos recebitus in coenis, et primas cathedras in synagogis.

SETIAT, SETIADA, , assiégé, assiégée.

SETMANA, semaine.

SETZ, soif. *Sitis*.

SETZE, seize.

SETZEN, SETZENA, seizième.

SEU, SEUS, sien, siens, son, ses. Suif.

SEUA, sa, sienne.

SEVALS, au moins, du moins.

SEYTRE, faucheur.

SEZ, siége, trône.

Deus desteni la sez des ergolios dux, e fai i sezer los suaus per els.
BEDA. 72.

Sedes ducum superborum destruxit deus, et sedere fecit mites pro eis.

SEZA, sèche.

SEZAIS, élevé, opulent.

Car qui es hui poderos e sezais
Deman ben leu pot esser sotrais.

SEZENS, séant. *Sedens.*
SEZER, asseoir, être assis.
SEZESME, seizième.
SEZIA, était assis.
SEZIAM, nous étions assis.
SEZIDA, saisie.
SESILH, siége.
SGUARAR, couper le jarret.
SIA, soit.
SIBILIA, Séville.
SICAMOR, sicomore.
SICHA, Signe, ville de Provence.
SICRETZ, secrets.
SILC, je suis, il suit.
SILGA, suive.
SILI, ses.
SILIA, moisson, tas de gerbes.

A l'ezuriers, que ac paor
C'om no sanpes lo fašiment
Esterner la vai manienent,
En la silia la vai gitar,
En d'ordi la vai soterrar.
                    H. de L.

SIEIS, six.
SIENZA, science.
SIER, sieur, seigneur. Sers, sert.
SIERF, sert.
SIERVA, serve.
SIERVON, servent.
SIEST, tu es.
SIEU, son, sien.
SIEUA, sienne.
SIEUTADAN, SIEUTADANA, citadin, citadine.
SIEUTAT, cité.
SIGNA, Signe en Provence.
SIGNE, SIGNES, cigne.
SIGOLENTA (lana), laine surge.

SIGON, selon.
SIGRAN, suivront.
SIGUEN, suivant.
SILH, SILHS, cils, sourcils.
SIM, cime, faîte, sommet.
SIME, le liége, son gland.
SIMI, singe. *Simia.*
SIMIA, guenon.
SIMIER, qui fait faire des tours aux singes.

Apren mestier
De simier
E fai los avols escarnir:
De tor en tor
Sauta e cor,
E garda que la corda tir.
                    CALANSO.

SIMITAUR, minotaure.
SIMONIAIX, simoniaque.
SIMPHONIA, tambour de basque.
SINC, cinq.
SINDONE, linceul.

Peire nou vi mas li SINDONE en que era agut envolopat.
                    N. T. Luc. 24.
Petrus vidit LINTEAMINA sola posita.

SINGATZ, enceints, enfermés.
SINGLAR, sanglier. Séculier.
SINGULAR, SINGULARS, singulier.
SI NI SI, quoi ni qu'est-ce.
SINQUES, cinquième.
SINS pour SI NOS.
SINTES, vous sentez, vous pensez.
SIO, soient.
SIOLONS, le même que FIOLONS.
SIOUS, si je vous.

SIPIA, sèche, calmar. *Sepia.*

SIRGUA, lierre, sa racine.

> E non portet vestir de SIRGUA,
> Ans portet be vestir de lingua.
> P. WILELM.

SIRVEN, SIRVENS, serviteur, valet, sergent. Brigand. Fantassin. Client. Intendant.

> Si alcus vol primer esser, sera à
> totz devers, e de trastos SIRVENS.
> N. T. Marc. 9
> Si quis vult primos esse, erit
> omnium novissimus, et omnium
> MINISTER.

SIRVENTA, servante.

> Nos no em fil de la SIRVENTA,
> mas de la franca.
> N. T. Gal. 4.
> Non sumus ANCILLAE filii, sed
> liberae.

SIRVENTES, SIRVENTESC, SIRVENTESCA, sirvante.

SIRVENTZ, fantassin, goujat.

SIS, cet. Monté. Assis. Situé.

SISCLATO, brocard d'or, étoffe de soie.

> Estrecha venc en un mantel
> D'un drap de seda bon e bel,
> Que hom z apela SISCLATO.
> P. VIDAL.

SISCLAR, glapir, jeter des cris aigus.

SISCLE, cri perçant, sifflement.

SIST, ce, cet, celui-ci.

SITOLAR, SITULAR, pincer la harpe.

SITOT, quoique, bien que, quand même.

SIU, cité, ville.

SIVADA, avoine.

SIVALS, SIVAUS, au moins, du moins.

SIVELA, cive, ciboule. Boucle.

SIZA, assise.

SLIAR, délier.

> Usquex de vos no SLIA so bous e
> so aze de la grepia, e l mena
> abeurar?
> N. T. Luc. 13.
> Unusquisque vestrum non SOLVIT
> bovem suum aut asinum à prae-
> sepio, et ducit adaquare?

SMERAGDE, émeraude.

SMERSAMENT, prix, salaire.

SO, sous, chanson. Ce. Sont. Son, pronom. Je suis. *Eu so*, c'est moi.

> E cissa ora dix lor: aias fe, EU
> so, no vulhas temer.
> N. T. Matth. 14.
> Et statim dixit illis: habete fidu-
> ciam, EGO SUM, nolite timere.

SOA, sienne, seule.

SOAGE, soulage.

SOALLADURA, souillure, tache.

> Ses SOALLADURA son denant lo seti
> de dieu.
> N. T. Apoc. 14.
> Sine MACULA sunt antè thronum
> dei.

SOAN, oubli, dédain, mépris, négligence. Divorce.

> Moyses permes escrieure libre de
> SOAN, e laissar.
> N. T. Marc. 10.
> Moyses permisit libellum REPUDII
> scribere, e dimittere.

SOANA, la Saône, rivière de France.

SOANAMEN, mépris, négligence.

SOANAR, négliger, dédaigner, mépriser. Refuser.

Non devem pas soanar lo don d'aquesta vida, que deus nos donet.
BEDA. 48.

Li humil recebunt lo do que li ergolios soanunt.
Id. 4.

———— Répudier, renoncer.

L'eros pot soanar la heretat ab sola sa voluntat.
Con.

SOANARETZ, éconduirez, refuserez.

SOANARIATZ, dédaigneriez, négligeriez.

SOANATZ, méprisé.

SOAU, SOAVET, doucement.

SOAVEZA, douceur.

SOBDANA, soudaine, subite.

SOBDOS, soudain, subit.

Cant li home dirant, paz e segurtaz, lor venra sobdos atruisamens.
BEDA. 20.

Cùm enim dixerint homines, pax et securitas, tunc repentinus eis superveniet interitus.

SOBDOSAMENT, subitement, tout-à-coup.

SOBEIRAN, SOBERA, supérieur, excellent. Ascendant. Prodigieusement grand, d'en haut.

Cil qui desirunt lo sobeiran pays, non devunt pas fugir solament las malas costummas dels homes, mas lor compama atressi.
BEDA.

Hi qui soberanam patriam desiderant, non solùm malorum mores, sed et consortia fugiant.

SOBER, d'en haut, de dessus. Desuper.

SOBERA..., le restant.

SOBERSA. Voyez SUBERSA.

SOBGEN, sujet.

SOBINA, SOBINAS, sur le dos. Supinus, supina.

Mentre qu'ieu me jazia
Sobinas mi dormia,
Un baizar mi rendia
Tan plazenmen,
Qu'encar lo m sen
E farai à ma via.
ANONYME.

SOBIRANESSA, supériorité.

SOBIRAS, plus haut.

Amix, poja sobiras.
Amice, ascende superius.

SOBNOMNATS, surnommé.

SOBOLTURA, sépulture.

SOBRA, reste, excès. Surpasse, l'emporte.

SOBRADA, supérieure, excessive.

SOBRADEIS, SOBRAIFIERS. Voyez SOBRANCIER.

SOBRALTIUS, très-haut.

SOBRAMARS, excès d'amour. Très-amer.

SOBRAN, SOBRANS, surpassant, souverain, suprême, excellent.

SOBRANCEJAR, s'élever avec orgueil.

SOBRANCIER, SOBRANCHIERA, supérieur, excessif. Fanfaron, vantard. Hautain, arrogant, altier, altière.

SOBRANSA, supériorité.

SOBRANSAR, surmonter, surpasser.

SOBRANSARIA, surpasserait. Extravagance, vanité.

SOBRANSES, surmontât, surpassât.

SOBRAR, surpasser, être de reste.

Culiro doze cofres de franhemens, qe sobrero de cinq pas.
         N. T. Joan. 6.

Collegerunt duodecim cophinos fragmentorum, ex quinque panibus quae superfuerunt.

SOBRAS, supérieur. Restes.

SOBRAT, SOBRARZ, subjugué, vaincu. Surpassez.

SOBRAUTII, très-élevé, supérieur.

SOBRAVANSA, reste. Surpasse, l'emporte.

SOBRAVINEN, SOBRAVINENS, très-avenant.

SOBRE, très, sur. *Super.*

SOBRE-APARISSENT, suréminent.

La sobre-aparissent caritat de la scienza de Crist.
         N. T. Eph. 3.

Supereminentem scientiae charitatem Christi.

SOBRECABAL, excellent.

SOBRECABER, remplir, inonder.

SOBRECILL, sourcils.

SOBRECOCHAR, hâter vivement.

SOBRECOT, surcot.

SOBRECUJATZ, téméraire, arrogant, présomptueux.

Totz hom orgueilhos es ais-i sobrecujatz, que qui lo castia el se irais, e se turba, e se corrossa.
         V. e V.

SOBREDAURAR, surdorer.

SOBREDIR, ajouter, dire plus.

SOBREDOS, sur le dos.

SOBREFAIS, excès.

Li just recebunt salut cant sunt chastiat de lor sobrefaiz.
         BEDA. 28.

Salubriter accipiunt iusti, quod de suis excessibus arguuntur.

SOBREFLUITAT, superfluité.

SOBREFERB, bossette.

SOBREIRA, excés, arrogance, témérité. Hautaine.

SOBRELAU, loue à l'excés.

SOBRELEU, trop tôt, trop aisément.

SOBRIMES, supérieur.

SOBREMONTAMENT, excés.

Vis abondaz sia en sobremontamen.
         BEDA. 25.

Vinum condemnatur in excesse.

SOBREMONTAR, surmonter, surpasser.

SOBREN, souverain.

SOBRENSEING, SOBRESEING, cotte d'armes.

SOBREPELITZ, surplis.

SOBREPENRE, surprendre.

SOBREPOJAR, surmonter.

         SOBREPORTAR,

SOBREPORTAR , transporter.

SOBREPUJAMEN DE PESSA , ravissement d'esprit, extase.

SOBRE QE TOT , mais encore , plutôt , surtout.

SOBRERS , supérieur , vainqueur, éminent, suprême. Superflu. *A sobrers* , à outrance, excessivement.

SOBRESEIGNORIL , surdominant.

SOBRESENS , extravagance , déraison.

SOBRESFORSAR , faire les derniers efforts.

SOBRESFORSIUS , de très-grand effort.

SOBRESILHA (la) , les sourcils.

SOBRESOTEIRAS , sens dessus dessous.

SOBRET , excéda , surmonta , surpassa.

SOBRETALANS , désir extrême.

SOBRETANAMEN , subitement.

SOBRETRACIMAR , surmonter , surpasser.

SOBREVAL , surpasse , vaut mieux , excelle.

SOBREVALER , valoir mieux , l'emporter sur.

SOBREVENS, surmonte. Grand vent.

SOBREVERTIR, déborder, passer les bords , inonder , répandre.

Li ric home an pietat tan gran
De l'autra gen com ac Caïm
    d'Abel ;
Que mais volon tolre que lops
    no fan ,
E mais mentir que tozas de
    bordel.

Si ls crebavatz en dos locs o en
    tres ;
Ja no crezatz que vertatz n'issis
    ges ;
Mas messorgas , don an al cor
    tal son
Que sobrevertz com aigua de
    teron.
                CARDINAL.

SOBREVINENS , survenant.

SOBRIEIRA , outrage , excès. Excessive.

SOBRIER. Voyez SOBRERS.

SOBRIESCA , déborde , se répande.

SOBRISSIR , déborder , passer les bornes.

SOBRISSITZ , élevé plus qu'il ne doit.

SOBRITAS (tener) , s'abstenir.

SOBRON , vainquent , surmontent.

SOBRONDAMENT , inondation.

SOBRONDAR , inonder , déborder , surabonder.

SOBROR , supériorité.

SOBROS , tumeur , enflure.

Lo cate que a lo pe fort gros ,
Ginoilh noitz com ab sobros ,
Esgard salvatg' e flamejan ,
Oills terribl' e de fer semblan ,
Sol lo cap sia per mesura ,
Bos deu esser e gran ren dura.
                PRADAS.

SOBSRIEN , souriant.

Mostra sobsries l'alegreza de ton
    cor.
                BEDA. 53.

Subridendo laetitiam mentis indica.

SOBTAR , soumettre.

SOBTE, promptement, subitement.

SOBTIVA, prompte, subite.

SOBTOS, soudain, subit.

SOBTOSAMEN, soudain, subitement, tout-à-coup.

SOBTOSAMEN fo fait sos del cel.
N. T. Act. 2.
Factus est REPENTE de coelo sonus.

SOC, SOCA, soque, souche.

SOCODER, secouer.

Socodes la pols de vostres pes en testimoni dels.
N. T. Marc. 6.
EXCUTITE pulverem de pedibus vestris in testimonium illis.

Il socoderon la polvera de lurs sabatas, e vengron in Nicom
Id. Act. 13.
At illi EXCUSSO pulvere pedum in eos, venerunt Iconium.

SOCORS, secours.

SODADA, salaire.

SO DESUS DESOTZ, sens dessus dessous.

SOEN, souvent.

SOENDERAMENT, fréquemment.

SOENDERS, trop fréquent.

SOENDERS lavars dels pels e de la chara, mostra que nos sciu ser de pechaz.
BEDA. 43.
Lavare faciem, manus ac pedes IMPENSIUS, servos nos indicat esse vitiorum.

SOENTRE, souvent, après.

SO ES A SABER, savoir, à savoir, c'est à savoir, c'est-à-dire.

SOFEIRA, manque.

SOFERTAIBE, endurant, patientant.

SOFERTANSA, souffrance.

SOFERTAR, permettre, supporter, tolérer.

SOFIER, soutient, patiente.

SOFOGAR, suffoquer, étouffer.

SOFRACHA, disette, indigence, besoin, nécessité.

SOFRACHOS, indigent, souffreteux.

SOFRAIGNA, manque, fasse faute.

SOFRAIS, manque.

SOFRAITA, besoin, nécessité.

SOFRAITOS, SOFRAITOZA, nécessiteux, nécessiteuse.

Avareza tota hora a fam et es SOFRAITOZA,
BEDA. 22.
Avaritia esurit semper et INOPS est.

SOFRAZ, manquement, faute.

SOFRETANS, manquant, souffrant.

SOFRI, soutint.

SOFRIR, attendre, espérer.

SOFRIRE, souffrant, endurant, patient.

SOFRISSETZ, souffrissiez, permissiez.

SOGNIE, songe.

SOGRA, belle-mère. *Socera.*

SOGRE, beau-père. *Socer, socerus.*

SOIL pour SO IL.

SOILL, boue, limon.

Et empastatz coblas ab SOILL
De descovinensa.
CIGALA.

Soiros.

De ditz iest plus caus d'un saic,
Ez as majors cops d'un soiros ;
Mas le feges e le polmos
Es graus sotz la cabezailla.

Soiscebre , prendre , saisir , s'emparer , attirer , entreprendre, reprendre , recevoir. *Suscipere.*

Soisep , prit.

Soiseubes , choisit , empruntât.

Soiseubuda , faite avec choix, de fantaisie , d'emprunt.

Sojorn , repos , loisir , amusement.

Sojornadis , oisif , paresseux.

Sojornar , se réjouir , s'égayer , se divertir , se reposer. Se donner du bon temps.

Sojornatz , frais , reposé.

Sol , seul , seulement. Soleil. Terre , terrain. A coutume. Excepté.

Solador , bourbier.

La porca lavada él solador del brac.
     N. T. 2 Petr. 2.

Sus lota in volutabro luti.

Solabura , souillure , tache , ordure.

Solairol , lieu exposé au soleil , au haut d'une maison , étendoir. *Solarium.*

Solar , tacher , salir , souiller. Plancher , étage. Souche de maison noble , vieille roche.

Solaret , plancher , étage.

Solars , souliers.

Solas , amusement , divertissement , mot pour rire. Entretien , conversation. Douceur , consolation , allégement. Plaisanterie.

Solassar , amuser , divertir , égayer.

Solatz , entretien , conversation. Joie , plaisir , etc.

Solcequia.

Prendetz un' erba bona e bella
Qu'aristologia s'apella ,
E de solcequia atretan.
          Pradas.

Soldat , soudé , consolidé , affermi, solidement établi.

Tant cum sem frait en aquest segle, tant sem soldat en l'autre.
          Beda. 5o.

Quantùm in hoc saeculo frangimur , tantùm in perpetuo solidamur.

Soldada , solde , salaire.

Soldader , salarié.

Soldaina , solitaire.

Soldor , sorte de monnaie ancienne. Sou d'or.

Solelhar , se chauffer , se sécher au soleil. Rayonner , faire soleil.

Solelher. Voyez Solairol.

Soler , avoir coutume. *Solere* Chambre haute, salle à manger.

Eran avondessas lampezas él soler.
          N. T. Act. 20.

Erant lampades copiosae in cœnaculo.

Solestansa , solitude.

Aquel morgues es perfeiz que so-
ferta en l'ermitatge de la SOLES-
TANSA, e en la monzia, las eser-
metatz deis fraires.

        BEDA.

SOLETAMEN, seulement.

SOLETAT, solitude.

SOLETZ, avez coutume. Seu-
let. Fou, insensé, fat, sol.

SOLEZA, désert.

  La femna fugi en la SOLEZA.
        N. T. Apoc. 12.
  Mulier fugit in SOLITUDINEM.

SOLIER, plancher, étage.
Terrasse, plate-forme.

SOLORIU, noble, unique,
supérieur.

SOLORIUS, solitaire.

SOLPRE, soufre.

SOLPROS, sulfureux.

SOLS, sol, terre. Seul. Dé-
lie, délivre, détache.
Solves, solvit.

SOLSES, déliât, délivrât.

SOLVER, délier, affranchir,
etc. *Solvere.*

SOLVERAI, j'absoudrai, je
délierai.

SOLVIA, délivrait, acquittait.

SOLZ, viande ou poisson au
vinaigre. Accoutumé. So-
lide. Délié, dénoué.

SOM, sommet, bout. Som-
meil.

SOMCIMS, le plus haut sommet.

SOMEIRA, ânesse.

SOMEIRAS, Sommières en
Languedoc.

SOMELHAR, ressembler.

SOMENAR, semer.

    Tal somena ben e gen
    Son blat qi no'l mixona.

SOMERGA, submerge.

SOMERGOLAR, submerger.

SOMI, rêve, songe.

SOMIAN, songeant.

SOMIAR, rêver, songer. Avoir
des songes.

  Li vestri velhs SOMIARAN somis.
        N. T. Act. 2.
  Seniores vestri somnia SOMNIA-
BUNT.

SOMIAVA, je rêvais.

SOMIES, songeât.

SOMNELHZ, pris par le sommeil.

SOMNI, rêve, songe. Som-
meil. *Far somni*, dormir.

SOMNIANS, songeant, rêvant.
Rêveur.

SOMONHA, avertisse, exhorte.

SOMOGUTZ, invité.

SOMONER, sommer, avertir,
convoquer, requérir,
exhorter.

SOMONGA, avertisse.

SOMONIMENT, convocation,
invitation. Semonce.

SOMONIS, invite, exhorte.

SOMOS, invité, invitation.

SOMOSSA, semonce, convo-
cation.

SOMOSTA, exhortation, invitation.

  Pueis fan SOMOSTAS e cembels
  Que renegon la sancta lei
  Que Jesu Crist le paires fei.
  Mas per paor ni per menassa
  Que li malvaisa gent lur fassa,

Non laisan lo prepauzament
C'an promes à l'omnipotent.
        H. de L. 125.

SOMS, le haut, le bout, l'extrémité. *Summum.*

SOMSIR, absorber, engloutir.

SON, sommeil. Sommet. Air, chanson. Songe.

SONAILL, clochette, grelot.

SONALHA, son, sonnette, sonnerie.

SONAR, appeler, crier. Jouer d'un instrument. Résonner, retentir.

SONELH, sommeil.

SONELHAR, sommeiller, dormir.

SONET, appela. Petit air, chansounette.

SONGET, songea, rêva.

SONGNA, SONA, soin, souci.

SONHAVEN, nous songions, nous rêvions.

SONIATZ, appeliez. Rêvé, rêviez.

SONILHOS, assoupi.

SO NI QUE, quoi ni qu'est-ce.

SONNI, songe, rêve.

SONS, songes.

SOPAR, le souper.

SOPARTIR, séparer, répartir, distribuer.

SOPAS, soupe.

SOPLEGAR, SOPLEIAR, supplier, saluer, remercier.

SOPLEI, supplie, s'incline, s'humilie. Ploie, fléchit.

SOPLEIANS, courtisan. Soumis, obéissant.

SOPTAMEN, subitement.

SOPTES, prompt.

SOR, sœur. Blond.

SORBIR, avaler, engloutir. *Sorbere.*

SORC, s'élève, s'éleva.

SORDEGIERS, plus vilains.

SORDEI, empire, avilit.

SORDEIS, injure, opprobre, saleté.

SORDEIZ, plus vilain, plus mauvais.

  Res non es peis de folia, ni de
  SORDEIZ.
        BEDA. 21.

  Nihil stultitiâ pejus, nihil rurius.

SORDEJAR, gâter, salir, souiller. Empirer. *Sordescere.*

SORDEJES, avilit, déshonorât.

SORDEJOR, plus laid, plus mauvais.

SORE, blond.

SORGA, s'élève, sourde.

SORGER, sortir, sourdre.

SORIS, SORITZ, souris. Rien.

SORJAM, nous moutions, nous nous élevions.

  Deus nons retrai pas sos dos, si
  tot nos pecham alcuna vez, per
  so que sorjam à l'esperansa del
  divi perdo.
        BEDA. 35.

  Interdùm peccantibus nobis sua
  deus dona retrahit, ut ad spem
  divinae propitiationis mens hu-
  mana CONSURGAT.

SORN, sournois. Sombre, obscur.

SORRE, sœur.

SORS, élevé, relevé, exalté, vanté, loué. Sœurs. Blonds. S'éleva.

SORSER, plonger, noyer, submerger.

Una d'ellas penset un dia
Qu'l filh de l'autra sorseria,
Per tal que lo sieus filhtz agues
L'eretat d'andos los borzes.
H. de L.

SORSETZ, relevez. Vous ressuscitâtes.

SORSIM, SORSINS, la plus hauta cime.

SORSON, sourdent.

SORT, SORTZ, sourd. Sortilége, magie, divination.

SORTER, SORTILHER, sorcier, devin.

SORTIR, tressaillir.

Et a l donat
Tal colp que tot l'a fag sortir.
JAUFRE.

SORZEDOR, qui sourd.

SORZER, sourdre, s'élever.

Mesteir a à tot covers que deja sorzer apres paor.
BEDA. 8.
Necesse est omni converso ut post timorem consurgere debeat.

SOS, ses. Son, bruit. Air, chant.

SOSFOIRE, fouir par dessous, creuser, miner.

SOSGEITA, soumise, obéissante.

Mellier es sosgeita servituz que livreza ergoliosa.
BEDA. 62.
Melior est subjecta servitus quàm elata libertas.

SOSPEDATZ, suspendu, ravi en admiration.

Lo poble era SOSPEDATZ, en auzien lo.
N. T. Luc. 19.
Populus suspensus erat, audiens illum.

SOSPEISSO, doute, défiance. attente.

SOSPEITOS, SOSPICHOS, suspect.

SOSPLANTAMENS, ruine, subversion.

Lengua del fol es sos sosplantamens.
BEDA. 61.
Lingua imprudentis subversio est ipsius.

SOSTA, répit, terme, délai.

Es falsa mercadaria, quant hom vent las merces plus que no valon per la sosta.
V. e V.
Aitals hom endiablatz fan trop de mals, car per lor sosta e per lor prest destruisson e empaubrezisson las baronias e los ostals des cavaliers e des autz homs.
Id.

SOSTAR, donner du temps, accorder des termes.

SOSTENER, souffrir, supporter.

SOSTENGUIS, SOSTENGUIST, soutins, soutint, supporta.

SOSTENHA, soutienne, supporte.

SOSTENSETZ, souffrissiez.

SOSTERA, SOSTERRA, SOSTERRAN, soutiendra, soutiendront.

SOSTERRATZ, enterré.

Sostra , soustrait , ôte , retire , dérobe.

Tant cum chascus se sostra del
mont , li a mestier que s'ajoste
ab la compania dels bos.
                              Beda. 1.

Quantò se unusquisque subtrahit
mundo , tantò necesse est ut se
associet bonorum consortio.

Sostraia , retranche , diminue.

Sostrais , soustrais , retran-
ches , retrancha , retran-
chas.

Sostror , infériorité , sujétion.

Soteira , inférieur , descen-
dant.

Soteirans , atterré , subjugué.

Soterrar , enterrer , accabler , opprimer.

Sotil , mince , délié.

Sotiledat , subtilité.

Sotileza , finesse.

Sotilmen , subtilement.

Sotiran , Sotiraina , inférieur, souterrain , souter-
raine.

Sotiras , bas , vil.

Sotlars , souliers.

Sotmes , sujet d'un prince.

Sotol , terrain , emplace-
ment.

Sotrais , abaissé.

Sotran. Voyez Sotiran.

Sotz , sous.

Sotz-amenar , introduire par
surprise.

Sotzcela , couverture.

Tug li arsso foro de jaspe
E la sotzcela d'un diaspe.

Sotz-intrar , se glisser.

Sotzmessa , mise dessous ,
catin , soumise.

Sotzterrar , atterrer , accabler , enterrer , abaisser ,
ravaler , humilier.

Soudada , solde , salaire.

Soudadeira , fille de joie ,
baladine.

Soudadier , soldat , stipen-
diaire , gagiste.

Soldor , sou d'or , ancienne
monnaie.

Soultre , deçà , en deçà , par
deçà. *Citrà.*

Soustel , subtil.

Sout , libre , payé. *Solutus.*

Souta , dégagée , payée.

Tu non as enquer souta ta gona.

Soutz. Voyez Solz.

Soven , souvent. Souvient.

Sovendansa , multitude ,
concours.

La sovendansa de mot melhiers
d'angels.
                          N. T. Hebr. 12.

Multorum millium angelorum
frequentia.

Sovendar , dire fréquem-
ment , répéter souvent.

So m'essenh' amors ,
Qu'enansar vostras lauzors
Dei , domn' , en cantan :
Per qu'ieu sovendi mon can.
                              Puegsibot.

Sovendeiramen , fréquem-
ment.

Eu darei estusi neiss aver vos
sovendeiramen.
                          N. T. 1 Petr. 1.

Dabo operam frequenter habere
vos.

Sovendejar, répéter.
Sovendet, fréquemment.
Sovendier, fréquent, redoublé ; assidu.
Soveneiramen, souvent.
Sovengues, se souvint.
Sovina, sur le dos. *Supina.*
Sovinens, mémoratif.
Sovinensa, souvenir, souvenance.
Spadan, épée. *Spatha.*
Speransa, attente.
Spic, épieu, trait, dard, javelot *Spiculum*
Splandres, splendeur, éclat.
Splec, exploit. Outil, instrument.
Sponda, bord du lit.
Sponja, éponge.
Sput venal, mauvais crachat.
Stages, demeure, résidence.
Staingnar, étamer.
Stampida, sorte de poésie.
Stan, sont, demeurent, restent en repos.
Stanc, je reste.
Stanh, Stani, étain.
Staphizagria, staphisaigre.
Star, être.
Starda, outarde.
Stat n'aurai, je me serai abstenu.
Stauc, je suis, il fut.
Steinh, s'étouffe, s'éteint.
Stella jornaus, étoile du matin.
Stenher, éteindre, étouffer. Mourir.
Sterlis, sterlings.
Stern, trace, voie, sentier.

Stival, bottine, guêtre, gamache, tricouse.
Straignatz, effarouché.
Strang, farouche, sauvage.
Strassar, déchirer, mettre en pièces.
Streliner, jeter par terre.
Strenga, serre, lie, presse.
Stribot, sorte de poésie.
Sua, sa.
Suau, doux, paisible, paisiblement.
Suaus, doux.

Lengua suaus apaia ira.

BEDA.

Lingua mollis confringet duritiam.

Suaumen, paisiblement.
Suauza, adoucit.
Suaveza, douceur, bonté.
Subdanamen, soudainement.
Suberna, crue, débordement d'eaux supérieures. Courant, cours de l'eau.
Subriers. Voyez Sobrers.
Subtos, soudain. *De subtos,* soudainement.
Subvinensa, souvenir.
Suc, nuque, chignon. Le haut de la tête.
Suddet, il ajouta.
Suffron, souffrent, endurent.
Suegra, belle-mère.
Suegre, beau-père.
Sulah, soin, inquiétude.
Sufertans, endurant, patient.
Suffera, souffre, permette.
Suffert (bon), bonté, complaisance, tolérance.

Qar en plus à midous m'aten
E mais la prec, e mais i perd;
E meins i trueb de bon sufert.

SUFRANSA, protection. *Sufransa de cor*, manque de cœur.
SUFREN, patient, endurant. Sifroi, nom d'homme.
SUFRENSA, manque. Patience.

La SUFRENSA es à vos besonhosa.
N. T. Hebr. 10.
PATIENCIA vobis necessaria est.

SUFRIABLE, passible, qui peut souffrir.
SUFRIDOR, patient.
SUFRIMEN, souffrance, disette, privation.
SUFRIR, soutenir, aider, entretenir. S'abtenir, s'empêcher, retenir. Résister à.

Cant podem SUFRIR la ira dels ergolios, nos la eschivem humilment.
BEDA. 2.
Cùm RESISTERE possumus irae superbentium, humiliter declinemus.

SUG, essuyé, net.
SUGA, suie.

Amors es cum la beluga
Que coa'l fuey en la SUGA,
Art lo fon e la festuga.

SUGAR, essuyer.
SUGAUTAR, frapper sur la joue, souffleter.
SUGEL.

Aprop d'elas son li cotel,
So son d'alas coma SUGEL.
PRADAS.

SUIL, suint, cochonnerie, vilenie.
SUJA, suie.
SUJIER, teinturier.
SUL, sur le.
SUM, le haut.

Umpliron las ydrias entro al SUM.
N. T. Joan. 2.
Impleverunt hydrias usque ad SUMMUM.

SUMISITZ, englouti, submergé.
SUOILL, j'ai coutume, a coutume.
SUOUT, soubreveste, cotte d'armes.

Motz ausberc au vestit e mot bon gonion,
E desus mot perpught e SUOUT de sisclaton.
GUER. des Albig.

SUPERBIA, fierté, orgueil.
SUPERCHI, reste, superflu.
SUPLIMEN, souplement, doucement, adroitement.

SUPLIMEN
Lo tenga hom, que non l'afol
Ni trenc la pena ni l degol.
PRADAS.

SUPTILIAN, subtilisant.
SUPTILS, fin, pur.
SUR, Tyr, ville d'Asie.

E levant d'aqui annet en las fins de SUR e Saiet.
N. T. Marc. 7.
Et indè surgens abiit in fines TYRI et Sidonis.

SURDEJOR, le pire, le plus laid.

SURIA, Syrie.
SUES, sourt. Seide, Sidon.
SUS, sur, dessus.
SUSEST, Sussex en Angleterre.
SUZAR, suer. Sucer.
SUZARI, mouchoir.

  Si sobre ls languents fosso portatz
  li SUZARI o las cenchas de Paul,
  las langors se partissou de lor.
            N. T. Act. 19.

Ità ut super languidos deferrentur à corpore ejus SUDARIA, et semicinctia, recedebant ab eis languores.

SUZENS, suant.
SUZO, suent.
SUZOLENT, SUZOLENTA, puant, puante.
SUZOR, sueur. *Sudor.*

T

T est souvent à la fin d'un mot pour TE, TOI. Dans ce cas, nous l'avons détaché.
TA, tant, si, tellement.
TABARIA, Tibériade.
TABOR, tambour.
TABOREJAR, tambouriner.
TABORELAIRE, qui bat le tambour.
TABORNAR, troubler, tarabuster.
TABUST, TABUSTOL, tapage, tintamarre, tumulte. Chagrin.
TABUSTAR, battre, frapper, tempêter. Se révolter.
TACA, tache, vice, signe.
TACAI, fourbe, malin.
TACAR, tacher, souiller.
TACON, morceau de cuir, pièce rapportée.
TACOS, taché, sale, malpropre.

  Vostre vestir sian talhat
  E fait azaut e ben estan;
  E no sian tag ni TACOS,
  Mas aisi fresc e fait ginhos
  Com si venian per orat.

TAFUR, vaurien, fripon, libertin.

  Fais amic, amador TAFUR
  Baissan amor e levo'l crim;
  E nous cuides qu'amor pejur,
  Qu'atrestan val com fez al prim:
  Totz temps fo de fina color
    Et anese d'una semblausa;
  Nuls hom no sab de sa valor
    La fin ni la comensansa.
                MARCABRUS.

TAFURER, usurier.
TAGN, TAIGN, convient, appartient.
TAGNERIA, il faudrait.
TAILLAR, couper.

  Trastots aibres, qe no fai bo fruit, sera TAILLATS, e mes él foc.
                N. T. Matth. 3.

Omnis arbor, quae non facit fructum bonum, EXCIDETUR, et in ignem mittetur.

TAILL, taille, air, façon, mine. Tranchée. Règle.
TAILLONET, petit morceau.
TAIN, TAING, TAINS, convient, appartient.

TAÏNA (far), s'arrêter, s'excéder.

TAÏNAR, vexer, contester,
disputer, inquiéter. Tar-
der.

El desme de t'eira e de ton troil
non TAÏNAR redre.
　　　　BEDA. 26.

Primitias areae et torcularis tui
non TARDARIS offerre mihi.

TAIS, couvint, appartint.
Tais, tut.

TAISERS, silence.

TAISES, appartint, revint,
touchât.

Aquela heretatz perten al paire,
dun que ela TAISES al fil.
　　　　COD.

TAISSER, taire, convenir,
appartenir.

TAISSES, tusse, tût. Tou-
chât, appartint.

TAL, tel. *Per tal*, parce
que, afin, à cause de.

TALA, dégât, dommage.

TALABAS, écu, bouclier.

TALAN, TALANT, désir, vo-
louté. Penchant, inclina-
tion.

TALANTA, Atalante.

TALANTAIS, la Tarantaise.

TALANTOS, enclin, porté à.

Es tant plus aondos en plors,
quant fo en pechaz plus TALAN-
TOS.
　　　　BEDA. 30.

Tantò in deplorando profusios,
quantò extitit in peccato proclivius.

TALAR, couper. Ravager,
faire le dégât.

Tais la: per qe negueis la tera
perpren?
　　　　N. T. Luc. 13.

Succide illam: ut quid etiam
terram occupat?

TALEC, sac à avoine.

TALECA, poche, panetière.

TALEN, désir, appétit, gré,
goût, envie. Fantaisie.

TALENTIU, désireux. Capricieux, bizarre.

Amors don' un cor TALENTIU
Com cel que jai él malavez,
Que no l'es bo res qo'om l'autrei,
Mas so I piatz d'on hom lo castiu.
　　　　BRUNET.

TALENTOS, TALENTOSA, désireux, curieux, curieuse.

TALH, taille. *Ben talh*, bon
effet, réussite.

TALHADOR, TALHER, TALHIERS,
plat, bassin.

Li toza pres lo cap en un TALHA-
DOR, e donet lo assa maire.
　　　　N. T. Marc. 6.

Attulit caput ejus in disco, et
puella dedit matri suae.

TALHZ, faux, fauches, ac-
tion de faucher, fauchage.

TALIENERS.

Senher coms de Montfort, trop
paretz TALIENERS:
Huei prendretz gran dampnatge,
car es trop sentorers.
　　　　GUER. des Albig.

TAL ORA ES, parfois, quelquefois.

TALPA, taupe. Tremblement de terre.

TALQUIS, un de par le monde, quelqu'un.

TALT pour TOLT, ôté, enlevé.

TAMPADA, TAMPIDA, fermée, barricadée.

TAMS, par.

TANBORS, tambours.

TANC, tronc d'arbre; écharde, chicot.

TANCADURA, fermeture.

TANCAR, fermer.

TANG, il convient, appartient, il convint, appartint.

TANGNERIA, conviendrait.

TANHEDOR, parent.

TANHER, appartenir, concerner, regarder. *Be s tanh*, il convient, il est bien juste.

TAN NI QUAN, nullement.

TANS, tauts. Fois. Tan.

TAN TROQUE, jusqu'à ce que.

TAONAI, TAUNAI, Tounai-Charente.

TAPI (à), en secret, en tapinois.

TAPS, tuf, limon, argile.

TARAIRE, tarière.

TARC, tarde.

TARDAN, TARDANO, tardif, lent.

Lo collivaire espera lo precios
frug della terra, temporal o
TARDANO.
       N. T. Jac. 5.

Agricola expectat pretiosum fructum terrae, temporaneum et
SEROTINUM.

TARDESETZ, différassiez.

TARGA, tarde.

TARIDA, sorte de vaisseau, tartane.

Mais nul hom no s pot gardar
Che lai no l coveng' amar,
Mal son grat ou s'aventura,
On sa TARIDA lo mena.

TARIMEN, tarissement, épuisement.

TARJA, targe, bouclier.

TARRONS.

Li toza demandet aimadors : e
   ve ls vus
Am pes et am TARRONS al caitieu
   corron sus,
Gietan lo de l'ostal e de tota la
   terra.
       H. de L. 78.

TARTAILLAR, tailler en pièces.

TARTALHAR, bégayer, balbutier, bredouiller.

TARTARASSA, buse, milan.

TARTRES, Tartares.

TARTUGA, tortue.

TARZAN, lent, tardif, tardant.

TARZANSA, retard.

TARZAR, tarder, différer.

TARZEI, je tardai.

TASCA, gage. Besace, sac, valise.

TAST, trace, vestige.

       Tot lo jorn vau aratge
Per vezer si troberan ni pezada
   ni TAST
De nulha creatura que passes per
   lo gast.
       H. de L. 32.

TATZ, tais.

TAÜC, bière, cercueil.

Quan veires al primer ue
   Trapanar sa valeusa
     Del faduc,

Qui mal sembla del Baus n Uc,
  E sos truc
Val mens q'om mortz en TAIIC.

TAULA, planche. *Tabula.* Douane, bureau des impôts.

Jhesus traspasset, e vi Levi d'Alfieu sezent alla TAULA, dis li: sec me. E seguet lo.
  N. T. Marc. 2,

Cùm praeteriret, vidit Levi Alphaei sedentem ad TELONIUM, et ait illi: sequere me. Et secutus est cum.

TAULAR, arranger les dames, caser, tricher.
TAULAS, dames, dés.
TAULAT, plancher, parquet, lambris.
TAULATZ, casé.
TAULEJAR, jouer des castagnettes.
TAULETAS, castagnettes.
TAULIER, damier.
TAUR, le signe du taureau.
TAÜRZ, bière, cercueil.
TAVAN, taon. *Tabanus.*
TAVLCS, insulte.
TAVILION, ouvrier, manouvrier.
TAYS, taisson, blaireau.
TAZ, tais.
TAZIBLAMENT, tacitement.
TE, toi, te. Tient, retient, arrête.
TEBAUT, Thibaud.
TEBE, TEBEA, TEBEEL, tiède.
TEBELZA, tiédeur.
TEBEZIR, tiédir.
TEC, tient, tint.
TECRITZ, entiché, taché, souillé.

TEDALS, tentes, retraites, asiles.
TEDON pour TENDON, tendent.
TEGATZ, tenez.
TEI, tes. Toi. Tiens. Tient. Tisse.
TEILL, tilleul.
TEINA, tienne.
TEINTS, rouge.
TEIRA, sillon. Série, suite. Rangée.
TEIRALS, territoire. Contemporain, de même âge. Frère de lait.

Manahen TEIRALS d'en Erode cartener.
  N. T. Act. 13.

Manahen Herodis tetrarchae collactaneus.

TEIS, teignit.
TEISER, tisser.

Ieu t'o farai mout ricamen.
Ditz lo cavalier, enseignar,
Teiser e cozir e taillar.
  JAUFRE.

TEISSIRIS, celle qui tresse.
TELA, toile. Taie.
TELAICON, ensuble.
TELENA.

Si vi en la TELENA
En Pons justar
De Mondrago.
  VAQUEIRAS.

TELH, tilleul.
TELHA, écorce de tillent.
TELIAR, métier de tisserand.
TEM, crains, craint.
TEMA, craigne, crainte.
TEMALS, sorte de poisson.

Budels de luz voill partan à lor
  guiza,
Troias, TEMALS, e peisus e car-
  pius.

TEMEIROS, dangereux.

TEMEN, craintif.

TEMENMEN, timidement.

TEMENSA, crainte.

TEMER, craindre, respecter.

TEMEROS, timide, craintif.

TEMERS, crainte.

TEMIA, craignait.

TEMOR, tremblement. Peur,
  crainte. *Timor*.

TEMPE, TEMPLE, timbre,
  timbale, tambour de basque.

TEMPER, tempête. Vacarme,
  carillon.

Estan per las carreiras li lum e'l
  candeler,
E las tambors e'ls tempes fan
  grailes e TEMPER.
         GUER. des Albig.

TEMPIER, TEMPORAU, tem-
  pête, mauvais temps.

TEMPRADURA, modération,
  sobriété.

TEMPRAMENT, TEMPRANSA,
  modestie, retenue.

TEMPRAR, régler, modérer.
  Accorder, ajuster, rac-
  commoder.

TEMPRATZ, trempé, mêlé,
  tempéré. Modéré, circonspect.

TEMS, craignit.

TEMSERA, je craindrais, il
  craindrait.

TEMSES, je craignisse.

TEMSUT, TEMSUDA, craint,
  crainte.

TEN, tiens, tient. *T'en vas*,
  va, va-t'en.

TENC, tint. Alla.

TENCH, rouge, fard.

TENCHA, encre, teinture,
  encaustique.

Vos es pistola escricha non per
  TENCHA.
         N. T. 2 Cor. 3.
Vos estis epistola scripta non
  ATRAMENTO

TENCHON, tenson, dispute.

TENDA, une tente. Aille.
  Piège. Attende.

TENDENSA, attente.

TENDIR, retentir.

TENEBROR, ténèbres, obscurité. Bruit confus.

TENEN, tenant, tenace. Col-
  lant, gluant. *Ad un tenen*,
  de suite.

TENENSA, fief, dépendance.
  Tenue, conduite, cons-
  tance. Domaine, posses-
  sion.

TENER, posséder.

TENER, so es posseder la causa.
         COD.

TENESSETZ, vous tinssiez.

TENETZ VES MI, venez à moi.

TENEZO, TENEZON, posses-
  sion.

Aquel que es escritz eres deu intrar en TENEZON de las causas de
  heretat.
         COD.
———— Prescription.

El s'en pot defendre per razon,
  si cum es dit en aquel titol un
  paraula de TENEZON, so es de
  prescription.
         Id.

TENG, trempé.

Aicel à cui ieu estendrai lo pau TENG.

    N. T. Joan. 13.

Ille est, cui ego INTINCTUM panem porrexero.

TENCTUA, peinte ou tendue, tapissée.

La chambra es TENCTUA, eth estan quei;
E non ench de parlar un s'enancei.

    G. de R.

TENGUDA, tenue, obligée. Etendue, possession.

TENGUESSON, tinssent.

TENGUI, je tins, j'allai.

TENH, couleur, fard. Teint.

TENHA, aille, avance.

TENHRA, de l'encre.

No volgui per TENHRA ni per rauzel escriure à tu.

    N. T. Joan. 3.

Nolui per ATRAMENTUM et calamum scribere tibi.

TENIA, tenait, allait. Ver, teigne.

TENIR A NIEN, compter pour rien.

TENON, tiennent, vont.

TENPRE, tempérance, modération.

TENRÀ, tiendra, ira.

TENRA, tendre, délicate. *Tenera.*

TENRA res e leus es é femnas li fama de chastedat.

    BEDA. 10.

TENERA res in feminis fama pudicitiae est.

TENRIA, tiendrait, durerait, irait.

TENS, tend, va.

TENSA, dispute, guerre, querelle. Défend. Tendue. *A tensa*, à l'envi.

TENSAR, disputer, contester. Chicaner.

TENSEN, craignirent.

TENSO, dispute, querelle, débat.

Odi mou TESSO, e charitaz cobre trastez deleiz.

    BEDA.

TENSONAMEN, combat.

TENSONAR, débattre, disputer, quereller.

La bona tenso TENSONEI.

Bonum certamen CERTAVI.

TENSONENS, disputans.

TENSONOS, disputeur, querelleur.

TENSUT, craint.

TENTIR, retentir.

TENTS, rouge.

TENUS, mince. *Tenuis.*

TENZA, contestation, difficulté.

TERGA, nettoie, essuie, fourbisse, polisse.

TERIS, **TERRIC**, Thiéry.

TERMEN, **TERMENC**, **TERMIN**, **TERMINI**, temps, saison. Terme, délai.

TERMES, limites, confins.

Comenseron lo pregar que se partia del TERMES d'eis.

    N. T. Marc. 5.

Rogare coeperunt eum ut discederet de FINIBUS eorum.

TERN, **TERNA**, tiers. Trois, troisième. Terne au trictrac.

TERON, fontaine, tuyau.

TERRADOR, territoire, pays.

TERRAIL, terre.

TERRAIRES, territoire.

> Et anquaras s'apella lo TERRAIRES
> de plan.
>> H. de I. 76.

TERRA-TREMOL, tremblement de terre.

TERRE, TERRENAL, TERRE-NALS, terrestre.

> Contra aquest mandament fan
> totz aquels qui trop amon qual-
> que causa TERRENAL.
>> V. e V.

TERRIERS, territoire. Terrier. Seigneurs de terres.

TERS, TERSA, tiers, troi-sième. Essuyé, nettoyé, nettoyée. Essuya.

TERSANA (febre), fièvre tierce.

TERSAR, TERSER, essuyer, frotter, nettoyer.

> Teas los pes de lui ab los seus
> cabels.
>> N. T. Luc. 7.
>
> Pedes ejus capillis suis TERSIT.

TERSOL, tiercelet.

TERSOR, essuie-main.

TERSSES, les tiers.

TERTAL, semblable, égal.

TERTAN, de même, autant.

TERTIA, tierce.

TERTZ, tiers, troisième. Net-toie.

TERZ, essuyé, torché.

TERZ E NONA, tierce et none.

TES, tenu, tendu, tint, tendit.

TESCA, crâne, tête.

> Ais cabelhs par c'aiatz daurada
> La TESCA, tan son bel e bloi.

TESCUT, tissu.

TESGA.

> TESGA es mals que fai tal guerra,
> Que'l cap e'l fel e'l ventre serra.
>> PRADAS.

TESIU, étique, pulmonique.

TESOIRA, ciseaux.

TESSEL, TESSELH, agrafe.

> D'ois drap faitz lo mantel,
> E gardatz que'l TESSEL
> I sia ben estan.

TESSO pour TEN SO, le tient, le regarde comme.

> Hom fel, cant a un pauc d'enoi
> de son vizi, TESSO à grant mal.
>> BRDA. 2.
>
> Iniquus etiam parvum verbum
> audiens à proximo, contume-
> liam ARBITRATUR.

TESTAMENT, alliance.

TESTIMONI, témoin, témoi-gnage.

TESTIMONIADOR, testateur.

TESTOR, bout, extrémité.

> Alas tan longas, que'l TESTOR
> De la coa tocon en lor.
>> PRADAS.

TESTUTZ, tissu. *Textus.*

TET, toit. *Tectum.*

TETES.

> Lo mati à l'alba can resplandra'l
> TETES.
>> GUER. des Albig.

TETTA, tette.

TEULE, tuile.

TEUNE,

TEUNE, TEUNET, mince. *Tenuis.*
TEUS, tien, tiens. Craignit.
TEUSSES, qu'il craignit.
TEXTL, bible.
TEZ, têts.

Qui essenia fol, es cum cel que
   ajosta TEZ.
            BEDA. 21.

Qui docet fatuum, quasi qui
   conglutinat TESTAM.

TEZA, torche. *Teda.* Toise.
   Tendue. Thezan, bourg.
TEZURA, piége, embûche.

Com lo leos fai amor sa TEZURA,
Qu'entorl bosc fa trassa quan
   deu cassar,
Sal on portel en que no vol tocar;
Aqui's pauza et esta et endura
Entro que pren: aissi fa laz gi-
   nhos
Amors, en que pren totz los
   mals e'ls bos,
Si que paue son cels que s podon
   gandir;
Pueis ses merce no s'eu pot us
   jauzir.
            ESPANHOL.

THESAUR, trésor. *Thesau-
   rum.*
THILTZ, couvert, abri des
   oiseaux.
THIBES, Thisbé, amante de
   Pyrame.
TIBLA, truelle.
TIBORTZ, Tiberge, nom de
   femme.
TIEIRA, file, rangée, suite.
   A tieira, sans cesse.

Amador mi son mais vengut,
Et an mi autre plach megut,

Complanhen se d'aquest' amor;
Et an renduda lor clamor
Dets mais qu'ilh en suffren a
   milhas.
            BREV. d'Amor.

TIES, Thiois, Allemand,
   tudesque.
TIEUS, tien. *Tuus.*
TIEAIGNON, chignon, toupet.
TIGAR, empêcher, déranger.
TIGLE, tigre.
TIGNOS, teigneux.
TIL, gluau.

Bona fin' amors, so sapchatz,
Non es als mas quan voluntatz
Qui adug ins el cor vezers,
E lh'i arete bels plazers;
E vio de dos pessament;
Per q'usquers amaires entent
En aut son amor e son vil,
Refudan so qu'elh sembla vil.
            BA. d'Amor.

TIMEROS, timoré, craignant
   dieu.

Symeon era hom just e TIMEROS,
            N. T. Luc. 2.
Simeon homo justus et TIMORATUS.

TIMIAMA, encens, parfum.
TIMO, balance ou trébuchet.
   Artimon.

Levero lo govern e lo TIMO, e
   tenian ves lo ribage.
            N. T. Act. 27.
Laxantes junctucas gubernacu-
   lorum, et levato ARTEMONE ten-
   debant ad littus.

TINAUS, tinets.

E lansas et espazas, e bastos e
   TINAUS.
            GUER. des Albig.

TINC, tins, tint. J'allai.
            29

TINDOUTS, tintant, sonnant, retentissant.

TINEL, salle, maison.

TIR, TIRA, fâche, chagrine, afflige.

TIRAGOSSA.

   E jatz ab una vielha rossa
   Qu'es corderella e TIRAGOSSA.
             CARDINAL.

TIRAMEN, tiraillement.

TIRAN, TIRANS, rétif, rude. Fâcheux. Avare.

TIRAR, fâcher, peiner, affliger, ennuyer. *Tirar lo fre*, tenir en bride, arrêter, matter. *Tirar la pel*, arracher la peau.

TIRASSATZ, tiraillé, traîné.

TIRE, fâche, déplaise.

TIRES, Tyr.

TIRIACLA, thériaque.

TIT, Titus.

TITINAS, tetons.

TITOL, titre, marque, enseigne. Chapitre; écriteau. Monument.

TIX, fâche.

TO pour TE O, te le.

TOALHA, serviette, nappe, linceul.

TOARA, chenille, ver.

TOARCES, pays, territoire de Thouars.

TOART, camus, qui a le nez retroussé.

TOC, touche, frappe.

TOCAMEN, attouchement.

TOCAS, bosses, bubons, cloches.

TOESCO, Thiois, Allemand, tudesque.

TOL, ôte, ravit. Empêche, défend.

TOLAS, que tu ôtes. *Tollas.*

TOLC, ôta, empêcha.

TOLDRE, tondre, couper.

TOLEDOR, pillard, brigand, ravisseur.

TOLFIRES, voleur.

TOLETA, Tolède en Espagne.

TOLEIZ, ôtez.

TOLGRA, ôterais, ôterait.

TOLGRON, ôtèrent, prirent.

TOLGUES, ôtât.

TOLGUT, enlevé.

TOLI, j'ôte.

TOLIEU, péage, douane, tribut.

TOLI, ôte, cesse, discontinue.

TOLO, Toulon.

TOLOIRAS, ciseaux.

TOLON, ôtent, prennent.

TOLRE, ôter, enlever. Empêcher. Refuser.

TOLRIA, ôterait.

TOLT, ôté, enlevé.

TOLTA, levée de tailles.

TOLZA, TOLZAN, le Toulousain.

TOM, tour d'adresse, de souplesse.

TOMBAR, faire des tours, des culbutes.

     Sapchas parlar
     E ben TOMBAR,
  E ben parlar e jots partir,
     Taborejar
     E tauleiar,
  E far la semsonia brugir.
             CALANSO.

TOMEIRAS, Tomières.

TOMPLINA, bassin, réservoir. La mer.

> Autz que d'aqui pogues partir
> Illi vi lo cor sant venir:
> Segur vai sobre la TOMPLINA.
>   H. de L. 79.

> Los pescadors de bon coratge
> Queron la mar e lo ribage;
> E sorzian si dins la marina
> Tro al sol de la gran TOMPLINA.
>   Id. 90.

TOMS, chute. Que tu tombes.
TON, tond.
TONA, tonnelle.
TONDRES, dépouilles.
TONEDRES, tonnerre.

> L'avers dels fols secharant coma
> fluvis, e si cum TONEDRES grans
> passara en ploia.
>   BRDA. 36.

> Substantiae injustorum sicut flu-
> vius siccabuntur, et sicut TONI-
> TRUUM magnum in pluviâ per-
> transibit.

TOPE, TOPET, heurt, choc.
TOPI, pot.
TOPINA, marmite.
TOQUERA, toucherait.
TOQUET, toucha.
TOQUIEI, je touchai.
TOR, tour. Taureau. Re-
    tourne.
TORBA, foule. *Turba.*
TORBADOR, persécuteur.
TORBELON, hélice, volute.
TORGA, hart, lien.
TORDERA, TORDOLA, tourte-
    relle.

> Doneron un parelh de TORDOLAS,
> e dos pols de colombas.
>   N. T. Luc. 2.

> Dederunt par TURTURUM, aut duo
> pulli columbarum.

TORENA, Touraine, Turenne.
TORIGA, femme stérile.

> Alegra te TORIGA, qe no enfantas.
>   N. T. Gal. 4.

> Lactare STERILIS, quae non paris.

TORMENT, gêne, question,
    torture.
TORMENTADOR, exécuteur de
    la haute justice, bourreau.
TORMENTANSA, dispute per-
    nicieuse.
TORN, tour, retour. Rende,
    remette. Fois.
TORNADA, tournée. Revenue.
    Reprise, refrain.
TORNAR, retourner, revenir.
    Rendre. Avoir recours,
    attaquer. Actionner. *Tor-
    nar denan*, représenter,
    objecter.
TORNAS (far), rendre, ri-
    poster. *Ses tornas*, sans
    se défendre.
TORN' ATRAS, recule.
TORNATZ, changé, revenu.
TOENEI, je revins. Tournois,
    combat, escarmouche.
TORNEIA, orfraie.
TORNEJADOR, tourneur, sculp-
    teur. Qui suit les tournois.
TORNEJAIRE, jouteur.
TORNEJATZ, tourné. Ceint,
    entouré.
TORNELA, tourelle.
TORNES, tournois.
TORNET, toupie, sabot.
TORNIADOR, faiseur de tour-
    nois.

TORNISSA, à tour, à rouet.

TORNO, Tournon en Vivarais.

TORON, grain rôti.

TORBACHA, guérite.

TORRAI, j'ôterai, je retirerai.

TORS, tordit, tordu. Morceau, tronçon. Tours, ville de France.

TORSEDURA, torture, entorse.

TORSENS, tordant, tortillant.

TORSER, tordre.

TORSERA, tordrait, tordra.

TORSION, convulsion.

TORTA, torse.

TORTEL, tourteau, gâteau.

TORTIS, retors.

TORTOIRA, Tortose en Catalogne.

TORTORS, torture, bourreaux.

TORTRE, tourtereau, tourterelle.

TORTUELS, à tort ; de travers.

TORTURA, injure, injustice. *A tortura*, injustement.

Aquel es vertadiers, e TORTURA non es en el.
> N. T. Joan. 7.

Hic verax est, et INJUSTITIA in illo non est.

TORTURIER, injuste, inique, malfaisant.

TORTZ, torturé, tourmenté. Grive.

TOS, ton, tes. Enfant, jeune homme. Tondu. Toux. Imbécille, sot. Novice.

TOSA, jeune fille.

Lo rex dix à la rosa : quer à mi quant vols, e donarei à tu.
> N. T. Marc. 6.

Rex ait puellae : pete à me quod vis, et dabo tibi.

TOSCA, qu'il empoisonne.

TOSET, TOSETA, petit enfant.

TOSI, poison.

TOSSEC, crapaud. Poison.

TOSSEGAR, empoisonner.

TOSSIR, tousser.

TOSTAR, rôtir, griller, brûler.

TOSTEMS, toujours.

TOT, tout. Ôté, enlevé.

TOTA, toute. Prise, ôtée.

TOTAVIA, TOTAS VES, toutefois, pourtant.

TOTI, tous, tout.

TOT' ORA, à toute heure, toujours, toutefois.

TOUALA, TOUALHA, serviette, nappe, drap, linceul.

Josep evelopec lo cors de Jehsu en TOUALA monda, e pauzer lo en u moniment talat, en qual anc lunhs hom no fora.
> N. T. Luc. 23.

Joseph involvit corpus Jesu in SINDONE mundâ, et posuit in monumento exciso, in quo nondùm quisquam positus fuerat.

TOUGA, fille, vierge, femme stérile.

TOUT, TOUTA, ôté, pris, enlevé, enlevée.

A aqels qe no a, neis aco qe a sera tout de loi.
> N. T. Matth. 13.

Ei qui non habet, etiam quod habet AUFERETUR ab eo.

TOUTAS, voleries.

TOZA, jeune fille.

Tozet, petit enfant, jeune garçon.

Tra, tire, amène, extrait.

> Pero de mar tra hom senes dubtansa
> Aigua doussa.
>			P. Vidal.

Trabalhar, affliger.

Trabuc, trébuchet. Nigaud, maladroit.

Trabuca, pêse au trébuchet.

Trabucament, piége; ruine.

> Vete que aquest es panzat en trabucament et en resurrexio de motz en Israel.
>			N. T. Luc. 2.
> Ecce positus est hic in ruinam, et in resurrectionem multorum in Israel.

Trabucar, précipiter, renverser.

Trabucat, détruit, ruiné.

> Reire-endificarei las causas trabucadas di lui.
>			N. T. Act. 15.
> Reaedificabo diruta ejus.

Trabucharia, chute.

> Qui essalsa sa bocha quer trabucharia.
>			Beda. 13.
> Qui exaltat cor suum quaerit ruinam.

Trabuquet, trébuchet, machine de guerre, baliste, catapulte.

Trac, tiré, tira. Trahit. Traina.

Trach, javelot.

Trachar, toucher. Avoir soin.

Tracharai, j'aurai soin.

Tracher, Trachor, traître.

Trachoressa, traitresse.

> Jamais de l'abadia non issirai nul temps,
> Tro sia desliurada del blasme en que m'a messa,
> A tort et à peccat, li falsa trachoressa.
>			H. de L.

Tracio, Traction, trahison.

Tractador, conduit, tuyau.

Tradars, livrer, transmettre, mettre en possession. *Tradere.*

> Tradars la causa, so es metre en tenezou de la causa.
>			Coo.

Traer, tirer. *Trahere.*

Trafana, fausse, fourbe, trompeuse.

Trafart, Trafas, fripon, trompeur. Cruel, sans pitié.

Trafax, Trafec, trafic, tromperie.

Trafegador, Trafeguier, trafiquant, trompeur.

Trafei, trafique, trafic, négoce.

Trafigar, percer. *Transfigere.*

Trag, train. Chemin, route. Tiré. Attira.

Tragas, que tu tires.

Tragiltz, tours d'adresse ou de souplesse. Escamotage.

> Tragietz no vos er bel ni bos,
> Ni ja no compretz dels anels
> S'en chascun del non metest dos.

TRAGITADOR, TRAGITAIRE, baladin, sauteur, volti-geur, bateleur, escamo-teur.

> Ab tot son dig ioglar,
> E son TRAGITADOR
> E contrafazedor
>
> RIQUIER.

TRAHI, train, allure.

TRAHINAR, traîner.

TRAHIRE, traître, trompeur.

TRAHIRITZ, traîtresse.

TRAHUC, tribut.

TRAI, tire, prend, ôte.

TRAIA, qu'il tire.

TRAIA, trahie.

TRAICEIS, ceignit, entoura, environna.

> Una flama luzent lo TRAICEIS tot entorn.
>
> H. de L.

TRAICH, tiré. Soin, intrigue. Trait, distance.

TRAIDOR, traître, insolent. Gorge gosier.

TRAI ENAN, avance. Révèle.

TRAIETZ, tirez, mettez.

TRAIGERTZ, traîtresse.

TRAIME, trahi.

TRAIMENT, trahison.

TRAINA, fracas, destruction. Traîne, emporte.

> Qains fon raubador TRAINA e rap,
> Noth laissen copa d'aur ni bon enap.
>
> G. de R.

TRA INS AL COR, jusqu'au fond du cœur.

TRAI PIETZ, je suis pire, il est pire.

TRAIRE, prendre, tirer, ôter, jeter, arracher. Avaler.

TRAIRE, traître.

TRAIRITZ, traîtresse.

TRAIS, tira, arracha.

TRAISCA, TRAISISCHA, gobe, avale.

> Si cum li peis s'aparelia que TRAISISCHA la vianda, enaissi prent l'yvros l'enemic el vi.
>
> BEDA. 25.

> Sicùt piscis se præparat ut glutiat escam, ità et ebriosus in vino suscipit inimicum.

TRAISES, tirât, avalât.

TRAISIR, avaler.

TRAISSETZ, tirâtes.

TRAIT, enlevé, ôté. Excepté.

TRAITA, traite, négocie. Fait en sorte.

TRAITOR, traître.

TRAITITZ, bien tiré, bien fait.

TRAITURA, régime, diète.

TRAITZ, fois.

TRAITZ, traité. Trait, dard.

TRAIZIG, tira, avala.

TRALUCURA, fente, trou. Lucarne.

TRAMBLAN, remuant, frétil-lant.

> Et ai gros cul, espese TRAMBLAN.
>
> MONTAN.

TRAMES, transmis, envoyé. Députa.

TRAMETRE, députer, envoyer, faire passer.

> Pregats lo senhor qe TRAMETA obrers é la sua meisso.
>
> N. T. Matth. 9.

> Rogate dominum ut mittat operarios in messem suam.

TRAMEZES, j'envoyasse, il envoyât.

TRAMPAMENT, libation.

TRAMPOL, tracas.

> Auziron lo TRAMPOL e'l trenqua-
> dis que la ost fazia per lo bosc
> ab las espazas et ab d'autres fe-
> ramens.
>
> PHILOMENA.

TRANIE, tiré à quatre chevaux, écartelé.

TRANSGITATZ, déçu. Ensorcelé.

TRANSGLOTIR, avaler, engloutir.

TRANSLAT, transcription, traduction. Transport.

TRANSLATAR, traduire, copier. Transporter.

TRANSPAS, transgression. Passe au-delà.

TRANSVAI, passe, s'en va.

> E per pauc de mescap TRANSVAI
> Amor d'amic e de senhors.
>
> BORNEILL.

TRAP, une tente.

TRAR A CAP, venir à bout.

TRABAG, cependant, en ce moment.

TRAS, après, au-delà. Trace.

TRASAIT (per), aussitôt que.

TRASALHIDA, déroutée, en désarroi.

TRASAUTAR, franchir. S'enhardir trop.

TRASCUJATZ, arrogant, téméraire, présomptueux.

TRASDORSA, **TRASDOSSA**, charge, endosse, surcharge.

TRASFORI, transperce, transisse.

> Gardas que no 'l TRASFORI
> Ni vens ni freitz.
>
> PRADAS.

TRASGITAR, jouer des farces, faire des tours de passe-passe, charlataner.

TRASLIAR.

> Comtar l'as
> E 'l diras
> En cis pas,
> Per que se TRASLIA.
>
> MARCABRUS.

TRASMELIAT, troublé.

TRASNUCHAR, veiller, passer la nuit.

TRASPAS, **TRASPASSAMEN**, transgression.

TRASPASSADOR, transgresseur, violateur.

TRASPASSAN, passager, de peu de durée.

> En las causas TRASPASSANS e corrumpablas meton lur cor e lur esperansa.
>
> V. e V.

—————— Perçant.

> Avia huels TRASPASSANS com loba cerviera, que pot vezer outra una paret.
>
> Id.

TRASPASSAR, oublier, négliger.

> Deu temer, es que hom non TRASPASSE far los bes que deu far.
>
> BEDA.

> Deum timere, est nulla quae facienda sunt bona PRAETERIRE.

TRASPIZAR, fouler à l'excès.

TRASPLANTAT, débarrassé.

TRASSA, trace, voie. Passe.

TRASSAILLIR, TRASSALIR, passer, transgresser, violer.

TRASSALH, tressaille, saute, bondit.

TRASSAR, passer.

TRASSAS, cependant, en passant.

TRASSER, avaler.

TRASSION, trahison.

TRASSUSAR, suer fortement.

TRASTOMBAR, sauter, faire des tours de souplesse.

TRASTORNAMENT, controverse, différend. Subversion.

Juramens es fins à confermatio de tot lur TRASTORNAMENT.

N. T. Hebr. 6.

Omnis CONTROVERSIAE *eorum finis, ad confirmationem, est juramentum.*

TRASTORNAR, renverser, détruire, pervertir.

Ergoils TRASTORNA *la beltat de l'arma.*

BEDA. 14.

Superbia decorem FRANGIT *animae.*

TRASTORNATZ, dédit, refusé.

TRASTORNESSETZ, détournassiez.

TRASTOTA, toute entière.

TRASTOIZ, TRASTUIT, TRASTUTZ, tous.

TRASU, sue.

TRAU, poutre. *Trabs.*

En ai tal dret que pose notre los TRAUS *de la mia maison en la soa paret.*

COD.

TRAÜ, TRAÜT, tribut, impôt. Train, bagage.

TRAUC, trou. *Trauc sotiran*, trou d'en bas.

TRAUCABLE, perçant, qu'on peut percer, pénétrable.

TRAUCAR, trouer, percer, pénétrer.

Doneas nos avem lo gran evesques, lo cal TRAUQUET *los cels.*

N. T. Hebr. 4.

Habentes ergò pontificem magnum, qui PENETRAVIT *coelos.*

TRAUCLAVAR, percer, crever.

TRAVA AVAN, avance, pousse en avant.

TRAVAR, arrêter, retenir, entraver.

TRAVELLAR, percer avec la tarière. *Terebrare.*

TRAVENIGAT, vexé.

TRAVI, TRAVITZ, carrefour. *Trivium.* Tribut.

TRAZAG (à), à travers. Tout net, franchement.

TRAZEN (en), en trahison.

TRAZIA, tirait, arrachait.

TRAZIC, trahit.

TRAZIR, trahir.

TRAZON, tirent.

TREBAIOLA. VOY. SEGUNHOLA.

TREBALH, peine, tourment, dispute. Effort, souffrance.

TREBALHAS, tu souffres. Peines, tourmens.

TREBALIA, tribulation.

Pacientia es esproada per TREBALIA.

BEDA. 2.

TRIBULATIO *patientiam operatur.*

———— Adversité.

Adonc es hom contraris à dreitura, cant mespreza son amic
cant a alcuna TREBALIA.

Id.

Tunc quisquis fit justitiae contra-
rius, cùm despicit amicum ali-
quà ADVERSITATE percussum.

———— Violence.

Aiga es moguda per la TREBALIA
dels vens.

Id. 16.

Aqua movetur per VIOLENTIAS
ventorum.

———— Difficulté, con-
tredit.

Aqui unt es misericordia, es saluz
ses TREBALIA.

Id. 2.

Ubì misericordia quaeritur, sine
CONTROVERSIA salus est.

TREBALIOS, turbulent, brouillon.

Deus ama home suaus, e TREBA-
LIOS geta de se,

BEDA.

Mansuetum diligit dominus, TRE-
BULENTUM autem repellit à se.

TREBLAR, troubler.
TREBOL, trouble.
TREBOLAMENT DE VENT, tem-
pête, tourbillon.
TREBOLINAS, tribulations.
TREBUCA, fait tomber.
TREBUCS, espèce de bottines.
TREBUZ, baliste, catapulte.
TREFAN, faux, trompeur,
moqueur, infidèle, im-
posteur.

Cel qui crezon en lui son marrit
e TREFAN.

H. de L.

TREFANA, truande, fausse,
perfide.
TREFAS, faux, vaurien, etc.
TREGANS, petites truites ou
lottes.

Dels peisonetz c'om tot l'an pren,
que an nom trojas o TREGANS.

PRADAS.

TREGAS, broyez.
TREGINAT, toit, tenture.
TREGUA, trève.
TREIR, trahit.
TREILLAR, gagner, s'étendre
comme une treille.
TREIME, récompense.
TRELHA, treille.
TREMENS, tremblant.
TREMER, craindre.
TREMES, termes.
TREMOL, le tremble, arbre.
TREMOLAR, trembler.
TREMOLOS, tremblant.
TREMOR, trouble, tumulte.
TREMPAMENT, tempérance.
TREMPATZ, tempéré.
TREMPE, tambour.

Prenetz lo psalm, e donatz lo
TREMPE: e'l psalteri alegra ab
guitarra.

Ps. 80.

Sumite psalmum, et date TYM-
PANUM: psalterium jucundum
cum cithara.

TREMUEJA, trémie.
TRENAPLES, triple.
TRENAT, tressé.
TRENC, qu'il coupe.
TRENCA, brise, casse, rompt.
TRENCADA, tranchée.
TRENCADURA, blessure, cou-
pure, scissure.

TRENCAMEN, fente, rupture.

TRENCAN, tranchant.

TRENCAR, couper, tailler, déchirer.

> Lo princeps dels preveires TREN-
> QUET las suas vestimentas.
>
> N. T. Matth. 26.

> Princeps sacerdotum SCIDIT ves-
> timenta sua

TRENCON, retranchent.

TRENON, agneau.

TRENTANIER, trentième, tren-taine.

> D'aqui ls sai en un TRENTANIER.

TRENX, coupe, tranche.

TRENZARIA, trancherais, tran-cherait.

TREP, danse, une tente.

TREPAR, sauter, gambader, folâtrer.

TREPAS, un instant.

TREPAT.

> Blizaut fendut e TREPAT.

TREPEGAR, battre, fouler.

TREPEL, oppression, état pitoyable.

TREPIS, jeu, badinage.

TREPS, des tentes.

TRES, trois. que tu badines. *De tres*, en arrière.

TRESSAILL, passe, excède.

TRESC, air de danse.

> Selh qui fes lo vers e'l TRESC
> No sap don si mou la tresca.

TRESCA, saute, danse. Branle, contredanse.

TRESCAR, mener la danse.

TRESIOS, trahison.

TRESLISSA, de treillis, grosse toile.

TRESPASSAMENT, mort, tré-pas. Transgression.

TRESPASSAN, passager, pé-rissable.

TRESPASSATGE, contravention, manquement, faute, trans-gression.

TRESSA, la troisième.

TRESSI, pareillement.

TRESSIMAR, tiercer, prendre un troisième amant.

TRESTANS, autant. Trois fois autant.

TRESTRACIOS, grande trahi-son.

TRESTUG, TRESTUIT, TRES-TUT, tous.

TRESVAT, échappe, fuit.

TREU, tribut.

TREVIS, Trévise en Italie.

TREZANAR, s'évanouir, tom-ber en défaillance.

TREZANATZ, pâmé, sans con-naissance.

> Adone viras menar desrei,
> Car le primpces es TREZANATZ,
> Sus en lo cors es trasternatz.
>
> H. de L. 71.

TREZAS, tresses.

TREZENS, trois cents.

TRI, choisisse.

TRIA, choix, option. Choisit, distingue.

TRIACLA, thériaque.

TRIADA, choisie, distinguée.

TRIAN, voyant, choisissant.

TRIANSA, différence, distinc-tion.

TRIAR, choisir, distinguer, discerner. Différer, être différent.

Re non TRIA de bestia, qui ades cobeita benestansa.
BEDA.

TRIATZ, trié, choisi, élu, préféré, séparé.

TRIBOL, trouble.

TRIBOLAR, troubler, tourmenter.

TRIBULAT, affligé.

No soanar la precira del TRIBULAT, ni ostar ta faz dei paubre.
BEDA. 49.

Rogationem CONTRIBULATI ne despicias, et non avertas faciem tuam ab egeno.

TRIBULOS, troublé, turbulent.

Bestias estant en cor TRIBULOS.
BEDA. 16.

Bestiae cubant in TURBULENTIS corde.

TRIC, tricheur. Intrigue, tromperie. Tarde, diffère.

TRICAR, rompre, dénouer.

TRICHADOR, TRICHAIRE, TRICHOR, tricheur, trompeur.

TRICHAIRITZ, perfide, traîtresse.

TRIDA, broyée. *Terra trida*, terre meuble. *Trita*.

TRIDOS, petits d'une tigresse.

TRILU, tribut.

TRIFOR, orné, incrusté.

F. recep Aupais, que amet de cor,
D'entre'ls arsos dauratz que son TRIFOR.
G. de R.

TRIGA, tarde. Hâte, impatiente. Retardement, délai. *Far triga*, tarder.

Lo sponso FAZEN TRIGA, agro son.
N. T. Matth. 25.

Moram FACIENTE sponso, dormitaverunt.

TRIGAR, tarder, différer.

TRIGUES, tardât.

TRILHAR, fouler.

TRILLANT, qui foule.

Non enfrenaras la boca al buou TRILLANT.
N. T. 1 Cor. 9.

Non alligabis os bovi TRITURANTI.

TRIN, TRINITZ, trinité.

TRIPS, tribu.

TRIS, ennuyé. Pilé, broyé, pulvérisé.

TRISSAR, broyer, piler. Fermer.

TRISTAR, s'attrister, s'affliger.

Cel plora e TRISTA si a mal en aquest segle, e non pot aver ben en l'autre.
BEDA. 56.

Ille MOERET et deflet qui male gessit in seculo, cui non potest bene esse post seculum.

TRISTOR, affliction.

Dol aias de las autrui netceiras, plora de l'altrui TRISTOR, sias tristes de l'altrui tribulatio.
BEDA. 45.

Condole alienis calamitatibus, et sociare fletibus in alienis MOERORIBUS, in tribulatione alterius et tu esto tristis.

TRITZ, broyé. *Tritus*.

TRIZESIME, trentième. *Trigesimus*.

TRO, ciel, firmament. Jusque. Trône.

So senes laiessa denan lo vro de deu.
  N. T. Apoc. 14.

Sine maculá sunt anté THRONUM dei.

TROANS, truand, faux, trompeur.

TROB, trouve. Trop.

TROBA, ce qu'on trouve, ce qu'on a.

Dona a deu segunt que t donara, e segunt la TROBA de tas mas fai bon oil.
  BOA. 26.

De altissimo secundûm datum ejus, et in bono oculo ADINVENTIONEM facito minimum tuarum.

TROBADOR, troubadour, poëte.

TROBAR, trouver, inventer, composer en vers, versifier.

TROBARIA, trouverait. Art des troubadours.

TROBAR N'ETZ, vous en trouverez.

TROBAS, trouves. Pièces de vers.

TROBEI, je trouvai.

TROBET, trouva.

TROBON, trouvent.

TROCA, jusqu'à. *Troc'al*, jusqu'au.

TROCAR, trouer, percer.

TROCHA, truie, truite.

TROFT, trouve.

TROI, tresse, boucle de cheveux.

TROILL, pressoir.

TROILLAR, presser.

TROMBA, trompette.

TROMBAR, sonner les trompettes.

TROMPA MANEDICA, clairon.

Cantatz à nostre senior ab guitaria, et ab veu de psalm: et ab TROMPAS MANEDICAS, et ab veu de trompa de corn.
  Ps. 97.

Psallite domino in cithará, in cithará et voce psalmi: in TUBIS DUCTILIBUS, et voce tubae corneae.

TROMPAN, sonnant de la trompette.

TROMPAS, trompettes.

TRONA (cara), mine terrible.

TRONAR, tonner.

TRONEIRE, tonnerre.

Del tro is ian fosers, e vots, e TRONEIRES.
  N. T. Apoc. 14.

De thronis procedebant folgura, et voces, et TONITRUA.

TRONS, tonnerre. Emoussé. Hébété, stupide. Plat; grossier.

E'ls uelhs son grosses e redons, E las dens grans, e'l morre TRONS.
  JAUFRE.

TROP, trouve. Très, beaucoup. Troupeau.

Entor lo pueg avia gran TROP de porcs paisent.
  N. T. Marc. 5.

Erat circà montem GREX porcorum magnus pascens.

Li maisos del just es TROP GRANS fortaleza, el fruz del felo es turbacios.
  V. T. Prov. 15.

Domus justi PLURIMA fortitudo, in fructibus impii conturbatio.

TRO PART, jusque vers.

TROPAS, beaucoup.

TROPELS, troupes, bandes, troupeaux.

TROPS, coups.

TRO QE, jusqu'à ce que.

TROS, tronc, morceau, lambeau ; tronçon. Trous. Trônes. Ciel, tonnerre. *Tros en*, jusqu'en.

TROSSA, faix, fardeau. Paquet.

TROSSELLAR, rouler, empaqueter.

TROTAIRE, troteur, courrier, coureur.

TROTIER, troteur, messager. Palefrenier.

TRUAN, faux, perfide, trompeur, fripon, coquin. Gueux, mendiant, vagabond, vaurien ; fainéant.

TRUANDA, trompe. Tromperie. Catin.

TRUANDARIA, fausseté.

TRUC, coup. Tertre, éminence, colline.

TRUE, que je trouve.

TRUEB, trouve, compose, invente. Trop.

TRUEJA, truie.

TRUELLA, ruse, malice, fourberie.

TRUELH, cuve, pressoir.

TREEPCHE, que je trouve.

TRUESGA, jusque.

TREFA, bourde, conte.

TRUFAB, se moquer.

TRUFAT, moqué.

TRUFFANA, méchante.

TRUGET, trébuchet, piége.

TRUL, truelle.

TRULH, pressoir.

TRUON, je trouve.

TRUOIAS, truites.

TRUSAR, TRUSSAR, piler, broyer.

TRUSABETZ, pilerez.

TRUSATZ, pilés, broyés ; broyez.

TRUT, balance, bassin ou fléau de balance. *Trutina*.

E fora ja del tot vencut
  Si dieus m'ajut,
Ma bell' amia : mas del TRUT
  Leves la ma,
Per que mos mellers cants rema.
        BORNEILL.

TRUTE, qu'il pile.

Tot aiso mere hom fort be
Tro sia polvera.
        PRADAS.

TU, te, toi.

TUA, ta, tienne. Tutelle.

TUADOR, TUAIRE, tuteur.

TUCH, tous.

TUCHET, TUEISSET, TUISEC, poison. Crapaud.

Perilhosament es malautes à cui
tota triaga torna en verin et en
tuisec.

TUD, éteigne.

TUDA, éteint.

TUDAR, éteindre, étouffer.

TUEGAR, empoisonner. Tutoyer.

TUELH, TUELHA, ôte, retire.

TULIS, if. Blaireau.

TUTOR, tuteur.

Clergues ben pot escusar se que
el non sia tutor ni curaor.
        COD.

TUIAR, garder, serrer, conserver.

TUM, coup, bruit.

TUMBADORS, sauteurs, danseurs de corde, voltigeurs. Faiseurs de tours.

> *E son istrions*
> *E son joiradors*
> *Dui tug li trobador*
> *E tug li tumbador.*
>
> RIQUIER.

TENS pour TU NOS.

TERBA, foule, multitude.

TURBAMEN, trouble.

TURBAR, troubler.

TUT' OR, à toute heure, à tout moment. Toujours.

> *E quant vos sui denan*
> *Tut or vos fozuria.*

TUZO, tison. *Dirnar al tuzo*, manger au coin du feu.

U

U se met souvent pour O.

U, un. Ou.

UABRE, travail, ouvrage.

> *Sabent que lo vostre uabre non*
> *es vas el senher.*
>
> N. T. 1 Cor. 5.
>
> *Labor vester non est inanis in*
> *domino.*

UBAC, bruine, gelée blanche.

UBERT, ouvert.

UBLIDOS, UBLIOS, oublieux, ignorant.

UBOL.

> *Las cridas anavon cridan*
> *Denan lui e l'ubol apres.*

UBRE, ouvre, explique. Rompe, brise.

UC, appelle, cri d'appel, huchet.

UCA, héraut, crieur.

UCHAISONAR, accuser.

UCHAIZO, cause, raison, sujet.

UCH, UCHENA, huit, huitième.

UCS, cri.

UDOLAMENT, hurlement.

UDOLAR, hurler. *Ululare.*

UEU, œuf.

UEI, aujourd'hui. *Uei mais*, désormais.

UEIG, UEIT, huit.

UEIL, UEILL, UEL, UELH, œil.

UEITZEM, huitième.

> *Tant sejornet aqui Jaufres*
> *Tro que ueit jorn en son passat;*
> *Ez al ueitzem pren comiat.*
>
> JAUFRE.

UFANA, UFANES, apparat, faste, ostentation. Fanfaronnade, fierté, arrogance, présomption.

UFANIER, fier, enflé. Fanfaron, présomptueux. Vain, menteur.

UFERT, offert.

UFERTA, oblation, offertoire. Offerte.

UFICIAL, officier. Garçon, serviteur.

UFRENDA, offrande, oblation.

Qué **OFRENDA** fos uferta per un
cascu d'els.
    N. T. Act. 21.

Offeretur pro unoquoque eorum
OBLATIO.

UFRUNA, fraude.
UISTARA, porte, entrée.
UICLAR, brûler.

La terra e totas las obras que son
en ela **UICLARAN**.
    N. T. 2 Petr. 3.

Terra et quae in ipsâ sunt opera
EXURENTUR.

ULBAC, visière.
ULHS, œil.

Si lo teus **UHS** es simple, tots lo
teus cors es luzens.
    N. T. Matth. 6.

Si oculus tuus est simplex, totum
corpus tuum lucidum est.

ULL, yeux.
ULMEDA, plant. Ormille. Or-
moie.
UMAN, **UMANA**, honnête,
humain, humaine.
UMBRA, ombre.
UMBRETA, ombrette.
UMBRIU, **UMBRIVA**, ombragé.
Ombrageux, rude, rétif,
rétive.
UMILIAR, humilier. Adoucir.
UMILITATZ, bonté, civilité,
honnêteté, humanité.
UMILS, humble.
UMNE, hymne, cantique.
UMOR, pluie.
UMPLIR, remplir.
UMPLIRETZ, vous remplirez.
UN, où, d'où.
UNADEN, communément.

USCHAR, oindre, parfumer.
UNENGENRAT, fils unique.
UIFERN, enfer.
USUER, oindre, parfumer.
Flatter.
USICLE, onyx.
UNICORN, licorne. *Unicornis.*
UNIR, honni.
UNITAS, universalité.
UNQE, onc, jamais.
UN QEC, chacun. *Unusquis-
que.*

Lo testament deu esser sotz escritz e seignatz per set gareus,
per un qec de lor.
    Cod.

UNRES, immeuble.

A qual dealieis era causa immo-
bils, so es **UNRES**.
    Cod.

UNZENS, onzième.
UOI, aujourd'hui.
UOIMAIS, **UOMAIS**, désormais.
UOIT, huit.
UOI, **UOLH**, **UOLTZ**, yeux.
UOU, œuf.
UPA, huppe, hibou.
UPAR, chanter.
UPELS, les petits de la huppe.
URES, cri de l'ours, crie
comme un ours.
URENT, Orient.
URTAR, secouer, cosser,
choquer.
US, un. Porte, ouverture.
Usage. Use.
USANSA, usage, exercice.
USATGES, mode. Tributs.
USATZ, usé, usité.
USQI, chacun.
USCLAR, brûler.

Et usclet si , can vi lo soley.
N. T. Marc 4.

Et quandò exortus est sol , exaes-
tuavit.

Usenjendrat , fils unique.

Userge , Uzès en Languedoc.

Usoire , Issoire en Auvergue.

Usorier , usurier.

Usqecs , Usqecx , chacun ,
quelqu'un.

Ussegox , aboutissent.

Issol , guichet.

Us tans , une fois autant.

Usura , intérêts , dédommagement.

Dei donar usuras , pois que en
li en serei en demora , so es en
tarzament.
Cod.

Si lo menre a aicun deutor , et el
non paguet ad aquel termini que
el deg , d'aqui enant en deg pagar las usuras , segon los usatges
de la terra.
Id.

Utau , huitième. *Octavus.*

Uteru , ventre. *Uterus.*

Utratge , excès , folie.

Uttal , un tel.

Utz , porte. Dehors. Eus.
Vie.

Uueis , yeux.

Uvalhos , tardif , paresseux ,
pénible.

No uvalhos à me , mas à vos
bezouhosa.
N. T. Philip. 3.

Mihi non pigrum , vobis autem
necessarium.

Uxor , femme , épouse.

Uz , huis , porte , issue.
Uu.

Uza , une même.

Uzament , exercice.

Uzansa , exercice. Coutume ,
usage.

Corporal uzansa , à pauquet es
profeitose.
N. T. 1 Tim. 4.

Corporalis exercitatio , ad mo-
dicum utilis est.

Car ades an clergues aital uzansa ,
Que quan trobon paero de gran
poissansa
Tot qant il vol fau ben et hu-
milmen ,
E pois son dan quan vezon qe
deissen.
Lamanon.

Uzar , jouir.

Uzatge , action , exploit pris
en mauvaise part. Façon ,
manière. Tribut.

Uzelha.

Sera ben pros hom malvatz lec
Si no fos d'avol uzelha.

Uzest , Uzès en Languedoc.

V

V se met pour B , dont il a
à-peu-près le son.

Vza , j'aille , il aille.

Va , vain , vide. Affamé.

Vac , je vais. Errant , vagabond. Vide.

Vaga , aille.

Vagada , fois.

Vagan,

VAGAN, errant. Vacant. Évacué, débarrassé.
VAGES, ailles. Valût.
VAGLIA, aide, secoure, soutienne.
VAGUERAR, errer, vaguer.
VAHET, vit. *Vidit*.
VAI, va, sied.
VAIABLES, oisif.

Morgues, si non es vaiables, si pot fiar que nou murra durablament.
BEDA. 40.
Monachus, si vacationem non fecerit, confidat quià non morietur in aeternum.

VAIAR, courir, errer çà et là.
VAILLA, assiste, soit en aide.
VAIR, VAIRTZ, changeant, variable. *Varius*.
VAIRE, qu'il change, qu'il varie. Pie, changeant.
VAIREIA, change, varie.
VAIROLA, lentille.
VAISSEL, vaisseau, vase, meuble, ustensile.
VAL, vaut. Vallée.
VALADAT, garni, muni, entouré de fossés.
VALC, valut.
VALEDOR, allié, partisan, défenseur.
VALEIRA, valeur.
VALEISSEN, valant, qui vaut, du prix.

Del valeissen d'un denier.

VALEMEN, profit, assistance, secours.
VALEN, vaillant. Aidant. Prisé.
VALENCIA, force, vigueur.

VALENSA, secours, vaillance, mérite, prix, valeur.
VALER, valoir, aider.
VALETZ, vous valez, vous aidez. Page, jeune seigneur.
VALGUES, valût. assistât.
VALGUI, je valus.
VALGUIST, aidas, secourus.
VALGUON, valent.
VALGUT, valu.
VALHA, vaille, assiste.
VALI, je vaux, je défends.
VALIDA, secours, appui.
VALIDOR, partisan, défenseur.
VALIMEN, aide, secours.
VALLADA, vallée, descente.
VALLATS, fossés, retranchemens.
VALOR, valeur, mérite, vertu. Secours.
VALRAI, je vaudrai.
VALRES, vous vaudrez.
VALRIA, je vaudrais, il vaudrait.
VALVASOR, gentilhomme.
VAN, vont. Vain, faible. Sot, fat. Oiseux.
VANA, vaine. Vante. Inutile.
VANADOR, courtisan.
VANAIRE, vain, fanfaron.
VANAN, vantent, vantant.
VANANSA, vanterie.
VANAR, vauter.
VANEJAR, extravaguer.
VANOAS.

De vestirs à dobliers soi ben aparelhatz,
De camizas, de braguas, de laussols bugatatz,

De cobertors, de VANOAS, à mos
  amics privatz,
Que ls en puesc ben servir can
los ai covidatz.
IZARN.

VAO M'EN, je m'en vais.

VA-PARLANS, couteur de fa-
  bles.

VAQUIEIRA, vachère.

VAR, vair, variable, changeant. *Varius.*

VARA, varie, change.

VARAH, guéret.

Girard lo coms cazet en un
  VARAH.
G. de R.

VARAIRE, ellébore blanc.

VARAR, lancer à l'eau, mettre à la mer. Glisser, chanceler.

VARONS, pustules, boutons.

VARRA, vaudra.

VARRI, garde-manger, dé-
  pense, cave, cellier.

VARRON, vaudront.

VARS, vair, changeant. Volage.

VAS, vain. Vers, du côté.
  En comparaison. Vide,
  affamé. Chez, auprès.

Eu parli aco qe vi VAS lo meu
  paire, e vos faits aquelas causas
  qe vis vas lo vostre.
N. T. Joan. 8.

Quod vidi APUD patrem loquor,
  et vos quae vidistis APUD patrem
  vestrum facitis.

— Tombeau, sépulcre.

Us hom en esperit orre correc à
  lui del VAS.
N. T. Marc. 5.

Occurrit de MONUMENTIS homo de
  spiritu immundo.

Sepulcre, so es monument, so
  es VAS, o locs un jai om mortz.
Cou.

VAS QUE, eu égard, selon,
  suivant.

VASSAL, brave, guerrier.
  Vilain, faquin.

VASSALATGE, courage, belle
  action, exploit.

VASSLETZ, jeune seigneur,
  enfant.

VASVOJAR, transvaser.

VAU, VAUG, je vais. Vaut.
  vallée.

VAUA, j'aille.

VAUDES, Vaudois, héré-
  tique.

VAUS, VAUS, lâche. Vallons.
  Envers.

VAX, vide, oisif.

Rics hom que no sab mestier far,
Quant als non fara, deu jogar,
Per so que non estia VAX,
  O de taulas o d'escaex
  Am los autres en la plassa;
  O s'en deu issir à cassa
D'anet, de gruas o d'aiglos,
O ab austors o ab falcos.
Br. d'Amor.

VAYL, bergerie, étable à
  brebis.

VAZA, VAZAN, aille, aillent.

VE, vient. Voit.

VEA, qu'il voie.

VEAS, que tu voies. Voyez.

VEC, vint, vit. *Vec te, vec
  vos,* voici, voilà.

VEC TE qe eu so la sirventa de
  deu, sia fait à mi segon la tua
  paraula.
N. T. Luc. 1.

Ecce ancilla domini , fiat mihi secundùm verbum tuum.

VECH , fois.

VEDA , empêche , prohibe.

VEDAM , empêchons , défendons.

VEDAR , défendre. *Vetare.* Refuser.

Majorment nos enten à VEDAR que no fassam obras de peccat , que sen en dampnatio de nostras animas.

V. e V.

VEDATZ , défendu , prohibé , interdit , refusé.

VEDEL , VEDELH , veau.

VEDELA , génisse.

VEDEM , voyons. Défendions.

VEDENSA , vue.

El deutors lo panset en la gleisa en VEDENSA de prosomies.

COD.

VEDES , défendit , refusasse.

VEDI , je défends.

VEDON , voient , défendent.

VEE , qu'il voie , qu'il empêche.

VEG , vit. *Vidit.*

VEGADA , retour. *Alla vegada* , parfois , autrefois.

Aprenna rendre la guizardonabla VEGADA als pairens.

N. T. 1 Tim. 5.

Discat mutuam VICEM reddere parentibus.

VEGUDA , vue , vision , aspect.

VEGUES , qu'il vînt , qu'il vit.

VEGUT , vu.

VEI , je vois , il voit.

VEIATGE , voyage.

Pois tot lo mons a cupres un VEIATGE Que tuit fan mal , à cui aurai paria ?

BELJOC.

VEIATZ , voyez.

VEIG , vit , je vis. Il vint.

VEIGNA , vienne , arrive. *Veniat.*

VEIL , veille. Vieux.

VEILLAC , le Vélai.

VEILLAS , veilles.

VEILLEZIDA , vieillie.

VEILLORS , VEILLUMS , vieillesse , vieillerie.

VEING , je viens , je vins , il vint.

VEINZ , vents.

VEIRA , verra.

VEIRALH , VEIRE , verre. Pierre fausse , diamant faux.

VEIREM , nous verrons.

VEIRIAL , verre , vitraux , fenêtre.

VEIRIU , VEIRINA , de verre.

VEIS , je vois , je vins.

VEISON , ils voient.

VEIST , oisif , stérile.

Non vos establirant VEIST ni ses fruch en la convissensa de nostre senhor Jesu Crist.

N. T. 11 Petr. 1.

Non vaceos nec sine fructu vos constituerunt in domini nostri Jesu Christi cognitione.

VEIT , vit.

VEIURA , coureuse.

VEJA , qu'il voie. Zèle , jalousie.

VEJAIRE, avis, pensée. Semblant, apparent, visible. *Vejaires es à mi, vejaire m'es*, je crois, il me semble.

VEJANSA (à), pour la peine.

VEJAR, avis, opinion.

VEL, je veille. Voile. Voici, voilà le. Vers le.

VELA, une voile.

VELAIRE pour VEJAIRE.

VELANIA, grossiéreté, rusticité.

Simpla VELANIA deu esser honrada plus que janglos parlamens.
          BEDA. 73.

Venerationi habenda est non verbosa, sed sancta RUSTICITAS.

VELC, voulut.

VELLCS, volage.

VELIJAR, faire voile.

VELH, VELUZ, je veille. Vieux.

VELHA, veille. Vieille.

VELHEZIR, vieillir.

VELHEZO, VELHUNA, vieillesse, vétusté.

VELIABLES, vigilant.

Morgue sia VELIABLES en sen.
          BEDA. 40.

Monachus sit VIGIL sensu.

VELIESA, vieillesse.

Alcun sunt qui vivunt luxuriosament en lor juventut, e volunt esser chaste en lor VELIESA.
          BEDA. 10.

Quidem in juventute luxuriosè viventes, et in SENECTUTE continentes fieri delectantur.

VEIL, toison. *Vellus.*

VILLA, vile, déshonnête.

VELLAR, veiller.

VELLARAI, je veillerai.

VELLEIZIR, vieillir.

VELLIAT, veillez.

VELLIAT, car no sabez pas cal ora deu deus venir.
          BEDA. 22.

VIGILATE, quia nescitis quâ horâ dominus vester venturus est.

VELS, tourne. Vieillard, sénateur, ancien.

VELTRE, levrier.

VELZITZ, avili.

VEN, vend. Vent. Vient.

VENAL, VENAU, commun, vulgaire. Trivial.

VINC, vint. Vainquit.

VENCER, vaincre, l'emporter sur.

No vulhatz esser venguts dal mal, mais VENTS le mal en be.
          N. T. Rom. 12.

Noli vinci à malo, sed VINCE in bono malum.

VENCES, vainquit. Vous surpassez.

VENCHA, vainque.

VENCIA, vainquait, l'emportait.

VENCSETZ, vous vinssiez.

VENCUTZ, vaincu, convaincu.

VENDA, vende, vente.

VENDETA, justice, vengeance.

VENDETZ, vendez.

VENDEZOS, vente, contrat de vente. *Venditio.*

C'ora lo vendeiro e'l cumpraire s'accordunt, e fan covenent del pretz, val la VENDEZOS.
          COD.

VENDIA, vendait.

VENDRES, vendredi.

VENE, venin, poison.

VENETAS, petites veines.

VENGAIRITZ, vengeresse.

VENGAMENT, vengeance, revanche.

VENGAR, venger.

VENGUDA, venue. Fois.

VENGUES, qu'il vînt. Vengeât.

VENGUI, je vins.

VENGUTZ, venu. Vaincu.

VENHA, vienne.

VENIA, venait.

VENJA, venge.

VENJADOR, vengeur.

Qui escunt sos pechatz dels homes, e no los enfessa, deu, lo qual a à garent, aura à VENJADOR.

                        BEDA. 29.

Qui peccata sua hominibus occultant, et per semetipsos confessi non fuerint, deum quem testem habeat, ipsum habebunt ULTOREM.

VENJANSA, vengeance.

VENJAR, venger.

VENJAZOS, vengeance.

VENRA, viendra, vaincra.

VENRES, vous viendrez. Vous vendrez. Vendredi.

VENS, vainc, surmonte. Vient. Vent.

VENSA, vainque, surpasse, subjugue. Vence, ville

VENSEN, vainqueur, qui vainc.

VENSER, vaincre.

VENSERAN, vaincront.

VENSET, vainquit.

VENSEZO, VENSIMEN, victoire.

VENSON, vainquent, battent.

Dones ben es fols qui ab Turcs non conteza,
Pos Jesu-Crist no lor contrasta res;
Qu'els an vencut e VENSON, de que m peza,
Francs e Tartres, Ermenis e Perses;
E sai nos VENSON quascun dia.

            Us cavaliers del TEMPLE.

VENSUT, vaincu.

VENTAILLA, VENTALHA, ventail, visière.

VENTAMILA, Vintimille en Italie.

VENTAR, jeter au vent.

VENTEJAR, flotter au vent.

Viras plus de des milia lansas ambe penons
VENTEJAR e brandir lai on si fai l'acamps.

                        H. de L. 122.

VENTOLAR, rouler.

VENTOLAVA se per la terra escumant.

                        N. T. Marc. 9.

In terram VOLUTABATUR spumans.

VENTRELHZ, ventricule; ventriloque.

VENTRIL, ventre, estomac.

VENTURA, bonne fortune. Bonheur.

VENTZ, vainc. Vent.

VENZA. Voyez VENSA.

VEO, je vois.

VEON, ils voient.

VER, voir. Vrai. Printemps.

VERAI, vrai.

VERAIA, vraie, sincère.

VERAMENT, vraiment. Amen, ainsi soit-il.

VERBIS, mots.

VERCHIERA, dot.

VERDELHAN, verdoyant.

VERDESCA, loge, guérite.

VERDIER, jardin, verger.

VERFOR, verdure, verdeur.

VERE, venin.

VERGA, verge, sceptre, houlette.

VERGAN, verger, verge.

VIRGANTEL, VERGANTET, baguette.

VERGAS, verges.

VERGE, vierge.

VERGELI, Virgile.

VERGIEIRA, bergère.

VERGIER, jardin.

> Domna pros ab fresca color
> Es rosa del VLAGIER d'amor.
>   ANONYME.

VERGIL, verge. Virgile.

VERGONHAL, honteux.

VERGONHAR, rougir, faire honte. Respecter, craindre.

> No temia deu, ne ome no VERGONHAVA.
>   N. T. Luc. 18.

> Deum non timebat, et hominem non reverebatur.

VERGONHOS, confus, modeste.

VERGUETA, VERGULA, baguette, petite verge.

VERI, venin, poison.

VERIENC, de verre.

VERINAT, infecté, empoisonné.

VERJA, verge.

VERJAN, verger.

VERME, VERMS, ver, vermisseau. *Vermis.*

VERMELH, VERMELHO, VERMILIO, rouge, écarlate.

VERMENOS, vermineux, véreux, vermoulu.

VERN, VERNA, vergue, aulne noir.

VERNASSAL, bas, bouffon, servile.

> Pero de motz vernassals, conjos,
> No sab nuls hom miels de vos far
> paurem;
> E ja per me non perdas vostr'
> uzatge.   ALAMANON.

VERNISSEN, printanier.

VEROLA, ulcère.

VEROR, le vrai, la vérité.

VERRA, viendra.

VERRUGA, verrue.

VERS, pièce de vers. Vrai, véritable.

VERSETZ, verset, vers.

VERSILHA, Verceil en Italie.

VERSZA, verge.

VERTADIER, vrai, véridique, sincère.

VERTATZ ES MIA, je suis vrai, je dis la vérité.

VERTEN, révolu.

VERTESE, sommet de la tête. *Vertex.*

VERTUDOS, capable, vaillant, vigoureux.

VERTUT, VERTUTZ, vigueur, puissance, courage. Don des miracles, prodige. Relique. Merveille.

VERZAN , verger.

VES , tu vois. Vers , du côté de. En comparaison. Fois. Coutume , habitude. Inutile , vain.

Be fats ves lo mandament de dieu.
N. T. Marc. 7.

Benè IRRITUM facitis praeceptum dei.

VESAS , accoutumé , usité.
VESC , glu. *Viscus.*
VESCOS , visqueux , gluant.
VESERS , la vue.
VESES , voyez , qu'il vît.
VESIATZ , fin , rusé , adroit , trompeur.
VESIBOL , sarcloir. Croissant.
VESIGA , vessie.
VES ON , vers où , du côté où.
VESPAR , le soir. *Vesper.*
VESPASIAS , Vespasien.
VESPERTINAR , goûter , faire collation.
VESQISSES , véquit , vécussiez.
VEST , revêt , environne.
VESTA , vêtisse , investisse.
VESTIDOR , vestibule.
VESTIDURA , VESTIMENTA , robe , habit , vêtement.
VESTIT , vêtu , habillé.
VESTRA , vêtira. Vôtre.
VESTUA , vêtue.
VES UN ? vers où , de quel côté ?
VET , vit , voit. Vêtit. Voici , voilà que. Défense.

VETA , bandelette. *Vitta.*
VETAT , rayé.
VET LA VOS , la voilà.
VETRICS , becs.
VETZ , vice , défaut. Contenance. Fois. Vit. Chose défendue.
VEVOS , voici , voilà. Néanmoins.
VEUS , vivans. Veuf. Voici , voilà. Voix , suffrage. Vint. Vire. Fois. Vois.
VEUT , vu.
VEUVETAT , veuvage.
VEUZA , veuve.
VEZ , fois.
VEZADOI , canal , rigole.
VEZAIRE , clair , apparent , visible.
VEZANS , voyans.
VEZAT , hanté , fréquenté , pratiqué , exercé , accoutumé. Fin , adroit , rusé.
VEZEM , nous voyons.
VEZENSA , vue.
VEZENTRE , à la vue de.
VEZER , voir , prendre garde.

Mout just cobezeiero VEZER so qe vezets , e no o viro.
N. T. Matth. 13.

Multi justi cupierunt VIDERE quae videtis , et non viderunt.

VEZETZ , voyez.
VEZI , je vois. Voisin. Vice.
VEZIA , voyait.
VEZIAN , voyaient. Vivien , nom d'homme.
VEZIAT. Voyez VEZAT.
VEZINAR , vesser.
VEZINAT , voisinage.

VEZIOS, visions, rêves.

VEZIS, voisin, prochain.

VEZNHABLE, nécessaire. Intime.

Corneli esperava ellos, et apellava sos donzels e VEZNHABLES amix.

N. T. Act. 10.

Cornelius expectabat illos, convocatis cognatis suis et NECESSARIIS amicis.

VEZOA, veuve.

Li cal devoran las maizos de las VEZOAS.

N. T. Marc. 12.

Qui devorant domos VIDUARUM.

VEZOIG, la bêche.

VEZON, voient.

VEZUDA, vue.

VEZUT, vu.

VI, vin. Je vis, il vit. *Vidi, vidit.*

VIA, voie, route, chemin. Va. Fois.

VIACER, prompt.

Sia tots hom VIACER ad auzir.

N. T. Jac. 1.

Sit omnis homo VELOX ad audiendum.

VIACERAMEN, promptement.

VIACU, membre viril.

VIAIRE, avis, opinion. Regard, air, mine, apparence.

No lauzar en sa beltat, ni mesprezar home en son VIAIRE.

BEDA. 17.

Non laudes virum in specie suâ, neque spernas hominem in visu suo.

VIALLAS, entrailles.

Vistet vos, si cum amic de deu, de las VIALLAS de misericordia.

BEDA. 44.

Induite vos, sicut dei dilecti, VISCERA misericordiae.

VIANA, Vienne en Dauphiné.

VIASSANT, passant, voyageur.

VIASAR, aller, prendre le chemin.

VIANDA, nourriture.

VIANDAN, passant, voyageur, étranger.

VIANES, le Viennois.

VIATJAT, fatigué.

VIATZ, promptement, au plutôt.

VIAZAMEN, vivement, sur l'heure, à l'instant.

VIBRA, VIBRES, vipère, givre, couleuvre.

VIC, VICS, vit, je vis, je vins, je véquis.

VICI, ruse, adresse.

VIDA, vie.

VIDAL, VIDALS, Vital, nom d'homme.

VIDOIRA, vie.

VIUC, VIUG, membre viril.

VIEILLAR, jouer du violon.

VIEILLS, vieux.

VIEINH, je viens.

VIELHS, vieux.

VIEST, s'habille, vêtit.

VIEU, vit, vif, vivant.

VIEULON, jouent du violon.

VIEURE, vivre.

VIEUTAT, abondance, bas prix.

Vig , je vis , il vit. *Vidi , vidit.*

Vigaire , avis , opinion.

Vigairia , viguerie. Ferme , administration.

Vigairiar , adminis ter un bien.

Vigeira , oseraie.

Viguda , vue.

Viguer , Viguier , économe , fermier , homme d'affaires.

Dix lo viguer entre se qe farei , qe lo meus senhor tol de mi la vigairia? Foire uo pose , mendicar vergognarei. Eu sai que farei.

N. T. Luc. 16.

Ait autem villicus intra se : quid faciam quia dominus meus aufert à me villicationem ? Fodere non valeo , mendicare erubesco. Scio quid faciam.

Vigulta , plante , arbrisseau. *Virgultum.*

Viget , vu.

Vil , vite , léger. *Tener vil,* dompter , abaisser.

Vila , bourg , village.

Anuem en las plus prop vilas , et en las cioutalz.

N. T. Marc. 1.

Eamus in proximos vicos , et civitates.

Vilaina , paysanne , villageoise.

Vilan , vilain , roturier. Rustre , paysan.

Vilanejar , injurier. Être , devenir grossier.

Vilanes , vilenie , injure.

Vilania , bassesse , rusticité , grossièreté.

Desconoissent ret soven mal per ben , vilania per cortezia.

V. e V.

Vilenc , vieillesse.

Vileza , bassesse , lâcheté.

Vilhat , vieillot.

Vilheje , Vilheza , Vilhura , Villeza , vilenie , vieillesse.

Elisabet conceub u fil ó sa vileza.

N. T. Luc. 1.

Elisabeth concepit filium in senectute sua.

Vilsis , diffame , avilit.

Vilfat , bassesse. Bas prix.

Viltenensa , dédain , mépris.

Viltener , mépriser.

Viltengut , avili , injurié , méprisé.

Vim , nous vîmes. Osier. *Vimen.*

Vinassa , marc de la vendange , piquette.

Vinc , je vins , il vint.

Vincle , condition , pacte , obligation. *Vinculum.*

Vinha , vigne.

Vintagol , messier.

Vinolensa , ivrognerie. *Vinolentia.*

Vio , je vis , il vit. *Vivo , vivit.*

Viola , violette. Harpe. Cithare.

Violaire , joueur de violon.

Violaz , jouez sur le violon.

Viora , vivra.

VIORIA, je vivrais, il vivrait.

VIOTATZ, VIOUTATZ, abondance, disette, vil prix.

VIOU, je vis, il vit.

VIOURETZ, vous vivrez.

VIR, tourne, détourne.

VIRA, tourne. Je verrais, il verrait.

VIRAM, nous verrions.

VIRAN, ils tournent. Ils verraient.

VIRAR, changer, tourner. *Virar l'escut*, tourner casaque.

VIRARAI, VIRAREI, tournerai, revirerai.

VIRATZ, vous verriez. *Viratz d'autre taill*, tourné à l'envers.

VIRESSON, tournassent.

VIRIAL, vitre, de verre.

VIRO (de), environ, à l'entour.

Virò la quarta vejilia de la noit Jehsu venc à sos descipols anants sobre mar.
    N. T. Marc. 6.

Circa quartam vigiliam noctis venit ad eos ambulans suprà mare.

VIROL, environ le. Le virent.

VIROLET, girouette.

VIRON, tournent. Autour. Ils virent. *Viderunt*.

VIRONAT, environné.

VIRON LOR, autour d'eux.

VIS, vin. Violence. Vif. Vit. Face, visage.

VISC, vécut. Glu. *Viscus*.

VISCES, qu'il vécut.

VISIATZ. Voyez VESATZ.

VISPIA, évêché, palais épiscopal.

VISQUERA, je vivrais, il vivrait.

VISQUES, qu'il vécût.

VISQUT, vécu.

VISSES, véquit.

VISSIS, vices.

VIST, vu. Il vit. *Vidit*.

VISTA, vue. Bon sens, jugement.

VISTAS, rêves, visions.

VISTORNATZ, bistourné.

VISTRA, vêtira, habillera.

VISTRAN, vêtiront.

VISZE, vice.

VIT, VITS, vigne. *Vitis*. Oseraie.

VITAILLA, victuailles, vivres.

VITEIRA, vie.

VITORIAR, triompher, remporter la victoire.

VITUPERAR, insulter, outrager.

Qui vol del tot vituperar una persona, escupis en sa cara.
    V. e V.

VITUPERATZ, honni, blâmer.

Lo fol quant comta sas lauzors se cuja far prezar et es vituperatz.
    V. e V.

VITZ, vous vîtes. Escalier.

VIU, vit, vif, vivant.

VIULA, viole, violon. Luth, harpe.

VIULADOR, VIULAIRE, joueur de harpe, joueur de violon.

VIULAN, jouant ou qui jouent du violon.

VIULAR, jouer de toute sorte d'instrumens.

VIULARETZ, vous jouerez.

VIULAS, vielles ou violons.

VIURE, vivre.

VIUS, vif, vivant.

VIUTATZ, vilenie, injure, lâcheté. Vil prix.

VIVACIER, vite, prompt.

Ieu sui certas que lo depauzament del mieu tabernacle es VIVACIERS.
N. T. ii Petr. i.

Certus quod VELOX est depositio tabernaculi mei.

VIVASSAMENT, tôt, promptement.

Ieu meravilhe car tau VIVASSAMENT es trastornat.
N. T. Gal. i.

Miror quòd sic tàm citò transferamini.

VIZA, vue.

VIZENS, vingtième.

VIZES, vices.

VO, ou.

Daratz mi totz los preizoniers
Que per lairons vo mareniers
Son pres de la crestiandat.
H. de L. 75.

VOCEM A MI, je ou on m'appelle.

Vocem a mi legions.
N. T. Marc. 5.

Legio mihi nomen est.

VODADA, vouée.

VODAR, faire vœu.

VOG, VOUZ, vide.

VOGAT, vidé.

VOIA, vide, vacante.

Està aquela possessios vacua, so es VOIA.
COD.

VOIANT, vide, dénué, dépourvu.

Prent lo paubre, e no lo laissar VOIANT per sa sofraita.
BEDA. 49.

Assume pauperem, et propter inopiam ejus ne dimittas eum VACUUM.

VOIAR, VOJAR, vider.

VOIDAN, vident, font vider. Voyant.

VOIGZ, VOITZ, vide, dénué.

VOILL, je veux; j'aime.

VOITZ, vides. Voix.

VOL, veut. Volonté.

VOLADA, vol, la volée.

VOLARS, vol d'un oiseau, envergure. Aile, penne.

E'l VOLARS lonex, que l sobrebaton
De mietz pe e la coa l passon.
JAUFRE.

VOLATERIAS, volatiles, oiseaux.

VOLATGE, vouloir, volonté.

VOLATGIER, volage.

VOLATIEIRA, volage, inconstante.

VOLATILH, insecte volant.

VOLC, voulut, tourna, changea. *Volc mais*, j'aimai mieux, il aima mieux, il préféra.

VOLCANT, vide.

VOLCSETZ, voulussiez.

VOLEM, nous voulons.
VOLER, vouloir, volonté.
VOLF, tourne.
VOLG, voulut.
VOLGANS, vide.
VOLGRA, je voudrais, il voudrait.
VOLGRAN, ils voudraient.
VOLGRON, tournèrent, voulurent.
VOLGUDA, voulue.
VOLGUESSES, voulussiez.
VOLGUT, voulu.
VOLH, je veux, il veut.
VOLEM, nous voulons.
VOLON, ils veulent. Enclin, désireux, ambitieux. Volontaire. Amoureux.
VOLONTADOS, disposé.
VOLONTAIROS, de bonne volonté.
VOLONTOS. Voyez VOLON.
VOLP, renard. *Vulpes.*
VOLPIL, lâche, poltron. Honteux. Timide.
VOLPILHATGE, lâcheté, poltronnerie.
VOLPILLA, ruse, finesse, tromperie.
VOLPILLATGE, fourberie, fausseté. Faute, manquement. Timidité.
VOLPITZ, lâche, poltron.

E ni podetz far VOLPITZ
O arditz.

VOLRES, vous voudrez.
VOLS, tourne, tourné. Tu veux. Biaise. Vouloir. Figure, visage.

Femna muda sa fassa per sa folia,
e sos VOLS li nersis cuma ors.
BUDA. 18.

Nequitia mulieris immutat faciem ejus, et obcaecat VULTUM ejus tanquam ursus.

VOLSTAT, inconstance, légèreté.

Mas per ta VOLSTAT
Ma donna m dis q'er d'ellois cambiat.
Quar anc crezici muiller de son vezin.
RAISOS. d'Af.

VOLT, visage. Changé, tourné, renversé.
VOLTA, refrain, fredon, roulade. Détour, subterfuge.
VOLTOR, vautour. *Vultur.*
VOLUC, tourna.
VOLUDAMENT, action de se vautrer.

La troja lavada retorna él VOLUDAMENT del brac.
N. T. li Petr. 2.

Revertit sus lota in VOLUTABRO luti.

VOLUDAR, faire tourner, se rouler.
VOLUNTEIRA, VOLUNTIEIRA, volonté, volontaire.
VOLUPTARI, d'agrément.

Aquela messios es VOLUPTARIA que om a faita per deleit.
Con.

VOLV, tourne. *Volvit.*
VOLVEDOR, agile.
VOLVEN, tournant, changeant, inconstant.
VOLVER, tourner, rouler, renverser, retomber.

Voiz, statue de bois.

Vomit, vomissement. *Vomitus.*

Vomit, es cant a pro manjat
E pueis o gieta mal son grat.
      Pasdas.

Vos, vous en.

Vora, bord.

En la voaa del seu vestiment.
      Ps. 132.

In ora vestimenti ejus.

Vores, franges.

Ab voaas d'aur en lo seu vestir.
      Ps. 44.

In fimbriis aureis circumamicta.

Vori, ivoire.

Voria, je voudrais, il voudrait.

Vorran, voudront.

Vort, bâtard.

Vos, vous. Tu veux. Voix. Vide, dénué.

Vot, Votz, vœu, vœux. Vide. Voix.

Vout, Voutz, roulé, enveloppé. Moine. Voué. Renversé. Vœu. Voix. Arqué. Vide. Changé. Peinture, image.

Enaissi s'on atras tornat joven,
E joi e pretz, e valor e bobàn,
Que'l gai donnei qu'om teni'
entrenan
An li plusor vout en descauzimen.
      Brunet.

Vouta, tournois, jonte. Détour. Changée. Refrain. Marotte.

Voutis, Voutitz, tournant, léger, volage. Voùté.

Vouton, vautour.

Voutz, voûté, arqué. Vide. Bruit. Parole.

Vovals, très-mauvais.

Voya, voyait.

Voz, voix, parole. Vôtres.

Vuec, voulut. Vide.

Vueg, Vuelg, vide, dénué.

Vueitz, Vueiz, vide.

Vueja, vide, exempte.

Vuelc, voulus, voulut.

Vuelf, tourne.

Vuelh, je veux, il veut.

Vuetz, vide, que tu vides, qu'il vide.

Vuiget, vida.

Vuitz, gueux.

Vujar, vider.

Vulhas, que tu veuilles.

Vulpil, lâche, pusillanime.

Vult, visage, mine, face.

Moura sa testa, e mudara son vult.
      Beda. 64.

Caput suum movebit, et commutabit vultem suum.

Velucbat.

E s'ieu dizia c'al parer
Fossan sici vestir velucbat,
No m'en crezessetz; car taihat
Semblavan ades del doblier.

Vuoitz, Vuotz, vide.

Vus, vous.

X , Y , Z.

Nous supprimons ces trois lettres , qui se trouvent quelquefois dans les manuscrits au commencement de certains mots , mais qui ordinairement sont remplacées par leurs analogues ; X par C , Y par I, Z par J.

Le Z n'est employé de cette sorte que dans les copies de main italienne. Il se met pour S à la fin des mots, et ailleurs pour D.

FIN DU GLOSSAIRE OCCITANIEN.